Charles Kupchan

Die europäische Herausforderung

Vom Ende der Vorherrschaft Amerikas

Deutsch von Friederich Mielke

Rowohlt · Berlin

Die Originalausgabe erschien 2002 unter dem Titel
«The End of the American Era» bei Alfred A. Knopf, New York
Für die deutsche Ausgabe gekürzt und überarbeitet

1. Auflage September 2003
Copyright © 2003 by Rowohlt · Berlin Verlag GmbH, Berlin
«The End of the American Era»
Copyright © 2002 by Charles A. Kupchan
Alle Rechte vorbehalten
Innengestaltung Daniel Sauthoff, Hamburg
Satz Swift PostScript PageMaker bei
Pinkuin Satz und Datentechnik, Berlin
Druck und Bindung Clausen & Bosse, Leck
Printed in Germany
ISBN 3 87134 483 4

Die Schreibweise entspricht den Regeln der neuen Rechtschreibung.

Inhalt

Vorwort zur deutschen Ausgabe

Amerikas erfolgreicher Krieg zum Sturz Saddam Husseins scheint ein neues amerikanisches Jahrhundert anzukündigen. Die USA demonstrierten die unglaubliche Schlagkraft einer Militärmaschinerie, die ihresgleichen sucht. Sie haben ebenso deutlich gemacht, dass sie jederzeit nach Gutdünken handeln werden – schließlich begann der Krieg gegen den Irak ohne Zustimmung des UN-Sicherheitsrates. Die Botschaft ist klar: Länder, die Amerika kritisch gegenüberstehen, wie Frankreich, Deutschland und Russland, sollten es sich gut überlegen, die einzige Weltmacht ein weiteres Mal zu brüskieren. Auch Schurkenstaaten sollten lieber einlenken – oder sich auf das Schlimmste gefasst machen. Amerika unter George W. Bush tritt auf wie das neue Rom.

Man kann die langfristigen Folgen des Irak-Krieges aber auch anders betrachten; die Zukunft der amerikanischen Vorherrschaft erscheint dann in einem völlig neuen Licht. Keineswegs hat Washington ein neues amerikanisches Jahrhundert begründet, sondern im Gegenteil einen Kurs eingeschlagen, der das Ende des amerikanischen Zeitalters heraufbeschwört. Amerikas Militärmacht ist sicher konkurrenzlos und seine Entschlossenheit nicht zu erschüttern. Doch indem sie gegen die Weltmeinung handelten, haben die USA möglicherweise ihr kostbarstes Gut verspielt – ihre internationale Legitimität. In den Augen der Welt ist Amerikas gütige Hegemonie nicht mehr gar so gütig. Als Konsequenz sind andere Nationen eher geneigt, Amerikas Macht zu verachten, als sie zu respektieren und seiner Führung zu widerstehen, statt ihr zu folgen.

Das zweite Szenario trifft eher zu. Das diplomatische Zerwürfnis über die Frage des Irak-Krieges war das Symptom und keineswegs die Ursache der größeren Kluft, die Amerika von einem Großteil Europas trennt – gar einem Großteil der Welt. Der amerikanische Unilateralismus, der durch das Gefühl der Verwundbarkeit und die Wut nach dem 11. September gestärkt worden war, hat nun das Gefüge der Weltgemeinschaft zerstört. Schon lange vor der UN-Debatte über den Irak waren sich viele Mitglieder des Sicherheitsrates einig, dass man ein sich sträubendes Amerika zügeln müsse. Die US-Macht einzudämmen war einer der Hauptgründe für Frankreich, Deutschland und Russland, den Krieg zu verhindern, obwohl sie wussten, dass dies das atlantische Bündnis gefährden würde. Sogar die kleineren Mitglieder des Sicherheitsrates – unter ihnen Mexiko, Chile, Guinea und Kamerun – waren bereit, Amerika zu widersprechen. Bisher führten alle Wege nach Washington. Jetzt gibt es einen neuen Weg, der vor allem durch Europa führt.

Die Hauptursache für die wachsende Entfremdung zwischen Amerika und seinen traditionellen Verbündeten ist Washingtons Auffassung von seiner eigenen globalen Führungsrolle. Tatsächlich haben die drei Leitlinien der Außenpolitik unter George W. Bush Amerika auf Kollisionskurs mit Europa gebracht. Erstens ging Washington davon aus, der Rest der Welt würde umso bereitwilliger mitziehen, je mächtiger und kompromissloser Amerika sich präsentiere. Aber genau das Gegenteil trat ein. Bushs Großtuerei mag zu Hause als Entschlossenheit erscheinen. In Europa und dem Rest der Welt hält man sie für Arroganz. Statt Ehrfurcht zu verbreiten, hat Amerikas Strategie der Prävention und Überlegenheit bei den Europäern nur Ablehnung und Widerstand provoziert.

Zum zweiten glaubt die Bush-Administration, ein so mächtiges Land wie die USA habe internationale Institutionen nicht nötig, um Weltpolitik zu gestalten. Institutionen seien die Werkzeuge der Machtlosen und nur dazu da, Amerikas Spielraum einzuengen. Bush hat recht: Institutionen halten Amerika in Schach, aber gerade deshalb sind sie unverzichtbar für die internationale Stabilität. Indem sie Washington verpflichten, Regeln zu beachten, sorgen sie für Gleichberechtigung und stärken das Vertrauen in die Absichten und die Berechenbarkeit der US-Macht. Verlässt Washington jedoch die internationalen Institutionen, dann ziehen Europa und der Rest der Welt die Köpfe ein.

Die dritte Leitlinie, die Amerikas internationale Bündnisse gefährdet, ist Bushs grobe Überschätzung der Autonomie, die militärische Macht tatsächlich mit sich bringt. Seine Regierung hat die Alliierten deswegen gering geschätzt, weil sie glaubt, sie nicht zu brauchen. Aber Washington sollte auf der Hut sein. Der Krieg gegen den Terrorismus erfordert internationale Zusammenarbeit. Afghanistan wird von einer breiten multinationalen Koalition zusammengehalten. Obwohl Frankreich, Deutschland und Russland den Krieg gegen den Irak nicht verhindern konnten, haben sie den USA letztlich die Legitimierung durch die UN verweigert, was den Krieg zu einem besonders riskanten Unternehmen werden ließ. Die Türkei verweigerte den US-Bodentruppen den Zutritt zu ihrem Territorium, sodass Amerika keine Nordfront eröffnen konnte.

Trotz dieser Hindernisse hat Amerikas militärische Übermacht den Koalitionstruppen einen schnellen Sieg verschafft. Doch nach dem Konflikt ist die diplomatische Welt tief gespalten – keineswegs betrachtet es der Rest der Welt als seine Pflicht, den Amerikanern zu folgen. Besonders Europa hat seine Unzufriedenheit mit dem plumpen Vorgehen Amerikas bekundet. In der Tat: Das transatlantische Bündnis gehört zu den Hauptopfern des Krieges. Die USA und ihre wichtigen Verbündeten auf dem Kontinent sind sich über die grundlegenden Fragen von Krieg und Frieden uneins geworden. Jetzt, wo die amerikanische und die europäische Sicherheit nicht mehr unteilbar sind, ist der Geist des atlantischen Bündnisses zerstört, selbst wenn es dem Namen nach überleben sollte.

Gewiss war der Irak-Krieg innerhalb Europas ebenso umstritten wie zwischen Amerika und einem Großteil Europas. Der Streit in Europa hatte vor allem seine Ursachen in unterschiedlichen Vorstellungen über die Zukunft des Kontinents. Ein Lager unter Führung von Frankreich und Deutschland lehnte den Krieg entschieden ab und sah sich als Bollwerk gegen die US-Hegemonie. Im anderen Lager befanden sich die kleineren Staaten, die Amerika unterstützten, weil sie es als Gegenpol zu Europas Großmächten betrachteten und als Schutzmacht in der Region. Es gab also keine geschlossene Front gegen Amerika.

Doch die Kluft im Atlantik wird länger Bestand haben und schwieriger zu überbrücken sein als die innerhalb Europas. Über die Irak-Politik waren sich die Europäer viel stärker einig, als es den Anschein hatte; die Regierungen mögen unterschiedlicher Meinung gewesen sein – aber die Menschen in Europa waren fast einhellig gegen den Krieg. Die EU befindet sich zudem mitten in einem Reformprozess, der ihre wichtigen Institutionen stärken wird, auch jene, die für die gemeinsame Außenpolitik zuständig sind.

All jene Länder, die auf der Seite Washingtons standen, werden wahrscheinlich in Zukunft keine andere Wahl haben, als ihren Kurs zu ändern. Die meisten von ihnen haben Bush unterstützt, weil sie verhindern wollten, dass der Irak-Konflikt das atlantische Bündnis versenkt, nicht weil sie wirklich für den Krieg waren. Doch selbst wenn Länder wie Polen und Italien auch in Zukunft überzeugte Transatlantiker bleiben, werden sie auf der anderen Seite vermutlich auf wenig Gegenliebe stoßen. Amerika wird das Interesse verlieren, ein Europa zu beschützen, das immer reicher und friedlicher wird und im übrigen immer weniger bereit, Amerika blind zu folgen. Mittlerweile haben drängende Probleme im Nahen und im Fernen Osten einen Teil der amerikanischen Ressourcen gebunden. Ob sie es mögen oder nicht: Die Europäer sind mehr und mehr auf sich allein gestellt.

Frankreich und Deutschland haben dies begriffen und deshalb erste Schritte eingeleitet, um ihre militärische Kooperation zu verstärken. Großbritannien hält an seiner Rolle als Brücke zwischen Amerika und Europa fest. Aber die Briten werden bald erkennen, dass sie als führendes Mitglied der EU viel mehr Einfluss ausüben können, als wenn sie den Amerikanern nacheifern. Die Polen hoffen noch immer auf eine starke atlantische Allianz, doch sie werden sich der Realität über kurz oder lang beugen müssen. Auch andere europäische Länder werden bald erkennen, dass sie keine andere Wahl haben, als eine starke EU zu schaffen. Wenn die jetzigen und die künftigen EU-Mitglieder endlich begreifen, dass Amerika im Begriff steht, sich für immer von Europa abzuwenden, dann werden sie ihre ganze Kraft für eine effizientere Union einsetzen.

Die Bemühungen der EU um eine stärkere militärische Schlagkraft kommen nur schleppend voran. Aber es gibt Bewegung – Frankreich erhöht seine Verteidigungsausgaben um zwanzig Prozent und Deutschland scheint endlich bereit, die Wehrpflicht zugunsten einer schlagkräftigen Berufsarmee abzuschaffen. Im April 2003 haben

Frankreich, Deutschland, Belgien und Luxemburg den Plan verkündet, ein gemeinsames Militärkommando einzurichten. Selbst unter den günstigsten Bedingungen wird Europa auf militärischem Gebiet Amerika nicht so schnell ebenbürtig sein – wenn überhaupt jemals. Aber Europas Sicherheit wird deutlich weniger von den USA abhängen. Und neben Amerika wird Europa zum einzigen größeren Machtzentrum auf der Welt heranwachsen.

Dass Zweifel an einem «neuen amerikanischen Jahrhundert» bestehen, hat auch mit den Folgen des Irak-Krieges für die amerikanische Außenpolitik zu tun. Der militärische Sieg und die Geschwindigkeit, mit der Saddam Husseins Regime zusammengebrochen ist, haben die Falken in der Bush-Administration zweifellos gestärkt. Weil die US-Truppen nur wenig Verluste hatten, wird die öffentliche Unterstützung für einen amerikanischen Führungsanspruch in der Welt wohl ebenfalls stark bleiben.

Es wäre dennoch eine Illusion anzunehmen, dass der politische Konsens, der sich über den Irak-Krieg gebildet hatte, langfristig andauern wird – selbst unter Präsident Bushs engsten Beratern. In der Kriegsfrage mögen sie zusammengerückt sein. Doch tiefe Differenzen kamen nach dem Ende der Kampfhandlungen erneut zum Vorschein. Die Neokonservativen wie der stellvertretende Verteidigungsminister Paul Wolfowitz betrachten Amerikas Außenposten im Irak als ein geeignetes Mittel, um einen tief gehenden politischen Wandel im Nahen Osten zu bewirken – und sprachen sich deshalb für eine lange Stationierungsdauer aus. Konservative Pragmatiker wie der Verteidigungsminister Donald Rumsfeld hatten eine eher begrenzte Vorstellung von Amerikas Zielen in der Region und bevorzugten einen kürzeren Aufenthalt dort – obwohl Rumsfeld alles tat, damit das Pentagon die Kontrolle über den Wiederaufbau im Irak behielt. Außenminister Colin Powell wiederum sprach sich für eine zivile Kontrolle des Irak aus und für eine Zusammenarbeit mit den Vereinten Nationen und den anderen Alliierten. Diese unterschiedlichen Vorstellungen mündeten in heftigen Auseinandersetzungen über die Nachkriegspolitik.

Die innenpolitische Unterstützung für Amerikas neuen Ehrgeiz scheint zudem alles andere als gesichert. Auch wenn die amerikanische Öffentlichkeit für den Krieg war, wird sie wahrscheinlich wenig begeistert sein über eine langfristige Besetzung des Irak. Selbst im amerikanischen Kernland – wo die meisten Anhänger von George W. Bush leben – gibt es wenig Enthusiasmus über einen kolonialen Außenposten im Nahen Osten. Es ist wahr: Seit dem Kalten Krieg haben die Amerikaner ein breites Spektrum von internationalen Verpflichtungen akzeptiert und US-Truppen waren an vielen Orten der Erde ständig präsent. Doch die Amerikaner sind in der Regel nur dann geblieben, wenn sie erwünscht waren. Mit einem starken Antiamerikanismus im Irak und zunehmder Amerikafeindschaft selbst bei alten Alliierten wie Deutschland, Japan und Südkorea fangen die Amerikaner langsam an sich zu fragen, ob ihr Land weiterhin die Rolle als globale Schutzmacht spielen soll. US-Bürger sind davon überzeugt, dass ihre Truppen der Welt nur Gutes tun – und sind empört, wenn die Gastländer das ganz anders sehen. Am Ende werden die Stimmen derjenigen lauter, die die Truppen nach Hause zurückholen wollen. Amerikas isolationistische Neigungen liegen seit dem 11. September im Schlummer. Sie sind aber keineswegs für immer verschwunden.

Auf den folgenden Seiten beschreibe ich, wie und warum der Aufstieg Europas und die Rückkehr von Unilateralismus und Isolationismus in Amerika dazu beitragen, den Westen zu spalten, Europa gegen Amerika in Stellung zu bringen, und den Übergang zu einer Welt von multiplen Machtzentren zu befördern. Als ich die erste Fassung dieses Buches schrieb – vor Ausbruch des Irak-Krieges –, glaubte ich, dass diese Entwicklungen einen Großteil dieses Jahrzehnts brauchen würden, wenn nicht noch länger.

Nun hat die Bush-Administration den Lauf der Geschichte zwar nicht geändert, aber sie hat ihn erheblich beschleunigt. Der Irak-Krieg hat deutlich gemacht, dass der Westen tief gespalten ist. Das Fundament jener politischen Gemeinschaft, die die Welt seit den vierziger Jahren zusammengehalten hat, ist ins Wanken geraten. In diesem Sinne hat der Irak-Krieg vor allem die geopolitischen Kräfte in Schwung gebracht, die ohnehin schon im Begriff waren, die Welt zu verändern, in der wir leben. Wenn die Geschichte so schnell voranschreitet – und die globale Landschaft sich entsprechend verändert, dann müssen Amerika, Europa und die internationale Gemeinschaft dringend überlegen, wie sie dem Ende des Amerikanischen Zeitalters und der europäischen Herausforderung begegnen wollen.

C. K.   *Washington, im Juni 2003*

Vorwort

Am 11. September 2001 entführten Terroristen vier Flugzeuge, verwandelten sie in fliegende Bomben und zerstörten mit ihnen die Türme des World Trade Centers und einen großen Teil des Pentagons. Die Angriffe töteten Tausende von Menschen – und erschütterten die Symbole amerikanischer Wirtschafts- und Militärmacht. Die Bilder der Zerstörung gaben den Amerikanern ein neues quälendes Gefühl der Verwundbarkeit, das das Verhältnis zwischen den Vereinigten Staaten und dem Rest der Welt anhaltend beeinflussen wird.

Die tragischen Ereignisse vom September 2001 waren ein Alarmsignal für Amerika. Seit dem Ende des Kalten Krieges schienen die USA das Interesse an Außenpolitik verloren zu haben. Politiker und die Öffentlichkeit hatten sich ausgeklinkt, eingelullt von der Vorherrschaft Amerikas und seiner scheinbaren Unverwundbarkeit. Die Medien standen kurz davor, ihre Auslandsberichterstattung gänzlich einzustellen. Der Kongress fand kaum Zeit, außenpolitische Themen zu beraten, sodass drängende Fragen wie die Kontrolle über Massenvernichtungswaffen, die Balkankrise oder der Umweltschutz zwar schnell zum Gegenstand von Parteienstreit, aber keineswegs ernsthaft diskutiert wurden. Die Verbündeten Amerikas sahen mit einer Mischung aus Fassungslosigkeit und Ärger zu, wie die einzige Supermacht aus der Bahn zu geraten schien.

Doch nach dem 11. September änderte sich alles. Die Landesverteidigung und die Bekämpfung des Terrorismus erhielten nun oberste nationale Priorität. Die Zeitungen waren voll mit Nachrichten aus dem Ausland, viele Fernsehsender berichteten vierundzwanzig Stunden am Tag über Amerikas «neuen Krieg». Demokraten und Republikaner einte ein neuer, überparteilicher Geist, wie es ihn in Washington seit langem nicht gegeben hatte. Amerika nahm Kontakt zu anderen Staaten auf, und die bisherigen unilateralen Tendenzen wurden zunehmend von der Wiederbelebung vernachlässigter Allianzen und der Suche nach neuen Partnerschaften verdrängt. Viele Kommentatoren zogen den Vergleich mit Pearl Harbor. Wie der 7. Dezember 1941, so war auch der 11. September 2001 ein historischer Wendepunkt, der den Amerikanern bewusst machte, dass sie in einer gefährlichen Welt leben, die Engagement, Wachsamkeit und Opferbereitschaft erfordert.

Es wäre jedoch ein Trugschluss zu glauben, dieses neue Bewusstsein von Verwundbarkeit habe den Kurs der amerikanischen Außenpolitik korrigiert. Im Gegenteil: Indem man alle Aufmerksamkeit und Ressourcen auf den Kampf gegen den Terrorismus und die Verteidigung Amerikas konzentrierte, haben die Ereignisse des 11. September und der darauf folgende Bio-Terrorismus ein Interesse Amerikas an selbst schwerwiegenden Bedrohungen in anderen Teilen der Welt noch unwahrscheinlicher gemacht. Der Ausbau der Heimatverteidigung ist sicherlich von größter Wichtigkeit. Ungeachtet zahlreicher Warnungen haben es die Vereinigten Staaten lange versäumt, die notwendigen Maßnahmen zur Abwehr terroristischer Angriffe zu ergreifen – und zahlten für diese Selbstsicherheit einen hohen Preis. Die Bush-Administration arbeitet deshalb zu Recht mit Hochdruck an angemessenen Lösungen. Doch diese Aufgaben sollten ein viel gravierenderes Problem nicht verdecken: das Wiederaufleben der Rivalitäten zwischen den großen Machtzentren der Welt.

Das mangelnde Interesse Amerikas an solchen Großmachtrivalitäten ist verständlich. Der Beginn des 21. Jahrhunderts markiert den Triumph der demokratischen Ideale, auf die sich die amerikanische Verfassung gründet und für die viel Blut vergossen wurde. Etwa hundertzwanzig der fast zweihundert Staaten der Erde haben demokratische Regierungsformen. Der Kommunismus, Hauptfeind liberaler Demokratie im 20. Jahrhundert, wurde zurückgedrängt, seine Anhänger in China, Nordkorea und Kuba kämpfen um ihre Existenz. Die Stellung der Vereinigten Staaten ist unangefochten. Amerikas militärische und wirtschaftliche Macht sind einzigartig, kein Land der Welt kann es damit auch nur im Entferntesten aufnehmen. Die unbegrenzten Möglichkeiten des technischen Fortschritts und die kulturelle Attraktivität verschaffen Amerika seine überragende globale Vorherrschaft.

Deshalb sind amerikanische Strategen noch immer nicht allein der Überzeugung, diese Vormachtstellung der USA werde langfristig anhalten, sondern sie glauben auch, eine Ära des Friedens zwischen den Großmächten sei angebrochen. Die fortschreitende Ausbreitung der Demokratie und des Kapitalismus habe zum «Ende der Geschichte» geführt, größere Kriege seien überflüssig geworden, eine Welt sei entstanden, in der zufriedene Nationen lernten, glücklich nebeneinander zu leben. Wohl könnten einzelne Menschen und Randgruppen weiterhin versuchen, Amerika und seinen Partnern zu schaden; die Demokratien der Welt aber seien stark genug, den Terrorismus einzudämmen und zu besiegen und die Welt in eine friedvolle und florierende Zukunft zu führen.

Das Vertrauen in die Dauerhaftigkeit der amerikanischen Vorherrschaft ist jedoch nicht nur verfehlt, es ist auch verhängnisvoll. Amerika scheint dem gleichen Irrtum zu erliegen wie die meisten großen Nationen vor ihm: Es verwechselt die Ruhe, die üblicherweise auf die Lösung geopolitischer Konflikte folgt, mit einem dauerhaften Frieden. Das Jahrzehnt nach dem Ende des Kalten Krieges war eine friedliche und erfolgreiche Zeit für Amerika. Die großen Mächte hatten eine Pause eingelegt und erwogen ihre nächsten Züge. Und die Dominanz Amerikas ist keine Illusion; in jeder Hinsicht spielt Amerika heute in einer eigenen Liga.

Doch das internationale System ist sensibel und fragil, es kann mit bemerkenswertem Tempo auseinander brechen. 1910 vertrauten die Europäer auf die friedenserhaltende Wirkung ökonomischer Verflechtung und darauf, dass eine militärische Auseinandersetzung irrational geworden war. Im Spätsommer 1914 standen Europas Großmächte im Krieg. In der zweiten Hälfte der zwanziger Jahre genossen die Vereinigten Staaten Wohlstand und Zuversicht. 1933 litt die Welt unter einer schweren wirtschaftlichen Depression, Hitler beherrschte Deutschland, und das Jahrhundert trieb seinen schwärzesten Zeiten entgegen. Im Frühjahr 1945 bemühten sich die Vereinigten Staaten um ein Nachkriegsbündnis mit der Sowjetunion, US-Streitkräfte wurden schnell demobilisiert, und das amerikanische Volk hoffte, die Vereinten Nationen würden den Weltfrieden erhalten. Wenige Jahre später begann der Kalte Krieg, und die Vereinigten Staaten und die Sowjetunion bedrohten sich gegenseitig mit atomarer Vernichtung. Das Wiederaufleben von Rivalitäten und Konflikten zwischen den Großmächten ist keineswegs unausweichlich. Doch die sicherste Methode, diese Konflikte erneut anzufachen, besteht darin, die amerikanischen Interessen ausschließlich auf den Terrorismus zu konzentrieren und zu glauben, der Frieden zwischen den Großmächten sei von Dauer. Stattdessen sollte Amerika einsehen, dass seine Übermacht und die daraus folgende Stabilität bereits zu schwinden beginnen.

Europa befindet sich in einer revolutionären Phase politischer und wirtschaftlicher Integration, in der die Bedeutung innerer Grenzen schrittweise abgeschafft und die Macht in Brüssel gebündelt wird. Der kollektive Reichtum der Europäischen Union wird bald mit der Wirtschaftsmacht USA konkurrieren können. Russland wird sich erholen und könnte bald seinen Platz in einem vereinten Europa einnehmen. Asien folgt in nicht allzu großem Abstand. China ist bereits eine regionale Großmacht mit starkem Wirtschaftswachstum. Und Japan, die zweitgrößte Wirtschaftsmacht der Welt, wird letztlich aus der Rezession herausfinden und seinen politischen und militärischen Einfluss mehr und mehr ausdehnen.

Während also neue Großmächte die amerikanische Vorherrschaft zunehmend herausfordern, verlieren die Vereinigten Staaten ihr Interesse an der globalen Schutzmachtrolle. In den neunziger Jahren haben die USA eine beachtlich aktive Außenpolitik verfolgt: Amerika hat die ethnischen Säuberungen auf dem Balkan gestoppt, Saddam Hussein zurückgedrängt, den Frieden in Ostasien bewahrt, an der Lösung der schweren Konflikte in Nahost und Nordirland mitgearbeitet und gleichzeitig eine globalisierte internationale Wirtschaft gefördert. Doch der amerikanische Internationalismus hat im letzten Jahrzehnt seinen Höhepunkt erreicht und ist bereits im Schwinden begriffen. Während seiner ersten Monate im Amt machte Präsident George W. Bush unmissverständlich klar, dass er das internationale amerikanische Engagement zurückfahren werde und sich mehr um heimatliche Belange kümmern wolle. Nicht zufällig führte ihn seine erste Auslandsreise nach Mexiko, um den Präsidenten Vicente Fox zu besuchen und das erste Staatsbankett zu dessen Ehren zu veranstalten. Bush demonstrierte seine unilateralen Neigungen; schon früh verkündete er den Entschluss, sich von vielen Verträgen und Institutionen zurückzuziehen, an deren Gründung sich Amerika im Interesse der internationalen Ordnung selbst beteiligt hatte. Der Internationalismus der neunziger Jahre basierte auf einem bemerkenswert starken und dauerhaften Wirtschaftsaufschwung. Ökonomisch schlechte Zeiten fördern wiederum eine Außenpolitik, die sich zunehmend nach innen wendet. Viele glauben, der 11. September habe diesen Trend aufgehalten. Man versucht, die Bush-Regierung und die amerikanische Öffentlichkeit von der Notwendigkeit eines globalen Engagements zu überzeugen. So schrieb der ehemalige Chefredakteur der politischen Wochenzeitung *The New Republic* wenige Tage nach dem Angriff: «Wir müssen zur Kenntnis nehmen, dass jetzt jede westliche Großstadt verwundbar ist. Für die Vereinigten Staaten bedeutet dies vor allem eines: Der Isolationismus ist tot.» Andere Beobachter meinten, die Terrorbedrohung werde den US-Internationalismus neu beleben, und zwar in einer liberalen Variante – mit der Verpflichtung zu multilateralen Aktionen in Absprache mit internationalen Institutionen. Der Terrorismus bedeutet eine kollektive Bedrohung und sollte eine kollektive Reaktion auslösen.

Es ist jedoch keineswegs ausgemacht, dass der Terrorismus die Vereinigten Staaten gegen die Versuchung des Isolationismus oder Unilateralismus immunisiert. Langfristig könnten Amerikas führende Politiker es für sinnvoller halten, die Sicherheit des Landes durch weniger internationales Engagement und durch neue Schutzwälle zu verbessern, anstatt Terroristen in den Bergen Afghanistans zu jagen. Seit den Gründungsvätern besteht in den USA die Tradition, sich von fremden Problemen abzukapseln – eine Tradition, die durch die steigenden Kosten eines globalen Engagements wieder neu belebt werden könnte. Als erste Reaktion auf die Angriffe des 11. September schlossen die Amerikaner alle Grenzen zu Mexiko und Kanada, stellten den Luftverkehr ein und kontrollierten die Küsten durch Kriegsschiffe und Kampfflugzeuge. Sie hegen zudem eine tiefe Abneigung gegen multilaterale Institutionen, denn sie müssten die Freiheit unilateraler Handlungen aufgeben, wozu sie nicht bereit sind. Somit könnten die Vereinigten Staaten wieder im Alleingang handeln, was diejenigen Partner vor den Kopf stoßen würde, die sie brauchen, um ein zunehmend gespaltenes globales System zu kontrollieren. Der liberale Internationalismus, der Amerikas globale Führung seit dem Zweiten Weltkrieg begleitet, wird von extremen isolationistischen und unilateralen Tendenzen in die Zange genommen.

Noch besitzt Amerika die Vorherrschaft, doch der Aufstieg alternativer Machtzentren und ein stärker unilateral geprägter US-Internationalismus werden dafür sorgen, dass sie im Laufe des 21. Jahrhunderts zu Ende geht – mit schweren geopolitischen Folgen. Stabilität und Ordnung, die auf der amerikanischen Vormachtstellung gründen, werden allmählich durch einen neuen Wettkampf um die Vorherrschaft verdrängt. Die entfesselte Lokomotive der Globalisierung wird entgleisen, sobald Washington nicht mehr am Steuer sitzt. Die Pax Americana wird durch ein weitaus unberechenbareres und gefährlicheres globales Umfeld verdrängt werden. Nicht Menschen wie Osama bin Laden werden dann die größte Bedrohung darstellen, sondern das Wiederaufleben alter geopolitischer Konflikte.

Amerika muss sich und den Rest der Welt dringend auf diese unsichere Zukunft vorbereiten. Zu warten, bis die amerikanische Vormachtstellung der Vergangenheit angehört, würde bedeuten, die Chance zu verpassen, die diese Vormachtstellung bietet. Amerika muss jetzt eine Große Strategie für den Übergang zu einer Welt mit verschiedenen Machtzentren entwickeln, solange dazu noch Gelegenheit ist. Dies ist die zentrale Herausforderung der Endphase der amerikanischen Epoche.

Obwohl dieses Buch hauptsächlich fragt, wohin sich Amerika und das globale System, das unter seiner Ägide geschaffen wurde, bewegen, wirft es auch einen Blick in die Vergangenheit. Ich entwickle jede der Hauptthesen des Buches am Beispiel einer historischen Periode, die das Wesen der heutigen Bedrohungen am besten erhellen kann. Diese Bezugnahme auf die Vergangenheit mag in einem Buch über die Zukunft befremden, doch die Komplexität der aktuellen Situation lässt keine andere Möglichkeit zu. Wird die Gegenwart nicht in den historischen Kontext gestellt, bietet sie nur einen Schnappschuss der Welt inmitten tief greifender Veränderungen. Wird die Analyse der Gegenwart nicht in der Vergangenheit verankert, kann sie nur von flüchtiger Relevanz sein und riskiert, die verborgenen Tatsachen, die zu Veränderung führen, zu übersehen. Denn diese liegen unterhalb der Oberfläche und werden erst im historischen Kontext sichtbar. Die Vergangenheit als Wegweiser in die Zukunft – das birgt analytische Gefahren. Ohne Frage hat die Ausbreitung der Demokratie sowohl das Leben innerhalb der Staaten als auch der Staaten untereinander verändert. Die moderne Technologie und ihr überragender Einfluss – auf Waffensysteme, Kommunikation und Handel – macht es schwer, die Probleme des römischen Reiches im vierten Jahrhundert mit den Anforderungen an das heutige Amerika zu vergleichen. Es geht deshalb darum, die Vergangenheit selektiv zu interpretieren und sich vor historischen Lehren zu hüten, die eher in die Irre führen als Aufschluss zu geben. Ferner gibt es gewisse Wahrheiten hinsichtlich internationaler Beziehungen, die immerwährende Gültigkeit besitzen, da sie in der menschlichen Grunddisposition wurzeln. Diese Wahrheiten warnen vor der Rückkehr zu Großmachtrivalitäten und dem Blutvergießen, das sie begleitet. Doch diese Wahrheiten geben uns auch Grund zum Optimismus angesichts unserer Fähigkeit, aus der Geschichte zu lernen und die Fehler der Vergangenheit in Zukunft zu vermeiden.

Ich bin überzeugt, dass die zentrale Aufgabe der Zukunft dieselbe ist wie in der Vergangenheit – die Beziehungen zwischen rivalisierenden Machtzentren zu gestalten. Dieser Standpunkt entspricht nicht der herrschenden Meinung, die die Bedrohungen der Sicherheit im 21. Jahrhundert ganz woanders vermutet: im Terrorismus, in der Überbevölkerung und Krankheit in der Dritten Welt, internationaler Kriminalität und Umweltzerstörung. Indem ich eine eher traditionelle Bedrohung herausstelle, will ich keinesfalls die neue Sicherheitsagenda verwerfen oder trivialisieren. Im Gegenteil: Ein großer Teil meiner Aufmerksamkeit gilt dem Terrorismus, dem Zusammenbruch von Staaten und der Armut. Diese Probleme könnten jedoch in den

Hintergrund treten angesichts der Gefahren, die entstehen, wenn Amerika der Illusion erliegt, seine Vorherrschaft sei von ewiger Dauer und die eher traditionellen geopolitischen Herausforderungen existierten nicht mehr.

Dieses Buch will also ein Korrektiv in einer nationalen Debatte sein, die stark abgedriftet ist. Wenn es den Vereinigten Staaten nicht gelingt, ihre Außenpolitik an das veränderte internationale System anzupassen, werden sie dafür einen hohen Preis zahlen. Eine richtige Analyse kann wichtige Erkenntnisse zutage fördern. Erst wenn Amerika und der Rest der Welt damit beginnen, sich ein Leben nach der Pax Americana schon heute vorzustellen, werden sie genug Zeit und den Weitblick gewinnen, die turbulenten Jahre, die vor uns liegen, friedlich zu meistern. Dann werden die Vereinigten Staaten vielleicht in der Lage sein, das, was die «amerikanische Epoche» Gutes getan hat, der zukünftigen Welt zu vererben.

Erstes Kapitel

Die Große Strategie und das Paradox der amerikanischen Macht

Großmächte sind die Hauptakteure im internationalen Leben. Sie tragen ihren Einfluss weit über ihre eigenen Grenzen hinweg. Sie wollen ein globales Umfeld schaffen, das ihren Interessen nützt. Daher brauchen Großmächte eine begriffliche Vorstellung von der Welt und eine daraus folgende Große Strategie. Sie dient dazu, ihre globalen Ziele mit den verfügbaren Mitteln im Gleichgewicht zu halten. Wenn sie dieses Gleichgewicht zwischen Verpflichtungen und Ressourcen bewahren, dann sind sie in der Lage, sowohl sich selbst zu schützen als auch jene Ziele zu verfolgen, die Reichtum und militärische Macht notwendigerweise mit sich bringen.

Überlegene Stärke allein kann einer Nation mehr schaden als nützen. Eine ungehemmte Vormachtstellung schafft Feinde und provoziert die Bildung gegnerischer Koalitionen. Wird Dominanz jedoch klug genutzt, kann sie hübsch zum Vorteil gereichen – denn sie sichert nicht nur den eigenen Wohlstand, sondern gewährt durch das internationale System auch eine stabile Ordnung, die dem eigenen Bilde entspricht. Das Römische Reich, die Pax Britannica, die Pax Americana – es war nicht nur die Stärke Roms, Großbritanniens und der Vereinigten Staaten, die diese Epochen begründete, sondern auch die neuen und weitsichtigen Großen Strategien, die jedes Reich entwickelte, um seine Vormacht zu sichern.

Wenn man betrachtet, wie Großbritannien mit Deutschlands Aufstieg im frühen 20. Jahrhundert umging, so wird deutlich, wie wichtig eine angemessene Große Strategie für das Wohlergehen einer Großmacht und die Stabilität des internationalen Systems sein kann. Obwohl sich die britischen Eliten jahrhundertelang auf ihren Imperialbesitz konzentriert hatten, reagierten sie 1898 sehr schnell auf

Deutschlands Entscheidung für den Bau einer Großflotte. Sie argwöhnten, wachsende deutsche Ambitionen würden die europäische Machtbalance zerstören. London rief seine Marine von den Stützpunkten des Empire zurück und bereitete die Armee auf einen Kontinentalkrieg vor. Diese Entscheidungen waren die Grundlage dafür, dass Briten, Franzosen und Russen den deutschen Vormarsch 1914 erfolgreich aufhielten und den Berliner Griff nach europäischer Vorherrschaft vereitelten. Kurz: Großbritannien hat es damals richtig gemacht. In den dreißiger Jahren verhielt es sich jedoch genau entgegengesetzt: Deutschland war wieder auf Kriegskurs und strebte erneut nach Dominanz in Europa. Diesmal hatten es die Briten jedoch versäumt, sich für einen Krieg gegen Deutschland zu wappnen. Stattdessen versuchten sie, Hitler zu beschwichtigen und auf die Verteidigung ihres Kolonialbesitzes zu setzen. So musste Großbritannien, und mit ihm ganz Europa, schwer büßen, dass es seine Große Strategie schändlich vernachlässigt hatte.

Die Vergangenheit

Am 22. Juni 1912 bestand Winston Churchill darauf, das Malta-Geschwader dürfe «im Mittelmeer nicht operieren, bis eine siegreiche Aktion in der Nordsee ausgefochten wird. Erst dann kann es ins Mittelmeer fahren.»[1] Mit dieser Entscheidung vollendete Churchill die Abkehr der Royal Navy vom Netz weltweiter Marinebasen. London dämpfte die Wucht dieses weitreichenden strategischen Kurswechsels durch einen Deal mit Paris: Die französische Flotte sollte im Mittelmeer patrouillieren, als Gegenleistung würde die Royal Navy die französische Atlantikküste schützen. Die Folgen des Rückzugs aus dem Mittelmeer waren möglicherweise verheerend. Großbritannien gab die lebenswichtige Verbindung zwischen den Mutterinseln und dem östlichen Empire auf. Im Sommer 1912 hatte Churchill jedoch keine andere Wahl. Das hochgerüstete Deutschland forderte einen «Platz an der Sonne». Die deutsche Bedrohung verdarb Großbritannien den Luxus, sich allein seinen überseeischen Besitzungen hinzugeben.

Churchill war erst ein Jahr zuvor zum Ersten Lord der Admiralität aufgestiegen. Er trug seine Entscheidung derart resolut vor, weil er wusste, dass die Briten es mit entschlossenen Gegnern zu tun hatten.

Immerhin bedeutete der Wille, die Royal Navy von ihren Überseebasen zurückzurufen und in heimatliche Gewässer zu bringen, eine Abkehr von der Großen Strategie: Die Briten hatten ein seegestütztes Empire geschaffen und dabei vermieden, sich auf dem europäischen Kontinent einbinden zu lassen – eine Strategie, die sie liebevoll «splendid isolation» nannten und die Großbritannien zur Weltmacht werden ließ.

Zu Churchills Zeit besaß England eine lange Tradition als Seefahrernation. Schon 1511 forderten die Berater König Heinrichs VIII., England müsse Seemacht werden, um Wohlstand und Sicherheit zu fördern: «Wir müssen in Gottes Namen unsere Anstrengungen auf der *terra firma* aufgeben. Die natürliche Lage von Inseln scheint derartige Eroberungen nicht zu begünstigen. England allein ist ein gerechtes Empire. Wenn wir uns ausdehnen wollen, dann in der Form, die uns zusteht und die die ewige Vorsehung für uns ausgewählt hat – auf dem Meer.»[2]

Königin Elisabeth hat diese Seestrategie in der zweiten Hälfte des 16. Jahrhunderts verfeinert. Sie war zwar überzeugt, dass Englands Schicksal auf dem Meer liegen würde, aber sie bestand darauf, den Kontinent im Blick zu behalten: Keine einzelne Macht sollte die europäische Landmasse dominieren. Eine europäische Supermacht würde letztlich auch England bedrohen. Als Seemacht musste das Königreich gelegentlich auf dem Kontinent intervenieren, um eine stabile Machtbalance zu bewahren. Diese einfache und elegante Strategie erlaubte es Großbritannien, im 19. Jahrhundert die komplette Herrschaft über das Meer zu erlangen, den Kontinent im Gleichgewicht zu halten und beispiellosen globalen Einfluss zu nehmen.

Der Erfolg der «splendid isolation» hat viele Briten zu glühenden Anhängern des Empire und der Seeherrschaft gemacht. Man braucht sich daher nicht zu wundern, dass die Admiralität auf heftigen Widerstand traf, als sie 1904/05 die Royal Navy in heimische Gewässer zurückbeorderte und so die Flottenstärke der Marinebasen schwächte. Besonders das Außenministerium und das Kolonialministerium protestierten aufs schärfste. Das Außenministerium beklagte sich bei der Admiralität, dass «die Navy zukünftig der Außenpolitik dieses Landes die Unterstützung nicht mehr geben kann, die das Außenministerium zu erwarten berechtigt ist und die es in der Vergangenheit erhalten hat ... Die Bedürfnisse der britischen Weltpolitik und Interessen werden gegenwärtig und in unmittelbarer Zukunft geopfert.»[3] Indien, Singapur, Australien, Ägypten und die anderen Besitztümer in Nahost könnten in Gefahr geraten. Sollte das Empire demontiert werden, würde Britannien einen unkalkulierbaren Schlag gegen seine Wirtschaft und sein Prestige erleiden.

Die Admiralität ließ sich nicht beirren. Während des ersten Jahrzehnts des 20. Jahrhunderts erfasste eine stille Revolution das europäische Gleichgewicht. Und wie Königin Elisabeth geraten hatte, musste England beim Aufbau des großen seegestützten Empires die Machtbalance auf dem Kontinent im Auge behalten.

Nach der staatlichen Einigung 1871 legte Deutschland zur Jahrhundertwende ein Marineprogramm zum Bau einer Schlachtschiffflotte auf, die die britische Seemacht herausfordern sollte. London blieb keine andere Wahl: Man musste den Deutschen den gewünschten Einfluss gewähren. Der herrische und impulsive Kaiser Wilhelm II war ein bekennender Marine-Fan. Er interessierte sich brennend für die Royal Navy und entschied, Deutschland zur Weltmacht zu führen und einen politischen Status zu erlangen, der seiner wachsenden Wirtschaftskraft entsprechen sollte. Der Kaiser beauftragte Admiral Tirpitz mit der Planung der Flotte – Tirpitz sollte zugleich den Reichstag für die Bereitstellung der erforderlichen Mittel gewinnen. Kaiser und Admiral erreichten ihr Ziel: Sie kauften den Landadel mit Getreidezöllen und heizten das Nationalgefühl an, um die politische Opposition auszuhebeln. Das erste Marinegesetz von 1898 sah 19 Schlachtschiffe vor, im zweiten Gesetz von 1900 sollte die Flotte auf 38 Schlachtschiffe aufgerüstet werden.

Doch die Briten reagierten nicht sofort auf die deutsche Herausforderung. Zur Jahrhundertwende war man noch immer mit der Verteidigung des Empires beschäftigt. 1899 brach der Burenkrieg aus und verschlang weitaus mehr Ressourcen als geplant. Die anderen Großmächte bedrohten zuallererst die außereuropäischen Besitztümer und nicht die Heimatinseln. Ein hochrangiger Beamter bekannte 1899: «Es gibt nur zwei Mächte, vor denen ich Angst habe – die Vereinigten Staaten und Russland.»[4] Der Aufstieg der USA gefährdete tatsächlich die kanadische und britische Vorherrschaft im Westatlantik. Und Russland bedrohte Indien, das «Juwel in der Krone». Im britischen Kabinett war man sich einig, dass «die Hauptaufgabe, für die unsere Armee existiert, nicht in der Verteidigung unserer Küsten besteht, sondern im Schutz der äußeren Teile des Empire. Dies gilt besonders für Indien.»[5]

1906/07 erfuhr die britische Vorstellung von der Welt einen dramatischen Wandel. Nun bekam die deutsche Bedrohung die höchste Priorität. Alles andere war zweitrangig. Ein Außenamt-Memorandum von Sir Eyre Crowe trug dazu bei, diese Denkweise zu verfestigen. Das Crowe-Memorandum räumte ein, die deutschen Absichten seien noch ungewiss. Sollte Deutschland keinen aggressiven Kurs einschlagen, würde sein Aufstieg dennoch «eine ernst zu nehmende Bedrohung für den Rest der Welt bedeuten, wie jede Eroberung einer ähnlichen Stellung in ‹böser Absicht›».[6]

Als Antwort auf die deutsche Gefahr bildeten Großbritannien, Frankreich und Russland eine informelle Koalition, die so genannte Triple Entente. London änderte seine Politik der Nicht-Intervention auf dem Kontinent und stellte ein Expeditionskorps auf, das über den Kanal geschickt werden konnte, um seine Partner im Falle eines deutschen Vormarsches zu unterstützen. Das *Committee of Imperial Defence* bestätigte dann, die Hauptmission der britischen Armee läge in Europa und nicht in Indien. Der Erste Seelord Sir John Fisher begann mit dem schmerzvollen Rückzug der Royal Navy aus den imperialen Gewässern. Diese Aufgabe wurde dadurch erleichtert, dass London sich dauerhaft an die Vereinigten Staaten anzunähern begann – ein Schachzug, der den Abbau der britischen Marinepräsenz im Westatlantik erleichterte. Churchill machte dort weiter, wo Fisher aufgehört hatte. Er brachte ein Marineabkommen mit Paris zustande und vollendete den Rückruf der Schlachtschiffe in die Heimat. Allen Kritikern, die das Empire immer noch verteidigen wollten, hielt Churchill entgegen: «Wenn wir die große Schlacht auf dem entscheidenden Schauplatz gewinnen, können wir anschließend auf anderen Bühnen wieder klar Schiff machen. Es wäre töricht, Ägypten zu schützen und dabei England zu verlieren.»[7]

Als Churchill 1912 also das Malta-Geschwader in die Nordsee kommandierte, legte er letzte Hand an die schnelle und gründliche Revision der britischen Großen Strategie. Diese Neuausrichtung von Prioritäten und Interessen ist besonders bemerkenswert, da Großbritannien wirtschaftlich und psychologisch tief dem imperialen Denken und der jahrhundertealten Politik der «splendid isolation» verhaftet war. Dies alles konnte dem Land die enormen Opfer nicht ersparen, die es nach August 1914 erleiden musste. Doch der Rückzug aus dem Empire und die neue Große Strategie, die Deutschland in Schach halten sollte, waren für den Endsieg der Alliierten unverzichtbar.

Am 9. Juni 1920 sah sich Sir Henry Wilson, Chef des Imperialen Generalstabs, gezwungen, dem Kabinett seine große Sorge über das wachsende Missverhältnis zwischen den militärischen Fähigkeiten Englands und seinen strategischen Verpflichtungen zu übermitteln. «Ich möchte respektvoll fordern, die Regierung Seiner Majestät möge größte Aufmerksamkeit dieser Frage schenken, wobei unsere Politik mit der Frage nach der Verfügbarkeit unserer Streitkräfte in Verbindung gebracht werden sollte ... Ich kann die Regierung nicht ernst genug vor der größten Gefahr warnen, die Armee Ihrer Majestät über die ganze Welt zu verteilen, wobei sie nirgendwo stark und überall schwach ist und keine Reserven hat, eine gefährliche Situation abzuwenden oder eine zukünftige Gefahr zu bekämpfen.»[8]

Wilsons Ängste entsprangen den großen Einschränkungen, die die schwache Wirtschaft der Außenpolitik auferlegte. In der Zwischenkriegszeit wurde die Große Strategie der Briten stark von wirtschaftlichen Überlegungen geprägt. Trotz des Sieges der Alliierten im Ersten Weltkrieg hatte dieser lange Konflikt die britischen Arbeitskräfte und finanziellen Ressourcen erschöpft und tiefer liegende ökonomische Schwächen bloßgelegt. Um die Wirtschaftskraft wiederherzustellen und den Unmut der Bevölkerung zu beschwichtigen, durfte so wenig

Geld wie möglich für das Militär ausgegeben werden. Der Zusammenbruch der Wall Street und die Depression der frühen dreißiger Jahre haben die Sorge um die ökonomische Verwundbarkeit nur noch verstärkt.

Angesichts dieser ernsten Lage spielte der Finanzminister während der Jahre zwischen den Kriegen eine wichtige Rolle bei der Definition der Großen Strategie. Das Ergebnis war offenkundig. Zwischen 1920 und 1922 fielen die Militärausgaben von 896 Millionen Pfund auf 111 Millionen Pfund. Die Schrumpfung des Militärs wurde durch die Zehn-Jahres-Regel gerechtfertigt, eine ständig erneuerte Planung, die davon ausging, dass das Land keinen größeren Krieg in den nächsten zehn Jahren führen würde. England schloss Abkommen in Washington (1921–1922) und London (1930), um einen Konkurrenzkampf auf See mit anderen Mächten zu vermeiden. Dadurch wurden größere Ausgaben für neue Schiffe überflüssig. Die Armee wurde klein gehalten. Ihr Auftrag beschränkte sich darauf, mit Hilfe von Kolonialtruppen die imperialen Besitztümer zu verteidigen. Prioritäten der britischen Großen Strategie waren die Entwicklung des internationalen Handels, die Stabilität des britischen Pfundes und die Gesundung der Wirtschaft.

Die Entwicklungen in Deutschland stellten jedoch diese Prioritäten bald in Frage. Nachdem Hitler 1933 deutscher Reichskanzler geworden war, hatte sich Deutschland wiederbewaffnet und sämtliche Einschränkungen über Bord geworfen, die eine Machtbalance auf dem Kontinent sichern sollten. Hitler baute die Wehrmacht wieder auf und mobilisierte bald seine Truppen. Er besetzte das Rheinland, dann Österreich, marschierte in der Tschechoslowakei ein und schließlich in Polen. Nur eine Woche, nachdem General Guderians Panzer-Corps die Maas bei Sedan überschritten hatte, erreichten deutsche Panzer im Mai 1940 die Kanalküste und schnitten Frankreich erfolgreich von den alliierten Armeen in Belgien ab. Der Fall der Dritten Republik stand kurz bevor.

Deutschlands Aufstieg während der dreißiger Jahre hätte eine Neuausrichtung der britischen Großen Strategie erforderlich gemacht – wie schon im ersten Jahrzehnt des 20. Jahrhunderts. Dies blieb jedoch aus. Als Deutschland und Japan während der frühen dreißiger Jahre ihre aggressiven Absichten zeigten, erstickte das Finanzministerium schnell alle Bemühungen um Aufrüstung: «Tatsache ist, dass wir wegen der aktuellen Umstände finanziell und wirtschaftlich ... und daher auch militärisch nicht mehr in der Lage sind, einen größeren Krieg zu führen. Das Finanzministerium meint, dass die finanziellen Risiken heute größer sind als alle Risiken, die wir abschätzen können.»[9] Premierminister Ramsey MacDonald schloss daraus, «dass es daher zu keiner größeren Ausgabenerhöhung kommen wird, da dies außer Frage steht.»

1932 hob das *Committee of Imperial Defence* die 10-Jahres-Regel auf und stellte fest, dass ein großer Krieg keine sehr ferne Möglichkeit mehr sei. Doch das Kabinett lehnte die Bewilligung von Mitteln für die Aufrüstung weiterhin ab. 1935 verfügte die britische Mittelmeerflotte nur über Luftabwehr-Munition für eine Woche. 1936 gab England nur vier Prozent seines Bruttosozialproduktes für die Verteidigung aus, in Deutschland waren es 13 Prozent. Die Überlegenheit der Nazi-Kriegsmaschine und das Ausmaß ihres perversen Nationalismus wuchsen mit jedem Tag.

Die Verteilung der britischen Soldaten und Schiffe war genauso unvernünftig wie die Ausgabenlimits. Immerhin riet das Finanzministerium trotz des Widerstandes gegen mehr Rüstungsausgaben dazu, sich auf einen Krieg gegen Deutschland vorzubereiten. 1934 bestand der Kanzler und Finanzminister Neville Chamberlain darauf, dass «während der kommenden fünf Jahre unsere Anstrengungen auf Maßnahmen für die Verteidigung dieser Inseln gerichtet sein müssen.»[10]

Chamberlains Stimme blieb im Kabinett jedoch ungehört. Die Mehrheit unterstützte eine Politik der imperialen Vorherrschaft. Die Admiralität wollte sich aus dem Fernen Osten nicht zurückziehen und meinte, Singapur sei «die wichtigste Verbindung, die das Reich zusammenhält.»[11] Als Hitlers Truppen Österreich und die Tschechoslowakei besetzten, baute die Royal Navy Schlachtschiffe für den Kampf gegen die japanische Flotte, anstatt kleinere Schiffe für Luftabwehr- und U-Boot-Abwehr-Operationen im europäischen Kriegsgebiet zu produzieren. 1938 schrieb Russell Grenfell, ein einflussreicher Marineexperte, der Planungsstab der Admiralität «schien den schweren Fehler zu begehen, aufwendige Operationen in einem weit entfernten Kampfgebiet vorzubereiten, ohne sich um die Sicherheit der Heimatbasis zu kümmern.»[12] Die britischen Vorkehrungen, die Deutschen zu Lande aufzuhalten, waren noch unzureichender. Man kann kaum glauben, dass Großbritannien erst damit begann, eine Interventionsarmee zu schaffen, als Deutschland 1939 bereits die Tschechoslowakei besetzt hatte. Schon in den zwanziger Jahren hatte das Kriegsministerium zugegeben, dass das Expeditionsheer für den Einsatz auf dem Kontinent «nur aus den Ersatzteilen unserer überseeischen Militärmaschine bestand» und dass seine Größe «in keinem Verhältnis zu dem strategischen Problem eines deutsch-französischen Konfliktes stand.»[13] Trotz der steten Aufrüstung Deutschlands seit 1933 unternahm Großbritannien nichts. Eine Studie über die britische Aufrüstung kommentierte General William Edmund Ironside in der Mitte des Jahrzehnts folgendermaßen: «Eine schockierende Lektüre. Wie wir hierher gekommen sind, ist völlig unfassbar. Keine fremde Nation würde es glauben.»[14] 1937 bestätigten die Stabschefs, dass die «reguläre Armee in der erforderlichen Stärke für den Dienst in und die Kontrolle über unsere überseeischen Besitztümer erhalten bleibt»[15]. Selbst nach der deutschen Besetzung von Österreich und der Übernahme von 100 000 österreichischen Soldaten in die Wehrmacht bestätigte das Kabinett, dass die britische Armee keine Rolle auf dem Kontinent spiele, und es wies das Kriegsministerium an, die Armee ausschließlich für Einsätze in den Kolonien auszurüsten.

Nach dem Fall der Tschechoslowakei im März 1939 konnte das Kabinett Premierminister Neville Chamberlain endlich überzeugen, mit Vorbereitungen für die Entsendung von Truppen nach Frankreich zu beginnen. Doch dies kam zu spät und das Heer war in schlechtem Zustand. So konnte England Deutschland kaum daran hindern, Westeuropa 1940 in wenigen Monaten zu überrennen.

Großbritannien war mit seiner Wirtschaft beschäftigt und durch die Erinnerung an den Ersten Weltkrieg traumatisiert. Die Briten täuschten sich selbst mit dem Gedanken, sie könnten eine Konfrontation mit Nazi-Deutschland vermeiden. Man unternahm die Flucht in sein Empire und versuchte, Hitler in Schach zu halten, indem man ihm wiederholt seinen Hunger stillte. Vielleicht hatte Chamberlain Recht, als er sich in München dem Nazi-Führer beugte – aber nur, weil Großbritannien militärisch so schwach war, dass es keine Chance gegen die deutschen Streitkräfte gehabt hätte. Als das Kabinett Hitlers Anspruch auf das Sudetenland diskutierte, warnten die Stabschefs, dass Kriegshandlungen gegen Deutschland «uns in die Lage eines Mannes versetzen würden, der den Schwanz eines Tigers kitzelt, bevor er sein Gewehr geladen hat.»[16] Die britischen Führer verdienen die Schande, die die Geschichte über sie gebracht hat – nicht, weil sie Hitler gegenüber kapitulierten, sondern weil sie eine Große Strategie entworfen und toleriert hatten, die ihnen keine andere Wahl ließ. So schreibt der Historiker Martin Gilbert: «München war nicht die größte, sondern die schlimmste Stunde des Appeasement.»[17]

England ist ziemlich glimpflich davongekommen. Dank Hitlers Entschluss, die britischen Inseln nicht zu erobern und Franklin Roosevelts Entscheidung, Europa zu Hilfe zu eilen, mussten die Briten nur deutsche Bomben, aber keine deutschen Besatzer ertragen. Andere hatten weniger Glück. Die deutschen Divisionen konnten den veralteten Verteidigungswall leicht überwinden, den sich das französische Oberkommando ausgedacht hatte. Französische Führungsschwäche und das Versagen der britischen Großen Strategie – dies trug entscheidend dazu bei, dass Hitlers Truppen einen Großteil von Europa erobern konnten. Dadurch wurde der Kontinent in einen Krieg gestürzt und die Todesmaschine der Nazis entfesselt, die einen ewigen Schatten auf dem Lauf der Geschichte hinterlassen sollte.

Die Gegenwart

Diese historischen Betrachtungen enthalten eine Lehre, die die Amerikaner auf eigene Gefahr ignorieren: Großmächte wie die Vereinigten Staaten brauchen eine zuverlässige Große Strategie, wenn sie sich selbst schützen und die internationale Ordnung bewahren wollen, die sie so energisch mit aufgebaut haben. Wer die Teile des Puzzles richtig zusammenfügt, kann auch ernste Bedrohungen abwehren. Werden die Stücke falsch gelegt oder, noch schlimmer, wird das Puzzle gar nicht erst wahrgenommen, können die gleichen Bedrohungen selbst Großmächte in die Knie zwingen. Vor dem Ersten Weltkrieg besaß Großbritannien eine solche Dominanz auf See und in der Wirtschaft – die Briten hätten sich zu Recht für unbesiegbar halten können. Trotzdem reagierte England schnell auf die deutsche Herausforderung und änderte – wie geschildert – seine Große Strategie. In der Nachkriegszeit hielt das Land an einer überholten Großen Strategie fest, die sich zunehmend von der Wirklichkeit der dreißiger Jahre entfernte. Die Folgen waren katastrophal.

Heute hat Amerika wohl mehr Möglichkeiten, die Zukunft der Weltpolitik zu bestimmen, als jede Macht zuvor in der Geschichte. Die Vereinigten Staaten genießen eine überwältigende militärische, wirtschaftliche, technologische und kulturelle Dominanz. Das amerikanische Militär ist jedem potentiellen Herausforderer weit überlegen. Dollarstärke und Wirtschaftsgröße geben den Vereinigten Staaten ein entscheidendes Gewicht bei allen Handels- und Finanzfragen. Die Globalisierung erlaubt amerikanischen Konzernen, so gut wie jeden Markt zu erobern. Die Informationsrevolution, die im Silicon Valley und anderen Hightech-Zentren ihren Ausgang nahm, verschafft amerikanischen Firmen, Medien und Kulturprodukten eine beispiellose Reichweite. In allen Teilen der Welt hängen Regierungen genauso wie die einfachen Leute von den Entscheidungen ab, die in Washington gefällt werden.

Nun entspringen die Möglichkeiten, die sich Amerika bieten, auch der geopolitischen Öffnung nach dem Ende des Kalten Krieges. Nachkriegszeiten bieten außergewöhnliche Chancen – in der Regel begleitet von Grundsatzdebatten und neuen Institutionen. Nicht zufällig folgte das europäische Konzert der Mächte dem Ende der napoleonischen Kriege, wurde der Völkerbund nach dem Ersten Weltkrieg gegründet, entstanden die Vereinten Nationen am Ende des Zweiten Weltkriegs. Keine dieser Institutionen konnte den Krieg abschaffen. Doch alle wurden mit dem Ziel geboren, eine neue Weltordnung zu errichten und die Wiederkehr geopolitischer Rivalitäten und Kriege zu verhindern.

Trotz der Chancen, die sich den USA momentan bieten, verpassen sie diese Gelegenheit. Seit dem Fall der Berliner Mauer bis zum 11. September 2001 besaßen die Vereinigten Staaten keine Große Strategie, keinen Plan, der dem Staatsschiff die Richtung weist. Seit dem 11. September gibt es eine solche Große Strategie. Sie basiert auf den Prinzipien von Überlegenheit und Prävention – doch bisher hat sie nur dazu geführt, die halbe Welt vor den Kopf zu stoßen und Amerikas wichtigste Bindungen aufs Spiel zu setzen. Die Vereinigten Staaten sind eine ziellose Großmacht. Sie verhält sich widersprüchlich und sprunghaft.

In den frühen neunziger Jahren verkündete das Pentagon, es werde keine Herausforderung der US-Vorherrschaft tolerieren. Man werde «den Aufstieg eines neuen Rivalen verhindern.»[18] Der Kalte Krieg war beendet, doch Amerika würde auch weiterhin die Ordnung der Welt sichern. Dies war leichter gesagt als getan. Als die erste Bush-Regierung mit der Aussicht einer Militärintervention auf dem Balkan konfrontiert wurde, schreckte sie zurück und überließ die Angelegenheit den Europäern. Ohne amerikanische Hilfe konnten die Europäer jedoch wenig tun, um Slobodan Milosevic an der Zerschlagung Bosniens zu hindern. Bill Clinton versprach im Präsidentschaftswahlkampf, mehr gegen die ethnischen Säuberungen zu unternehmen. Nach der Amtsübernahme hatte er plötzlich Bedenken, und Colin Powell, der Chef des Generalstabs, wollte von der Entsendung amerikanischer Truppen auf den Balkan nichts wissen. So ging das Blutvergießen 1993 und 1994 weiter. Präsident Clinton war beunruhigt, aber er sah nur zu.

Nach Powells Abgang wurde Clinton selbstbewusster. Dem US-Militär gelang es schließlich, Bosnien und das Kosovo zu befrieden. Doch Clinton betonte die humanitären und nicht die strategischen Ziele der Intervention. Dadurch entstand Verwirrung in der Frage, unter welchen Bedingungen Amerika militärische Gewalt einsetzen würde. Clinton formulierte fast eine neue Doktrin, als er verkündete, es gebe «ein wichtiges Prinzip, das, so hoffe ich, sich in Zukunft durchsetzen wird – nicht nur durch die Vereinigten Staaten oder die NATO, sondern von allen führenden Ländern der Welt – und durch die Vereinten Nationen. Das Prinzip besagt, dass große ethnische und religiöse Konflikte auf der Welt existieren, wenn aber die Weltgemeinschaft die Kraft hat, diese Konflikte zu stoppen, dann sollten wir Völkermord und ethnische Säuberungen stoppen.»[19] Doch der Balkan war die große Ausnahme: Die Vereinigten Staaten setzten sich über Ruanda hinweg, wo 1994 mindestens 500 000 Tutsis ermordet wurden; außerdem ignorierten sie Ost-Timor, den Sudan, Sierra Leone und die vielen anderen ethnischen und religiösen Konfliktherde der neunziger Jahre. Außenministerin Madeleine Albright hatte diese Doppelmoral erkannt und versuchte, Clintons Botschaft neu zu interpretieren: «Manche hoffen und andere befürchten, dass das Kosovo ein Präzedenzfall für ähnliche weltweite Interventionen sein könnte. Ich möchte vor derart pauschalen Schlussfolgerungen warnen.»[20]

Die Balkankriege führten jedoch zu weiteren Widersprüchen der US-Außenpolitik. Der Kongress ärgerte sich über die europäische Abhängigkeit vom US-Militär zur Befriedung der Region. Man erwartete von den Europäern, dass sie das militärische Ungleichgewicht innerhalb der Atlantischen Allianz beseitigen würden. Nach Ende der Kampfhandlungen meldeten sich Stimmen im Kongress, die Vereinigten Staaten sollten die Mission den Europäern übergeben und sich vom Balkan zurückziehen. Die Europäer begannen daraufhin, eigene Streitkräfte aufzubauen, die ohne US-Hilfe operieren sollten. Washington reagierte gekränkt und warnte die Europäische Union, nicht allzu selbständig zu werden, ansonsten würde sie die Allianz schwächen. Amerika bat Europa, eine größere Verteidigungslast zu tragen. Als die EU jedoch nachgab, zeigte sich Amerika trotzdem verärgert.

Auch Amerikas Russlandpolitik, unter Clinton angeblich höchste Priorität, erging es nicht besser. Clinton hatte oft die Entwicklung eines demokratischen Russlands als Hauptziel betont. Er wollte Amerikas ehemaligen Feind in den Westen integrieren. Kernstück seiner Europapolitik wurde jedoch die Osterweiterung der NATO, ein Schachzug, der die stärkste Militärmacht der Geschichte bis fast an die russische Grenze schob. Russland war verständlicherweise empört; Präsident Boris Jelzin warnte vor einer neuen Teilung Europas. Clinton hat den Russen zwar mehrmals versichert, die Vereinigten Staaten würden keinen Schaden anrichten. Doch Amerika würde wohl kaum untätig bleiben, wenn Russland eine Allianz mit Mexiko oder Kanada plante und militärische Einrichtungen entlang der US-Grenze aufbauen würde.

Widersprüche kennzeichneten auch Clintons China-Politik. Zuweilen war China Amerikas strategischer Partner, der Vollmitglied in der Welthandelsorganisation (WTO) und der großen Nationengemeinschaft sein sollte. Clinton veranstaltete sogar ein «town meeting» (Bürgerdiskussion) in China, das live im dortigen Fernsehen gesendet wurde. Er wollte demonstrieren, dass China dazugehört. Dann wiederum trat die chinesische Regierung die Menschenrechte angeblich mit Füßen und drohte Taiwan mit einer Invasion. Anstatt eine strategische Partnerschaft mit Peking aufzubauen, übte das Clinton-Team regelmäßig die Provokation und entsandte US-Kriegsschiffe nach Taiwan oder plante den Aufbau eines nationalen Raketenabwehrsystems, wodurch die Chinesen nur bestärkt wurden, ihr begrenztes Atomwaffenarsenal aufzustocken.

Prinzipien und Politik gingen durcheinander. Glaubt man der Rhetorik der Clinton-Regierung, so war sie dem liberalen Internationalismus verpflichtet. Sie wollte die internationale Ordnung mit Hilfe multilateraler Institutionen und durch Konsens führen, und nicht durch Herrschaft. Die USA waren die «unentbehrliche» Nation. Sie konnte Koalitionen der Willigen bilden und gemeinsame Aktionen organisieren.

Doch die Taten strafen die Rhetorik Lügen. Die Vereinigten Staaten haben sich stets aus multilateralen Unternehmungen herausgehalten. 1997 hat sich die internationale Gemeinschaft in Kyoto auf neue Maßnahmen für den Umweltschutz geeinigt. Washington nahm an den Verhandlungen teil, zögerte aber bei der Durchführung. Eine erfolgreiche Kampagne zum Verbot von Landminen wurde 1997 mit dem Friedensnobelpreis für Jody Williams und ihre Organisation gekrönt. Die Vereinigten Staaten haben nicht unterschrieben. Washington wollte sich lieber an eigene Spielregeln halten. Und Clinton hat jahrelang die Zustimmung zum Internationalen Strafgerichtshof (ICC) verweigert. Seine Meinung dazu änderte er erst am Ende seiner zweiten Amtszeit.

Dieser Hang zum Unilateralismus wurde von George W. Bush noch verstärkt. Seine Berater versuchten die besorgten Alliierten zu beruhigen: Amerika sei ein Team-Spieler und werde einen «Multilateralismus à la carte» praktizieren.[21] Aber sechs Monate nach Amtsübernahme hatte sich Bush vom Kyoto-Protokoll verabschiedet, seine Absicht zur Kündigung des ABM-Vertrags bekannt gegeben, seinen Widerstand gegen das Raketenteststopp-Abkommen und den Internationalen Strafgerichtshof verkündet (Clinton hatte beide Verträge unterschrieben, sie waren jedoch vom Senat nicht ratifiziert worden), seine Ablehnung einer Stelle zur Verifizierung der Biowaffenkonvention aus dem Jahre 1972 erklärt und einen UN-Vertrag verwässert, der die Weiterverbreitung von Kleinfeuerwaffen kontrollieren sollte. Freunde und Feinde waren entsetzt und erklärten Widerstand gegen ein Amerika, das offenbar aus den Fugen geraten war.

Die Bush-Regierung zeigte sowohl isolationistische als auch unilateralistische Neigungen. Schon früh versprach Bush die Einschränkung des amerikanischen Engagements in Übersee und mehr Aufmerksamkeit für die westliche Hemisphäre. Er reduzierte die US-Vermittlerrolle im Nahen Osten und in Nordirland. Außenminister Colin Powell folgte seinem Vorbild und strich mehr als ein Drittel der 55 Sonderbotschafter des Außenministeriums, die Clinton in alle Krisenregionen der Welt geschickt hatte. Die passende Schlagzeile der *Washington Post* lautete: «Bush beendet US-Rolle als Friedensvermittler.»[22]

Fast täglich kam es zu Ungereimtheiten und Widersprüchen. Bush hielt sein Versprechen, sich mehr um Lateinamerika zu kümmern und fuhr auf seiner ersten Auslandsreise nach Mexiko, wo er Präsident Vicente Fox auf dessen Ranch besuchen wollte. Beide würden in Cowboy-Stiefeln eine neue Partnerschaft demonstrieren. Und Amerika würde Mexiko zu seinen eigenen Bedingungen entgegenkommen. Doch kurz vor der Begegnung bombardierten US-Flugzeuge den Irak. Die Mexikaner waren geschockt. Der Angriff hatte ihnen die Schau gestohlen, denn jetzt konzentrierte sich die Presse auf den amerikanischen Alleingang und versetzte Fox in eine peinliche und schwierige Lage. Anstatt den Besuch als Gelegenheit für Bush zu sehen, sich als

Freund Mexikos zu zeigen, provozierte das Treffen Ablehnung und schadete Amerikas Beziehung mit seinem südlichen Nachbarn.

Südkorea wurde das nächste Opfer der strategischen Verwirrung der Bush-Regierung. Vor Präsident Kim Dae Jungs Besuch bei Bush im März 2001 hatte Powell angedeutet, dass die Vereinigten Staaten die Clinton-Politik der Annäherung zwischen den beiden Koreas unterstützen werden – als Gegenleistung für die nordkoreanische Bereitschaft, den Export von Raketentechnologie und Produktion und Einsatz von Langstreckenraketen einzustellen. Bush tat das Gegenteil: Er teilte dem überraschten Kim mit, dass er kein Raketenabkommen mit den Nordkoreanern anstrebe, weil «wir nicht sicher sind, ob sie sich an alle Bedingungen aller Abkommen halten werden.» Nach dem Besuch gab das Weiße Haus zu, dass die Vereinigten Staaten lediglich einen einzigen Vertrag mit Nordkorea abgeschlossen hatten – ein Abkommen von 1994 zur Abschaltung eines Nuklearreaktors, der Material zur Produktion von Nuklearwaffen produzierte. Nordkorea hatte sich daran gehalten. Als man nachfragte, was Bush mit seiner Äußerung im Oval Office gemeint hatte, antwortete ein Berater: «Der Präsident spricht halt so.»[23] Im Sommer 2001 änderte die Bush-Regierung erneut ihren Kurs und verkündete, sie werde nun doch einen diplomatischen Dialog mit Nordkorea aufnehmen.

Amerikas Unfähigkeit, die Terrorangriffe vom 11. September zu verhindern, war ein weiterer Beweis für die strategische Unsicherheit. Weder die Clinton- noch die Bush-Regierung haben auf die Warnungen vor «asymmetrischen» Bedrohungen reagiert. Die Hart-Rudman-Kommission hatte 1999 geäußert, Amerika werde «zunehmend verwundbar gegenüber feindlichen Angriffen auf unser Heimatland, und unsere militärische Überlegenheit wird uns nicht vollständig schützen können». Der Bericht sagte voraus, dass «Amerikaner zu Beginn des 21. Jahrhunderts auf amerikanischem Boden sterben werden, wahrscheinlich in hoher Zahl».[24] Trotz ähnlicher Warnungen von anderen Gruppen unternahm Amerikas Führung kaum etwas, um die vielen Behörden, die für den Heimatschutz zuständig sind, besser zu koordinieren. Und sie tat nichts gegen terroristische Netzwerke im Ausland. Amerika wurde von einem Terrorangriff überrumpelt, dessen Schlichtheit buchstäblich entwaffnend war. Hoch entwickelte Überwachungssatelliten und Abhörtechniken waren machtlos gegen Flugzeugentführer mit Paketmessern.

Die Angriffe vom 11. September dienten der Bush-Regierung als strategischer Rettungsanker. Man konzentrierte sich nunmehr mit wilder Entschlossenheit auf den Kampf gegen den Terrorismus. Doch obwohl sie die Terroristen und ihre Helfer erfolgreich zurückschlagen konnte, schießt die Bush-Regierung über das Ziel. Man glaubt, die Bedrohung durch den Terror definiere zugleich ein neues internationales System. Indem Washington dem Kampf gegen den Terrorismus höchste Priorität einräumt und eine neue Doktrin der Überlegenheit und Prävention aufstellt, verfolgt es eine Große Strategie, die von den meisten anderen Nationen abgelehnt wird. Den USA mag es gelingen, Al-Qaida zu zerschlagen – aber nur auf Kosten der Bindungen und Institutionen, die noch immer den Frieden und Wohlstand auf der Welt garantieren.

Es ist wahr: Amerika hat sich nachhaltig für internationale Stabilität eingesetzt und versucht, seinen Bürgern Sicherheit und Wohlstand zu garantieren. Clinton ist mehr ins Ausland gereist als jeder Präsident vor ihm. Er hat die US-Streitkräfte mehrmals in den Krieg geschickt – gegen den Irak, nach Haiti und auf den Balkan meist mit Erfolg. George W. Bush tat dasselbe und hat ein beeindruckendes Team von Experten um sich geschart, das intensiv daran arbeitet, die Pax Americana zu gestalten. Doch die Räder der USA drehen durch, sie wissen nicht, in welche Richtung es geht und wie man das Ziel erreichen kann. Ohne die richtigen leitenden Prinzipien – ohne eine Große Strategie – werden selbst gut gemeinte Anstrengungen zu nichts führen.

Noch beunruhigender als die Inkonsequenz der US-Außenpolitik ist die Tatsache, dass nur wenige sich dafür zu interessieren scheinen. Der Geist und die Kreativität von 1815, 1919 und 1945 fehlen heute in Washington. Während der neunziger Jahre bastelte Amerika nur am Status quo. Im Kalten Krieg hat die NATO zweifellos den Frieden in Europa hervorragend gesichert. Sie war zäh genug, den Untergang der Sowjetunion zu überstehen – des Feindes, dessen Existenz überhaupt ihre Gründung veranlasst hatte. Amerika konnte darauf aufbauen und neue Mitglieder aufnehmen. Die G-7 hat als Forum der reichsten Länder der Welt einigermaßen gut gearbeitet. Nach der Auflösung der Sowjetunion gaben die Vereinigten Staaten Russland einen Sitz am Konferenztisch und nannten das Forum jetzt G-8. Kurz: Auf dem Höhepunkt seiner Macht lief Amerika im Tempo des Kalten Krieges.

Als aber die politische Klasse immer weniger Interesse für Amerikas Engagement im Ausland zeigte, meldete sich auch die Öffentlichkeit langsam ab. Die internationale Berichterstattung im Fernsehen und in den Zeitungen ging dramatisch zurück – die für Auslandsnachrichten vorgesehene Zeit der großen Networks wurde zwischen 1989 und 2000 um 65 Prozent reduziert.[25] Zwischen 1985 und 1995 verringerte sich der Anteil der Auslandsberichterstattung von 24 auf 14 Prozent bei *Time* und von 22 auf 12 Prozent bei *Newsweek*.[26]

Selbst Bill Clinton gelang es kaum, die Öffentlichkeit für außenpolitische Fragen zu begeistern. So wollte er eine Debatte zur NATO-Osterweiterung anstoßen. Der Vorschlag, neue Mitglieder aufzunehmen, musste von zwei Dritteln des Senats getragen werden. Mitglieder der Regierung und er selbst zogen durchs Land und schwenkten die Fahne. Sogar Javier Solana, der damalige NATO-Generalsekretär, kam über den Atlantik und half mit.

Doch nur wenige Amerikaner zeigten Interesse. Solana saß einsam im Hotel und konnte nicht einmal für Radio-Talkshows gebucht werden. Senatoren, die «town meetings» in ihrem Wahlkreis veranstalteten, hatten hauptsächlich ihre eigenen Mitarbeiter als Zuhörer. Die Debatte im Senat begann schleppend im März 1998, als Mehrheitsführer Trent Lott die NATO auf die Tagesordnung stellte. Das Gesetz passierte den Senat zwar einen Monat später mit 80 gegen 19 Stimmen, aber die Diskussion war äußerst oberflächlich. Trotz der PR-Aktion konnten nur 10 Prozent der befragten Amerikaner wenigstens einen der neuen Mitgliedstaaten nennen (Polen, Ungarn, Tschechische Republik), die nun durch den NATO-Beitritt am 12. März 1999 unter den atomaren Schutz der Amerikaner gestellt wurden.[27]

Die Öffentlichkeit interessierte sich mehr für das Schicksal von Elian Gonzales, dem kubanischen Flüchtlingskind, dessen Story die

Nachrichten wochenlang beherrschte und Amerikas politisches Engagement in der Welt als Thema verdrängte. Das mangelnde Interesse der gewählten Politiker wurde unverantwortlich. So nutzte der Kongress außenpolitische Themen für Parteigezänk. Etwa das Kosovo: Einen Monat nach Beginn eines Krieges, der noch kein einziges US-Opfer gefordert hatte, stimmte das Repräsentantenhaus mit einer Mehrheit von 249 gegen 180 Stimmen dafür, der Entsendung von Bodentruppen nach Jugoslawien ohne vorhergehende Zustimmung des Kongresses die Finanzmittel zu versagen. Das Repräsentantenhaus brachte es nicht einmal fertig, eine Resolution zur Unterstützung des Bombenkrieges zu verabschieden. Deutlicher hätte man Slobodan Milosevic inmitten des Krieges nicht signalisieren können, dass sein Gegner möglicherweise schlappmachen würde.

Der Kongress beging seinen nächsten groben Fehler, indem er den Atomwaffenteststopp-Vertrag ablehnte. Als sich dies abzuzeichnen begann, war die Clinton-Administration bereit, ihn zurückzuziehen, um so die Ablehnung eines Vertrages zu vermeiden, der bereits von 52 Ländern ratifiziert worden war. Der Senat lehnte dennoch den Vertrag mit 51 zu 48 Stimmen ab. Die Republikaner wollten Clinton eine Niederlage zufügen und erschütterten zugleich Amerikas Glaubwürdigkeit in der Welt. Amerikas Alliierte waren überrascht. Zwei Kommentatoren der *Financial Times* schrieben, die Ablehnung des Vertrages sei ein «klarer Beleg für den radikalen Wandel der US-Außenpolitik und der Rolle Amerikas in der Welt. Während des Kampfes gegen den Kommunismus war es den Vereinigten Staaten unmöglich, dem Rest der Welt die Zunge zu zeigen.»[28] Es ist ein Trauerspiel, wenn die Entscheidungsorgane, die das stärkste Land der Welt führen sollten, die Außenpolitik zur Geisel des Parteienstreits erklären.

Die Terrorangriffe vom September 2001 werden von vielen Beobachtern als Gegenmittel zu diesen beängstigenden Trends verstanden. Und das waren sie auch, zumindest kurzfristig. Anstatt einseitig loszuschlagen, unternahm die Bush-Administration alles, um nicht nur die NATO-Alliierten, sondern auch Russland, China und die moderaten arabischen Länder zu gewinnen. Anstatt Amerikas Engagement zu zügeln, erklärte Bush den «Krieg gegen den Terrorismus» und schickte

Bodentruppen, Flugzeuge und Kriegsschiffe. Der Senat, das Repräsentantenhaus und die Öffentlichkeit standen mit überwältigender Mehrheit hinter Bushs Entscheidung, militärische Macht im Kampf gegen die Al-Qaida und ihre Helfer einzusetzen.[29]

Langfristig wird der Kampf gegen den Terror jedoch keine solide Grundlage für ein multilaterales Engagement oder eine dauerhafte Version eines amerikanischen Internationalismus sein. Trotz der Bekenntnisse aus dem Ausland wurden die US-Truppen nur von britischen Soldaten begleitet, als der Bombenkrieg gegen Afghanistan tatsächlich begann. Andere Länder boten logistische und nachrichtendienstliche Unterstützung an, doch die Amerikaner kämpften fast ausnahmslos allein. Genau dies war ihre Absicht. Und viele ihrer Alliierten hatten nichts dagegen.

Amerika hätte es gehasst, seine Autonomie zugunsten einer breiten Koalition aufgeben zu müssen. Andere Staaten begrüßten die Führungsrolle der Vereinigten Staaten, weil sie sich so von der Operation distanzieren konnten. Einige Länder im Kampfgebiet wurden beim Gedanken nervös, US-Truppen den Einsatz von ihren Stützpunkten aus zu gewähren. Besonders Saudi-Arabien fürchtete interne Schwierigkeiten bei der Unterstützung eines Angriffs auf einen muslimischen Nachbarn. Amerikas NATO-Alliierte forderten Zurückhaltung und befürchteten Vergeltung durch die radikalisierte islamische Welt. Denn eines ist klar: Obwohl die Terroristen eine kollektive Bedrohung darstellen, suchen sie sich ihre Ziele sehr gründlich aus. Die Solidarität ging daher nicht sehr tief. Der Terrorismus wird Amerika nicht zum erklärten Multilateralisten machen.

Ebenso wenig ist sicher, ob der Terrorismus die isolationistischen Tendenzen innerhalb der amerikanischen Gesellschaft ausmerzen oder vielmehr steigern wird. Die Vereinigten Staaten haben auf die Anschläge in New York und Washington resolut geantwortet. Doch der Ruf nach mehr Engagement im globalen Kampf gegen den Terror wurde von einer alternativen Logik begleitet, die langfristig an Bedeutung gewinnen wird. Es gehörte zu den Überlegungen der Gründungsväter, dass sich Amerika aus den Angelegenheiten anderer Länder heraushalten sollte, damit diese sich wiederum von Amerika fern halten würden. Die Vereinigten Staaten sind ein mächtiger Gegner, der einen Angriff nicht unbeantwortet lässt. Doch wenn die Lasten der Hegemonie größer werden und der Eindruck entsteht, das Engagement im Ausland bedrohe die Sicherheit zu Hause, wird das amerikanische Volk zu Recht fragen, ob die Vorteile dieses Engagements den Preis wert sind.

Die Verlockung, die mit der Warnung der Gründerväter gegen die auswärtigen Verstrickungen verbunden ist, erklärt, warum die Angriffe «die Sorge der Israelis nährte, die Amerikaner könnten die Unterstützung Israels jetzt für zu teuer halten.»[30] Diese Logik erklärt auch, warum François Heisbourg, ein führender französischer Kommentator, einen Tag nach den Angriffen in *Le Monde* schrieb, «dass man befürchten muss, die gleiche Versuchung [die Amerika nach dem Ersten Weltkrieg zum Rückzug aus der Welt bewog] könnte das Verhalten der Vereinigten Staaten wieder beeinflussen, wenn die Barbaren des 11. September bestraft worden sind. In diesem Sinne könnte das Pearl Harbor von 2001 die Ära des Pearl Harbor von 1941 zum Abschluss bringen.»[31]

Die langfristigen Folgen des 11. September könnten somit ein Amerika hervorbringen, das weitaus mehr Interesse für den Heimatschutz aufbringt und sich viel weniger um die Probleme außerhalb seiner Grenzen kümmert. Die Bush-Regierung hat zwar den Krieg gegen den Terrorismus mit Begeisterung begonnen. Doch vor dem September 2001 wollten Bush und seine Berater Amerikas Engagement im Ausland zurückschrauben und keinesfalls ausbauen. Wenn man das neu erwachte Interesse am Heimatschutz betrachtet und den politischen Wunsch, das Land vor Gefahren von außen zu schützen, verraten diese Beobachtungen mehr über langfristige Trends als jene Aktionen, die von Schock und Wut bestimmt werden.

Ebenfalls kann bezweifelt werden, dass die terroristische Bedrohung auf lange Sicht einen verantwortungsvolleren Kongress und eine aufmerksamere Öffentlichkeit hervorbringen wird. Nach dem 11. September war der Parteienstreit sofort verstummt, und die amerikanische Öffentlichkeit stand fest hinter dem militärischen Vergeltungsschlag. Doch dies entsprang der Trauer des Augenblicks. Nach wenigen Monaten hielt der Parteienstreit wieder Einzug in Washington, und die Öffentlichkeit verlor jedes Interesse. Ein Beobachter kommentierte am 2. Dezember: «Der Kongress hat seine kurzfristig eingenommene Pose ehrenvoller Überparteilichkeit fast völlig wieder aufgegeben.»[32]

Diese relativ schnelle Rückkehr zum Tagesgeschäft hängt mit der Tatsache zusammen, dass sich die Vereinigten Staaten jetzt auf einen langen Marsch begeben haben und nicht in einen Krieg. Nach Pearl Harbor waren das imperiale Japan und Nazi-Deutschland gefährliche Feinde, gegen die die Nation mobilisiert werden musste. Die sowjetische Bedrohung hielt das Land während des langen Kalten Krieges auf entschlossenem Kurs. Dabei wurde ein liberaler Internationalismus akzeptiert, der Amerikas globales Engagement rechtfertigte. Der Terrorismus hingegen ist ein Feind, der nur schwer greifbar ist. Amerika steht keinen bewaffneten Divisionen und Flugzeugträgern gegenüber. Amerika kämpft gegen einen Feind, der die Guerilla-Taktik beherrscht, eine Art der Kriegführung, die schon im Vietnamkrieg den US-Streitkräften und dem amerikanischen Volk zu schaffen machte. Amerika hat seine Feinde in Afghanistan schnell besiegt, doch viele Al-Qaida-Kämpfer konnten auf die Dörfer flüchten oder in pakistanischen Stämmen untertauchen. Diese Art Krieg erfordert mehr Geduld und Feingefühl als reine militärische Gewalt.

Ein Großteil des Kampfes gegen den Terrorismus geschieht leise und im Verborgenen – durch Aufklärung, elektronische Überwachung und verdeckte Operationen. Dieser Kampf wird nicht von symbolträchtigen Bildern begleitet, die das Land demonstrativ zur Fahne rufen. Diesmal werden die Amerikaner nicht zu den Waffen greifen oder ans Fließband gestellt. Die stärkste Wirkung des Terrorismus auf die Durchschnittsamerikaner besteht darin, dass sie zu Hause bleiben. Nach den Angriffen auf New York und Washington und der Angst vor Anthrax hat Präsident Bush von Amerika keine besonderen Opfer gefordert. Sie sollten ins normale Leben zurückkehren – mit Einkaufsbummel in der Shopping Mall und Reisen mit dem Flugzeug. Selbst als Amerikaner in Afghanistan kämpften und starben, wollte der Fernsehsender ABC David Letterman an die Stelle von *Nightline* platzieren – einer der wenigen Sendungen mit gründlichen außenpolitischen

Analysen. Wie schon vor dem 11. September war es wieder äußerst schwierig, die amerikanische Öffentlichkeit für die Berichterstattung aus dem Ausland zu interessieren.

Warum hat Amerika bisher die historische Chance nicht genutzt, die das Ende des Kalten Krieges bietet? Die Antwort liegt zum Teil im unspektakulären Ende des Kalten Krieges begründet. Am 9. November 1989 gegen 22:30 Uhr begannen die Berliner, auf die Mauer zu klettern und den Beton abzureißen, der ihre Stadt jahrzehntelang geteilt hatte. Russen, Amerikaner und praktisch alle Beobachter waren überrascht, dass die große ideologische Auseinandersetzung des 20. Jahrhunderts ohne Blutvergießen zu Ende gehen sollte. Ein Krieg zwischen NATO und Warschauer Pakt fand nicht statt. Moskau erlaubte seinen Bruder-Staaten den Abschied von der Sowjetunion und überwachte die Auflösung des sowjetischen Blocks. Die Sowjetunion war vielleicht das erste Großreich in der Geschichte, das sich kampflos verabschiedete.

Der ungewöhnliche Zusammenbruch der Sowjetunion hatte aber einen Nachteil. Es gab kein Alarmsignal, keine Erinnerung an die blutigen Gräben der Somme oder die Ruinen von Hiroshima. Wenig erinnerte daran, dass etwas Mutiges geschehen musste, um die Wiederkehr von Großmachtrivalitäten und Krieg zu verhindern. Im Gegenteil: Der unblutige Sieg des Westens war eine Rechtfertigung seiner Werte und Institutionen. Die Vereinigten Staaten marschierten einfach weiter. Die Außenpolitik von George Bush Senior hieß passend «status quo plus». Bill Clinton hat zwar versucht, einen eigenen Weg zu finden, doch er verfiel in die gleiche Denkweise.

Amerika erhielt allzu viel Macht. Das konnte schädlich sein. Nach dem Zusammenbruch der Sowjetunion schwelgten die Vereinigten Staaten im Gefühl des Triumphes. Die Sowjetunion hatte nicht bloß zu kämpfen aufgehört, sie war völlig zusammengebrochen. Die russische Wirtschaft schrumpfte zwischen 1990 und 1998 um mehr als 50 Prozent. Die Ukraine erlebte, wie sich ihre Wirtschaft in erster Linie selbst zerstörte. 1995 konnten die Unternehmen ihre eigenen Angestellten nicht mehr bezahlen. Verarmte Fabrikarbeiter standen an der südlichen Ausfallstraße von Kiew und verkauften Schuhe und Reifen, die sie gerade selbst produziert hatten. Dies war der einzige Weg, an harte Währung zu kommen. Angesichts der chronischen Rezession in Japan und der ostasiatischen Finanzkrise standen die Vereinigten Staaten umso überlegener da. Stabilität erwuchs bereits dadurch, dass keine andere Nation die amerikanische Vorherrschaft bedrohen konnte. Einige Staaten folgten, weil sie keine andere Wahl hatten. Und so konnte Amerika durch seine Dominanz Ordnung schaffen, ohne sich anstrengen zu müssen.

Diese Machtfülle schuf auch Raum für Fehler. Die Vereinigten Staaten konnten Entgleisungen begehen, ohne die Konsequenzen zu tragen. Washington erweiterte die östlichen Grenzen der NATO gegen die lauten Einsprüche der Russen. Moskau hatte jedoch keine andere Wahl, als sich bei den Amerikanern einzuschmeicheln. Falls Russland Kredite oder den Zugang zu den Märkten der atlantischen Gemeinschaft haben will, braucht es Amerikas Segen. Während des NATO-Krieges im Kosovo bombardierten US-Flugzeuge zufällig die chinesische Botschaft in Belgrad. Doch nach einigen Monaten der Spannung waren die Beziehungen zu China wieder in Ordnung. Peking weiß, dass der Beitritt zur Welthandelsorganisation und andere begehrte Ziele von der Zustimmung Amerikas abhängen. Selbst wenn die Vereinigten Staaten vorsätzlich oder zufällig andere Großmächte vor den Kopf stoßen, bleiben sie mit ihnen im Gespräch.

Natürlich musste Amerika die Folgen dafür tragen, dass es gegenüber Terroranschlägen auf sein Territorium gleichgültig war. Und die Bush-Regierung reagierte angemessen. Sie zerstörte Terrorzellen im Ausland und stärkte den Heimatschutz. Doch Amerikas neue Jagd auf Terroristen und Schurkenstaaten macht es immer wahrscheinlicher, dass andere Aspekte der Großen Strategie nicht die Aufmerksamkeit erhalten, die sie verdienen.

Man denke an die Nationale Raketenverteidigung. Am 10. September 2001 hielt Senator Joseph Biden, Vorsitzender des Auswärtigen Ausschusses des Senats, eine Rede. Darin begründete er, warum sich Amerika mehr um die Bedrohung durch Terroristen als um anfliegende Atomraketen der Schurkenstaaten sorgen sollte. Er führte auch aus,

warum die Kündigung des ABM-Vertrages und der Aufbau eines Raketenabwehrsystems einen neuen Rüstungswettlauf auslösen könnten.
Biden wollte erklären, warum sich die Demokraten weigerten, der
Bush-Regierung den vollen Betrag von 8,3 Milliarden Dollar für die
Raketenabwehr zu bewilligen. Obwohl der 11. September Bidens Thesen bestätigte, wurde die Debatte über die Raketenabwehr schnell beendet. Am 21. September erklärten die Demokraten, sie hätten ihre
Einwände aufgegeben und Bush den vollen Betrag bewilligt. Eine
ernsthafte Diskussion der Frage war inmitten der politischen Auseinandersetzung um den Heimatschutz unmöglich geworden. Im Dezember erklärte die Bush-Regierung dann die Kündigung des ABM-Vertrages.

Nicht nur herrschte in Amerika wenig Nachfrage, die Große Strategie zu überdenken, auch das Angebot war mager. Die Generation des
Kalten Krieges debattiert zwar weiterhin geopolitische Probleme in
akademischen Zeitschriften. Aber eine neue Generation ist nicht zu
erkennen. Die professionelle und institutionelle Struktur der US-For-
schungslandschaft verhindert kritische Fragen, die die Große Strategie betreffen. Auf der einen Seite neigen Experten für internationale
Beziehungen an den Universitäten dazu, höchst abstrakte Arbeit zu
leisten, die für Politiker von geringem Nutzen ist. Die Spezialisten sind
mit mathematischen Modellen beschäftigt. Sie entfernen sich immer
mehr von der realen Welt. Selbst wenn sie es wollten, würden Politiker
die wichtigsten politikwissenschaftlichen Zeitschriften nicht lesen
können; sie enthalten zu viel Jargon und zu viele mathematische Glei-
chungen.

Auf der anderen Seite sind die meisten Thinktanks ins andere Extrem gefallen. Um sich an den schnelllebigen Debatten beteiligen zu
können, die von vielen Nachrichtensendern forciert werden (u. a. CNN,
Fox News, CNBC, MSNBC, C-SPAN), schreiben Experten Meinungsartikel
und Kurzanalysen. «Nachrichtenhappen» triumphieren über gründliche Forschungsarbeit. Die Thinktanks produzieren Texte, die schon
nach Tagen und Wochen überholt sind, während die Universitäten
Forschungsarbeiten vorlegen, die keinen Einfluss auf die Politik haben. Die intellektuelle Landschaft ist verdorrt, die außenpolitischen

Zirkel sind ausgedünnt, und es fehlt eine gründliche Debatte über eine neue amerikanische Große Strategie.

Die Dot-Com-Revolution tat ein Übriges. Die besten Köpfe wanderten in Internet-Firmen, Risiko-Kapitalgesellschaften und Consulting-Dienste ab. Die besten politikwissenschaftlichen Fakultäten – Harvard, Princeton, Georgetown, Johns Hopkins – kümmern sich zu wenig um die praktische Ausbildung ihrer Studenten für den diplomatischen oder öffentlichen Dienst. Stattdessen produzieren sie Technokraten, die eher mit Betriebswirten konkurrieren können. Diese Studenten werden mit hervorragenden Fähigkeiten in Microsoft Excel und Power Point diplomiert. Sie sind in der Lage, hervorragende Memoranden zu schreiben, aber sie haben zu wenig historisches Wissen und interdisziplinäre Schulung, um Amerikas neue Strategen zu werden.

Ein flüchtiger Blick auf diejenigen, die während der Clinton-Regierung das Sagen hatten, verdeutlicht das Problem. Der wichtigste Stratege war Finanzminister Robert Rubin, der seine Stellung als Chef bei Goldman Sachs, einer der größten Investmentbanken der Welt, aufgab, um die US-Wirtschaft zu steuern. Er brachte ein Dutzend Spitzenökonomen mit. Rubin hatte seine Karriere als Chef des neuen Nationalen Wirtschaftsrates begonnen und sich im inneren Zirkel von Clinton etabliert. Im Januar 1995 wurde er Nachfolger von Lloyd Bentsen als Finanzminister. Als er im Sommer 1999 zur Wall Street zurückkehrte, übergab Rubin die Zügel seinem Stellvertreter, dem tüchtigen Harvard-Ökonomen Lawrence Summers. Rubin wird als einer der besten Finanzminister seit Alexander Hamilton, der unter George Washington gedient hatte, in die Geschichte eingehen.

Clintons außen- und sicherheitspolitisches Team hatte beträchtliches Talent – die Probleme der Weltwirtschaft aber überschatteten alle anderen Themen. Es gab zudem nur wenige Leute, die für die Analyse der Großen Strategie trainiert waren. Samuel Berger war die einflussreichste Figur unter Präsident Clinton, stellvertretender Nationaler Sicherheitsberater während der ersten Amtszeit und Nationaler Sicherheitsberater während der zweiten Amtszeit. Berger war einer der besten Handelsrechtler in Washington. Er besaß eine beneidenswerte Urteilskraft und einen feinen politischen Instinkt. Aber Berger hatte weder Schulung noch Neigung, ein Konzept für eine neue US-Strategie auszuarbeiten.

Das Bush-Team wiederum hat ein anderes Problem. Viele können Erfahrungen in geopolitischer und Großer Strategie vorweisen. Doch von Anfang an fanden sie keinen gemeinsamen Nenner für die wichtigen Probleme. Verteidigungsminister Donald Rumsfeld wollte ein Raketenabwehrprogramm, weil er fürchtete, die Bemühungen der Europäischen Union um eigene Streitkräfte könnten die NATO untergraben. Colin Powell wollte sich dem Raketenprogramm nur langsam nähern und glaubte, eine stärkere Europäische Union würde auch die NATO stärken. Vizepräsident Richard Cheney und Condoleezza Rice, Bushs nationale Sicherheitsberaterin, traten dafür ein, die US-Truppen vom Balkan abzuziehen. Powell bestand darauf, dass die US-Soldaten das Kosovo nicht verlassen. Der stellvertretende Verteidigungsminister Paul Wolfowitz wollte Saddam Hussein stürzen und dessen Opposition bewaffnen, während Powell Wirtschaftssanktionen befürwortete, um «die Last auf dem irakischen Volk zu erleichtern.»[33] Nach dem Terroranschlag vom 11. September hoffte Wolfowitz, Amerika würde Afghanistan und den Irak ins Visier nehmen, während andere einen eher begrenzten Feldzug befürworteten. Wolfowitz trug schließlich den Sieg davon.

Selbst das, was die Spitzenberater von Bush als gemeinsames Konzept verfolgen, ist veraltet. Das Bush-Team besteht überwiegend aus Kalten Kriegern, die wohl in der Lage sind, sich mit der Vergangenheit zu beschäftigen, aber kaum mit den Problemen von Gegenwart und Zukunft. Ihr harter Kurs in der Raketenabwehrfrage, die provokative China-Politik, die Vernachlässigung von Problemen wie Umweltschutz und Globalisierung und die einseitige Aufkündigung vieler wichtiger internationaler Verträge erinnerten an die stürmischen Tage des Kalten Krieges und stießen Europäer und Asiaten gleichermaßen vor den Kopf. Die internationale Solidarität im Kampf gegen den Terrorismus hat die Kluft zwischen den außenpolitischen Ideen der Bush-Regierung und denen ihrer internationalen Kontrahenten nur verdeckt und nicht beseitigt.

Die Zukunft

Um Amerikas strategische Ziellosigkeit zu beenden, muss zunächst der Begriff Große Strategie geklärt werden. Wer eine zukünftige Große Strategie entwerfen will, muss eine bestimmte Weltsicht entwickeln. Diese Sicht betrifft nicht so sehr geographische Merkmale – Ozeane, Berge, Flüsse oder nationale Grenzen. Bei der Großen Strategie geht es vielmehr darum, geopolitische Konfliktlinien zu identifizieren. Es muss erkannt werden, wo und wie die global wirkenden Kräfte in Konflikt geraten könnten und Risse entstehen lassen, die schließlich größere Kriege verursachen könnten. Man sollte dabei nicht nur herausfinden, wo diese Konfliktlinien verlaufen, sondern auch verstehen, wie man sie überwinden oder zumindest ihr zerstörerisches Potenzial mildern kann.

Der Entwurf einer Großen Strategie gleicht der Arbeit eines Architekten. Wenn ein Architekt ein Gebäude entwirft, verlässt er sich auf die Regeln der Technik und plant etwas, das nicht nur eine Funktion erfüllt, sondern auch strukturell robust ist. Bestimmte Balken sollen bestimmte Belastungen aushalten können. Unterschiedliche Materialien haben unterschiedliche Eigenschaften. Das Ziel ist es, sicherzustellen, dass das Gebäude einem Sturm, einem Erdbeben und anderen Kräften standhält, die die Struktur gefährden.

Der Entwurf einer Großen Strategie erfordert ähnliche Anstrengungen, aber er ist komplizierter. Anders als in der Ingenieurwissenschaft gibt es leider keine festen Gewichte und Toleranzen. Veränderungen von Kommunikation, Waffen und Transporttechnologie variieren ständig die Spielregeln. So revolutionierte zum Beispiel die Entwicklung der Eisenbahn die Geopolitik. Seit Jahrhunderten besaß derjenige, der die Meere beherrschte, eine konkurrenzlose Vormachtstellung. Das änderte sich, als die Eisenbahn Armeen und Waren schnell und billig über Land transportieren konnte. Die relative strategische Bedeutung der Landmacht gegenüber der Seemacht hat sich mit dem Aufkommen von U-Booten, Flugzeugen, Nuklearwaffen, Satelliten und Fiberoptik zunehmend verschoben. Die tektonischen Kräfte, die auf die Geopolitik wirken, sind also keinesfalls konstant.

Die Dinge werden dadurch komplizierter, dass eine Große Strategie für gute Zeiten nicht unbedingt für schlechte Zeiten geeignet ist. Ein Haus widersteht einer leichten Brise auf festem Boden, wenn es so gebaut wurde, dass es einen Sturm und ein Erdbeben der Stufe 6 auf der Richter-Skala aushalten kann. Doch eine Große Strategie, die Wirtschaftsstabilität während einer Wachstumsperiode sichern soll, kann bei einem Konjunkturabschwung mehr schaden als nützen. Obwohl die heutige internationale Wirtschaft von Amerika geprägt und von Washington gemanagt wird, kann sie unter Druck auch als Treibriemen für eine Rezession wirken.

Wie sollte Amerikas neue Weltkarte aussehen? Wo liegen die geopolitischen Konfliktlinien? Obwohl die Große Strategie innerhalb der amerikanischen Regierung seit Ende des Kalten Krieges nur wenig diskutiert wurde, waren Experten außerhalb von Regierungskreisen nicht untätig. Unter einer Handvoll von Analytikern, die weiterhin über Fragen der Großen Strategie nachdenken, ist eine lebendige Debatte entbrannt.

Hat Francis Fukuyama Recht, wenn er in *Das Ende der Geschichte* behauptet, die liberale Demokratie werde die Welt im Sturm erobern und der Unterschied zwischen demokratischen und nicht-demokratischen Staaten sei die letzte globale Konfliktlinie? Hat Samuel Huntington Recht mit seinem *Kampf der Kulturen*, wenn er behauptet, kulturelle Trennlinien definierten heute die Geopolitik und ein Kampf zwischen den jüdisch-christlichen, islamischen und konfuzianischen Zivilisationen zeichne sich ab? Oder trifft Thomas Friedmans These aus *The Lexus and the Olive Tree* (dt. *Globalisierung verstehen*) zu, dass die Globalisierung die Regeln völlig verändert hat und eine neue Konfliktlinie dort entsteht, wo die einen Länder auf den fahrenden Zug der Globalisierung aufspringen und die anderen sich wehren?

Diese Analytiker haben ganz unterschiedliche Vorstellungen von Amerikas Weltkarte für das 21. Jahrhundert. Jede Vision hat ihre Berechtigung, aber alle sind falsch. Und die meisten aus demselben Grunde.

Sie beschreiben nur flüchtige Perspektiven auf die Welt, die nur so lange relevant bleiben, wie Amerikas Vorherrschaft andauert. Das vorliegende Buch nimmt eine andere Perspektive ein: Die Verteilung der Macht ist das entscheidende Element des Globalsystems – nicht Demokratie, Kultur, Globalisierung oder sonst was. Wir leben heute in einer unipolaren Welt, einer Welt mit nur einem Machtzentrum. Und dies ist die unipolare Welt Amerikas. Das entscheidende geopolitische Merkmal der Gegenwart, aus dem es kein Entrinnen gibt, ist Amerikas Vorherrschaft.

Die Stabilität der heutigen globalen Landschaft ist dabei eine direkte Folge ihrer unipolaren Struktur. Wenn ein Staat weitaus mehr Reichtum und militärische Potenz als alle anderen Staaten hat, ist das System unipolar. Gibt es zwei Staaten mit ungefähr gleicher Größe, ist die Welt bipolar. Wenn drei oder vier Hauptakteure konkurrieren, ist das System multipolar. In der bipolaren Welt des Kalten Krieges oder der multipolaren Welt der dreißiger Jahre war Großmachtrivalität ein Dauerzustand. In einer Welt mit nur einem Pol gibt es keine Rivalitäten zwischen den Großmächten, weil es nur eine Großmacht gibt. Kein größerer Staat könnte auch nur erwägen, sich mit Amerika zu messen. Eine derart krasse Asymmetrie bedeutet auch, dass arabische Extremisten ihre Wut an Amerika auslassen werden. Dominanz provoziert Verbitterung. Doch selbst wenn es gelingt, die einzige Supermacht der Welt tatsächlich zu treffen, ändert dies nichts am unipolaren Charakter des globalen Systems.

Daher sollte es nicht überraschen, dass sich die Analytiker über die heutigen geopolitischen Konfliktlinien nicht einigen können. Es gibt schlicht keine. Wenn geopolitische Konfliktlinien gewöhnlich Machtpole trennen, und wenn es heute nur einen Pol gibt, dann folgt daraus, dass es keine Konfliktlinie gibt. Amerika ist der einzige Boxer im Ring. Er gewinnt automatisch.

Doch Amerikas unipolare Stellung und die daraus entstehende globale Stabilität wird nicht andauern. Europa hat jetzt einen gemeinsamen Markt, eine gemeinsame Währung und spricht zunehmend mit einer gemeinsamen, selbstbewussten Stimme. Das Gesamtprodukt der 15 Mitglieder der Europäischen Union erreicht nahezu das der Vereinigten Staaten; und die Aufnahme der neuen Mitglieder – verbunden mit Wachstumsraten, die mit den Vereinigten Staaten vergleichbar sind – könnte die Balance eines Tages sogar zu Europas Gunsten verschieben. Die EU will eine eigene Streitmacht aufstellen, die auch ohne US-Beteiligung operieren kann. Diese Entwicklung wird Europa autonomer machen und seinen Willen schwächen, der amerikanischen Führung zu folgen. Zusammen mit einem zunehmend integrierten Europa werden sich auch Russland, Japan und China schrittweise zu Gegengewichten der amerikanischen Macht entwickeln.

Doch die US-Vorherrschaft wird nicht nur schwinden, weil andere Machtzentren aufsteigen. Amerika trägt die Lasten der Globalhegemonie und wird dabei langsam müde. Amerika darf und wird keine Außenpolitik verfolgen, die Ausmaße wie im Kalten Krieg annimmt. Die USA leben heute in einer Welt ohne mächtige Gegner. Die terroristische Bedrohung lässt sich auch durch eingefrorene Bankkonten bekämpfen. Militärische Gewalt ist nicht unvermeidbar. Wie in früheren Epochen der amerikanischen Geschichte wird das Fehlen einer Bedrohung das Land zunehmend davon abhalten, strategische Verpflichtungen im Ausland einzugehen. Die Amerikaner und ihre gewählten Führer verlieren zu Recht das Interesse an der Rolle des Weltbeschützers. Zugleich ziehen sich die Vereinigten Staaten aus multilateralen Institutionen zugunsten eines Unilateralismus zurück, der alternative Machtzentren entfremden wird. Deren Aufstiegschancen könnten dadurch eine neue Ära geopolitischer Rivalitäten einläuten.

Der Aufstieg anderer Mächte und Amerikas schwindender und unilateral geprägter Internationalismus weisen darauf hin, dass sich Amerikas unipolare Stellung verflüchtigt. Unipolarität wird von Multipolarität abgelöst. Die Präsenz einer Hegemonialmacht weicht einem globalen Konkurrenzkampf um Position, Einfluss und Status. Wie in der Vergangenheit werden Konfliktlinien dort sichtbar, wo sie sich schon seit Jahrhunderten zeigen – zwischen den wichtigsten Machtzentren der Welt. Die Unordnung des Konkurrenzkampfes wird bald die Ordnung der Pax Americana verdrängen.

Amerikaner hören es vielleicht nicht gern, aber sie müssen sich mit neuen Gefahren und Unsicherheiten auseinander setzen, die das Ende der US-Vorherrschaft begleiten. Die amerikanische Wirtschaft ist eng mit den internationalen Märkten verflochten. Der Konjunkturaufschwung des letzten Jahrzehnts wurde durch die Öffnung globaler Märkte begünstigt, die den Handel beschleunigten und die Vereinigten Staaten zwang, wettbewerbsfähiger zu werden. Der internationale Handel beträgt zurzeit ein Viertel der Weltproduktion. Amerika würde schwer getroffen, wenn Wirtschaftsnationalismus und Protektionismus zurückkehrten.

Andere – vielleicht noch wichtigere – Faktoren der Lebensqualität stehen auf dem Spiel. Mehr als vierzig Jahre lang lebten Amerikaner mit dem Kalten Krieg und dem Gespenst des Atomkriegs. Fast hunderttausend Amerikaner starben beim Versuch, den Kommunismus in Korea und Vietnam einzudämmen – nach der gewaltigen Anstrengung im Krieg gegen Deutschland, Japan und Italien, der rund fünfzig Millionen Tote zur Folge hatte.

Politiker und Gelehrte verkünden heute regelmäßig, große Kriege seien obsolet geworden. Ein Zeitalter des ewigen Friedens sei angebrochen. Es wäre nicht das erste Mal, dass sich solche Einschätzungen als falsch erweisen. Nimmt man den Lauf der Geschichte zum Maßstab, so wird das Ende der amerikanischen Vorherrschaft eine eher unsichere und ungemütliche Welt hervorbringen. Solange die US-Dominanz eine noch immer relativ stabile globale Ordnung gewährleistet, müssen wir mit dem Entwurf einer Großen Strategie für den Übergang zur multipolaren Welt beginnen. Jetzt ist der richtige Zeitpunkt dafür gekommen.

Eine ähnliche Chance besteht bei der Entwicklung einer neuen Art des amerikanischen Internationalismus. Ein US-Internationalismus, der weiterhin eine aktive US-Außenpolitik ermöglicht, sollte nicht als Modell für die Zukunft gelten. Die einflußreichen Außenpolitiker der Demokratischen und Republikanischen Partei bringen noch immer frische Erinnerungen an den Zweiten Weltkrieg und den Kalten Krieg an den Verhandlungstisch. Instinktiv verteidigen sie die amerikanische Führungsrolle. Die neue Generation, die nach dem Fall der Berliner Mauer aufwuchs, denkt jedoch anders. Ihr Drang nach einem starken internationalen Engagement muss sich noch erweisen.

Der Internationalismus der neunziger Jahre wurde auch durch den langen Konjunkturaufschwung getragen. Das Ende des Booms wird die Neigung zu auswärtigen Engagements dämpfen. Amerika hat immer weniger Lust, im Namen der internationalen Ordnung Blut und Geld zu opfern. Diese Wende nach innen wird vor allem dann besonders wahrscheinlich, wenn die Kosten für auswärtige Engagements steigen. Amerika hat in letzter Zeit die Vorteile des aktiven Internationalismus genießen können, ohne hohe Kriegsverluste zu erleiden. Seit dem Kosovo-Krieg erwartet die amerikanische Öffentlichkeit eine Kriegführung ohne Opfer. Selbst die Militäraktionen in Afghanistan und im Irak haben nur wenige amerikanische Opfer gefordert, obwohl Bodentruppen eingesetzt wurden. Der Al-Qaida gelang es zwar, Bürotürme und Botschaften zu treffen, aber weder ihre Kämpfer noch die Truppen von Saddam Hussein waren gleichwertige Gegner auf dem Schlachtfeld. Die öffentliche Unterstützung von auswärtigen Missionen könnte deshalb schnell ausbleiben, sollten zukünftige Einsätze mehr amerikanische Verluste mit sich bringen.

Unabhängig von Amerikas Krieg gegen den Terrorismus zeigen die Grundlinien der Bush-Präsidentschaft, dass der US-Internationalismus langsam schwindet. Nach der Amtsübernahme stand Bush zu seinem Versprechen, eine «bescheidenere» Außenpolitik zu betreiben und bei der Auswahl von Gegnern wählerischer zu sein. Während der ersten Monate im Amt verringerte er die Truppenpräsenz in Bosnien und hielt amerikanische Soldaten im Kosovo am kurzen Zügel, obwohl sich Kampfhandlungen in Serbien und Mazedonien ausweiteten. Er fuhr die amerikanische Vermittlungsdiplomatie bei regionalen Konflikten zurück. Und die Regierung entzog sich einer Reihe multilateraler Verpflichtungen, um ihre Autonomie nicht zu verlieren.

Nach dem 11. September veranlasste Bush eine Kurswende. Außenpolitik wurde jetzt zur Top-Priorität. Er gelobte, den Krieg weit über Afghanistan hinaus zu tragen und nahm besonders den Irak, Iran und Nordkorea ins Visier. Er kümmerte sich um den Nahen Osten und ernannte General Anthony Zinni zum Sonderbotschafter. Dennoch sollte man die unilateralen und isolationistischen Töne der ersten Monate seiner Regierung nicht als vorübergehende Erscheinungen abtun. Sie entsprachen nicht nur den Neigungen seines außenpolitischen Teams, sondern auch denen seiner politischen Basis. Bush wandte sich an seine Wähler im Süden und in den Bergstaaten des Westens. Diese Regionen sind weitaus weniger an liberalem Internationalismus interessiert als die urbanen Zentren an den Küsten. Doch diesen Regionen entstammt Bushs Wählerbasis. Er selbst kommt von dort. Vor seiner Zeit im Weißen Haus interessierte er sich wenig für Außenpolitik.

Zugegebenermaßen überrascht es, dass Isolationismus und Unilateralismus heute gleichermaßen ihr Comeback erleben. Zumindest oberflächlich betrachtet sind es widersprüchliche Impulse: Isolationisten fordern Disengagement, und Unilateralisten fordern die uneingeschränkte Führungsrolle in der Welt. Doch in Wirklichkeit sind dies zwei Seiten der gleichen Medaille. Sie teilen die traditionelle Ideologie einer Angst vor Verwicklungen, die die Freiheit und Souveränität des Landes einschränken könnten. Die USA sollten sich demzufolge international nicht engagieren. Entschließen sie sich dennoch zum Engagement, dann muss die nationale Autonomie erhalten bleiben. Sie teilen zugleich die Vorstellung, auserwählt zu sein – was zur Abkehr von internationalen Systemen führt. Obendrein will Amerika die Chance behalten, das System nach eigenen Vorstellungen zu formen. Weil Unilateralismus und Isolationismus tief in der politischen Kultur Amerikas verwurzelt sind, bedrohen sie den liberalen Internationalismus gleich auf doppelte Weise. Dadurch wächst die Neigung, sowohl die Vereinigten Staaten von der Weltbühne abtreten zu lassen als auch, die Welt nach ihrem Vorbild zu gestalten.

Diese politische Kultur und das amerikanische Verständnis von Demokratie beeinflussen die aktuelle Außenpolitik Amerikas in hohem Maße. Diplomatie ist nicht mehr das Privileg einer internationalen Elite, die zwischen dem US-Außenministerium, Wall Street und ausländischen Hauptstädten pendelt. Was in politischen Kreisen von Washington gedacht wird, ist immer noch wichtig. Doch mehr als zuvor zählt auch, welche Entscheidungen und Meinungen in Atlanta, Dallas, Seattle, Silicon Valley und Los Angeles vorherrschen. Diese Regionen haben eigene Interessen und Vorstellungen vom Internationalismus. Regionale Gegensätze rufen nicht mehr die Leidenschaften hervor, die die Gründungszeit Amerikas prägten. Doch die politischen, wirtschaftlichen und kulturellen Gegensätze der Regionen spielen wieder eine wichtige Rolle bei der Kursbestimmung der amerikanischen Außenpolitik.

Auch die demographische Struktur der amerikanischen Bevölkerung verändert sich, wodurch der innenpolitische Einfluss auf die Außenpolitik komplizierter wird. Die Wählerschaft ist traditionell von Loyalität gegenüber den eigenen europäischen Wurzeln geprägt. Jetzt wird sie durch Immigranten aus Lateinamerika und Asien und deren hohe Geburtenraten verändert. Zur Mitte des 21. Jahrhunderts werden die «kaukasischen» Amerikaner mit europäischen Wurzeln weniger als 50 Prozent der US-Bevölkerung repräsentieren. Sollte eine einheitliche Außenpolitik aus dem ethnischen Mischmasch und der regionalen Vielfalt entstehen können, werden die amerikanischen Führer für eine neue Große Strategie werben müssen.

Amerikas Engagement in der Weltwirtschaft ist zwar beträchtlich, doch es wird nicht ausreichen, die politische Unterstützung für Amerikas Rolle als globaler Beschützer aufrechtzuerhalten. Die Vereinigten Staaten haben ein großes Netz von auswärtigen Militärbasen und internationalen Institutionen geknüpft, um den Kommunismus einzudämmen – nicht zum Schutz von Märkten. Obwohl die Fahne zuweilen dem Handel folgt, trennen sich oft die Wege von Wirtschaftsinteressen und strategischen Verpflichtungen. Während der Kolonialzeit haben sich Großbritannien und Frankreich zweifellos an ihren Besitztümern bereichert. Doch verschwendeten sie viel Zeit und Energie, um Afrika untereinander aufzuteilen, obwohl die Aussichten auf wirtschaftlichen Profit recht mager waren. Lukrative Handelsbeziehungen mit Indien, dem Persischen Golf oder Indochina haben die Kolonialtruppen selten in den Stützpunkten gehalten, wenn politische und strategische Interessen sie woanders verlangten.

Wie andere Großmächte zuvor brauchen auch die USA keineswegs ihr globales strategisches Engagement voll aufrechtzuerhalten, um ihre weltweiten Wirtschaftsinteressen durchzusetzen. Amerikas Präsenz im Ausland hat in einigen Regionen noch immer wichtige wirtschaftliche Bedeutung. Die Stationierung von US-Truppen in Ostasien fördert den Frieden in der Region und sichert ein günstiges Geschäftsklima. Und das US-Militär spielt eine wichtige Rolle beim freien Zugang zu den Ölquellen am Persischen Golf.

Da jedoch die reichen Mitglieder der EU dauerhaften Frieden genießen, ist die permanente US-Militärpräsenz in Europa kaum noch erforderlich, um das beträchtliche transatlantische Handelsvolumen und die Kapitalflüsse zu schützen. Dieser Verkehr begünstigt beide Parteien und ist nicht das Ergebnis eines amerikanischen strategischen Außenpostens in Europa. Obendrein können sich die Vereinigten Staaten einen gelegentlichen Rückschlag auf ausländischen Märkten leisten. Exporte sind nicht unbedeutend, aber im Jahre 2000 erreichten sie nur 11 Prozent des US-Inlandproduktes. Und knapp 30 Prozent der Exporte gingen nach Kanada und Mexiko, wodurch Nordamerika einen vernünftigen Grad von Selbstversorgung im Zeitalter der Globalisierung erreichen konnte.[34] Sollten politische und strategische Überlegungen einen Rückzug des Internationalismus und mehr Abstand zu multilateralen Institutionen erforderlich machen, so werden Wirtschaftsinteressen nicht im Wege stehen. Langfristig könnte Amerika wieder eine Strategie verfolgen, die an die Zeit vor dem Kalten Krieg erinnert, als man gelegentlich Investoren im Ausland militärisch schützte, aber zögerte, permanente Verpflichtungen einzugehen.

Vielleicht ist es für Amerika vernünftig und gesund, weniger Lasten zu tragen und sich aus einigen internationalen Verpflichtungen der letzten sechs Jahrzehnte zurückzuziehen. Die Welt, die diese Aufgaben nötig machte, gibt es nicht mehr. Die US-Strategie muss sich entsprechend anpassen. Doch angesichts isolationistischer und unilateraler Tendenzen, die eine zentrale Rolle in der amerikanischen Geschichte gespielt haben, müssen heutige Politiker ein neues politisches Gleichgewicht entwickeln, ein neues vernünftiges Engagement in der Welt, das von der Öffentlichkeit getragen wird.

Diese Aufgabe ist mit dem Aufbau eines liberalen Internationalismus verbunden, der Amerika auch zu multilateralem Engagement führt. Auf der Grundlage gleicher Rechte und Pflichten bietet der liberale Internationalismus einen festen Grund zwischen den isolationistischen und unilateralen Extremen. So kann Amerika einem Rückzug widerstehen und zugleich mit den neuen Machtzentren zusammenarbeiten. Die USA müssen diesen neuen Internationalismus finden, bevor sie potentielle Partner verprellen.[35]

Doch man sollte von Amerika nicht zu viel verlangen: Eine zu ehrgeizige Außenpolitik würde nur innenpolitischen Widerstand provozieren und wäre gefährlicher als das allmähliche Abtreiben in den Isolationismus. Der Senat lehnte die US-Mitgliedschaft im Völkerbund ab, weil Präsident Woodrow Wilson zu viel wollte. Wilson hatte ein großes amerikanisches Engagement gefordert, das aber von keiner innenpolitischen Mehrheit getragen wurde. Gleichzeitig können es sich die Amerikaner nicht leisten, in den Isolationismus abzudriften. Die Geschichte des 20. Jahrhunderts zeigt, welches geopolitische und wirtschaftliche Chaos entstehen kann, wenn sich die Vereinigten Staaten auf ihren Kontinent zurückziehen. Eine Große Strategie muss her, die Amerikas außenpolitisches Engagement in ein Gleichgewicht bringt. Der Aufbau des neuen Internationalismus sollte deshalb höchste nationale Priorität erhalten.

Das bevorstehende multipolare Zeitalter wird seine ganz eigenen Besonderheiten haben und den historischen Vorgängern nur noch entfernt ähnlich sehen. Viel hat sich in der jüngsten Vergangenheit verändert, so dass man sagen könnte, dass die neue Ära weniger von Gewalt geprägt sein wird. Die Staaten haben heute nicht mehr den gleichen Drang, auf Raubzüge zu gehen. Sie gelangen nun durch Informationstechnologie und expandierende Finanzdienstleistungen zu Reichtum – nicht durch die Eroberung von Land und Arbeitskräften. Atomwaffen steigern zudem die Kriegskosten, und demokratische Staaten neigen dazu, weniger aggressiv als ihre autoritären Vorgänger zu sein. Demokratien scheinen keine Kriege gegeneinander zu führen. Vielleicht werden zukünftige Machtzentren friedlich nebeneinander existieren – vorausgesetzt, sie werden demokratisch regiert.

In diesem Sinne bedeutet das Ende des amerikanischen Zeitalters nicht die Rückkehr zum traditionellen Mächtegleichgewicht der Zeit vor dem Ersten Weltkrieg. Es bedeutet vielmehr die Wende zu einer neuen historischen Ära, die von neuen Kräften und Spielregeln geprägt sein wird. Francis Fukuyama hat Recht: Der Zusammenbruch der Sowjetunion und der Sieg der liberalen Demokratie sind ein historischer Endpunkt. Sie bedeuten nicht nur das Ende der amerikanischen Vorherrschaft, sondern auch das Ende einer bestimmten historischen Epoche – der Ära des industriellen Kapitalismus, der liberalen Demokratie und des Nationalstaates. Amerika stand in vieler Hinsicht im Zentrum von alledem. Und Amerika hatte bewundernswerten Erfolg.

Dennoch liegt Fukuyama falsch mit der These, die Geschichte an sich gehe zu Ende. Nur eine bestimmte Epoche geht zu Ende – nicht der lange Marsch der Geschichte. Ein historischer Zyklus läuft aus, ein neuer Zyklus beginnt. Das Ende der amerikanischen Epoche bedeutet zugleich den Beginn einer neuen Ära. Ein Buch über das Ende der amerikanischen Epoche muss daher auch die Frage nach der Wiedergeburt der Geschichte beantworten.

Ein Blick auf das kommende Zeitalter ist zugegebenermaßen ein heikles Unterfangen. Seine Bausteine sind noch ungewiss. Doch erste Trends werden sichtbar. Der industrielle Kapitalismus wird vom digitalen Kapitalismus verdrängt. Die liberale Demokratie ist noch stark, doch schwindendes Engagement der Bürger und soziale Ungleichheiten bereiten wachsende Probleme. Der Nationalstaat wird von unten durch demographische Veränderungen und regionale Fragmentierung und von oben durch Globalisierung und transnationale Integration attackiert. Dies alles schärft die Konturen einer neuen Ära, die zugleich einen neuen Zyklus der Geschichte hervorbringen wird.

Zweites Kapitel

Amerikas neue Weltkarte

Um eine neue Große Strategie zu entwickeln, muss Amerika eine neue Weltkarte entwerfen. Dazu braucht man leitende Prinzipien, und zunächst müssen die wichtigen geopolitischen Kräfte identifiziert werden, die das neue globale System formen. Realismus ist die Grundlage der Weltkarte, die in diesem Buch vorgestellt wird – die Logik von Realpolitik und dem Gleichgewicht der Mächte. Der Drang unterschiedlicher Nationen, miteinander zu konkurrieren, entstammt fundamentalen menschlichen Bedürfnissen – nach Sicherheit, Reichtum und Würde. Menschen bilden Nationalstaaten und andere Arten von Gemeinschaften, um diese Ziele zu erreichen.

Der Realismus erklärt, warum die Konkurrenz zwischen einzelnen Polen das beständigste und alles beherrschende Merkmal des internationalen Lebens und das heutige unipolare System relativ stabil ist – Amerikas Vorherrschaft ist ungefährdet. Er erklärt, warum ein Europa, das immer mehr zusammenwächst und ökonomisch wie militärisch immer stärker wird, neuen geopolitischen Ehrgeiz entwickelt. Der Realismus untermauert die These dieses Buches, dass die Rückkehr einer Welt von multiplen Machtzentren unvermeidbare neue Konfliktlinien zwischen den konkurrierenden Polen entstehen lässt.

Die Geschichte beweist, dass man sich auf den Realismus als leitendes Prinzip für die neue Weltkarte verlassen kann. Staaten haben sich immer wieder so beharrlich bekämpft, dass die Logik des Realismus unanfechtbar erscheint. Zwar gibt es heute Trends, die optimistisch stimmen könnten: Demokratisierung und Globalisierung könnten geopolitische Rivalitäten eindämmen. Dennoch haben Menschen immer wieder einen schönen Frieden dem Schrecken des Krieges geopfert. Es ist daher schwer zu glauben, der Realismus und der damit verbundene Kampf um Vorherrschaft seien überholt.

Dieses Buch verlässt seine realistischen Grundlagen jedoch in einer entscheidenden Hinsicht: Konkurrenz mag die Welt künftig beherrschen, eine richtige Große Strategie kann aber dem Drang nach Wettbewerb Einhalt gebieten. Oftmals wird Rivalität durch das Streben nach Sicherheit, Reichtum und Prestige angetrieben. Doch wer die Neigung des Systems, Konflikte zu begünstigen, kennt und Konfliktlinien identifiziert und repariert, kann die Logik des Realismus und die daraus folgenden Rivalitäten mildern und in einigen Fällen sogar beseitigen. Daraus folgt: Realismus kann und muss durch Idealismus gemildert werden – durch den Glauben an die Macht der Vernunft, an Recht, Werte und Institutionen. Nur so wird die Zukunft weniger blutig sein als die Vergangenheit.

Das heutige Europa ist ein exemplarischer Fall. Durch einen beharrlichen Prozess politischer und wirtschaftlicher Integration schafft die EU die Konfliktlinien zwischen den Nationalstaaten Europas ab. Die Hoffnung entsteht, der Krieg könne vom europäischen Kontinent verbannt werden. Obwohl Europa dabei trotz großer Mühe oft keinen Erfolg hatte, ist diese Erfahrung ein richtiger Schritt in die Zukunft. Nach dem Zweiten Weltkrieg haben die Europäer jedenfalls die Herausforderung erkannt, eine künftige geopolitische Landkarte zu entwerfen und machten sich daran, ihre Pläne in die Realität umzusetzen. Dies gelang, indem sie Realismus mit Idealismus verbanden. Sie gewährten den größeren Nationalstaaten Privilegien, die Reichtum und militärische Stärke mit sich bringen; doch zugleich sorgten sie dafür, dass die Logik der Konkurrenz durch die Logik der Kooperation und gemeinsamen Nutzens verdrängt wurde. Mein Anliegen ist das gleiche: Wir müssen eine genaue Landkarte der sich wandelnden Welt generieren, eine neue Große Strategie entwerfen, die durch die Vermischung von Realismus und Idealismus Konfliktlinien überwindet. Und wir müssen konkrete Schritte für die Große Strategie planen, damit ein neues und friedliches internationales System entsteht.

Doch zunächst ein Wort zu Amerikas letzter geopolitischer Landkarte, die zum Beginn des Kalten Krieges entstand. Im Laufe des Jahres 1946 war Roosevelts Traum, die Kriegsallianz in eine Friedenspartnerschaft zu verwandeln, durch den Widerstand der Sowjets zunichte gemacht worden. Moskau setzte Vasallenregime in Osteuropa ein, griff nach den Dardanellen und ließ sowjetische Truppen im Nordiran über die vereinbarte Frist vom 2. März 1946 hinaus stehen. Deutliche Anzeichen für zukünftigen Ärger.

Welche Vision haben amerikanische Strategen damals entwickelt? Was konnten sie der sowjetischen Strategie entgegensetzen? Und falls die Welt in zwei feindliche Blöcke auseinander brach – welche Teile würden den Sowjets und welche dem Westen zufallen? Sollten sich die Vereinigten Staaten bei der Eindämmung des Kommunismus auf militärische Stärke verlassen, oder genügte es, den wirtschaftlichen Aufschwung in Westeuropa und Japan zu fördern, den Nationalismus in der Dritten Welt anzufeuern und das kommunistische Lager zu spalten? Wie sollte Amerikas jüngste Weltkarte aussehen? Die Antwort auf diese Fragen gibt Aufschluss darüber, was heute zu tun wäre.

Die Vergangenheit

Am 22. Februar 1946 schickte George Kennan ein Telegramm mit der Nr. 511 von der US-Botschaft in Moskau an das US-Außenministerium. Dieses so genannte «lange Telegramm», das er unter dem Pseudonym «X» 1947 in Artikelform in der Zeitschrift *Foreign Affairs* veröffentlichte, war die Grundlage einer neuen Großen Strategie, die nur ein Ziel hatte: die Eindämmung der Sowjetunion.[1] Kennan verließ Moskau bald darauf und wurde Dozent am National War College. 1947 machte US-Außenminister George Marshall ihn zum ersten Direktor des Politischen Planungsstabes im Außenministerium. Der Stab hatte die Aufgabe, die langfristigen Prinzipien der US-Außenpolitik zu definieren.

Kennan war die treibende Kraft hinter der Vorlage, die im Laufe des Jahres 1947 Gestalt annahm. Sie beschrieb die folgenden Prinzipien: Die Bedrohung, die von der Sowjetunion ausging, war hauptsächlich politischer Art. Die Vereinigten Staaten mussten also den Kommunismus eindämmen, indem sie den großen Machtzentren der Welt Wirtschaftskraft und politisches Selbstvertrauen wiedergaben – Großbritannien, Frankreich, Deutschland und Japan. Wenn die USA sich gegen

Amerikas neue Weltkarte

die Sowjets durchsetzen, schrieb Kennan, wird «Zusammenhalt, Festigkeit und Dynamik den Westen zusammenschweißen.»

Kennan plädierte keineswegs dafür, andere Teile der Welt zu ignorieren. Im Gegenteil: der Kommunismus sollte daran gehindert werden, sich auf China und andere ostasiatische Länder auszudehnen. Die Vereinigten Staaten sollten militärische Interventionen in Asien und anderen wenig industrialisierten Regionen meiden. Stattdessen sollten sie Inseln und andere strategische Punkte sichern, um Langstreckenbomber einsetzen zu können und die Seewege global zu schützen – auf den Philippinen, bei den Dardanellen, beim Suezkanal, der Straße von Gibraltar und der Straße von Hormus. Um den sowjetischen Expansionismus abzuwehren, müsse man gelegentlich auf Militär- und Wirtschaftshilfe zurückgreifen. Doch die Einkreisung der Sowjetunion mit überlegener militärischer Macht werde viel Geld verschlingen und das «traditionelle russische Unsicherheitsgefühl» stärken, das der «neurotischen Weltsicht des Kremls zugrunde liegt.»[2]

Kennans Weltkarte hatte viele Facetten. Die größte Konfliktlinie lag zwischen dem sowjetischen Block und den industrialisierten Demokratien. Indem man Westeuropa und Japan gegen den Kommunismus stärkte, konnte der Westen auf Kurs gehalten werden. Dazu musste die Wirtschaft wachsen und die Politik Vertrauen schaffen. Die Strategie blieb unter amerikanischer Kontrolle. Genau wie andere Konfliktlinien, so Kennan, werde sich auch der Kommunismus langfristig auflösen. Der Westen werde die Oberhand gewinnen – durch Widersprüche im sowjetischen System, Konflikte innerhalb des kommunistischen Blocks und natürliche nationalistische Widerstände.

Kennans Weltkarte bestimmte Amerikas Große Strategie bis Ende 1949. Drei Ereignisse veranlassten die Truman-Regierung dann, eine neue strategische Vision zu entwickeln: der sowjetische Atomtest 1949, die Ausrufung der Volksrepublik China im Oktober 1949 und der Beginn des Koreakrieges im Juni 1950. Paul Nitze, Kennans Nachfolger im politischen Planungsstab, wurde Architekt dieser Weltkarte. Er entwarf das Planungspapier NSC-68, das die Strategie des «langen Telegramms» ersetzte.

Nitzes Weltkarte war schwarz und weiß. Es gab eine freie Welt und eine kommunistische Welt und nur eine Konfliktlinie, an der beide Welten sich begegneten. Anstatt abzuwarten und Zeit zu gewinnen, um den kommunistischen Block von innen aufzuweichen, sollten die Vereinigten Staaten die Initiative ergreifen und die Sowjets militärisch einkreisen. Die US-Regierung hatte keine andere Wahl: Sie musste die erforderlichen Ressourcen zum Ausbau der konventionellen Bewaffnung bereitstellen. So steht im Memorandum NSC-68: «Der Ausbau der militärischen Fähigkeiten der Vereinigten Staaten und der freien Welt ist eine Voraussetzung für den Schutz der Vereinigten Staaten gegen Katastrophen.»[3] Anstatt gegeneinander zu arbeiten, hatten Moskau und Peking ihre Kräfte vereint: «Entwicklungen in Asien bestätigen, dass es ein umfangreiches Programm gibt, bei dem die sowjetischen und chinesischen Kommunisten kooperieren und das darauf abzielt, den westlichen Einfluss vom asiatischen Festland fern zu halten.»[4] Da auch der Nationalismus die Ausbreitung des Kommunismus nicht aufhielt, würden die südostasiatischen Staaten wie Dominosteine umfallen: «Der Verlust eines dieser Länder an den Feind würde fast unausweichlich den Verlust der anderen Länder auslösen.»[5] John Foster Dulles, der 1953 Außenminister wurde, war überzeugt, dass «die Erschütterungen nicht auf Asien begrenzt bleiben, sondern auf Westeuropa und das britische Commonwealth übergreifen».[6]

Diese Große Strategie, die Nitzes Weltkarte entsprang, bestimmte die US-Außenpolitik während des Kalten Krieges. Die Vereinigten Staaten nahmen den Kampf mit den Sowjets auf. Amerika baute seine konventionellen Fähigkeiten aus, ebenso ein riesiges Atomarsenal, schuf Allianzen entlang der sowjetischen Grenze, suchte sich weltweit Klientenstaaten und führte teure Kriege in Korea und Vietnam. In den siebziger Jahren zog sich Washington vorübergehend zurück. Ein Jahrzehnt der Entspannung mit der Sowjetunion war die Folge, das an die Kennedy-Ära erinnerte. Nach der sowjetischen Besetzung von Afghanistan wechselte Präsident Jimmy Carter 1979 den Kurs. Präsident Reagan verstärkte den diplomatischen und militärischen Druck gegen das «Reich des Bösen» und heizte so den Kalten Krieg wieder an. Erst nach dem Fall der Berliner Mauer begann Amerika damit, über eine alternative Vision der internationalen Ordnung nachzudenken.

Während des langen Kalten Krieges haben US-Regierungen immer wieder antikommunistische Gefühle angefacht und so das Volk motiviert, die erforderlichen Opfer zu bringen. Da die US-Führung eine eindeutige Weltkarte besaß und die Sowjetunion als Feind vorführte, konnte sie die amerikanische Öffentlichkeit leicht für den Kampf gegen den Kommunismus gewinnen.

Das Ende des Kalten Krieges hat noch nicht die Debatte beendet, ob Nitzes oder Kennans Weltkarte die zutreffende war. Zum einen könnte Nitzes Konfrontationsstrategie den Kalten Krieg verlängert haben, weil sie Spannungen auf beiden Seiten erhöhte. Vielleicht hätte Kennans Strategie die Risse im sowjetischen System eher aufgedeckt. Auf der anderen Seite könnte die rigide Anwendung von NSC-68 die Sowjets zur Kapitulation bewogen haben. Dann wäre Kennans Konzept zu lasch gewesen.

Hier geht es nicht darum, ob Kennan oder Nitze Recht behielten. Beide boten eine eindeutige und zwingende Weltkarte an, die als Große Strategie diente und die erforderliche innenpolitische Unterstützung fand. Vielleicht war Amerika gegenüber der Sowjetunion manchmal zu nachgiebig. Vielleicht vom Antikommunismus derart geblendet, dass die Risse innerhalb des kommunistischen Blocks nicht ausgenutzt wurden. Am Ende gewannen die Vereinigten Staaten, weil sie ihr Ziel kannten, einen Plan zur Erreichung dieses Ziels hatten und sich entsprechend auf die Reise machten.

Die neuen Konfliktlinien

Während des Kalten Krieges war es zugegebenermaßen leichter als heute, eine Große Strategie zu formulieren. Allein die Tatsache, dass es die Sowjetunion gab, schärfte die Sinne. Dass der Kommunismus eine direkte Bedrohung war, machte die Entwicklung einer strategischen Vision zur dringlichen Aufgabe – diese Bedrohung bestimmte Amerikas Weltkarte. Die wichtigste Konfliktlinie der Welt war die innerdeutsche Grenze: Die atlantischen Demokratien standen im Westen, der Feind im Osten. Ein Großteil der Welt konnte einem dieser beiden Blöcke zugeordnet werden. Die Strategen mussten herausfinden, welcher Teil der Peripherie wichtig war, und sie mussten die geopolitischen Trends identifizieren, die langfristig das sowjetische Reich aushöhlen würden.

Heute gibt es keinen großen Feind oder eine ernste Bedrohung, die Amerikas neue Weltkarte bestimmen könnte. Der Terrorismus macht den Amerikanern weiterhin Sorgen, doch diese Bedrohung ist kaum fassbar. Die Terroristen sind kriminelle Banden – keine Staaten. Polizeigewalt ist sicher eine wirksamere Waffe als der Einsatz militärischer Mittel. Schnelle technologische Veränderungen und der Übergang vom industriellen zum digitalen Zeitalter erschweren zudem die Erkenntnis darüber, welche geopolitischen Kräfte jetzt dominieren. Während des Kalten Krieges war die Machtbalance zwischen Ost und West primär das Ergebnis aus industriellem Output und Größe des konventionellen und nuklearen Arsenals. Heute könnte ein Computervirus gefährlicher sein als ein F-16-Jäger.

Diese Umstände, die den Aufbau einer Großen Strategie erschweren, verpflichten Amerika gleichzeitig, Widerstände zu überwinden und die neuen Konfliktlinien der Welt auszuloten. Während des Kalten Krieges besaßen die Vereinigten Staaten wenig Spielraum, die Welt zu gestalten. Die Sowjets hatten einen Großteil Eurasiens besetzt. Die liberalen Demokratien hielten Nordamerika, Westeuropa und Japan. Der Westen konnte nur die Ränder angreifen. Heute ist das Globalsystem im Fluss und die Entscheidungen, die im kommenden Jahrzehnt in Washington gefällt werden, beeinflussen möglicherweise das gesamte nächste Jahrhundert.

Das Gleiche gilt für das Tempo des technologischen und wirtschaftlichen Wandels. Die Welt ist schwer auszurechnen. Doch Amerika zeigt meistens, wo es langgeht – als Anführer der NATO im Krieg, bei der Verbreitung von Informationen im Internet, beim Management internationaler Kapitalflüsse oder bei der Kontrolle über den Zugang zu den wichtigsten internationalen Institutionen. Diese Bandbreite birgt große Chancen, aber auch eine hohe Verantwortung.

Der Entwurf der neuen Weltkarte beginnt mit einem Blick auf die Alternativen, die bereits angeboten wurden. Die US-Regierung und die

Öffentlichkeit zeigten bisher wenig Interesse, doch einige amerikanische Strategen haben versucht, das neue globale Umfeld zu definieren. Für den Aufbau der neuen Großen Strategie ist es sinnvoll, diese unterschiedlichen Visionen zu kennen und ihre Stärken und Schwächen abzuwägen.

Amerikanische Intellektuelle haben bisher fünf alternative Weltkarten entwickelt. Francis Fukuyama, Professor an der Johns Hopkins School of Advanced International Studies, hat die Debatte 1989 eröffnet. In seinem Artikel «Ende der Geschichte?», der in *The National Interest* veröffentlicht wurde, und im Buch *Das Ende der Geschichte* behauptet er, die Auflösung der Sowjetunion und der Triumph der Demokratie hätten den Lauf der Geschichte beendet.[7] Für Fukuyama ist die Welt in einer Endphase angekommen, in der gleichgesinnte und zivilisierte demokratische Staaten eine stabile und friedliche Weltordnung gemeinsam aufbauen. Inzwischen verlaufe die wichtigste Konfliktlinie zwischen den demokratischen und nicht-demokratischen Staaten. Fukuyama war der Auffassung, die Vereinigten Staaten sollten ihre Außenpolitik darauf konzentrieren, die Demokratie weltweit zu fördern und Auseinandersetzungen entlang dieser Konfliktlinie vermeiden.

John Mearsheimer, Professor an der University of Chicago, präsentierte den nächsten Entwurf für eine Weltordnung nach dem Kalten Krieg. In seinen Essays «Warum wir bald den Kalten Krieg vermissen werden» (*Atlantic Monthly*) und «Zurück in die Zukunft: Die Instabilität in Europa nach dem Kalten Krieg» (*International Security*), die beide 1990 veröffentlicht wurden, stellte Mearsheimer eine düstere Prognose.[8] Er beklagte das Ende des Ost-West-Konfliktes und erklärte, die bipolare Machtverteilung hätte jahrzehntelang für Stabilität und Frieden gesorgt. Der Rückzug sowjetischer Truppen aus Osteuropa, die Auflösung des Warschauer Paktes und der Verlust von Amerikas strategischer Bedeutung in Europa würden neue Rivalitäten auf dem Kontinent hervorrufen. Die Rückkehr der Multipolarität werde Europa in eine Zukunft führen, die stark an seine unselige Vergangenheit erinnert, wobei die Konfliktlinien zwischen den Nationalstaaten erneut hervortreten. Stabilität ließe sich am besten durch verstärkte

Abschreckung erzielen, besonders durch die Kontrolle über die Weiterverbreitung von Nuklearwaffen. Mearsheimers Prognose für Ostasien war ebenso pessimistisch.

In seinem Buch *Kampf der Kulturen* behauptet der Harvard-Professor Samuel Huntington, die wichtigsten zukünftigen Konfliktlinien entstünden an den Schnittpunkten der bedeutendsten Weltzivilisationen.[9] Unterschiedliche Kulturen hätten konkurrierende Vorstellungen von der inneren und äußeren Ordnung der Welt. Sie müssten unweigerlich aufeinander prallen. Folgt man Huntingtons Weltkarte, so werden vier Blöcke um die Vorherrschaft ringen – der jüdisch-christliche, ost-orthodoxe, islamische und konfuzianische Block. Huntington fordert Amerika und Europa auf, sich für den Kampf gegen die anderen Kulturen zu wappnen.

Paul Kennedy und Robert Kaplan stellten ein viertes Modell zukünftiger Konfliktlinien vor. 1994 veröffentlichten Sie den Aufsatz «Der Rest der Welt gegen den Westen?» im *Atlantic Monthly*.[10] Robert Kaplan veröffentlichte später das Buch *Die zukünftige Anarchie (The Coming Anarchy)*.[11] Kennedy und Kaplan teilen die Welt entlang sozioökonomischer Konfliktlinien auf. Die reichen und industrialisierten Länder bilden einen Block, die armen Entwicklungsländer den anderen. Die große Konfliktlinie liegt genau dazwischen. Die reichen Länder des Nordens werden es nicht schaffen, sich der Probleme des Südens zu entziehen. Flüchtlinge, Umweltkatastrophen, Krankheiten, Verbrechen, Korruption und Staaten in Auflösung werden auch die fortschrittlichsten Nationen bedrohen. Die reichen Länder müssen versuchen, diesen Albtraum von Anfang an zu verhindern – oder sie werden vom Chaos überwältigt.

Der Journalist Thomas Friedman, der für die *New York Times* schreibt, hat in seinem Buch *The Lexus and the Olive Tree* (dt. 1999) die Globalisierung als ausschlaggebenden geopolitischen Faktor im neuen Jahrhundert beschrieben.[12] Friedman glaubt, der vergrößerte Markt für Waren, Kapital und Produktion habe die Welt verändert. Alle Staaten müssten jetzt die gleichen Regeln einhalten. Der Markt werde Länder belohnen, die ihre Wirtschaft liberalisieren und demokratisieren. Staaten, die die Kontrolle über ihr eigenes wirtschaftliches und politisches Leben behalten wollen, würden bestraft. Ihre Aktienmärkte, Währungen und Gesellschaften nähmen Schaden. Folgt man Friedmans Weltkarte, so entstehen die großen Konfliktlinien zwischen den Ländern, die sich an die Regeln der globalisierten, digitalisierten Wirtschaft halten und denen, die sich widersetzen. Die Anzahl von PCs pro Haushalt werde darüber entscheiden, welche Länder sich in das neue geopolitische System einfügen – nicht die Menge von Panzern und Flugzeugen.

Das Ende von Amerikas unipolarer Stellung und die neue Weltkarte

Fukuyama, Mearsheimer, Huntington, Kennedy, Kaplan und Friedman haben über die großen Fragen der Zeit viel nachgedacht, um Amerika zu helfen, sich in einem neuen und unsicheren Zeitalter zu orientieren. Doch ihre Entwürfe sind irreführend – oder sie greifen zu kurz, um verlässlich zu sein. Obwohl jeder einen Aspekt des heutigen internationalen Systems erfasst, verpassen alle das wichtigste Ziel: die entscheidende zukünftige Konfliktlinie zu definieren. Mearsheimer lebt zu sehr in der Vergangenheit und übersieht die großen Veränderungen, die heute die globale Politik erfassen. Die anderen leben zu sehr in der Gegenwart und erkennen nur kurzfristige Veränderungen, sie merken nicht, dass ihre Entwürfe sämtlich einem einzigen Merkmal der heutigen Welt entspringen: Amerikas Überlegenheit und Macht.

Das vorliegende Buch vertritt die These, dass die heutige geopolitische Landschaft vor allem von Amerikas Dominanz geprägt wird. Der Charakter des internationalen Systems wird durch die Verteilung der Macht und die Anzahl der Pole bestimmt, die gegeneinander in Konflikt geraten könnten. Große und mächtige Staaten kämpfen um Vorherrschaft. Umfang und Ausdehnung der US-Dominanz weisen darauf hin, dass es heute nur einen Machtpol in der Welt gibt. Daraus folgt, dass zurzeit kein Kampf um die Vorherrschaft stattfindet. Dies ist der Grund, warum die Unipolarität stabiler und weniger anfällig für Krieg ist als alle Alternativen. Die Unipolarität schafft keine besonders egalitäre Welt, was viele Länder den Vereinigten Staaten oft vorhalten. Doch Unipolarität verdrängt die Großmachtrivalität – und das nützt allen.

Die schlimmsten Kriege der Geschichte entstanden immer dann, wenn die Staaten im Kampf um Vorherrschaft in die Schlacht zogen. Man denke nur an die blutige Bilanz des vergangenen Jahrhunderts. Der Erste Weltkrieg folgte, weil mehrere europäische Staaten nach der Hegemonie in einer multipolaren Welt strebten. Der Zweite Weltkrieg entstand aus der gleichen Dynamik, wobei Japans Aufstieg gleich ganz Ostasien in den Krieg zerrte. Im Kalten Krieg kämpften zwei große Blöcke um ihre Positionen. Nichts hat Staatsmänner im Laufe der Geschichte mehr gequält, als den Frieden zwischen zwei verfeindeten Machtzentren zu erhalten.

Im Gegensatz dazu waren unipolare Momente äußerst friedliche Perioden in der Geschichte. Die Dominanz des Römischen Reiches ermöglichte einen jahrhundertelangen Frieden für Europa und das Mittelmeer. Die römischen Legionen hatten bei der Expansion des Reiches sicher viel Blut vergossen. Doch die Überlegenheit der Römer verhinderte die Kampfansage durch einen potentiellen Rivalen. Die Folge war, dass Europas Wirtschaft und das kulturelle Leben aufblühten. Die britische Hegemonie im 19. Jahrhundert förderte ein ähnlich friedliches und wirtschaftlich erfolgreiches Zeitalter. Internationale Konflikte wurden eingedämmt, die Weltwirtschaft konnte sich offen und dynamisch entfalten, und Industrie und Wissenschaft erlebten eine Hochzeit.

Heute leben wir im Zeitalter der amerikanischen unipolaren Vorherrschaft: Die Vereinigten Staaten geben mehr für ihr Militär aus als alle großen Staaten der Welt zusammen. Sie bringen mehr für Forschung und Entwicklung im Militärsektor auf als der Rest der Welt. Die amerikanische Wirtschaft ist mehr als doppelt so groß wie die zweite Wirtschaftsmacht Japan. Der Marktwert von Großfirmen wie Microsoft und General Electric ist größer als die Volkswirtschaften vieler Länder. Hollywood dominiert derart, dass sich Frankreich veranlasst sieht, gegen US-Fernsehprogramme und -filme gesetzlich vorzugehen, um die französische Unterhaltungsindustrie zu schützen. Das

Ergebnis dieser Asymmetrien ist, dass Großmachtrivalitäten heute fast verschwunden sind und die meisten Weltregionen im Frieden leben. Zwar gibt es noch immer Streit um Grenzen, Religion und Volksgemeinschaften, doch diese Konflikte bleiben regional beschränkt. Die Weltwirtschaft hat eine beachtliche Wachstumsphase erlebt. In der Biotechnologie und den Informationssystemen gibt es regelmäßig große Fortschritte.

Die relative Stabilität des heutigen Zeitalters basiert nicht nur auf den Ressourcen der Vereinigten Staaten, sondern auch auf dem Willen, diese Ressourcen zu nutzen. Amerika hat bisher in buchstäblich jedem Teil der Welt als globale Feuerwehr agiert. Amerikanische Streitkräfte bewahren Frieden in Ostasien, schützen Südkorea gegen das Regime im Norden, schlichten Spannungen zwischen China und Japan und versuchen, Taiwans De-facto-Unabhängigkeit zu unterstützen, ohne Peking zu verprellen. Amerika unterhält weiterhin beachtliche Truppenkontingente in Europa, um bei der Erhaltung von Stabilität auf dem Kontinent zu helfen. Als der Balkan in den neunziger Jahren Opfer ethnischer Konflikte wurde, fungierten die Vereinigten Staaten als Retter in der Not. Die Eindämmung des Iraks ruhte während des vergangenen Jahrzehnts hauptsächlich auf amerikanischen Schultern. Amerika führte 2001 den Kampf gegen die terroristischen Netzwerke in Afghanistan. Und in vielen Konfliktregionen hat Washington auf der Suche nach Frieden eine wichtige Rolle gespielt, etwa im Nahen Osten, in Nordirland, auf Zypern und in Eritrea.

Und wenn die Vereinigten Staaten nicht selbst die Führung übernehmen, haben sie hinter den Kulissen Einfluss ausgeübt und die Spielregeln bestimmt. Die NATO, der Internationale Währungsfonds, die Weltbank, die Asiatisch-Pazifische Wirtschaftskooperation (APEC) und die Welthandelsorganisation sind komplexe Organisationen mit vielen Mitgliedern und komplizierten Entscheidungsmechanismen. Doch die Vereinigten Staaten üben auch durch sie einen dominierenden Einfluss aus. Die Clinton-Regierung forderte die Aufnahme neuer NATO-Mitglieder. Wenige Jahre später waren die USA Gastgeber der Beitrittszeremonie von Polen, Ungarn und der Tschechischen Republik. China sollte kürzlich in die WTO aufgenommen werden, eine Or-

ganisation mit über einhundert Mitgliedsländern, die angeblich alle
das gleiche Stimmrecht haben. Doch Chinas Aussichten hingen allein
von der Frage ab, ob das US-Repräsentantenhaus und der US-Senat
China Dauerhandelsrechte gewähren würden (was dann im Jahre 2000
tatsächlich geschah). Als Asien 1997–1998 von einer Finanzkrise erschüttert wurde, wollte Japan eine asiatische Bank zur Währungssta-
bilisierung gründen. Sorry, hieß es aus Washington, der Internationale Währungsfonds werde sich um die Sache kümmern. Tatsache ist,
dass die Vereinigten Staaten im IWF mehr Einfluss als jeder andere
Staat ausüben.

Die amerikanische Vorherrschaft hat Stabilität auch durch die Unterstützung globaler Trends gefördert, die Frieden stiften. Die Unipolarität ist die Superstruktur; sie bestimmt die wichtigsten Kräfte, die
das internationale System formen. Wenn die Struktur selbst die Stabilität fördert und die Konkurrenz einschränkt, werden sekundäre Kräfte nachfolgen.

Ein Blick auf die Globalisierung zeigt, dass die Weltwirtschaft trotz
einiger Auf- und Abschwünge seit dem Ende des Kalten Krieges beachtlich gewachsen ist. Dadurch wurde der Wohlstand in allen Ländern
vermehrt, die sich den weltweiten Handels- und Kapitalflüssen angeschlossen haben. Die Integration in globale Märkte hat wiederum die
wirtschaftliche und politische Liberalisierung gefördert. Die Wirkungen der Globalisierung können nicht vom mächtigen amerikanischen
Einfluss getrennt werden. Die Verlockung der Globalisierung hängt
gerade davon ab, dass die Weltwirtschaft von den Vereinigten Staaten
geführt, gestaltet und garantiert wird. Der Dollar ist überall die dominierende Reservewährung. Mehr als die Hälfte der weltweiten Spitzenunternehmen ist amerikanisch.[13] Das US-Finanzministerium hat weitaus mehr Einfluss auf nationale Volkswirtschaften als deren eigene
Finanzministerien. Nahezu alle Staaten, die in der von Amerika ge-
führten Weltwirtschaft mitspielen, tun dies, weil es das einzige Spiel
überhaupt ist. Globalisierung *ist* Amerikanisierung.

Das Gleiche gilt für die Demokratie. Die demokratische Regierungsform ist zweifellos anderen Regierungsformen vorzuziehen.
Doch die Demokratie setzt sich in einem Großteil der Welt allein des-

halb durch, weil die einzige Supermacht ebenfalls eine Demokratie ist – und zwar mit missionarischem Auftrag! Die Vereinigten Staaten belohnen aufstrebende Demokratien mit Krediten und Mitgliedschaften in wichtigen internationalen Organisationen. Außenministerin Madeleine Albright nannte die Demokratie ihren «Polarstern» und lud alle Demokratien der Welt im Juni 2000 zu einer Konferenz nach Warschau ein.[14] Länder, die inzwischen den Übergang zur Demokratie nicht schaffen können oder wollen, werden isoliert, mit Sanktionen belegt und – wie im Falle von Irak, Serbien und Afghanistan – von amerikanischen Bomben heimgesucht. Auch die Demokratisierung kann somit von der Amerikanisierung nicht getrennt werden.

Die humanitäre Intervention ist eine weitere positive Wirkung der Unipolarität. Die Vereinigten Staaten und ihre Partner haben viele Gelegenheiten verpasst, Blutvergießen und Leiden in fremden Ländern zu stoppen. Die Passivität angesichts des Völkermords in Ruanda 1994 war wohl der unrühmliche Höhepunkt. Doch das ist nichts Ungewöhnliches. Mit Ausnahme der nordischen Länder, die Friedenserhaltung und humanitäre Hilfe zur nationalen Aufgabe erklären, riskieren die meisten Staaten das Leben ihrer Bürger nur, wenn die nationale Sicherheit bedroht wird.

Ungewöhnlich ist daher die Entwicklung des letzten Jahrzehnts. Die internationale Gemeinschaft hat öfter als sonst interveniert und humanitäre Hilfe gesandt – in Somalia, Haiti, Bosnien, Kosovo und Ost-Timor. Obwohl diese Interventionen oft spät kamen und gemischte Erfolge erzielten, waren sie wenigstens nützlich. Die Clinton-Regierung hat obendrein ihr Bestes gegeben, die AIDS-Krise auf die außenpolitische Agenda zu setzen.

Diese Entwicklung wurde durch Amerikas Machtfülle und die daraus entstehende globale Stabilität ermöglicht. Die großen Mächte der Welt wurden nicht durch Konkurrenzkampf abgelenkt. Sie genossen somit den Luxus, sich um andere Dinge zu kümmern. Warum sollte man sich nicht mal um Ost-Timor kümmern und die Verbreitung von AIDS in Afrika bekämpfen, wenn die größte Bedrohung von Nordkorea ausgeht, einem Land, das kurz vor dem wirtschaftlichen Zusammenbruch steht?

Die Terroranschläge auf New York und Washington haben zwar gezeigt, dass Amerikas Dominanz nicht Unverwundbarkeit garantiert. Aber sie haben auch die Ausstrahlung der Vereinigten Staaten bestätigt. Al-Qaida richtete ihren Zorn gegen die USA, weil die Allgegenwart Amerikas und sein Reichtum der logische Sündenbock für alle Übel wird, die die islamische Welt heimsuchen. Durch seine militärische Präsenz in Saudi-Arabien wird Amerika zum Ungläubigen, der heiligen Boden betritt. Die Verbreitung der amerikanischen Kultur verhindert die Verankerung islamischer Werte und Praktiken. Amerika muss ebenso die Schuld für das Schicksal der Palästinenser und die Armut übernehmen, die im Großteil der islamischen Welt vorherrscht. Die unipolare Stellung macht Amerika zum Hauptziel einer Racheideologie, die einer Mischung aus religiösem Fanatismus und sozialer Unzufriedenheit entspringt. Die daraus entstehenden Angriffe bringen sehr wohl Schock und Zerstörung. Doch sie ändern nicht das vorherrschende internationale System.

Amerikas unipolare Stellung wird somit auch künftig die globale Landschaft definieren. Sie führt dazu, dass die heutige geopolitische Landkarte keine großen Konfliktlinien aufweist. Der Terrorismus bleibt auch dann eine Bedrohung, wenn Anschläge verhindert und die Täter getötet, verhaftet oder von ihren Ressourcen abgeschnitten werden. Doch die Großmachtrivalitäten – eine weitaus ernstere Bedrohung als der Terrorismus – sind heute auf Eis gelegt. Die USA und viele andere Länder nutzen diese Gelegenheit. Das ist die gute Nachricht.

Doch es gibt leider auch schlechte Nachrichten.

Heute herrscht Unipolarität, doch sie wird nicht ewig dauern. Die Zahlen täuschen. Amerikas Wirtschaftsmacht und militärische Stärke sind außer Konkurrenz. In den späten neunziger Jahren hat die Verbreitung amerikanischer Kultur atemberaubende Ausmaße angenommen: «The Bold and the Beautiful» hat «Baywatch» als beliebteste Show der Welt überholt. Michael Jackson ist in China beliebter als Mao. Amerika wird auch die High-Tech-Revolution weiter anführen. Dafür sorgt eine gesunde Mischung aus Risikokapital und Unternehmergeist.

Doch die Interpreten zukünftiger Entwicklungen machen immer den gleichen Fehler: Sie verlassen sich zu sehr auf die Gegenwart. Während der späten achtziger Jahre ging es mit Amerika bergab. Japan war Nummer eins, und seine zentralisierte Wirtschaft ließ die Konsum-Ideologie der Vereinigten Staaten weit hinter sich zurück. Das asiatische Zeitalter konnte beginnen. In den späten neunziger Jahren wurde das amerikanische Modell nicht nur rehabilitiert, sondern geradezu heiliggesprochen. Die Laisser-faire-Märkte der angelsächsischen Welt hatten triumphiert. Die Globalisierung hatte alle Alternativen zum amerikanischen Weg zerstört. Das neue Jahrhundert, so sah es aus, wird wieder ein amerikanisches Jahrhundert.

Momentaufnahmen aus der Gegenwart bieten jedoch keine Richtschnur für die Zukunft. Historische Muster und langfristige Trends sind viel nützlicher: Sie lassen erkennen, dass eine wirtschaftliche Dominanz mit der Zeit von einem geographischen Zentrum zum anderen wandert. Die Weltwirtschaft wird zweifellos in den nächsten Jahren auf einen Schlingerkurs geraten. Mal erscheinen die USA unbesiegbar, dann haben sie ihren Höhepunkt überschritten. Doch eines steht fest: Während dieser Schwankungen werden die Vereinigten Staaten allmählich abrutschen.

Zwei unaufhaltsame Trends zeigen an, dass Amerikas unipolare Stellung das Jahrzehnt nicht überdauern wird. Der erste betrifft die Ausdehnung von Macht. Kein dominierendes Land konnte je seine Vorherrschaft unbegrenzt lange bewahren. Mit der Zeit holen andere Länder auf. Diese Umverteilung ökonomischer Macht geschieht heute schneller als früher. Der nächste Herausforderer Amerikas ist kein einzelnes Land, das die USA einzuholen trachtet – sondern eine Europäische Union, die im Begriff ist, die großen wirtschaftlichen Ressourcen zu bündeln, die ihre Mitgliedsländer bereits für sich besitzen. Betrachtet man Großbritannien, Frankreich oder Deutschland allein, so werden diese Länder wahrscheinlich nie den Anschluss an die Vereinigten Staaten finden. Jedem dieser Staaten fehlen die erforderlichen Ressourcen und Arbeitskräfte. Werden jedoch ihr Reichtum gebündelt und die Ressourcen von einem weiteren Dutzend europäischer Länder hinzugerechnet – und selbst ein wirtschaftlich erholtes Russland könnte bald dazu gehören –, dann erscheint ein wirtschaftlicher Gigant am Horizont.

Die Europäische Union ist zugegebenermaßen kein Staat mit einer starken Zentralregierung. Das wird sie wahrscheinlich nie sein. Auch hat Europa keine militärischen Fähigkeiten, die seinen wirtschaftlichen Ressourcen entsprechen. Doch nach fünf Jahrzehnten wirtschaftlicher und politischer Integration betritt Europa jetzt die Weltbühne. Europas gemeinsamer Markt wird von einer gemeinsamen Währung ergänzt. Bei Handel und Finanzen hat Europa ein kollektives Gewicht, das mit den Vereinigten Staaten zu vergleichen ist. Der Euro hatte einen schwachen Start und verlor gegenüber dem Dollar an Boden. Doch er hat sich erholt und wird letztlich zu einer der wichtigsten Reservewährungen der Welt. Obendrein entwickelt Europa eine gemeinsame Sicherheitspolitik und baut seine militärischen Fähigkeiten aus, um Operationen im Alleingang durchführen zu können.

Während die Ressourcen der EU wachsen und die Regierungsorgane mehr Macht erhalten, wird der politische Einfluss zwischen den beiden Seiten des Atlantiks gleichmäßiger verteilt. Europa und Amerika mögen ähnliche demokratische Traditionen haben. Aber während Europa stärker wird und seine Integration fortschreitet, wird es einen Ausdruck seiner neuen Position suchen. Den Vereinigten Staaten mag dies nicht gefallen, aber Europa wird zum neuen globalen Machtzentrum. Zugleich wird Amerikas Einfluss entsprechend abnehmen.

Die ostasiatischen Staaten sind noch weit davon entfernt, einen historischen Prozess der Integration zu erleben, der Europa Frieden und Wohlstand gebracht hat. Gleichwohl besitzt die Region großes wirtschaftliches Potenzial. Japan hat bereits eine hoch qualifizierte Arbeiterschaft, eine fortgeschrittene industrielle und technologische Basis und einen gut entwickelten Markt. Sind die notwendigen Reformen erst umgesetzt, wird der lange wirtschaftliche Abstieg von Wachstum abgelöst. Im letzten Jahrzehnt hat China ein Wirtschaftswachstum von ungefähr 10 Prozent pro Jahr vorlegen können. Die Weltbank schätzt, dass im Jahr 2020 China der zweitgrößte Im- und Exporteur der Welt sein könnte. «Seine Konsumenten könnten eine

Kaufkraft haben, die ganz Europa übersteigt. Chinas Engagement in den Weltfinanzmärkten wird als Kapitalnutzer und -anbieter mit den meisten industrialisierten Ländern konkurrieren.»[15] Während das neue Jahrhundert fortschreitet, wird Ostasien ebenso wie Europa als Gegengewicht zu Amerika aufsteigen.

Der zweite Trend, der die unipolare Stellung früher oder später beendet, ist ein veränderter Internationalismus in den Vereinigten Staaten. Die Unipolarität stützt sich auf ein Gemeinwesen, das seine Dominanz akzeptiert und seine Ressourcen einsetzt, um alle auf Kurs zu halten und die internationale Ordnung garantieren zu können. Sollten die Vereinigten Staaten in der Rolle der globalen Schutzmacht ermüden, würde die Unipolarität auch dann verschwinden, wenn die amerikanischen Ressourcen weiterhin uneingeschränkt groß blieben.

Amerikas nachlassendes Interesse am globalen Engagement – besonders in multilateraler Form – ist eine direkte Folge der veränderten globalen Landschaft. Die meiste Zeit in seiner Geschichte hat sich Amerika aus direkter Einmischung in Rivalitäten außerhalb seiner Hemisphäre herausgehalten. Seine Führer glaubten, die Vereinigten Staaten könnten ihren Handel ausweiten, ohne in Zwistigkeiten mit ausländischen Mächten zu geraten. Der Zweite Weltkrieg brachte einen entscheidenden Wendepunkt: Japan und Deutschland drohten, zu globalen Aggressoren zu werden. So wurde ein neuer Internationalismus erforderlich. Amerika wurde zum direkten Engagement im Machtgleichgewicht von Europa und Ostasien gezwungen. Die sowjetische Bedrohung hat dann sichergestellt, dass die Vereinigten Staaten für den Rest des 20. Jahrhunderts ein großes Auslandsengagement und entsprechende institutionelle Verflechtungen aufrechterhielten.

Der Kalte Krieg ist beendet, und die Konfliktlinien zwischen den feindlichen Blöcken sind verschwunden. In einer Welt ohne einen Hauptgegner fühlen sich die Vereinigten Staaten nicht mehr verpflichtet, die Rolle des globalen Wächters zu spielen. Amerika ist mit großen Ozeanen in Ost und West gesegnet, im Norden und Süden hat es befreundete Nachbarn. Dies gibt dem Land einen natürlichen Schutz. Unter diesen Bedingungen treten jetzt viele der strategischen und politischen Überlegungen wieder hervor, die Amerikas Drang nach internationalem Engagement seit Gründung im 18. Jahrhundert bis zum Angriff auf Pearl Harbor 1941 gezügelt hatten.

Anzeichen einer Wende nach innen werden nur langsam erkennbar. Die Führer beider politischen Parteien haben so getan, als bliebe alles beim Alten. Sie versuchen, sich im Einsatz für die US-Führungsrolle und erhöhte Militärausgaben gegenseitig zu übertrumpfen. Der 11. September hat Amerikas Rückzug aus seiner Hegemonialrolle nur unterbrochen. Zugleich ändert sich das politische Klima leise und unauffällig in Richtung eines eingeschränkten Internationalismus.

Man denke an Amerikas strategische Präsenz in Europa, den Angelpunkt amerikanischer Sicherheitspolitik der letzten fünf Jahrzehnte. Die Vereinigten Staaten intervenierten in Bosnien und Kosovo, was die ständige Bereitschaft suggerierte, Europas Friedensstifter zu bleiben. Doch unter der Oberfläche entsteht ein anderes Bild. Amerikaner und ihre gewählten Vertreter erkennen immer mehr, dass ein demokratisches, reiches und friedliches Europa für sich selbst sorgen sollte. Der US-Senat hat auf den Kosovo-Krieg einstimmig mit einer Resolution reagiert, die «wichtige Mängel» in der europäischen Verteidigungsfähigkeit beklagt und die Europäische Union aufgefordert, das «Ungleichgewicht» mit der atlantischen Allianz zu korrigieren.[16] Henry Kissinger, wahrlich kein Isolationist, hat vor dem Kosovo-Bombardement geäußert, der «geplante Einsatz von US-Truppen im Kosovo bedroht die Sicherheit der Vereinigten Staaten nicht ... Wegen der Flüchtlingsströme ist das Kosovo ein Problem für Europa. Das Kosovo bedroht Amerika genauso wenig wie Haiti Europa.»[17] Clinton bestand auf dem ausschließlichen Luftkrieg im Kosovo. Die Bush-Regierung würde die US-Truppen gern vom Balkan abziehen. Daraus folgt, dass Amerikas Tage als Europas Schutzmacht gezählt sind.

Amerikas schwindender Internationalismus ist nicht das Resultat politischer Dekadenz. Er markiert auch nicht die Wiederkehr eines düsteren Isolationismus. Er ist die logische Konsequenz eines strategischen Umfeldes, in dem nicht Hegemonialkriege in Europa und Asien, sondern terroristische Angriffe auf die Heimat die direkteste Bedrohung für den Wohlstand Amerikas bedeuten. Amerikas Politik ist im Begriff, sich den geopolitischen Realitäten anzupassen.

Zugleich kann sich ein schwindendes internationales Engagement in einen potentiell gefährlichen Isolationismus verwandeln. Weil Amerikas kontinentale Lage viel Schutz bietet, ist das Land versucht, sich aus Engagements herauszuziehen, die diese Sicherheit kompromittieren könnten. Wegen der traditionell starken Rolle des Isolationismus in der amerikanischen Außenpolitik könnte eine Reduzierung von Amerikas globalem Engagement fatale Folgen haben. Weniger Auslandsengagement ist das eine, der völlige Rückzug Amerikas aus der Weltpolitik etwas völlig anderes. Dies hätte ernste Konsequenzen, weil die globale Stabilität stark von Amerikas Macht und Motivation abhängt.

Ebenso beunruhigend ist Amerikas wachsender Unilateralismus. Die Vereinigten Staaten werden sich nicht nur weniger für die internationale Ordnung einsetzen, sie werden obendrein zunehmend unilateral handeln. Man denke an das Schicksal des Kyoto-Protokolls und des ABM-Vertrages. Während der ersten Monate seiner Amtszeit hat George W. Bush die Vereinigten Staaten aus beiden Abkommen herausgezogen, ohne die betroffenen Parteien zu konsultieren. Beim Kyoto-Protokoll hat Bush nicht einmal versucht, seinen Alleingang zu kaschieren: «Wir werden nichts tun, was unserer Wirtschaft schadet, denn an erster Stelle stehen die Menschen, die in Amerika leben.»[18] Über den ABM-Vertrag hat die Regierung mit einigen Ländern zwar konferiert. Aber dann informierte Bush im August 2001 die Welt, dass «wir aus dem ABM-Vertrag zu einer uns passenden Zeit aussteigen werden.»[19] Im Dezember hat er sein Versprechen eingelöst.

Die Europäer reagierten mit einer Mischung aus Wut und Verärgerung. Als der Präsident im Sommer 2001 zum ersten Mal Europa besuchte, ließ man ihn diese Gefühle spüren. «Bush in den Weltraum, die Raketen in den Mülleimer», wie auf einem Plakat zu lesen war.[20] Eine Umfrage ergab damals, dass Deutschland, Italien, Frankreich und Großbritannien die Außenpolitik der Bush-Regierung ablehnten. Fast 85 Prozent kritisierten Bushs Entscheidung, das Kyoto-Abkommen zu kündigen, 70 Prozent waren gegen den Aufbau des Raketenabwehrsystems. 78 Prozent glaubten, Bush würde seine Entscheidungen «ausnahmslos im US-Interesse» fällen und Europa dabei nicht berücksichtigen.²¹ Die EU avanciert also nicht nur zum Gegengewicht der Vereinigten Staaten, die EU ist auch wütend.

Wie in der Vergangenheit haben Unilateralisten in Amerika Angst davor, die internationalen Institutionen könnten die Souveränität der Vereinigten Staaten einschränken. Auch spielt der Wahlkampf eine Rolle. Konservative Republikaner – besonders aus Bushs Kernland – sind die stärksten Befürworter einer unilateral geprägten Außenpolitik. Obendrein wird sich Amerika deshalb immer mehr dem Unilateralismus hinwenden, weil das Land darüber frustriert ist, nicht mehr so oft wie früher seinen Willen durchsetzen zu können. Washington ist es gewohnt, seinen eigenen Weg zu gehen, wenn andere der amerikanischen Führung nicht folgen. Je mehr Kraft und Selbstvertrauen die Europäer entwickeln, desto öfter wird genau dies geschehen.

Nach dem 11. September schien es, als hätte Amerika den Multilateralismus und Internationalismus wiederentdeckt. Der Krieg gegen den Terrorismus schmiedet jedoch keine dauerhaften Allianzen. Amerika brachte zwar eine beachtliche Koalition zustande, doch im Kampf gegen die Taliban und Al-Qaida blieb Amerika fast allein. Wenige Tage nach Kriegsbeginn trafen sich fünfundsechzig islamische Länder in Katar. Im gemeinsamen Kommuniqué hieß es: «Die Konferenz lehnt den Angriff auf einen islamischen oder arabischen Staat unter dem Vorwand der Terrorismusbekämpfung ab.»²² Was Amerika, Europa, Russland und China vor dem 11. September trennte, war keinesfalls verschwunden. Es wurde nur durch eine begrenzte Solidarität kaschiert, wie Amerikas Feldzug im Irak zeigen sollte. Während des langen Kampfes gegen den Terror werden die asymmetrischen Bedrohungen durch Schurkenstaaten und Terrorzellen die USA veranlassen, sich gegen entfernte Gefahren abzuschirmen – durch Raketenabwehrsysteme, Küstenwachen, Grenzbewachung und verbesserte innere Sicherheit. Heimatschutz genießt höchste Priorität. Amerika wird sich wahrscheinlich aus internationalen Verpflichtungen herausziehen und mehr Engagement von anderen Ländern fordern.

Amerika verknüpft Unilateralismus mit Isolationismus – eine gefährliche Mischung. Eines Tages könnte Amerika seine Partner durch Alleingänge vor den Kopf stoßen. Dann könnte es sie im Stich lassen,

Amerikas neue Weltkarte

während es sich zugleich von einem internationalen System abwendet, das es nicht mehr kontrollieren kann. Wenn die Vereinigten Staaten dann Hilfe brauchen, um die vielen Probleme in den Griff zu bekommen, stehen sie möglicherweise allein da.

Dieses Szenario zwingt die Vereinigten Staaten, sich selbst und den Rest der Welt auf eine neue Form des amerikanischen Internationalismus vorzubereiten. Ein begrenzter und beständiger Internationalismus, der vom amerikanischen Volk unterstützt wird, ist besser als ein Hin- und Herpendeln zwischen Unilateralismus und Isolationismus. Zugleich sollte Amerika seine Alliierten auffordern, mehr zu tun als den Status quo so lange wie möglich zu erhalten, um sich dann ohne Vorwarnung zurückzuziehen. Will Amerika diesen neuen liberalen Internationalismus anstreben, die Öffentlichkeit dafür gewinnen, die internationalen Institutionen stärken und sich und seine Alliierten auf eine gleichberechtigte Partnerschaft vorbereiten, so muss Washington mit der Vorarbeit beginnen.

Wenn man den Aufstieg Europas und Asiens und den schwindenden Internationalismus der Vereinigten Staaten zusammennimmt, so wird deutlich, dass Amerikas unipolare Stellung nicht von langer Dauer ist. Amerikas Vorherrschaft und der politische Drang nach Ausübung globaler Macht hat den Höhepunkt erreicht und wird im Laufe des kommenden Jahrhunderts verschwinden. Die Prozesse der Globalisierung und Demokratisierung werden nicht mehr von der US-Hegemonie getragen, die internationalen Institutionen, die heute von Washingtons Führung abhängen, werden verkümmern. Zwischen den Machtzentren Nordamerika, Europa und Ostasien werden erneut Konfliktlinien entstehen. Es wird die Hauptaufgabe der amerikanischen Großen Strategie sein, die Gefahren, die durch diese neuen Konfliktlinien entstehen, zu bewältigen.

Die folgenden Kapitel basieren auf dieser Weltkarte und zeigen, warum sie besser geeignet ist, die Zukunft zu bewältigen. Drei alternative Weltkarten können zunächst ad acta gelegt werden – die von Huntington, Kennedy/Kaplan und Mearsheimer.

Huntingtons Weltkarte hat mehrere Schwächen. So gibt es kaum

Hinweise darauf, dass andere Kulturen mit dem Westen in Konflikt geraten werden – obwohl die Bedingungen für das Entstehen anti-amerikanischer Gruppen im letzten Jahrzehnt besonders günstig waren. Da die Vereinigten Staaten auf dem Höhepunkt ihrer Macht stehen und die fortgeschrittenen Demokratien mehr von der Globalisierung profitieren als andere Teile der Welt, sollte der Widerstand gegen den Westen in dieser Sichtweise zu Koalitionen unter den nicht-westlichen Zivilisationen führen. Dass es bisher dazu nicht gekommen ist, versetzt Huntingtons Vision einen herben Schlag.

Wie sah 1999 aus orthodoxer, konfuzianischer und muslimischer Perspektive aus? Amerika zeigte überall seine Macht. Es hat die NATO trotz russischer Einwände erweitert und die Schmach über den Verlust des orthodoxen russischen Reiches vergrößert. Die Vereinigten Staaten führten die NATO in einen Krieg gegen Serbien, was wiederum die orthodoxen Slawen empörte. Obendrein hat die NATO ohne Zustimmung der Vereinten Nationen und damit streng genommen zwar legitim, aber nicht legal gehandelt. Mitten im Krieg zerstörten US-Flugzeuge einen Teil der chinesischen Botschaft in Belgrad, während Washington Peking wegen seiner repressiven Politik und der Bedrohung von Taiwan kritisierte. Im anderen Teil der Welt griffen amerikanische Flugzeuge Ziele im Irak an. Und Washington unterstützte die rechtsgerichtete israelische Regierung von Benjamin Netanjahu, die den Friedensprozess mit den Palästinensern blockierte. Dieses Verhalten hätte den kollektiven Zorn der orthodoxen, konfuzianischen und muslimischen Menschen zu Recht erregen können.

Doch haben sich diese gekränkten Kulturen zu einer anti-amerikanischen Allianz zusammengeschlossen? Hat der Rest der Welt dem Westen den Krieg erklärt? Nichts dergleichen. Die Russen haben nichts für die Serben getan. Sie haben vielmehr den Amerikanern geholfen, indem sie Milosevic unter Druck setzten, seine Armee aus dem Kosovo abzuziehen. Nach Ende des Konfliktes arbeiteten Moskau und Peking sogar zusammen, um die Beziehung mit Washington wiederherzustellen. Und die meisten arabischen Länder haben keinen Djihad gegen Amerika ausgerufen, sich eher von Saddam Hussein distanziert und ihren palästinensischen Brüdern kaum beigestanden.

Falls Huntingtons Weltkarte zutrifft, müssten sich heute kulturelle Gruppen aus einem anderen Grund gegen Amerika zusammentun: Entwicklungsländer sind nicht mehr Spielbälle des Ost-West-Konfliktes. Während des Kalten Krieges spielten die Vereinigten Staaten und die Sowjetunion viele Regionalstaaten gegeneinander aus: Saudi-Arabien gegen Syrien, Irak gegen den Iran, Nordkorea gegen Südkorea, Japan gegen China, Äthiopien gegen Eritrea. Der Kalte Krieg machte die Chance auf eine Zusammenführung von benachbarten Ländern mit ähnlichen Kulturen oft zunichte. Washington folgte dabei stets dem gleichen Motto – *divide et impera*!

Seit die Sowjetunion verschwunden ist, haben sich die Vereinigten Staaten für die Schlichtung regionaler Konflikte eingesetzt. Besonders unter Clinton haben amerikanische Diplomaten in allen Ecken der Welt Vermittlungsarbeit geleistet. Dennoch schwelen viele Konflikte weiter, wobei kulturelle Gemeinsamkeiten zur Befriedung oder gar Vereinigung von Konfliktparteien wenig beitragen. Die koreanische Halbinsel bleibt geteilt. Politische Rivalitäten und ethnische Spannungen plagen viele Regionen Afrikas. Die islamische Welt liefert wenige Hinweise auf inneren Zusammenhalt, wobei viele nahöstliche Staaten in Konflikt geraten. Kurz: Obwohl der Kalte Krieg zu Ende ist, gibt es weitaus mehr Probleme innerhalb der Zivilisationen als zwischen ihnen.

Die Terrorangriffe von New York und Washington werden als Bestätigung eines wachsenden Konfliktes zwischen dem Westen und der islamischen Welt gewertet. Doch dies trifft nicht zu. Anstatt den Terrorismus zu dulden, haben viele nahöstliche Länder die Angriffe schnell verurteilt – einschließlich des Iran und Libyens. Die gleiche islamische Konferenz, die die Legitimität der Vergeltungsschläge gegen Afghanistan bestritt, hat die Terrorangriffe gegen die Vereinigten Staaten verurteilt und deren Widerspruch zur islamischen Lehre unterstrichen. Einige muslimische Geistliche haben eine Fatwa erlassen, die Terroranschläge verworfen und darauf hingewiesen, dass es die «Pflicht» eines jeden Muslimen sei, die Verbrecher zu finden.[23] Obwohl jedes islamische Land bei der Zusammenarbeit mit den Vereinigten Staaten ein Risiko eingeht, haben viele Länder in Nahost und Südwestasien den

USA Zugang zu Militärbasen, Militäreinrichtungen und Luftraum gewährt. Diese Hilfe widerlegt die Auffassung, die Amerikaner würden sich bei den Vergeltungsschlägen an der islamischen Zivilisation rächen. Schließlich sind US-Truppen in den neunziger Jahren dreimal in den Kampf gezogen, um muslimische Völker zu verteidigen – in Kuwait, in Bosnien und im Kosovo.

Trotz Osama bin Ladens scharfer Rhetorik ist der Kampf zwischen den Vereinigten Staaten und den islamistischen Fanatikern kein Kampf der Kulturen. Im Gegenteil: Der größte Konflikt, der den Terrorismus im Nahen Osten nährt, liegt innerhalb der islamischen Welt – nicht zwischen den Vereinigten Staaten und dem Islam. Die islamische Gemeinschaft wird vielmehr von illegitimen Regierungen, Klan-Rivalitäten, großen Einkommensunterschieden und weit verbreiteter Armut geplagt – und dem Gefühl, von der Geschichte abgehängt worden zu sein. Extremisten und religiöse Fanatiker nutzen diese Unzufriedenheit und verwandeln sie in Hass auf die Vereinigten Staaten und den Westen. Doch die Wurzel der Entfremdung ist selbst gezüchtet – durch politische und wirtschaftliche Stagnation und die soziale Kluft, die daraus entsteht.

Dass die islamische Welt kein Monopol auf anti-amerikanische Stimmungen hat, unterstützt diese Sichtweise. Der Groll gegen die Vereinigten Staaten ist im Nahen Osten am größten, aber anti-amerikanische Proteste gibt es auch in Frankreich, Russland, China und vielen Ländern Lateinamerikas. Das Problem ist nicht Amerikas Kultur, sondern seine Macht. Wie bei allen Hegemonialmächten der Geschichte löst Vorherrschaft Widerstand aus – besonders in sehr armen Ländern und Staaten, in denen der Hegemon hart durchgreift. Dieser Protest ist selten stark genug, um die interne Spannung innerhalb der Zivilisationen zu überdecken.

Dass Aussöhnung und Einheit innerhalb von Zivilisationen so selten sind, hat einen besonderen Grund: Die Sorge um Macht und Sicherheit überwiegt die potentiell vereinenden Kräfte der kulturellen und ideologischen Affinität. Die meisten Konflikte der Welt entstehen zwischen benachbarten Staaten. Weil Nachbarn eng zusammenleben, bedrohen sie oft das Wohl des anderen. Diese Bedrohung ist ein stärkerer Faktor bei der Wahl von Feinden und Alliierten als eine gemeinsame Kultur oder Ideologie.[24]

Potentielle Partnerschaften zwischen Staaten mit kulturellen Ähnlichkeiten sind oft der sicherheitspolitischen Konkurrenz zum Opfer gefallen. Panarabische Ambitionen motivierten Syrien und Ägypten 1958, die Vereinte Arabische Republik zu gründen. 1961 zog sich die syrische Regierung zurück: Gamal Abdel Nassers Einfluss war zu groß geworden. Strategische Rivalitäten zwischen Iran und Irak verhinderten eine islamische Einheit zwischen beiden Staaten. Solidarität mit der islamischen Welt hat Saddam Hussein nicht daran gehindert, Kuwait zu überfallen und auszurauben. Pakistan hat jahrelang die Taliban in Afghanistan unterstützt, änderte aber sehr schnell seinen Kurs, um sich mit Amerika im Krieg gegen den Terrorismus zu verbünden. Die wirtschaftlichen und strategischen Vorteile waren allzu verführerisch.

Die gleiche Logik gilt für andere Regionen. Japan und China haben jahrhundertealte kulturelle Bindungen. Doch diese Affinitäten richten zurzeit wenig aus, um politische Spannungen zwischen den beiden größten Ländern Ostasiens zu entschärfen. Weil geopolitische Interessen stärker als kulturelle Affinitäten sind, geraten das aufstrebende Europa und sein amerikanischer Sprössling ebenso in einen strategischen Konkurrenzkampf. Huntington hat Recht: Rivalitäten werden ausbrechen, doch diese Kämpfe finden zwischen Machtblöcken statt – nicht zwischen Kulturen.

Auch Kennedys und Kaplans Landkarte zeigt große Mängel. Keiner bestreitet, dass die Entwicklungszonen der Welt – besonders Afrika – in einer furchtbaren Krise stecken. AIDS, Hunger, Umweltverwüstung und Kriminalität zerstören ganze Regionen. Die schreckliche Anarchie der «Mad Max»-Filme wird Realität.

Das Problem ist, dass die industrialisierten Länder des Nordens fast unbeschränkte Möglichkeiten besitzen, sich von den Leiden und Konflikten der Entwicklungsländer abzukapseln. Die Vereinigten Staaten geben erbärmlich wenig für Entwicklungshilfe aus – ungefähr ein Zehntel eines Prozentes des Bruttosozialproduktes. Dennoch ist es Jahr für Jahr eine große Leistung, diesen kümmerlichen Betrag vom

Kongress bewilligt zu bekommen. Jedes Mal muss endlos lange verhandelt und gebettelt werden.

Der Grund dafür ist klar: Die meisten Entwicklungsländer haben sehr geringe industrielle und finanzielle Ressourcen. Daher sind ihre militärischen Fähigkeiten ebenso schwach. Weil sie keinen wirtschaftlichen und strategischen Wert besitzen, ignorieren die Vereinigten Staaten und andere Industrienationen ihre Probleme. Im Jahre 2000 waren 36 Prozent der Einwohner von Botswana im Alter von 15 bis 49 Jahren an HIV erkrankt. Weil die arbeitende Bevölkerung faktisch ausgeschaltet ist, wird das Land in den Ruin getrieben. Obwohl Botswana einen humanitären Albtraum erlebt, ist das zerstörte Land im wirtschaftlichen und strategischen Sinne ohne Bedeutung. Es wird zwischen Botswana und dem Westen niemals eine Konfliktlinie geben, weil das Land schlicht untergeht.

Einige der zusammenbrechenden Länder sind groß, was die regionale Stabilität gefährdet. Doch die Industrienationen werden sich wie in der Vergangenheit abwenden. Ströme von Immigranten drängen nach Norden, doch die reichen Länder schotten sich ab und schicken die Flüchtlinge zurück. Die Mauer zwischen Nord und Süd wird immer höher.

Der wirtschaftliche und soziale Verfall in den Entwicklungsländern bietet einen noch größeren Nährboden für Gruppen, die dem Norden schaden wollen. Terroristen haben heute schon die Möglichkeit, die Schutzwälle des Nordens zu durchbrechen. Die potentielle Weiterverbreitung von Massenvernichtungswaffen erhöht zudem die Wahrscheinlichkeit für künftige Angriffe.

Der Süden ist somit eine strategische Bedrohung des Nordens, doch die Bedrohung geht nur von einzelnen isolierten Gruppen oder Schurkenstaaten aus – nicht von der Dritten Welt als Gesamtheit. Somit können die Vereinigten Staaten zwar immer wieder terroristische Gruppen und Staaten jagen, die sie unterstützen. Afghanistan ist dafür ein Beispiel. Doch es bleiben isolierte Angriffe. Ein Kampf zwischen Nord und Süd entsteht daraus nicht. Und selbst wenn der Krieg gegen den Terrorismus erfolgreich sein sollte, wird die unsichere und unvorhersehbare Bedrohung dazu führen, dass die Mauer zwischen Nord und

Amerikas neue Weltkarte

Süd noch weiter wächst. Bessere Grenzkontrollen, eine restriktivere Einwanderungspolitik und Küstenpatrouillen sind keine Hinweise auf neue geopolitische Konfliktlinien – eher Bemühungen des Nordens, sich vor potentiellen Bedrohungen aus dem Süden abzuschotten.

Obendrein gäbe es einen fatalen Effekt, sollte das Verhältnis zwischen Norden und Süden primär als Krieg gegen den Terrorismus definiert werden. Im Kampf gegen den Terrorismus wird sich Amerika stets mit konservativen Regierungen verbünden, die gern eine Koalition mit dem Westen eingehen. Viele dieser Regierungen behindern die wirtschaftliche Entwicklung ihrer Regionen. Saudi-Arabien ist ein klassisches Beispiel. Sollte Amerika sein Engagement mit dem Süden als Krieg gegen den Terrorismus definieren, werden Unterdrückungsregime und wirtschaftliche Ungleichheiten nur gestärkt, Wut und Extremismus würden weiter begünstigt.

Es muss eine neue nationale Priorität werden, einzelne Gruppen daran zu hindern, Amerika Schaden zuzufügen. Doch dies darf nicht mit einer neuen Großen Strategie oder einem leitenden Prinzip verwechselt werden. Wer das tut, schenkt den Terroristen den Sieg. Osama bin Laden wollte Amerika in einen Militärstaat verwandeln und das Land zur Aufgabe seiner Bürgerrechte zwingen. Er wollte einen Militärschlag gegen die islamische Welt provozieren und seine Verbrechen in einen Kampf der Kulturen verwandeln. Er wollte Amerika provozieren und das Land durch die Konfrontation mit einem Feind, gegen den militärische Überlegenheit nichts ausrichtet, in die Defensive drängen. Doch Amerika sollte den Terroristen nicht in die Hände spielen. Der Krieg gegen den Terrorismus erfordert Geduld und Kampfbereitschaft. Eine neue Weltkarte nützt dabei wenig.

Die Weltkarte, die diesem Buch zugrunde liegt, hat viele analytische Gemeinsamkeiten mit Mearsheimers Weltkarte. Der Realismus ist die gemeinsame intellektuelle Grundlage. Diese Übereinstimmung erklärt, warum beide Karten die potentielle Wiederkehr geopolitischer Konkurrenz zwischen den globalen Machtzentren voraussagen. Mearsheimers Realismus unterscheidet sich dennoch von dem, was in den folgenden Kapiteln dargestellt wird. Mearsheimers größter analytischer Fehler besteht darin zu ignorieren, dass Politik in der Lage sein kann, die Logik des Realismus zu durchbrechen, wenn nicht sogar zu überwinden. Seine Weltkarte wird allein von der Verteilung und der Qualität militärischer Macht bestimmt. Für ihn hat die Wiederkehr der Multipolarität geopolitische Konsequenzen. Die Vereinigten Staaten sollten die Bipolarität des Kalten Krieges erhalten und, falls das unmöglich ist, die Weiterverbreitung von Nuklearwaffen fördern. In Mearsheimers Welt können wir nur darauf hoffen, dass sich die großen Staaten der Welt hinter ihren Grenzen verschanzen, Atomwaffen aufeinander richten und sich auf Abschreckung verlassen.

Mearsheimers Realismus erscheint einfach und zwingend. Doch seine Darstellung der internationalen Politik ist fernab der Realität. Der Realismus, der diesem Buch zugrunde liegt, hält die Konkurrenz zwischen Machtpolen für das Gleichgewicht, auf das sich das internationale System hinbewegt, wenn es seinen eigenen Mechanismen überlassen bleibt. Doch die Geschichte lehrt, dass wir die Fähigkeit entwickeln können, das System in eine gute Richtung zu lenken und jene kriegsfördernden Mechanismen auszugleichen, die in Mearsheimers Welt unvermeidlich erscheinen.

Die Logik des Realismus scheint übermächtig, doch wir können sie durchbrechen. Dies zeigt die Grenzen von Mearsheimers Weltkarte und ist zugleich die intellektuelle Grundlage und Motivation für das vorliegende Buch.

Drittes Kapitel

Die falschen Versprechungen der Globalisierung und Demokratie

Thomas Friedman erklärt im ersten Kapitel von *The Lexus and the Olive Tree*, er sei ein «Tourist mit einem Standpunkt». Er ist Tourist, weil er viel reist und darüber berichtet. Er hat einen Standpunkt, weil er alles aus einer bestimmten Perspektive betrachtet – der Perspektive der Globalisierung. Friedman hat in der zweiten Hälfte der neunziger Jahre die Welt bereist und Konzernchefs und abgelegene Dörfer besucht. Sein Fazit lautet: «Globalisierung ist das überragende internationale System, das die Innen- und Außenpolitik von fast jedem Land bestimmt.»[1]

Alle, die eine Karte für das neue Globalsystem suchen, würden dazu verführt, «die Zukunft zu sehr durch die Brille der Vergangenheit und allein der Vergangenheit zu sehen.» Friedman selbst begeht jedoch genau diesen Fehler. Er versucht, die Zukunft zu sehr durch die Brille der Gegenwart zu betrachten. Er präsentiert eine Momentaufnahme, nichts, was einer dauerhaften Prüfung standhält.

Friedman hat insofern Recht, als man die Globalisierung tatsächlich auf ihre geopolitischen Implikationen hin untersuchen sollte. Handels- und Kapitalströme haben gigantische Ausmaße erreicht. Die globale Wirtschaft ist weitaus stärker verflochten als je zuvor. Ausländische Direktinvestitionen in den USA stiegen zwischen 1985 und 2000 um mehr als 500 Prozent. Amerikanische Exporte von Waren und Dienstleistungen wuchsen in den letzten Jahrzehnten um mehr als 200 Prozent.

Die Globalisierung hat ihren Charakter verändert. Handel und Finanzen umspannen schon seit Jahrhunderten die ganze Welt. Jetzt erreicht auch die Produktion den globalen Markt. Toyota baut seine Autos in den Vereinigten Staaten, Ford in Mexiko und Volkswagen in

Brasilien. Während amerikanische Software-Entwickler in Seattle schlafen, setzen ihre Kollegen im indischen Bangalore ihre Arbeit fort, schicken dann das Ergebnis per E-Mail nach Seattle, wo es rechtzeitig zur Frühschicht ankommt. Die Globalisierung von Produktionsanlagen und geistigem Kapital verstärkt die gegenseitige Abhängigkeit. Ein Pensionsfonds, der mit Milliarden Dollar in Indonesien investiert wurde, kann über Nacht zurückgezogen werden. Eine US-Firma in Indonesien mit zwei Produktionsanlagen, einer Forschungs- und Entwicklungsabteilung und Tausenden von Angestellten wird jedoch langfristig weitaus mehr zum Wohlstand des Landes beitragen.

Durch das Internet und die Informationsrevolution wurde die Globalisierung noch expansiver. Der Weltmarkt hatte bisher die nationalen Zentren für Finanzen und Handel verknüpft. Banker, Spediteure und Firmenmanager aus New York, London, Frankfurt, Tokio und Hongkong waren in globale Netzwerke integriert. Doch viele ihrer Landsleute, die nicht in diesen Handels- und Finanzzentren arbeiteten, hatten nur wenig Kontakt zu internationalen Märkten.

Das änderte sich im Zeitalter von CNN, Mobilfunk und Internet. Mit Friedmans Worten können «Menschen, Unternehmen und Nationalstaaten die ganze Welt noch schneller und billiger als je zuvor erreichen.»[2] Jetzt kann jeder Durchschnittsbürger auf den Weltmärkten mitspielen. Die Informationstechnologie erobert sogar Gesellschaften, die sich lieber verweigern würden. In Shanghai wimmelt es von Handys, Internetwerbung und Sendemasten. Die Stadt sieht wie eine futuristische Filmkulisse aus und macht nicht den Eindruck, von der kommunistischen Partei kontrolliert zu werden. Slobodan Milosevics Fall wurde durch den Einsatz von Handys und Internet vor den Wahlen im September 2000 erleichtert. Es war ihm nicht gelungen, alle Informationskanäle zu kontrollieren. Sein Regime wurde auch durch den freien Informationsfluss gestürzt.

Neue Technologien vergrößern nicht nur die Menge an Information, die in ein Land einströmt, sondern auch das, was aus dem Lande nach außen dringt. Durch laufende journalistische Recherchen und ein Heer von privaten Nachrichtendiensten bleibt fast nichts mehr geheim. Die Größe und Geschwindigkeit der internationalen Finanzströme erlauben jedem Marktbeobachter, die finanzielle Struktur jedes Landes zu untersuchen und es bei Regelverstoß mit abgewerteten Bonds und Zinsanhebungen zu bestrafen. Friedmans Begriff der «goldenen Zwangsjacke» ist eine passende Metapher für die Eigenschaft der Globalisierung, Staaten zu zwingen, ihre Geschäfte und ihre Politik offenzulegen.

Friedman irrt somit keineswegs in seiner Beschreibung der Globalisierungsfolgen. Er irrt in der Annahme, die Globalisierung sei das «überragende internationale System» der neuen zukünftigen Weltordnung – und nicht eine vorübergehende Phase auf dem Weg zu einer (noch nicht definierbaren) Alternative. Als Zeitungsreporter beschreibt Friedman, was er sieht und hört. Das ist verständlich. Blicken wir jedoch über den Rand seiner Reportagen und stellen wir seine harmlose Vision der Globalisierung in einen größeren historischen Kontext – dann fällt seine Weltkarte auseinander.

Die Globalisierung: Zaubermittel oder Gefahr?

Friedman ist nicht der Erste, der temporären Wohlstand mit einem dauerhaften Frieden verwechselt. Schon 1792 schrieb der Essayist Thomas Paine: «Wenn Handel so universal wie möglich wirken könnte, wäre das System des Krieges abgeschafft.»[3] John Stuart Mill meinte 1848, dass «das große Ausmaß und der schnelle Anstieg des Welthandels der beste Garant für den Frieden ist.»[4] Norman Angell ist wohl der berüchtigtste aller Optimisten – zumindest was den Zeitpunkt seiner Prognose betraf. Angell veröffentlichte 1910 das Buch *Die große Illusion* mit der These, Krieg zwischen Großmächten sei wegen der «völligen wirtschaftlichen Sinnlosigkeit von Eroberungen» nahezu undenkbar geworden. «Eine historisch einmalige wirtschaftliche Interdependenz» sei nun erreicht. «Die schnelle Post, die sofortige Verbreitung von Finanz- und Handelsinformationen durch den Telegrafen und die große Beschleunigung der Kommunikation» würden diesen Zustand fördern.[5] Im August 1914 brach der Erste Weltkrieg aus.

Die Lehren der Geschichte sind aber nicht der einzige Grund, Friedmans Optimismus für genauso illusionär zu halten wie die Thesen von Paine, Mill und Angell. Vieles deutet darauf hin, dass die Weltwirtschaft nicht so stabil ist, wie es scheint. Der US-Aktienmarkt boomte in den neunziger Jahren. Obgleich Ende 2000 der Abstieg begann, war die Marktentwicklung im letzten Jahrzehnt beeindruckend. Aber die Hausse zeigte eher, dass der Markt aus seinen Fugen geraten war. Obwohl die Überbewertung der Aktien auf der Hand lag, strömte immer mehr Kapital auf den Markt. Die Lehren von 1929 waren vergessen und Aktienspekulation wieder erlaubt.

Erst Alan Greenspans Initiative und die Kraft der US-Wirtschaft sorgten dafür, dass keine Panik entstand. Selbst die Großverkäufe nach den Terroranschlägen des 11. September wurden geordnet abgewickelt. Dennoch haben die Exzesse der neunziger Jahre die amerikanische Wirtschaft verwundbar gemacht und das Risiko eines Börsencrashs erhöht. Die asiatische Finanzkrise von 1997/98 hatte globale Folgen und zeigt, dass die Globalisierung zuweilen den Wohlstand fördert, aber auch regionale Erschütterungen verstärken kann. Eine monetäre Krise, die von Malaysia, Thailand und Indonesien ausging, wanderte um die Welt und sorgte fast für den Zusammenbruch des internationalen Finanzsystems.

Selbst wenn Amerika eine lange Rezession vermeiden kann und die Mechanismen der Weltwirtschaft Finanzkrisen verhindern sollten, ist die Globalisierung kein Zaubermittel. Sie garantiert weder Frieden noch Wohlstand; sie kann sogar zur Quelle strategischer Rivalität werden. Japan etwa hat in den dreißiger Jahren eine regionale Hegemonie angestrebt, um sich selbst versorgen zu können und von Stahl- und Ölimporten unabhängig zu werden. Die Globalisierung mag neuen Wohlstand bringen, doch sie fördert auch wirtschaftliche Ungleichheiten innerhalb einzelner Länder und zwischen den Staaten – was wiederum anti-amerikanische Ressentiments auslösen kann und Gewalt gegen die USA fördert. Der Aufstieg Europas zum neuen wirtschaftlichen Machtzentrum könnte das Wesen der Globalisierung ebenso dramatisch verändern. Amerika dominiert die Weltwirtschaft immer noch nach eigenem Gutdünken. Doch je mehr Europa und schließlich Asien an Einfluss gewinnen, desto mehr droht das Schiff, das bislang von einem einzigen Kapitän gesteuert wurde, ernsthaft vom Kurs abzuweichen.

Eine realistische Diagnose der Globalisierung muss sich mit zwei Szenarien auseinander setzen, die beide Friedmans Weltkarte obsolet werden lassen. Das erste sieht die Weltwirtschaft im gefährlichen Niedergang, wobei ein Land nach dem anderen von der Krise erfasst wird, und zwar mit Hilfe der gleichen fiberoptischen Kanäle, Satelliten und Börsenparketts, die den Boom der neunziger Jahre ermöglichten. Im zweiten Szenario bleiben die Weltmärkte stabil und widerstandsfähig, doch das Wachstum und seine politischen Folgen unterminieren genau jene Bedingungen, die die Globalisierung so verträglich erscheinen ließen.

Die Wirkung schlechter Zeiten

Nach der Überhitzung der neunziger Jahre sind Aktienmarkt und Konjunktur abgekühlt. Im Frühjahr 2001 hatte sich das durchschnittliche *Kurs-Gewinn-Verhältnis* auf dem S & P-Index in weniger gefährliche Zonen zurückgezogen. Doch die Geschichte lehrt eindeutig, dass unvorhersehbare Entwicklungen ein relativ gesundes Umfeld in einen Abwärtsstrudel reißen können. Die negativen Wirkungen einer lahmenden US-Wirtschaft hätte man in der gesamten Weltwirtschaft gespürt. Genau jene Aspekte der Globalisierung, die Friedman preist – Geschwindigkeit, Umfang, Reichweite und geringe Kosten –, sorgen jedoch dafür, dass eine Krise in Amerika sich bis ans Ende der Welt ausweitet.

Dies ist ein wichtiger Punkt: Die Globalisierung selbst ist ein neutrales Phänomen, das durch eine wachsende Infrastruktur der Weltwirtschaft – gewissermaßen das Rohrsystem – ermöglicht wird. In guten Zeiten sorgt diese Infrastruktur schnell für Wohlstand und Stabilität. In schlechten Zeiten werden Armut und Instabilität ebenso schnell verbreitet. Die Wirkungen der Globalisierung hängen davon ab, was gerade durch ihre schnellen und breiten Röhren schießt.

Die ostasiatische Finanzkrise hat uns einen Vorgeschmack darauf gegeben, wie rasch und gnadenlos Probleme sich verbreiten können. Der Ärger begann 1997 in Thailand. Es kam zur Kapitalflucht aufgrund von Befürchtungen, die thailändische Wirtschaft sei überbewertet und überhitzt. Der Wert des Thai-Baht fiel um 20 Prozent. Dann kam der philippinische Peso. Wenige Wochen später hatte der Verfall auch den malaysischen Ringgit und die indonesische Rupie erfasst. In zwei Monaten verlor die Rupie 30 Prozent ihres Wertes. Dann erreichte die Krise Nordostasien. Taiwan reagierte mit einer Abwertung, und es kam zu Spekulationen gegen den Hongkong-Dollar. Durch massive Währungsreserven und gutes Krisenmanagement konnten die Finanzbehörden die Währung stabilisieren. Doch dabei wurden die Zinssätze um 300 Prozent erhöht, wodurch der Aktienmarkt von Hongkong kollabierte und in vier Tagen 25 Prozent seines Wertes verlor. So gelangte die Krise nach Südkorea, wo der Won 15 Prozent seines Wertes in wenigen Tagen einbüßte.

Über die Auslöser der Krise herrscht Dissens, doch es gilt als sicher, dass sie sich nur durch die schnellen Kommunikationswege der Weltwirtschaft ausbreiten konnte. Laut Stephan Haggard von der University of California in San Diego wird der Virus durch «Angst vor Abwertung und finanzielle Verflechtungen» verbreitet: «Thailand infiziert Indonesien und Malaysia, Taiwans Abwertung führt zum Zusammenbruch von Hongkong, und der Kollaps von Südkorea wirkt auf ganz Südostasien.»[6]

Das Problem ging bald über Ostasien hinaus. Im Mai 1998 zogen Investoren ihr Geld aus Russland ab, worauf der russische Aktienmarkt kollabierte. Die Zentralbank hob die Zinsen auf 150 Prozent an, und der Internationale Währungsfonds stellte Notkredite zur Verfügung, was den Rubel und die Märkte stabilisierte. Doch nur kurzfristig. Im August brach der russische Aktienmarkt wieder zusammen. Diesmal wurde der Rubel mitgerissen. Am 17. August gab der Kreml die Abwertung des Rubels bekannt und erklärte die Einstellung von Rückzahlungen der Auslandschuld. Die Nachricht von Russlands Zahlungsverzug ließ die Aktienmärkte abstürzen. Die Krise war eine Katastrophe für die Durchschnittsrussen. Der Rubel verlor gegenüber dem Dollar deutlich an Wert. Die Zahl der Russen, die unter der Armutsgrenze lebten, verdoppelte sich von 1997 bis 1999. Rentner wurden besonders hart getroffen. Viele sehnten sich nach dem relativen Wohlstand des Kommunismus zurück.

Russlands Zahlungsverzug nährte die Angst, dass die Märkte der Entwicklungsländer zusammenbrechen werden. Schon begannen die Investoren, ihr Geld aus Lateinamerika abzuziehen. Die brasilianische Zentralbank hob die Zinssätze um 50 Prozent an, um die Kapitalflucht einzudämmen, doch die Investoren zogen ihr Geld weiter ab. Ein internationales Hilfspaket konnte die Märkte vorübergehend beruhigen. Der Zusammenbruch des brasilianischen Marktes dauerte jedoch bis Dezember, sodass die Regierung den Real im Januar floaten ließ. Im Laufe des folgenden Monats fiel die Währung von 1,25 auf 2,15 Real gegenüber dem Dollar.

Selbst die Vereinigten Staaten waren gegen die Krise nicht immun. Im Spätoktober 1997 wurde klar, dass die ostasiatischen Probleme größer als bisher angenommen waren. Der Dow-Jones fiel um 554 Punkte, ein neuer Rekord beim Tagesverlust. Nach Russlands Abstieg verfielen die US-Aktien weiter. Die Probleme in Brasilien verschärften die Krise in New York. Dann kam die Nachricht, dass Long-Term Capital Management (LTCM), einer der größten US-Sicherungsfonds, vor dem Bankrott stand. Ruhe trat erst ein, als die New Yorker Reservebank ein Konsortium aus US-Banken veranlasste, ein Hilfspaket von 3,5 Milliarden Dollar für LTCM zur Verfügung zu stellen. Man war sich einig, dass der Zusammenbruch von LTCM das internationale Bankensystem bedroht hätte, da LTCM bei vielen Großbanken verschuldet war. US-Beamte geben heute zu, dass das Weltfinanzsystem Ende September 1998 kurz vor dem Zusammenbruch stand.

Diese Geschichte ist beängstigend. Sie zeigt die Schwächen des integrierten Weltmarktsystems. Eine kleine Krise in Südostasien hat sich durch die Weltwirtschaft durchgefressen und das asiatische Wunder in einen Albtraum verwandelt. Dabei wurden die Währungen von Russland und Brasilien verwüstet und Amerika fast in die Knie gezwungen. Die Geschichte ist besonders beängstigend, weil sie in guten Zeiten passierte.

Da die internationale Wirtschaft sogar während einer globalen

Wachstumsphase verwundbar ist, mag man nicht daran denken, was in schlechten Zeiten geschehen könnte. Wie würde eine Krise verlaufen, die in den Vereinigten Staaten und nicht in Thailand ausbricht? US-Dollar und Wall Street würden in einen Strudel geraten; die Verkäufe würden sich überschlagen, da Investoren ihre Dollarverluste gering halten wollen. Wir wissen heute schon, welche Folgen dies für ausländische Börsen hätte. Da 40 Prozent der Weltaktien auf US-Aktienmärkten gehandelt werden, blicken internationale Börsen auf die Wall Street. Stürzen Dow und Nasdaq ab, folgen die Märkte in London, Frankfurt, Tokio und Singapur. Und das geschieht sehr schnell.

Eine Finanzkrise, die im Zentrum der Weltwirtschaft ausbricht, kann weitaus schwerer kontrolliert werden. Dank amerikanischer Führung konnte die Weltwirtschaft in den neunziger Jahren von der Stabilität profitieren. Washington bestimmte die Regeln, kontrollierte die Institutionen zur Überwachung der Regeln und reagierte auf potentielle Krisen. Als die mexikanische Wirtschaft 1994 abstürzte, intervenierten die Vereinigten Staaten und stabilisierten den Peso. Während der asiatischen Krise übernahmen die USA die Initiative und vereitelten den Versuch der Japaner, die Krise von Tokio aus zu managen. Die New Yorker Federal Reserve rettete die LTCM und die Weltmärkte. Das Urteilsvermögen von Robert Rubin und Lawrence Summers im US-Finanzministerium konnte die Bedrohung der Weltwirtschaft abwehren.

Doch Rubin und Summers und die guten Zeiten sind Geschichte. George W. Bushs Finanzminister Paul O'Neill hat von Anfang an erklärt, er werde die Weltwirtschaft anders betrachten. Seine Strategie vertraut auf die freien Kräfte des Marktes. Wirtschaftskrisen, so O'Neill, haben «nichts mit dem Scheitern des Kapitalismus zu tun. Sie haben etwas mit dem Mangel an Kapitalismus zu tun.» Die Hoffnung auf Rettungspakete und andere Formen internationaler Intervention seien Teil des Problems, nicht die Lösung – sie würden alle Risiken minimieren und dadurch Leichtsinn ermuntern. «Warum sollen wir intervenieren? Und warum sollen wir besonders in Krisenzeiten intervenieren?» fragte O'Neill nach der Amtsübernahme.[7] 2001 hat er seine eigenen Bedenken ignoriert und die IWF-Hilfe für die Türkei, für Brasilien und Argentinien genehmigt. Doch wäre O'Neill schon 1998 im Amt gewesen, hätte die ostasiatische Krise weitaus fatalere Folgen haben können.

Erlebt Amerika einen Konjunkturabschwung, ändert sich nicht nur das Verhalten, sondern auch die Philosophie der Weltwirtschaft. Selbst wenn das Finanzministerium in den Händen von Aktivisten läge, wären diese Hände durch eine Politik gebunden, die sich von der der neunziger Jahre unterscheidet. Da es keine Aktienhausse mehr gibt und die Haushaltsüberschüsse verbraucht sind, würde der Kongress den Peso oder Bath nicht mehr retten. 1997 hatten die Vereinigten Staaten die monetäre Rettungsaktion zunächst wegen innenpolitischer Widerstände abgelehnt. Die US-Politik schwenkte erst um, als der Ernst der Lage voll sichtbar wurde.

Wenn Washington in guten Zeiten so geizig ist, stelle man sich vor, wie der Finanzminister unter schlechten Bedingungen reagieren würde. Wie in früheren Wirtschaftskrisen könnten sich die Vereinigten Staaten für eine protektionistische Handelspolitik entscheiden, einen monetären Alleingang gehen und sich von der Weltwirtschaft abkapseln. Amerika profitiert sehr von der Globalisierung und setzt sich daher stark für sie ein. Seine Unterstützung offener globaler Märkte ist das unmittelbare Resultat der Globalisierungsprofite. Als die Wirtschaft, Arbeit und Löhne wuchsen, konnten amerikanische Arbeiter leicht neue Jobs finden, wenn ihre Firmen nach Mexiko umsiedelten. Die neuen Jobs brachten oft höhere Löhne. Doch wenn die Wirtschaft stottert und entlassene Arbeiter keine neuen Stellen finden, schwindet die Begeisterung für die Globalisierung schnell. In weniger guten Zeiten könnte die Globalisierung als Ursache für Arbeitslosigkeit und Billigimporte herhalten. Dann würde Amerika als Erster aussteigen. Ein zunehmender Konjunkturabschwung könnte ein «Rette sich wer kann» auslösen und die Weltwirtschaft in eine Krise zwingen. Genau das geschah in den dreißiger Jahren.

Optimisten halten dieses Szenario für stark übertrieben. Sie glauben, wir wüssten heute genug über die globalen wirtschaftlichen Verflechtungen und hätten ausreichende Schutzmechanismen eingebaut, um eine Wiederholung der Krise von 1930 zu verhindern.

Damals war Amerika das «Ground Zero» der Weltwirtschaftskrise. Die Finanzmärkte sind heute sicher besser reguliert als früher. Der *Investment Company Act* von 1940 macht die heutigen Investitionsfonds sicherer als die Trusts der zwanziger Jahre. Regelmechanismen, die sich an besonders unbeständigen Tagen einschalten, begrenzen die Pendelschläge am Markt. Und Federal Reserve und Aktienaufsichtsbehörde (SEC) haben zumindest einige Maßnahmen ergriffen, um Spekulationskäufe einzuschränken.[8]

Obwohl diese Innovationen vieles verbessert haben, können sie den Markt nicht gegen Exzesse schützen. Während der Hausse fürchteten selbst Greenspan und Rubin, die Aktien seien viel zu hoch gestiegen. Im Dezember 1996 gab Greenspan vorsichtig zu bedenken: «Woher wissen wir, wann irrationaler Überschwang die Werte unangemessen in die Höhe getrieben hat, was dann zu unerwarteten Kontraktionen führen kann, wie wir im vorigen Jahrzehnt in Japan erlebt haben?»[9] Rubin verhielt sich im Amt zurückhaltend, doch nach Ende seiner Amtszeit äußerte er sich deutlich: «Unsere Aktienmärkte mögen vielleicht unterbewertet sein, doch verglichen mit traditionellen Maßstäben sind sie sehr hoch.» Die Stärke des amerikanischen Marktes könnte das Ergebnis von «Exzessen» sein, die sich gegenseitig hochschaukeln. «Die realen und ernsten Risiken werden von den meisten Leuten unterschätzt.»[10]

Die digitale Revolution und das Tempo und Ausmaß der Finanzströme erschweren das Management der Märkte. Das Internet und die «New Economy» tragen sicherlich zu Globalisierung und Interdependenz bei. Doch das sich schnell verändernde Wesen der Globalisierung lässt selbst die besten Wirtschaftsmodelle und Managementtechniken veralten. LTCM wurde von zwei der renommiertesten Wirtschaftswissenschaftler geleitet: Robert Merton und Myron Scholes sind Nobelpreisträger, die besonders ausgeklügelte Techniken einsetzten. Die besten Köpfe des Landes haben Modelle benutzt, die ihre Firma an den Rand des Ruins trieben.

Ökonomen und Politiker haben ebenfalls keine Antworten auf grundlegende Fragen. Es gibt keinen Konsens über die Ursachen der Ostasienkrise. Einige Analysten meinen, der Hauptgrund läge im Missmanagement – besonders bei den Wechselkursen. Andere glauben, dass Spekulation die Abwärtsspirale in Gang setzte. Es herrscht auch kein Konsens darüber, ob die IWF-Intervention die Krise gedämpft oder verschärft hat. Einige sagen, die restriktive monetäre und fiskale Politik des IWF hätte die Lage stabilisiert, andere behaupten, die IWF-Reaktion hätte den Abschwung beschleunigt.[11] Man weiß auch nicht, warum die russischen Wirtschaftsreformen scheiterten und die russische Wirtschaft abstürzte. Einige meinen, Russland wäre zu schnell privatisiert und liberalisiert worden; andere glauben, all dies wäre zu langsam geschehen. Solche Meinungsverschiedenheiten sind die Regel und nicht die Ausnahme.

Da so wenig Klarheit über Grundsätzliches herrscht, darf sich niemand wundern, dass die Vereinigten Staaten und ihre Partner bei der Reform des globalen Finanzsystems so wenige Fortschritte gemacht haben. Beamte, Ökonomen und Investoren stimmen überein, dass die Weltwirtschaft anfällig ist für Instabilität. Doch keiner weiß, was man dagegen tun kann. Greenspan hat seine Sorgen über die Schwächen des heutigen Finanzsystems offen bekundet. Im Juli 2000 forderte er neue Finanzmechanismen zur Verhinderung zukünftiger Instabilitäten und verlangte «flexible Institutionen, die sich den Anforderungen der nächsten Krise anpassen können». Dafür brauche man keine «Maginot-Linien» zur Abwehr einstiger Krisen, die nicht mehr wiederkommen.[12] Konkrete Vorschläge machte Greenspan nicht.

Finanzminister und Zentralbanker aus der ganzen Welt trafen sich im Herbst 2000 in Prag, um Krisenmanagement und Krisenprävention zu verbessern. Doch nach langen Diskussionen fuhren sie mit leeren Händen nach Hause. Ein US-Beamter gestand, dass man höchstens «die Rohrleitungen etwas ausgebessert» habe. Auf die Frage, ob die Delegierten Mechanismen zur Bewältigung zukünftiger Krisen gefunden hätten, antwortete Professor Barry Eichengreen von der Universität Berkeley: «Man kann ihnen kaum die Note ‹ausreichend› geben.»[13] Professor Robert Gilpin aus Princeton äußerte ebenfalls, die Arbeit an funktionierenden Regulierungen von internationalen Kapitalströmen habe nur sehr wenige Fortschritte gemacht.[14]

Möglicherweise würde eine besser funktionierende Finanzstruktur niemals wirklich gebraucht. Doch das ist unwahrscheinlich. Obwohl keiner weiß, wie man sich darauf vorbereiten soll, zweifeln wenige daran, dass die nächste schwere Wirtschaftskrise lange auf sich warten lässt. Amerika hat die Finanzkrisen der neunziger Jahre gut in Schach gehalten. Doch sollten große Instabilitäten auftreten, weil die Vereinigten Staaten kaum gewillt oder fähig sind, als Wächter der Weltwirtschaft zu agieren, dann könnte das Ergebnis völlig anders aussehen. In der heutigen globalisierten Wirtschaft kann es ohne Vorwarnung zu Krisen kommen, die sich extrem schnell ausbreiten.

Sollte die Globalisierung aus dem Ruder laufen, werden die geopolitischen Folgen ähnlich wie in den dreißiger Jahren sein. Geraten schwache Regierungen etwa in Russland und China in Wirtschaftskrisen, könnten sie militaristischem und nationalistischem Druck nachgeben. Ganz so wie die aufstrebenden Demokratien, die dem Faschismus verfielen, als sie in den Strudel der Depression gerieten. Die anderen großen Nationen der Welt – die Vereinigten Staaten, Großbritannien, Frankreich, Deutschland und Japan – haben seit Jahrzehnten stabile Demokratien, sodass sie kaum von Nationalismus bedroht wären. Doch sie alle können bei Problemen schnell in Deckung gehen. Ganz so wie die atlantischen Demokratien der dreißiger Jahre, die mit Deutschlands und Japans Aufstieg konfrontiert wurden.

Die Wut über die Ungleichheit

Die geopolitischen Vorteile der Informationsrevolution werden durch einen Umstand relativiert – nur ein kleiner Prozentsatz der Weltbevölkerung hat Zugang zur modernen Kommunikationstechnologie. Das digitale Zeitalter mag das globale Dorf geschaffen haben, aber es ist ein kleines Dorf, in dem nur diejenigen glücklich sind, deren Land mit den internationalen Märkten verkabelt ist. Zurzeit besitzen nur sechs Prozent der Weltbevölkerung Zugang zum Internet. Die meisten davon leben in Nordamerika und Europa. Und der Abstand zu allen anderen wächst mit jedem Tag. Die Einkommenslücke zwischen dem Fünftel der Weltbevölkerung, das in den reichsten Ländern lebt, und dem anderen Fünftel in den ärmsten Ländern hat sich von 1960 bis 1997 mehr als verdoppelt. Vier Fünftel der Weltbevölkerung lebt in Ländern, die nur ein Fünftel des Welteinkommens verdienen.

Die reichen Länder der Welt haben sich darauf eingestellt, mit dem Gefälle zwischen Nord und Süd bequem zu leben. Es beunruhigt nur wenige, dass große Teile der Welt von der digitalen Revolution abgeschnitten bleiben. Zudem wird diese Revolution die Ungleichheit verstärken. Der graduelle Transfer von Technologie an die Entwicklungsländer verschafft ihnen neue Möglichkeiten, der Ersten Welt zu schaden. Bisher hat der Süden über den Norden Macht ausgeübt, weil er das Öl kontrollierte. Doch in Zukunft wird Know-how die stärkere Waffe sein als materielle Ressourcen.

Das Internet und die wachsende Verfügbarkeit von Informationen erleichtert auch die Suche nach Technologie für Massenvernichtungswaffen und deren Trägersysteme. Das Internet selbst kann gegen das Land eingesetzt werden, das es erfunden hat. Ein einsamer, frustrierter Computer-Hacker könnte Amerika schwer schaden. Er könnte in das Pentagon eindringen, die neuesten Software-Programme von Microsoft stehlen oder Computerviren per E-Mail verbreiten und die globale Infrastruktur der Informationsgesellschaft beschädigen. Im Mai 2000 haben zwei philippinische Programmierer den «Love Bug» Virus verschickt, der 10 Millionen Rechner weltweit infizierte und Daten im Werte von 10 Milliarden Dollar vernichtete. Die «Habenichtse» könnten in Zukunft weit mehr tun, um ihren Zorn darüber auszudrücken, dass sie sich abgehängt fühlen.

Beunruhigend ist auch die Ungleichheit innerhalb der Staaten. Viele Länder haben zwei getrennte Wirtschaften – eine rastlose und schnell wachsende für die wenigen Auserwählten –, und eine für den Rest. In Schanghai mag es Handys und Internetwerbung geben, doch die meisten Chinesen leben im Landesinneren, wo es den Dorfbewohnern an allem fehlt. Die Twerskaya-Straße in Moskau hat viele Luxusläden mit Konsumgütern der westlichen Welt, doch das Angebot gilt nur für Ausländer und russische Superreiche. Die meisten Russen kämpfen ums wirtschaftliche Überleben.

Selbst in Israel mit seinem relativ hohen Pro-Kopf-Einkommen wachsen die sozialen Gegensätze. Herzliya, ein nördlicher Vorort von Tel Aviv, ist ein kleines israelisches Silicon Valley. Ein Teil des israelischen Volkes arbeitet im High-Tech-Sektor, ist ans Internet angeschlossen und nutzt dessen Vorteile. Doch viele sind von diesem Teil der israelischen Wirtschaft ausgeschlossen. Die meisten orthodoxen Juden lehnen die Globalisierung und die damit verbundene Säkularisierung ab. Jüdische Immigranten aus nordafrikanischen Ländern sind für die Arbeit im High-Tech-Sektor nicht ausgebildet. Und die Palästinenser, die als Niedriglohnarbeiter nach Israel dürfen, stehen abseits.

Diese Ungleichheiten können viele Probleme bereiten. In China entsteht eine gefährliche Kluft zwischen den Küstenstädten und dem landwirtschaftlichen Kernland. Die Straßen- und Schienenverbindungen zwischen Küste und Land sind schlecht, soziale und kulturelle Gegensätze nehmen zu. Bleibt das Hinterland arm, während die Küstenregion wirtschaftlich explodiert, könnte der innere Zusammenhalt Chinas auf dem Spiel stehen. Die chinesische Regierung weigert sich daher, das politische System zu liberalisieren. Zum Missfallen der kosmopolitischen Stadtbevölkerung.

In Russland ist der Lebensstandard seit dem Zusammenbruch des Kommunismus gesunken. Das Volk sieht zu, wie sich die neue Elite bereichert. Doch nicht nur das Geld hat Russland verlassen. Viele hochqualifizierte Russen emigrieren in Länder, wo ihre Fähigkeiten mehr geschätzt werden. Der globalisierte Arbeitsmarkt erschwert es Russland somit, eine dringend benötigte Mittelschicht als Grundlage für politische Stabilität zu bilden. Und in Israel wächst die Ungleichheit entlang ethnischer Gegensätze: Die Aschkenasim (europäischen Juden) trennen sich von den Sephardim (orientalischen Juden), die religiösen von den säkularen und die Araber von den Juden. Die israelische Gesellschaft wird dadurch besonders polarisiert, was mögliche Fortschritte beim Friedensprozess zusätzlich erschwert.

Die Enttäuschten sind wütend auf die Reichen und die Globalisierung an sich. Der malaysische Premierminister Mahathir Mohammed gab internationalen Bankiers die Schuld an den Ungerechtigkeiten und Entbehrungen, die der globale Markt mit sich bringt. Für viele Russen ist Kapitalismus ein Synonym für Korruption. Sie sehen, wie die neue russische Oligarchie in Limousinen und mit Bodyguards durch Moskau rast und glauben zu Recht, dass sich die Reichen ihr Geld auf Kosten der Armen holen. Millionen von Moskowitern nutzt die Globalisierung nichts. Die so Ausgeschlossenen sind wütend; und da sie die Globalisierung mit Amerika gleichsetzen, richtet sich ihre Wut gegen die Vereinigten Staaten.

Die Terrorangriffe vom 11. September zeigen, welch brutale Form der Kampf gegen die Globalisierung annehmen kann. Osama bin Laden und seine Anhänger waren auf vieles wütend – auf Amerikas Militärpräsenz in Saudi-Arabien, den kulturellen Einfluss des Westens, den arabisch-israelischen Konflikt und die Verarmung der islamischen Völker. Die Ungleichheiten zwischen den nahöstlichen Ländern und dem Westen fachen diese Wut weiter an. Zu Beginn des 21. Jahrhunderts lag das Durchschnittseinkommen in den entwickelten Ländern bei 27 450 US-Dollar verglichen mit 3700 US-Dollar im Gürtel islamischer Länder zwischen Marokko und Bangladesch.[15] Bin Ladens Kritik entspringt der Auffassung, die islamische Gesellschaft sei von der Geschichte abgehängt worden und hätte die muslimischen Menschen und Werte geschwächt. Er verstand seinen Auftrag als Schlag gegen die angeblichen Quellen dieser Entwürdigung – Amerikas wirtschaftliche und militärische Macht. Daher die symbolische Wirkung des Angriffs auf World Trade Center und Pentagon. Daher auch das Ausmaß, mit dem die Terrorangriffe, die zwar fast überall verurteilt werden, die starken anti-amerikanischen Gefühle befeuern, welche sich in vielen Entwicklungsländern ausbreiten.

Osama bin Laden kämpft nicht nur gegen die Globalisierung, er nutzt sie ebenso aus. Viele Terroristen des 11. September wurden in Europa ausgebildet. Einige der Flugzeugentführer wurden in amerikanischen Flugschulen angeleitet. Zur Planung der Angriffe kommunizierten die Täter per E-Mail mit Computern in öffentlichen Bibliotheken. Die Terroristen nutzen Amerikas durchlässige Grenzen, seine liberalen Einwanderungsgesetze, die moderne Kommunikationsinfrastruktur und ein Luftverkehrssystem, das Effizienz vor Sicherheit stellte.

Friedman ignoriert die dunkle Seite der Globalisierung keineswegs. Er beschreibt den wütenden Protestler als Produkt und zugleich Bedrohung des Globalisierungszeitalters. Doch wenn er behauptet, der Krieg gegen den Terrorismus sei eine Art Dritter Weltkrieg, der «neue Ordnungen und Trennlinien» hervorbringt, dann geht dies zu weit.[16] Terrorangriffe können schwere Schäden anrichten. Sie bringen Angst und Schock mit sich. Doch der angemessene Vergleich zum Krieg gegen den Terrorismus ist der Krieg gegen Drogen oder das organisierte Verbrechen – nicht der Krieg gegen Nazi-Deutschland oder die Sowjetunion. Terrorismus wirkt auf die Geopolitik wie ein Orkan auf die Geographie – ein spektakuläres und destruktives Element, das aber nur an der Oberfläche wirkt und nicht auf die zugrunde liegenden tektonischen Kräfte und Konfliktlinien.

Der Terrorismus wird von kriminellen Banden und nicht von Staaten betrieben. Er hat daher nur begrenzte geopolitische Konsequenzen. Sollte die Globalisierung jedoch nicht nur Einzelkämpfer, sondern kampfbereite Staaten hervorbringen, würde ein größeres geopolitisches Gewicht entstehen. Dieses Szenario ist leider nicht völlig ausgeschlossen.

Staaten und ihre Bürger mögen es nicht, den Mächten des globalen Marktes ausgeliefert zu sein. Dies aber ist die Wirkung einer Weltwirtschaft, in der täglich etwa 1,5 Billionen US-Dollar den Besitzer wechseln. Diese Summe ist 48-mal größer als das Gesamtvolumen des täglichen Welthandels und entspricht etwa dem jährlichen Sozialprodukt von Frankreich.[17] Staaten und Einzelpersonen mögen es nicht, wenn ihr Wohlstand von fremden Menschen in fremden Ländern abhängt. Doch dies ist die logische Konsequenz eines Weltwirtschaftssystems, in dem jeder Durchschnittsamerikaner sein Geld per Mausklick aus einem ausländischen Investitionsfonds abziehen kann. Die antidemokratischen Wirkungen der Globalisierung lassen sich schlecht bestreiten: Amerikaner haben mehr Macht über die Wirtschaft von Malaysia als das steuerzahlende Wahlvolk des Landes.

Und hier liegt die Gefahr: Staaten und ihre Bürger werden sich nicht auf ewig von der globalen Wirtschaft dominieren lassen. Irgendwann schlagen sie zurück. Selbst wenn eine Volkswirtschaft von der Globalisierung profitieren sollte, könnten sich nationale Regierungen abschotten, wenn sie die Kontrolle verlieren und ihre Popularität schwinden sehen. Sie könnten öffentliche Institutionen zentralisieren, und autoritärer regieren. Karl Polanyi hat den Aufstieg des Faschismus im 20. Jahrhundert mit dem Goldstandard und dessen Wirkung auf die unvorhersehbaren Kräfte der Weltwirtschaft in Zusammenhang gebracht.[18] Die begleitenden sozialen Unruhen, so Polanyi, hätten eine Gegenreaktion in Form faschistischer Regime in Deutschland, Italien und Japan hervorgebracht. Polanyis Argumente sind überzeugend.

Die heutige Weltwirtschaft ist durch die goldene Zwangsjacke für seine Nutznießer zumindest ebenso dominant wie der Markt des frühen 20. Jahrhunderts. Da der Markt alles durchdringt, zieht die Globalisierung liberale Reformen nach sich und ermutigt alle Länder, eine Laisser-faire-Wirtschaft zu übernehmen. Doch diese Zwangsjacke kann auch das Gegenteil bewirken und Regime hervorbringen, die von ökonomischem Nationalismus und Expansionsdrang angetrieben werden. Eine erfolgreiche Globalisierung kann somit auch ihren eigenen Untergang einleiten.

Globalisierung ohne Amerikanisierung

Schließlich ein Blick auf den Zusammenhang von Globalisierung und Amerikanisierung: Viele Globalisierungskritiker glauben, die heftige Reaktion gegen die Globalisierung basiere auf dem Missverständnis, die Globalisierung sei von der Amerikanisierung nicht zu trennen. Französische Bauern protestierten gegen eine globale Wirtschaft, die angeblich die französische Kultur unterminiert, und warfen Steine gegen die Schnellrestaurants von McDonald's. Als die Globalisierungsgegner nach Davos zogen, um die Wirtschaftselite beim Weltwirtschaftsforum zur Rede zu stellen, griffen sie auch McDonald's an. Als Mahathir die Weltbankiers kritisierte, meinte er den New Yorker George Soros und nicht die Hedge Fond Manager in London. Osama bin Laden richtet seine Attacken primär auf US-Ziele. Man meint, Amerikas wirtschaftlicher und kultureller Einfluss werde all diejenigen zusammenbringen, die gegen die Globalisierung protestieren wollen.

Hier gibt es ein ernstes Problem, doch es ist anders, als man glaubt. Die Amerikanisierung blockiert die Globalisierung nicht. Im Gegenteil: Die Weltwirtschaft ist stark gewachsen, *weil* sie von der Amerikanisierung nicht zu trennen ist. Die Stabilität des globalen Marktes ist Amerikas Willen geschuldet, diesen Markt zu kontrollieren. Viele Länder der Welt haben deswegen gemeinsame Geschäftspraktiken und Wirtschaftsideologien angenommen, weil die einzige Supermacht der Welt sie propagiert. Die Vereinigten Staaten haben die Regeln bestimmt und die Globalisierung benutzt, um die Welt nach ihrem Bilde zu formen. Viele Länder haben dabei mitgespielt, weil sie keine Wahl hatten. Friedman hat Recht: Heute können sich Staaten entweder eine goldene Zwangsjacke anziehen, die in den Vereinigten Staaten geschneidert wird, oder sie werden auf dem Informationshighway abgehängt.

Aus dieser Perspektive liegt langfristig die größte Bedrohung nicht in der Verbindung von Globalisierung und Amerikanisierung, sondern im Gegenteil darin, dass beide sich bald trennen könnten. Die terroristische Bedrohung nährt die Sorge um anti-amerikanische Gefühle, die aus dem Kampf gegen die Globalisierung entstehen. Doch die internationale Ordnung ist weitaus mehr davon bedroht, dass das amerikanische Modell an Glanz verliert, während die Globalisierung den Aufstieg von Europa und Asien fördert. Beide Regionen praktizieren andere Formen des Kapitalismus als die Vereinigten Staaten. Der Finanzsektor, die Industrie und der Staat sind in Europa und Asien enger miteinander verknüpft als in den Vereinigten Staaten. Das asiatische Interesse an Investitionen und Sparmaßnahmen unterscheidet sich von Amerikas Konzentration auf den Konsum. Wenn sie die Chance dazu haben, werden Europa und Asien die Logik und Dominanz des amerikanischen Modells infrage stellen. So schrieb Martin Wolf in der *Financial Times*: «Trotz des Erfolges der USA ist es unwahrscheinlich, dass die Vereinigten Staaten die einzige praktikable Methode zur Organisation einer modernen Wirtschaft haben.»[19]

Ist die Macht auf der Welt gleichmäßiger verteilt, so wird es größere Meinungsverschiedenheiten über die beste Managementmethode für das internationale Währungssystem, für Finanztransaktionen und für den Waren- und Dienstleistungsstrom geben. Gibt es Übereinstimmung im Grundsatz, so wird es mehr Konkurrenz um Führung und Status geben. Aufschlussreich ist wieder die Zwischenkriegszeit, als keine Nation die Weltwirtschaft beherrschte. Ein Historiker beschrieb den Kampf zwischen der US-Notenbank und der Bank of England: «Hinter den Streitigkeiten um bestimmte Maßnahmen verbargen sich politische Rivalitäten.» Die *special relationship* zwischen Großbritannien und den Vereinigten Staaten war nicht immer sehr «special», wenn es um die Macht der globalen Finanzmärkte ging.[20] Kindlebergers Sorge um «Rivalität zwischen den Vereinigten Staaten und der EU bei der Führung der Weltwirtschaft» klingt da an.

Die Weltwirtschaft und die Geopolitik werden bald darunter leiden, dass es zu wenig Amerika gibt und nicht zu viel. Wenn Europa und Asien aufsteigen, werden sie die USA möglicherweise weniger kritisch sehen. Aber zugleich schwächt es die Stabilität des internationalen Marktes. Die amerikanische Vorherrschaft wirkt äußerst positiv auf die Weltwirtschaft. Je mehr die Unipolarität schwindet, desto weniger positiv werden die Wirkungen der Globalisierung sein.

Dass die heutige Wirtschaftsordnung ewig andauert, ist somit eine Illusion. Amerikas Wirtschaft ist nicht mehr unbesiegbar, wie man noch in den neunziger Jahren glaubte. Selbst wenn die Vereinigten Staaten die unvermeidlichen zyklischen Abwärtstrends auffangen, werden Reichtum und Macht an andere Staaten übergehen, sodass sich die Ungleichheiten zwischen den Ländern und innerhalb der Nationalwirtschaften vergrößern. Amerikas Vorherrschaft und seine Fähigkeit, die Globalisierung auf Kurs zu halten, wird schwinden. So oder so ist Friedmans Weltkarte bald überholt.

Demokratie und Nationalismus

Da also die Globalisierung keine gute Zukunft verspricht, untersuchen wir jetzt eine letzte These über die Ursachen des Friedens – Fukuyamas Thesen zur friedensstiftenden Wirkung der Demokratie. Fukuyama meint, das Entstehen der freiheitlichen Demokratie sei ein historischer Endpunkt, der die Welt von zwischenstaatlichen Kriegen befreit. Er zitiert viele wissenschaftliche Quellen. Immanuel Kant begründete als Erster systematisch, warum der Aufstieg der republikanischen Regierungsform den «ewigen Frieden» schaffen könne.[21] Viele Gelehrte haben sich ihm angeschlossen und die Schule des «demokratischen Friedens» gegründet.[22] Diese Schule hat stark auf die amerikanische Politik gewirkt. So gründete Bill Clinton wiederholt den amerikanischen Wunsch nach Verbreitung der Demokratie auf den Anspruch, dass die «Gewohnheiten der Demokratie die Gewohnheiten des Friedens sind.»[23]

Vertreter der Schule des demokratischen Friedens wollen die friedensstiftenden Wirkungen der demokratischen Staatsform historisch belegen. Die Demokratie hat sich im Lauf des 18. Jahrhunderts durchgesetzt. Obwohl es heute mehr als 120 Demokratien und viele gewaltsame Konflikte gibt – durchschnittlich 28 bewaffnete Konflikte pro Jahr im letzten Jahrzehnt – haben demokratische Staaten noch keine Kriege untereinander geführt. Wissenschaftler begründen ihre historischen Interpretationen mit logischen Argumenten. Demokratien interessieren sich nicht für Kriege, da die Wähler die Kosten des Krieges scheuen. Anders als in autoritären Staaten sind in Demokratien Soldaten gleichzeitig Wähler. Die demokratische Debatte verstärkt eine moderate Politik. Staaten, die sich zu Hause an das Gesetz halten, werden auch in ihrer Außenpolitik etablierte Normen achten, wobei Demokratien sich gegenseitig respektieren und einen besonderen Sinn für gegenseitige Affinitäten entwickeln.

Kritiker zweifeln zu Recht an der historischen Interpretation der demokratischen Friedensschule.[24] Die Demokratie gibt es noch nicht lange genug, um abschließende Urteile zu fällen. Bis zur Mitte des 20. Jahrhunderts waren Demokratien die Ausnahme. Die Wahrscheinlichkeit, dass sie Kriege gegeneinander führen konnten, war gleich null. Insofern beweist die Abwesenheit von Kriegen zwischen den Demokratien wenig.

Außerdem gibt es eine Reihe problematischer historischer Fälle. Zwar waren demokratische Institutionen und Praktiken 1812 in Amerika und Großbritannien noch unterentwickelt, doch beide Länder gerieten in einen bewaffneten Konflikt. Auch der amerikanische Bürgerkrieg, obwohl es sich um einen Konflikt innerhalb eines Landes handelt, ist ein Gegenbeispiel. Diese und andere Fälle widerlegen die Eingangsthese zwar nicht. Da aber die Vergangenheit nur wenig Beispiele bereithält, beruht die Frieden stiftende Wirkung der Demokratie auf einem logischen Argument: der Tendenz der Demokratien, eine moderate Politik hervorzubringen und ein Höchstmaß an gegenseitigem Respekt und gegenseitiger Affinität zu kultivieren.

Bei der Frage des gegenseitigen Respekts vermischt sich Fukuyamas Arbeit mit der demokratischen Friedensschule. So schreibt Fukuyama: «Untereinander legen liberale Demokratien wenig Misstrauen und Feindseligkeit an den Tag. Sie erkennen alle das Prinzip der universalen Gleichberechtigung an; deshalb gibt es keinen Grund, warum sie sich gegenseitig ihre Legitimität absprechen sollten.»[25] Während die Demokratie zur universalen Staatsform wird, sollten sich saturierte Staaten wechselseitig Anerkennung zollen und somit endgültig den Krieg aus der Welt verbannen.

Fukuyama verbindet den Respekt, den sich Einzelpersonen in einer Demokratie gegenseitig bekunden, mit dem Respekt, den demokratische Staaten im internationalen System füreinander haben. Dadurch kann er beweisen, dass die Fähigkeit der Demokratie, die Politik innerhalb eines Staates zu befrieden, auch für die Politik zwischen den Staaten gilt. Dieser geschickte analytische Schachzug gestattet die Behauptung, freiheitliche Demokratien würden traditionelle geopolitische Rivalitäten ausschließen und somit die Geschichte ihrem Ende entgegenführen. Doch hier liegt ein wichtiges Missverständnis von Fukuyamas Ausgangsthese.

Selbst wenn das internationale System nur aus freiheitlichen Demokratien bestünde, wäre es nicht demokratisch und egalitär. Starke und reiche Nationen haben größeren Einfluss auf die internationale Politik als schwache und arme Länder. Die Vereinigten Staaten und Norwegen sind Demokratien, aber ihr Gewicht auf der internationalen Bühne ist kaum vergleichbar. China ist keine Demokratie, aber China hat eine weitaus größere Stimme als viele der demokratischen Länder der Welt. Im Gegensatz zur Verfassung eines Staates hat das internationale System keine Verfassung oder Bill of Rights, um das Prinzip «ein Land, eine Stimme» zu garantieren, gleiche Rechte für alle Länder zu kodifizieren oder die Prinzipien einer fairen und gerechten Staatsform darzustellen. Im Gegenteil: Das internationale System ist unbändig und ungleich – wie zu jener Zeit, bevor die Demokratie ihre egalitäre Wirkung entfalten konnte.

Wie im Feudalsystem basiert die Ordnung im internationalen System auf Macht und nicht auf Recht. Das Leben ist gefährlich, feindselig und ungleich. Selbst die Vereinten Nationen sind nicht egalitär. Der UN-Sicherheitsrat ist ein Club der Großmächte. Seine ständigen Mitglieder üben mehr Einfluss aus als alle anderen Länder. Die Architekten der UNO haben von Anfang an erkannt, dass sie den starken Nationen die Privilegien einräumen mussten, die sie verlangten. Ansonsten wäre die UNO irrelevant geworden. Und selbst mit ihrem gehobenen Status überlassen die Vereinigten Staaten selten wichtige Angelegenheiten der UNO, weil sie nicht durch Verfahrensregeln und institutionelle Kontrollen in ihrer Handlungsfähigkeit eingeschränkt sein wollen.

Die liberale Demokratie mag die menschliche Sehnsucht nach Anerkennung und Status befriedigen, doch den entsprechenden Wunsch des Nationalstaats nach Respekt und Gleichheit kann das internationale System nicht erfüllen. Es hält sich nicht an die Regeln der liberalen Demokratie. Nationen zeigen ähnliche Triebe wie die Menschen, von denen sie regiert und bevölkert werden. Doch sie brauchen mehr als nur materiellen Wohlstand. Sie verlangen nach seelischem Trost. Dieses psychische Bedürfnis drückt sich im Nationalismus aus. So lange es jedoch kein demokratisches System gibt, das allen Nationen die Rechte und den Status gibt, die sie sich wünschen, werden sie vom Nationalismus getrieben, den Kampf um Anerkennung fortzusetzen. Dies ist eine unerschöpfliche Quelle für Rivalität.

Fukuyama scheint zu erkennen, dass die Realität des Nationalismus seine Vision gefährdet. Er umschifft das Problem jedoch durch die Behauptung, der Nationalismus werde heute seinen Reiz und politischen Einfluss verlieren. Fukuyama akzeptiert, dass «die post-historische Welt immer noch aus Nationalstaaten bestehen wird». Doch er behauptet, dass «der Nationalismus der einzelnen Staaten sich mit dem Liberalismus ausgesöhnt hat»[26]. Hier verlässt sich Fukuyama stark auf Hegel – und ignoriert die anderen deutschen Philosophen der Zeit. Hätte er auch Johann Gottfried von Herder, Johann Gottlieb Fichte und einige Gründerväter des modernen Nationalismus konsultiert, hätte er sicher den engen Zusammenhang zwischen der Geburt der liberalen Demokratie und dem Aufstieg des Nationalismus begriffen.[27] Die gleiche politische Kraft, die laut Fukuyama das Ende der Geschichte bringen wird – die liberale Demokratie –, stimuliert die nationalistischen Affekte und hindert die liberale Demokratie daran, Frieden zu stiften.

Die Idee des Nationalstaates entsprang logischerweise dem Gedanken einer Politik durch Konsens. Dafür gab es einen klaren Grund: Wenn sich das einfache Volk am politischen Leben des Staates aktiv beteiligen soll, braucht es emotionale Bindungen an den Staat. Identitäten und Loyalitäten, die man für die Kleinfamilie oder den Fürsten empfand, mussten jetzt auf eine höhere Ebene übertragen werden – auf den Nationalstaat, der den kollektiven Willen des Volkes verkörperte. Der Nationalismus war dafür das geeignete Mittel. Er schuf ein imaginäres Kollektiv, das durch gemeinsame ethnische Herkunft, Kultur, Sprache und Geschichte zusammengehalten wurde. Während der Nationalstaatsgedanke sich festigte, schuf er eine gemeinsame Identität und ein gemeinsames Schicksal, das für den Zusammenhalt des liberalen demokratischen Staates unentbehrlich wurde. Er schuf auch ein starkes Zugehörigkeitsgefühl und starke Loyalitäten, die dann besonders wichtig wurden, als der Nationalstaat seine Bürger aufforderte, für seine Verteidigung zu sterben. Eine Wehrpflicht konnte nur eingeführt werden, weil sich die Massen mit dem Nationalstaat identifizierten. Der Nationalstaatsgedanke konsolidierte dann den Bau einer politischen Gemeinschaft auf nationaler Ebene, indem er die Bürger in eine kollektive Mission hineinzog, die Aufopferung und Begeisterung mit sich brachte.

Der Nationalismus wurde durch die Französische Revolution und die Gründung der Vereinigten Staaten als föderale Republik angefacht. Er verbreitete sich im Gleichschritt mit der Demokratie, wobei es manchmal zu Exzessen kam. Im 19. Jahrhundert wurden Nationalismus und Demokratie zu Zwillingsschwestern. Seitdem ist der Nationalismus das Bindemittel, das die moderne Demokratie zusammenhält. Er bietet soziale Gemeinsamkeiten und eine kollektive Zielsetzung, ohne die eine Politik des Konsens zusammengebrochen wäre. Der Nationalstaatsgedanke konnte auch in den Entwicklungsländern Fuß fassen. Er brachte ihnen das Evangelium der freien Selbstbestimmung, das bald das Ende der Kolonialreiche einläutete.

Der Nationalismus hatte aber auch Nebenwirkungen. Staaten, deren legitime Ideologie sich auf die Nation und ihr Primat stützen, sehen sich im Konkurrenzkampf mit anderen Staaten, die ihre eigene nationale Identität haben. Die eigene Nation ist allein deshalb eine wichtige politische Gemeinschaft, weil sie sich von anderen Nationen unterscheidet. Der Nationalismus bestimmt somit nicht nur, zu welcher Gemeinschaft man gehört; er definiert auch, zu welchen Gemeinschaften man *nicht* gehört. Er grenzt gewisse nationale, um das Eigeninteresse kämpfende Gruppen voneinander ab. Der Nationalismus ist somit die Grundlage für die wichtigsten politischen Einheiten der Welt, zugleich ist er auch eine Quelle gegenseitiger Konkurrenz. Er kann die Politik innerhalb eines Staates befrieden, doch für die Politik der Staaten untereinander bewirkt er genau das Gegenteil.

Vor dem Aufstieg des Nationalstaates waren viele Kriege vor allem räuberische Konflikte um Reichtum und Macht. Seit Geburt des Nationalismus werden die großen Kriege der Welt um Ideologie und Ideale geführt. Die Napoleonischen Kriege, der Erste Weltkrieg, der Zweite Weltkrieg, der Kalte Krieg – diese großen Kämpfe entstanden aus dem Nationalismus und ließen konkurrierende Ordnungskonzepte aufeinander prallen. Die gewaltsame Auflösung von Jugoslawien ist nur eines der jüngsten Beispiele für die Konsequenzen einer Welt, in der das nationale Ideal das politische Leben durchdrungen hat.

Ohne Nationalismus kann eine freiheitliche Demokratie nicht funktionieren. Er ist ihr wichtiger Bestandteil, der einen gesichtslosen Staat zum Leben erweckt, indem er ihn mit der mythischen Nation verbindet. Aber Nationalismus ist auch eine beharrliche Quelle von Rivalitäten zwischen den Nationalstaaten, die er ins Leben ruft. Fukuyama meint, diese zwei Funktionen könnten getrennt werden; sie könnten intern als sozialer Zusammenhalt gelten, ohne als Quelle externer Rivalität zu dienen. «Der Nationalismus der einzelnen Staaten wird fast nur noch im privaten Leben zum Ausdruck kommen.»[28]

Doch dies kann so nicht sein. Der Nationalismus ist eine öffentliche Angelegenheit, er verbindet die private mit der öffentlichen Sphäre. Wenn der Nationalismus ausschließlich Teil des privaten Lebens wäre, hätte die freiheitliche Demokratie keine ideologische Grundlage, und der Gemeinschaftssinn, der Konsenspolitik ermöglicht, würde auseinander fallen. Ein kollektiver, öffentlicher Nationalismus steckt im Wesen der Demokratie. Fukuyama erkennt nicht, dass die beiden untrennbar sind. Die Verknüpfung von freiheitlicher Demokratie und Nationalismus ist der Hauptgrund dafür, dass die Geschichte nicht so bald zu Ende geht.

Die Demokratie wird sich in den kommenden Jahren immer mehr verbreiten und die Großmächte werden mit immer weniger nichtdemokratischen Regimen in Konflikt geraten. Doch die Logik des Nationalismus bedeutet, dass diese Demokratien ihre Energien gegeneinander richten werden. Viele Gelehrte und Politiker, die sich für die demokratische Schule eingesetzt haben, werden enttäuscht. Der Aufstieg Europas könnte aus dieser Perspektive zum Problem werden. Weil Europa eine neue politische Gemeinschaft aufbaut, die eine Region und keinen Staat umfasst, wird es die EU für notwendig halten, einen neuen pan-europäischen Nationalismus zu propagieren. In diesem Fall können wir nicht selbstverständlich davon ausgehen, dass Amerika und Europa gute Freunde bleiben. Der Kampf um Anerkennung und Status, den Fukuyama korrekterweise ins Zentrum menschlicher Erfahrung stellt, könnte die transatlantische Beziehung in eine neue Achse der Rivalität verwandeln.

Die Demokratie scheint zumindest einige Frieden schaffende Wirkungen zu haben. Die Abwesenheit großer Kriege zwischen den Demokratien nährt den Optimismus, dass es mit der Verbreitung von Demokratie zu immer weniger Kriegen kommt. Die Vorstellung eines demokratischen Friedens hat auch einen logischen Reiz. Demokratien sind wohl gemäßigter als autoritär geführte Staaten. Und es leuchtet ein, dass offene, transparente Gemeinwesen viel eher engere Bindungen zueinander aufbauen als solche, die verschlossen und undurchsichtig bleiben.

Doch die Frieden schaffenden Wirkungen der Demokratie könnten möglicherweise nicht verhindern, dass der Nationalismus den demokratischen Frieden gefährdet und gar zerstört. Ebenso gefährlich sind die sich wandelnden Strukturen des internationalen Systems und der tektonischen geopolitischen Kräfte, die diesen Wandel verursachen. Die Rückkehr der Multipolarität wird konkurrierende Instinkte wecken, die die positiven Auswirkungen der Demokratie zunichte machen. Wir können es uns jedenfalls nicht leisten zu glauben, die Verbreitung der demokratischen Regierungsform sei ein geeignetes Mittel gegen die geopolitischen Spannungen, die das Ende von Amerikas unipolarer Stellung verursachen werden.

Viertes Kapitel

Der Aufstieg Europas

Die These, Europas Aufstieg werde das Ende der unipolaren amerikanischen Vorherrschaft bedeuten, stützt sich auf zwei Annahmen, die der herrschenden Meinung widersprechen. Die erste betrifft die Veränderungen bei der globalen Machtverteilung. Die meisten Experten betrachten ungleiche wirtschaftliche Wachstumsraten als Motor für internationale Veränderungen. Zentren für Innovation und Produktivität wandern demzufolge von einem Land zum anderen, wobei am Ende ein wacher Neuling einen müden Hegemon überholen kann.[1]

Doch es gelingt ihnen nicht, die Hauptquelle von Veränderungen in der heutigen Welt zu erfassen. Zunächst wird Europa Amerika nicht wegen seiner überlegenen Wirtschaft oder Technologie einholen, sondern weil es wichtige Ressourcen und geistiges Kapital bindet, die schon in den Einzelstaaten vorhanden sind. Europas politische Union ist im Begriff, die globale Landschaft zu verändern.

Die zweite Annahme bezieht sich auf die Folgen von Europas Aufstieg für sein Verhältnis zu Amerika. Viele Politiker und Gelehrte gehen davon aus, Harmonie zwischen den atlantischen Demokratien sei eine unumstößliche Tatsache, das dauerhafte Ergebnis der gemeinsamen Geschichte und Werte. Allein der Gedanke, die Wege von Europa und den Vereinigten Staaten könnten sich trennen, sei schlicht unvorstellbar.[2]

Dieses Buch weist in eine andere Richtung. Während des Kalten Krieges bildeten die Vereinigten Staaten und Europa einen gemeinsamen Machtpol – den Westen. Gemeinsame Werte haben zweifellos diese politische Gemeinschaft gestärkt. Aber Europa und Amerika waren in den letzten fünfzig Jahren auch deshalb enge Freunde, weil die Europäer keine andere Wahl hatten. Sie brauchten Amerikas Hilfe zur Abwehr der Sowjetunion. Die US-Vorherrschaft sorgte dafür, dass die

Europäer Washingtons Führung folgten. Jetzt schwindet die Asymmetrie zwischen den Vereinigten Staaten und Europa, und Harmonie ist nicht mehr selbstverständlich. Der Machtpol teilt sich auf und lässt zwei Pole entstehen. Nordamerika und Europa werden in Zukunft vermutlich einen Kampf um Status, Besitz und Macht aufnehmen, der schon immer zur menschlichen Existenz gehörte.

Bevor wir Europa als Gegengewicht zur USA betrachten, zunächst ein historischer Rückblick. Die großen Folgen der Integration für das Machtgleichgewicht lassen sich nämlich mit der deutschen Vereinigung im 19. Jahrhundert erklären. Nachdem Otto von Bismarck die meisten deutschsprachigen Länder Zentraleuropas zu einer Nation vereint hatte, erlebte das neue Deutschland einige Jahrzehnte lang ein großes Wirtschaftswachstum. Bald folgte der stete Aufstieg zur ehrgeizigen Militärmacht. Die Vereinigung Deutschlands veränderte Europas Geopolitik und eröffnete eine neue Runde von Machtrivalitäten, die allmählich die ganze Welt erfasste. Heute steht Europa in einem Prozess von Integration und Vereinigung, der ähnlich große Konsequenzen haben könnte.

Um zu verstehen, wie ein Pol in zwei konkurrierende Hälften auseinander fällt, sollte man das Römische Reich betrachten. Im dritten Jahrhundert teilte Kaiser Diokletian das Reich in einen West- und Ostteil auf, um Verwaltung und Militär zu entlasten. Rom blieb Zentrum der westlichen Macht, Konstantinopel wurde die Gegenmacht im Osten. Beide Reiche gerieten bald in Konflikt. Es ging um Sicherheit, Status und Religion. Trotz der gemeinsamen Kultur wurden das West- und das Ostreich direkte Konkurrenten. Die Aufteilung in zwei Pole verdrängte die gewachsene Ordnung und verstärkte die geopolitischen Rivalitäten. Das Schicksal Roms ist kein gutes Omen für die Einheit des Westens, der im Begriff ist, in nordamerikanische und europäische Machtzentren auseinander zu brechen.

Die Vergangenheit

Die deutsche Einigung von 1871 hat Staatsgebilde zusammengefügt, die jahrhundertelang unabhängige Grafschaften, Herzogtümer und Königreiche waren. Nur Österreich blieb das einzige größere deutschsprachige Staatswesen, das nicht zum neuen Reich gehörte. Das war kein Zufall. Preußen und Österreich waren seit langem Rivalen. Obendrein hatte sich der preußische Ministerpräsident Otto von Bismarck auf eine Österreich-feindliche Politik verlassen, um die Opposition im Parlament zu entwaffnen. In seiner typisch schroffen Art erklärte er: «Nach der Wiener Politik ist einmal Deutschland zu eng für uns beide.»[3]

Doch der Aufbau des vereinten Deutschland sollte auch ohne Österreich die geopolitische Landkarte Europas verändern. Dank Bismarcks Führung hatte Preußen auf dem Weg zur deutschen Einheit drei Kriege gewonnen – 1864 gegen Dänemark, 1866 gegen Österreich und 1870/71 gegen Frankreich. Der Sieg im preußisch-französischen Krieg bestätigte, dass Deutschland als die dominante Nation von Kontinentaleuropa alle Herausforderer – einschließlich Frankreichs – in den Schatten gestellt hatte. Die preußische Streitmacht von 1870 war etwa doppelt so groß wie alles, was Frankreich aufbringen konnte. So brach die französische Verteidigung schnell zusammen. Als das Reich vereint wurde, war seine Bevölkerung bereits größer als die französische. Und sie wuchs viel schneller. 1915 hatte Deutschland 70 Millionen Einwohner, Frankreich nur 40 Millionen. Zählt man die üppigen Industrieressourcen des Ruhrgebietes hinzu, so konnte man klar erkennen, dass ein Gigant entstanden war.

Die deutsche Vereinigung versetzte Frankreich einen herben Schlag – man wurde durch die Preußen gedemütigt. Doch die Folgen waren auch für Großbritannien verhängnisvoll. Das Deutsche Reich und sein Aufstieg bedeuteten das Ende der britischen Hegemonie. Dies sollte seine Große Strategie bald als überholt erscheinen lassen: die Verknüpfung globaler Seemacht mit Verzicht auf ein größeres Militärengagement auf dem europäischen Kontinent. Gewiss hat Großbritannien Europa nie so dominiert, wie es Rom einst vermocht hatte. Doch diese Zurückhaltung entsprach genau der Großen Strategie: Großbritannien würde auf dem Kontinent nur intervenieren, wenn ein stabiles Machtgleichgewicht erhalten werden musste. Während sich potenzielle Rivalen somit gegenseitig in Schach hielten, konnte sich Britannien auf die Entwicklung und Sicherung seines Überseereiches konzentrieren.

Anders nach der deutschen Vereinigung. Die Briten erkannten sofort die Konsequenzen der Kaiserproklamation von 1871. Nur drei Wochen später äußerte der konservative Führer Benjamin Disraeli, der bald darauf Premierminister werden sollte, die deutsche Vereinigung sei in Wahrheit eine «deutsche Revolution», ein weitaus größeres politisches Ereignis als die Französische Revolution: «Es gibt keine diplomatische Tradition, die dadurch nicht erschüttert wurde. Wir haben im Unterhaus oft über die Machtbalance geredet ... Doch was ist in Europa wirklich passiert? Das Gleichgewicht wurde völlig zerstört.»[4] Die Vereinigung der Deutschen, so fürchtete Disraeli, werde die britische Große Strategie untergraben und den Anfang vom Ende des Empire einläuten.

Disraelis Befürchtungen waren begründet. In den ersten drei Jahrzehnten nach der Vereinigung wuchs die deutsche Wirtschaft beständig. Technische Neuerungen gaben der Schwerindustrie starken Auftrieb. Deutschland fand schnell Anschluss an Großbritannien. In der Stahlproduktion konnte Deutschland Großbritannien sogar überholen. Eine neue Industrie- und Finanzelite bildete sich, die sich mit den Agrareliten verband und zunehmend an Einfluss gewann. Die Allianz von «Roggen und Stahl» war Bismarcks politische Hauptbasis, die ihm half, sich der aufstrebenden Arbeiterklasse zu widersetzen.

Bismarcks geschickte Diplomatie hat dafür gesorgt, dass Deutschlands wirtschaftliche Erfolge Europas geopolitisches Gleichgewicht nicht sofort bedrohten. Bismarck vermied einen schnellen und substantiellen Aufbau von Marine und Heer. Obwohl deutsche Kaufleute ihn zum Engagement in Übersee drängten, war er zunächst bedacht, die Interessen von Frankreich und Britannien zu berücksichtigen. So plädierte er gegen den Erwerb von Kolonien. Das Ergebnis: ein ausgeklügeltes System von Verträgen und Allianzen, das Deutschland zum

Dreh- und Angelpunkt von Europa machte. Bismarck weitete Deutschlands Einfluss geschickt aus. Aber er zog die Zügel immer dann an, wenn Deutschlands neuer Ehrgeiz strategische Rivalitäten zu verursachen drohte. Bismarck hat das europäische Machtgleichgewicht wohl manipuliert, aber er hat es nicht aufgehoben.

Nach 1890 wurde Deutschland weniger geschickt regiert. Die politischen Probleme wuchsen. Die Sozialdemokraten strebten auf, als die Allianz von Roggen und Stahl auseinander brach. Die deutsche Industrie erlebte einen Konjunkturaufschwung und verzichtete auf Schutzzölle. Und die deutschen Bauern forderten Schutz gegen Billigimporte von russischem und amerikanischem Getreide.

Deutschland, so verkündeten seine Führer, habe aufgrund seiner Wirtschaftsmacht Anspruch auf mehr Einfluss. Das Land könne seinen neuen Auftrag nur erfüllen, wenn es die notwendigen Mittel dazu besitze – einschließlich einer Hochseeflotte. Bewaffnet mit Nationalstolz und dem Ersten Marinegesetz von 1898, machte sich Deutschland auf den Weg. Die Industriellen freuten sich über lukrative Aufträge für Stahlwerke und Werften. Für seine Unterstützung der Marinepolitik wurde der Landadel mit Getreidezöllen belohnt. Und die wachsende Kritik der Sozialdemokraten wurde zumindest kurzfristig durch eine neue nationale Euphorie beschwichtigt.

Der geschickte Einsatz von Außenpolitik für innenpolitische Ziele setzte jedoch den europäischen Frieden aufs Spiel. Deutschlands Wille, wirtschaftliche Macht in militärische Macht zu verwandeln, führte direkt in den Ersten Weltkrieg. Wie Disraeli vorausgesagt hatte, wurde ein stabiles Gleichgewicht durch Rivalitäten und Aufrüstung zerstört. Deutschland wurde vom Nationalismus voll erfasst, seine militärische Macht wuchs unaufhaltsam. Selbst eine Koalition zwischen Russland, Frankreich und England konnte Berlin nicht abschrecken. Als 1913 alle Parteien die Aufrüstung forderten, warnte der Reichskanzler Theobald von Bethmann-Hollweg den kriegslüsternen Reichstag: «Wehe all jenen, deren Rückzug nicht gut vorbereitet ist!»[5] Als sich herausstellte, dass Deutschland einen Kriegskurs steuerte, bemerkte Bethmann resigniert, dies sei ein Sprung ins Ungewisse.[6]

Deutschlands Niederlage im Ersten Weltkrieg hat Europas Gleichgewicht nur vorübergehend wiederhergestellt. Der Versailler Vertrag forderte hohe Kriegsreparationen, demilitarisierte das Rheinland und beschnitt die deutsche Wiederaufrüstung. Doch nach Hitlers Machtübernahme 1933 missachtete Deutschland seine internationalen Verpflichtungen und strebte erneut nach kontinentaler Hegemonie. Der zweite Versuch, die Vorherrschaft in Europa zu erlangen, führte fast zur totalen Besetzung des Kontinents. Hätte Hitler nicht seine Kräfte überschätzt – die zweite Front gegen Russland überforderte Deutschlands Ressourcen – und wäre Amerika nicht in den Krieg eingestiegen, hätte Deutschland die dauerhafte Macht über West- und Zentraleuropa erringen können.

Nach zwei Weltkriegen wollten Deutschlands Nachbarn verhindern, dass sich die Geschichte jemals wiederholen könnte: Die Alliierten hatten Deutschland besetzt und in Zonen aufgeteilt. Sie wollten sicher sein, dass ein vereintes, starkes Europa den Krieg verhüten würde. Die Alliierten erlaubten Westdeutschland zwar den wirtschaftlichen Wiederaufbau und die Wiederbewaffnung als Gewicht gegen die sowjetische Bedrohung. Aber die Wiederherstellung deutscher Macht war nur im Rahmen der NATO und der europäischen Gemeinschaft möglich. Unter keinen Umständen wollten Amerika und seine Alliierten Deutschland gestatten, wieder seinen eigenen Weg zu gehen.

Als der Fall der Berliner Mauer die deutsche Wiedervereinigung in Aussicht stellte, schreckte ein Großteil Europas vor diesem Gedanken zurück. Die britische Premierministerin Margaret Thatcher erinnert sich an ihre Gespräche mit dem französischen Präsidenten François Mitterrand und beschreibt die Stimmung jener Zeit: «Aus meiner Handtasche holte ich eine Landkarte mit den historischen Grenzen Deutschlands, die keine ruhige Zukunft versprach. Mitterrand sagte, in Momenten großer Gefahr habe Frankreich immer eine besondere Beziehung zu Großbritannien gehabt. Diese Zeit sei jetzt wieder gekommen. Wir sollten zusammenrücken und in Kontakt bleiben. Ich hatte den Eindruck, dass wir vielleicht noch nicht das Mittel gefunden hatten, den deutschen Giganten zu kontrollieren – aber der gemeinsame Wille war da. Das war ein Anfang.»[7]

Trotz nachbarlicher Bedenken war die deutsche Wiedervereinigung unvermeidbar. Es war der politische Wille der Deutschen selbst. Zum Glück für Europa und den Rest der Welt hat diese zweite deutsche Vereinigung keine neue geopolitische Konfliktlinie geschaffen. Stattdessen wurden Deutschlands Ressourcen und Ambitionen mit denen Europas und den Aufgaben der europäischen Integration vereint.

Die Integration der europäischen Staaten in ein kollektives Ganzes ist ein wirksames Mittel gegen die Rivalitäten, die seit Jahrhunderten die zwangsläufige Begleiterscheinung der europäischen Multipolarität waren. Anstatt gegeneinander um die Vorherrschaft zu kämpfen, haben Frankreich und Deutschland eine Partnerschaft begründet, die jetzt als europäischer Anker fungiert. Brüssel ist symbolisch wie praktisch zur gemeinsamen Hauptstadt avanciert und hat die Autorität der Nationalregierungen eingeschränkt. Europas kleine Länder haben sich um dieses gutartige Machtzentrum geschart – wirtschaftliche, politische und soziale Netzwerke verbinden das Zentrum mit der Peripherie. Und die neuen Demokratien Europas warten ungeduldig darauf, in den Club aufgenommen zu werden. Durch die Europäische Union hat Europa endgültig einen Weg gefunden, das vereinte Deutschland einzubinden.

Was gut für Europa ist, muss nicht gut für alle sein. Kollektiver Wille und zentrale Autorität fördern interne Stabilität; aber sie ermutigen auch Ambitionen, die sich nach außen wenden. Ein integriertes und erfolgreiches Europa mag die deutsche Frage gelöst haben. Es könnte aber auch zur neuen Macht auf einer neuen geopolitischen Weltkarte werden.

Im neunzehnten Jahrhundert erlebte Europas Geopolitik eine Revolution. Einzelne Gemeinwesen wurden in einen Einheitsstaat integriert, wodurch ein Deutschland entstand, das das stabile Gleichgewicht des Kontinentes störte. Genauso wie Deutschland vor einem Jahrhundert wird das Europa von heute vereint. Die EU wird vermutlich niemals ein einzelner Staat werden – jedenfalls nicht in nächster Zukunft. Doch das wirtschaftliche, militärische und geopolitische Gewicht der

Einzelstaaten muss in seiner Gesamtheit bewertet werden – auch wenn die Integration noch nicht abgeschlossen ist. Obwohl Europas Vereinigung noch in vollem Gange ist, hat sie bereits damit begonnen, das internationale System zu verändern.

Wer wissen will, welche Folgen der Aufstieg der EU für die Beziehung zu den Vereinigten Staaten hat, kann wieder aus der Vergangenheit lernen. Während des vierten Jahrhunderts erlebte Europa eine Revolution, die in ihrer Bedeutung der Revolution des 19. Jahrhunderts in nichts nachstand. Es war jedoch genau die gegenteilige Entwicklung, die diesen Wandel ausgelöst hatte: die Teilung des unipolaren Römischen Reiches in zwei Reiche an Stelle der Fusion deutscher Einzelstaaten in einen Gesamtstaat. Diese Zweiteilung wirkte sich auf die römische Herrschaft verhängnisvoll aus. Der unipolar gefestigte Frieden wurde bald durch Rivalitäten zweier Machtzentren verdrängt.

Im ersten Jahrhundert nach Christus reichten die Grenzen des Römischen Reiches im Westen bis Spanien und zu den britischen Inseln, im Norden bis Belgien und ins Rheinland, im Süden bis Nordafrika und Ägypten und im Osten bis zur arabischen Halbinsel. In den nächsten drei Jahrhunderten wurde ein Großteil dieses Gebietes von Rom kontrolliert. Ein zentralisiertes Regierungssystem war das Fundament für dieses Reich. Rom konnte seine Macht an der Peripherie durch verschiedene Maßnahmen ausdehnen. Die Römer verbesserten den Straßenbau, die Kriegskunst und den Schiffbau und erleichterten somit den politischen Einfluss und den Austausch von Ressourcen zwischen dem imperialen Zentrum und fern gelegenen Gebieten. Sie führten ein Regierungssystem ein, das die «Romanisierung» neuer Untertanen begünstigte. Kleine Gruppen von Römern wurden in die Reichsprovinzen geschickt, um die eroberten Völker zu assimilieren und ihnen eine römische Identität und Lebensform zu geben. Ziel war, Loyalität gegenüber der römischen Herrschaft zu fördern: Assimilation anstelle von Zwang war die billigere und wirksamere Methode.

Rom ging mit seiner Militärstrategie ähnlich sparsam um. Die gut ausgebildeten Legionen wurden nur eingesetzt, wenn es für die Niederschlagung von Aufständen oder zum Kampf gegen Eindringlinge nötig war. Dieses System ermöglichte eine erfolgreiche Abschreckung von potentiellen Herausforderern.[8] Ähnlich wie das heutige Amerika konnte Rom eine unangefochtene Herrschaft und den damit verbundenen Respekt genießen.

Im dritten Jahrhundert begann Rom jedoch, die Last eines derart großen Herrschaftsbereiches zu spüren. Die Reichsgrenzen konnten nicht mehr gegen stärker werdende Rivalen gesichert werden. Germanische Stämme standen im Westen, Perser und Nomaden aus der Schwarzmeerregion drängten von Osten gegen das Reich. Der Historiker Ammianus Marcellinus erklärte, die barbarischen Stämme würden trotz ihrer primitiven Waffen zur ernsten Bedrohung:

«Sie sind leicht ausgerüstet und können sich sehr schnell bewegen und frei herumgaloppieren und dabei ein fürchterliches Gemetzel anrichten ... Man kann mit ihnen keinen Waffenstillstand abschließen, da sie unzuverlässig sind und sich leicht durch Gerüchte beeinflussen lassen. Wie Tiere ohne Vernunft unterliegen sie ganz den verrücktesten Einflüssen. Sie kennen keinen Unterschied zwischen Recht und Unrecht, und sie werden weder durch Religion noch Aberglauben zurückgehalten.»[9]

Die Häufigkeit und Intensität der barbarischen Angriffe zwang die Römer, ihre Militärstrategie zu ändern. Als mehrere Bedrohungen zur gleichen Zeit die Peripherie gefährdeten, mussten die Legionen an die Grenzen verlegt werden. Ihr Einsatz belastete die Reichskasse. Gefährlicher war, dass die Legionen ausgedünnt wurden und dadurch potenzielle Feinde nicht mehr abschrecken konnten. Angriffe auf einen Teil der Grenze wurden als Einladung für Angriffe andernorts verstanden. Das Reich wurde zunehmend von innen bedroht. Einige größere Provinzen hatten beachtlichen Reichtum angehäuft und wollten sich von Rom trennen.

Im Jahr 284 n. Chr. betrat Diokletian die Bühne. Er hatte eine mutige Lösung für das Problem der imperialen Überdehnung: Die Herrschaft über ein derart großes Reich sei für einen einzigen Herrscher zu beschwerlich geworden. Es sei besser, das Reich aufzuteilen und die Verantwortung für die Einzelteile abzugeben. Er beförderte Maximian, einen seiner Generäle, zum Mitkaiser. Diokletian und Maximian ernannten einen Juniorkaiser, den «Cäsar», der das Reich mitverwalten und als Erbe des Augustus (des obersten Kaisers) dienen sollte. Diokletian und der Juniorpartner regierten das Ostreich, während Maximian mit seinem Cäsar den Westen verwaltete. Diokletian teilte ebenfalls die größeren und reicheren Provinzen in kleinere Einheiten auf und entschärfte dadurch ihre Bedrohung der Zentralherrschaft. Diese Reformen halfen das Reich zu schützen. Ost- und Westimperium waren nun in der Lage, die barbarische Bedrohung zurückzuschlagen.

Diokletian und Maximian traten im Jahre 305 zurück und übergaben die Kontrolle den Cäsaren – Constantius im Westen und Galerius im Osten. Sofort entstand eine heftige Auseinandersetzung zwischen den potentiellen Cäsaren und Augusti, wobei ihre Gefolgsleute ebenfalls den Kampf aufnahmen. Im Westen obsiegte 313 Konstantin, der den Titel Augustus annahm. Licinius, ein Alliierter des Galerius, behielt inzwischen im Osten die Oberhand.

Konstantin war mit der Einschränkung seiner Macht auf den Westen jedoch unzufrieden. Bald strebte er nach der Wiederherstellung der Reichseinheit. Dies gelang ihm 324 durch den Sieg über Licinius bei Chrysopolis. Konstantin fällte dann zwei Entscheidungen, die den Lauf der Geschichte ändern sollten: Erstens errichtete er eine neue Hauptstadt für das Gesamtreich in Byzanz, das jetzt Konstantinopel hieß. Die Stadt lag strategisch günstig am Bosporus, dort, wo Europa endet und Asien beginnt. Durch seine Hauptstadt konnte Konstantin seine Herrschaft über die Ostprovinzen des Reiches festigen und Eindringlinge an den Ostgrenzen erfolgreich zurückdrängen. Zweitens konvertierte Konstantin zum Christentum und erhob es zur offiziellen Religion. So wurde er zum strengen Verkünder der christlichen Doktrin und befahl sogar die Hinrichtung seines Sohnes Crispius wegen Ehebruchs.

Die Wiederherstellung der Reichseinheit war nicht von Dauer. Als Konstantin 337 starb, wurde das Reich unter seinen Söhnen aufgeteilt. Die Konkurrenz zwischen westlicher und östlicher Hälfte nahm zu, Rom[10] und Konstantinopel entwickelten sich als getrennte Hauptstädte, wobei jedes Zentrum sein Prestige zu mehren suchte. Der Ersatz eines politischen Mittelpunktes durch zwei Zentren war formell abgeschlossen. Das Papsttum in Rom und das Patriarchat in Konstantinopel gerieten in Konflikt über die Frage, ob die religiösen Führer in Konstantinopel den gleichen Status wie ihre römischen Amtskollegen hatten. Dann entstand Streit über Sprache und Kultur. Das westliche «römische» Reich bewahrte die lateinische Sprache und Kultur, das östliche «byzantinische» Reich folgte der griechischen Sprache. Das «alte» und das «neue» Rom konkurrierten um den Ruhm ihrer Architektur. Die westlichen und östlichen Reiche drifteten auf diese Weise politisch und kulturell auseinander.

Obwohl Diokletians Reformen die Verwaltung und Verteidigung des Reiches kurzfristig erleichterten, hatten sie gravierende Folgen. Die Aufteilung des Reiches führte sofort zu Rivalitäten zwischen der westlichen und östlichen Hälfte. Gibbon bemerkt, dass «diese gefährliche Neuheit die Macht schwächte und die Laster der Doppelregierung festigte.»[11] Die Reichsteilung verzehrte auch die militärischen Ressourcen immer mehr, wobei jeder Augustus und Caesar eine loyale Armee beanspruchte. In den Worten von Lactantius, einem zeitgenössischen religiösen Gelehrten, hat Diokletian drei Männer ernannt, «die seine Herrschaft teilen durften, da jeder der vier eine weitaus größere Armee als alle vorherigen Kaiser haben wollte, als sie das Land noch allein regierten.»[12]

Die Ordnung, die eine unipolare Welt garantiert hatte, war endgültig verschwunden. Bereits vor Diokletians Zeit erlebte das Römische Reich einen schnellen Absturz, was Reformen nötig gemacht hatte. Aber die Aufteilung der Herrschaft und Ressourcen zwischen Ostrom und Westrom beschleunigte den Niedergang noch weiter. Das westliche Reich behielt seine Integrität nur bis zum Tode von Theodosius dem Großen im Jahre 395. Danach wurde ein Großteil des Territoriums von germanischen Stämmen und anderen Eroberern überrannt. Rom selbst wurde 410 durch die Goten geplündert. 455 folgten Invasion und Plünderung durch die Vandalen. 20 Jahre später war Romulus Augustulus der letzte römische Kaiser. Er verließ Italien als Gefangener der Stammesfürsten.

Während das westliche Reich zusammenbrach, versuchte Konstantinopel, dies auszunutzen. Die Ostkaiser waren versucht, eine Wiedervereinigung unter ihrer Herrschaft anzustreben. Justinian und dem

tüchtigen General Belisarius wäre dies fast gelungen, aber das Ostreich hatte weder Ressourcen noch Interesse, seine Soldaten dafür zu
opfern. Edward Gibbon schreibt, der «Hof von Byzanz sah erfreut zu,
wie Rom gedemütigt wurde, Italien unterging und der Westen verloren war.»[13] Die römische Kultur verschwand. Die byzantinischen Herrscher konnten Rom aber nicht zu Hilfe eilen, denn sie wurden an ihrer
östlichen und südlichen Flanke bedroht und konnten keine Truppen
entbehren.

Die Kirche, die eigentlich die Einheit des Reiches schützen musste,
tat genau das Gegenteil: Die Kirchenführer von Rom und Konstantinopel waren von Anfang an Feinde, der Papst von Rom und der Patriarch
von Konstantinopel kämpften ständig um politischen Einfluss.
Schließlich wurde die Spannung so groß, dass sich Papst und Patriarchat 484 gegenseitig exkommunizierten. Glaubensfragen kamen hinzu: Stammte der Heilige Geist nur vom Vater ab oder vom Sohn? War
Christus ein göttliches Wesen oder zwei unzertrennliche Wesen, ein
göttliches und ein menschliches? Sollten religiöse Bilder eine zentrale
Rolle im Gottesdienst spielen oder – wie im Judentum oder Islam –
zum Götzendienst gezählt werden? Diese Konflikte verwickelten beide Kirchen in einen Jahrhunderte dauernden heftigen Glaubensstreit,
der von Mord, Entführung und anderen Verbrechen nicht verschont
blieb. Nominell war die Kirche dennoch bis 1054 vereint und brach
erst dann in den römisch-katholischen und griechisch-orthodoxen Flügel auseinander.

Dem byzantinischen Teil des Reiches erging es besser, er blieb bis
ins frühe siebente Jahrhundert intakt. 611 eroberten persische Armeen Syrien und Palästina und zogen 616 nach Ägypten weiter. Die
Byzantiner konnten einen Großteil dieses Gebietes zurückerobern,
mussten es dann aber an arabische Armeen abtreten. Ein herber
Schlag, denn es ging um die Kornkammer des Reiches. Kaiser Konstantin II wollte daraufhin nach Rom umziehen, und ein Teil der italienischen Bevölkerung – in Rom, Neapel und Sizilien – war dem byzantinischen Kaiser noch treu. Konstantin II kam jedoch nur bis zum Hafen
von Syrakus auf Sizilien. Dort wurde er ermordet, und die Hauptstadt
blieb Konstantinopel.

Nach den Rückschlägen des siebten Jahrhunderts konsolidierte sich das byzantinische Reich bis ins 12. Jahrhundert. Konstantinopel konnte sich behaupten, bis es 1453 endgültig unter der ottomanischen Belagerung zusammenbrach. Der Fall von Konstantinopel dokumentierte den Untergang des christlichen Europa und den Aufstieg der islamischen Welt.

Das Römische Reich hätte sich in jedem Fall irgendwann aufgelöst; alle großen Reiche gehen unter. Besonders im westlichen Reich gab es verschiedene Ursachen für den Niedergang. Die militärische Aufrüstung belastete die Wirtschaft. Die aufgeblähte Bürokratie und ein auf Überfluss gestützter Materialismus ließen Korruption entstehen, wodurch Rom seine kulturelle Anziehungskraft verlor. Die Verbreitung des Christentums scheint den Untergang des Reiches auch deshalb gefördert zu haben, weil die Loyalität der Bürger vom Staat auf die Kirche überging.[14]

Obwohl Diokletians Teilung des Reiches einige Probleme zu lösen half – seine gut gemeinte Politik verschlimmerte die Lage nur noch, indem sie ein Machtzentrum durch zwei ersetzte. Diokletians Experiment hatte gute Voraussetzungen – eine gemeinsame Religion, Geschichte, Tradition und Loyalität zum Römischen Reich. Doch der Wandel von der Unipolarität zur Bipolarität bedeutete den Wandel vom Gemeinschaftssinn zum Konkurrenzdenken. Ressourcen, die einst nach Rom flossen, gingen jetzt nach Konstantinopel. Streit um die richtige Doktrin verwandelte eine gemeinsame Religion in eine gespaltene Kirche. Der Kulturgegensatz zwischen lateinischen und griechischen Völkern wurde politisiert. In den Worten von Gibbon wurde «das nationale Schisma von Griechen und Römern durch den ständigen Gegensatz von Sprache und Sitten, Interessen und Religionen verschärft.»[15] Rom hatte jahrhundertelang für eine stabile Ordnung gesorgt – nun leiteten die aufstrebenden Zivilisationen des Ostens Europas Niedergang ein.

Diese historischen Betrachtungen mögen als Warnung dienen: Das Ende von Amerikas unipolarer Herrschaft wird vermutlich gravierende Konsequenzen haben. Die EU ist ein aufsteigendes Machtzentrum, das den Westen in einen amerikanischen und europäischen Teil trennen wird. Amerika und Europa sind seit über fünf Jahrzehnten enge Partner. Man könnte annehmen, dass sie für immer eng verbunden bleiben. Man denke aber an das Römische Reich und seinen schnellen Untergang, nachdem in Konstantinopel eine zweite Hauptstadt entstanden war. Das Westliche und Östliche Reich waren jahrhundertelang geeint gewesen. Sie hatten die gleiche Religion und gemeinsame kulturelle Wurzeln. Sie hatten die gleichen Feinde. Und die Teilung des Reiches wurde von Diokletian umsichtig geplant und ausgeführt. Als jedoch zwei Pole das alleinige Machtzentrum ersetzten, kam es zum geopolitischen Machtkampf.

Amerikaner und Europäer haben das gleiche Erbe, feste kulturelle Verbindungen und sie besaßen über Jahrzehnte einen gemeinsamen Feind. So entstand eine einheitliche Westliche Welt mit Beginn des Kalten Krieges. Da jetzt der Westen auseinander fällt, könnte ihn das gleiche Schicksal ereilen wie das Römische Reich. Was zwischen Washington und Brüssel geschieht, unterscheidet sich in einer entscheidenden Hinsicht von dem Zerwürfnis zwischen Rom und Konstantinopel: Die heutige Teilung des Westens war nicht geplant. Der Preis und das Potenzial für böses Blut ist umso höher.

Die Integration Europas

Die meisten Beobachter sind sich einig: Die amerikanische Vorherrschaft bleibt uns noch lange erhalten. William Wohlforth vom Dartmouth College fasst diese Meinung zusammen: «Die heutige Unipolarität schafft nicht nur Frieden, sondern dies auch dauerhaft. Jahrzehntelang wird kein Land die Vereinigten Staaten herausfordern können.»[16] Wohlforth hat streng genommen Recht: Ihr wirtschaftliches, militärisches, geistiges und kulturelles Kapital ist allen Ländern weit überlegen, und der Abstand wird nicht kleiner.

Doch die besten Köpfe Amerikas denken zu traditionell. Beim Blick auf mögliche Herausforderer lassen sie sich von der Vergangenheit täuschen. Sie sehen nicht, wie das kollektive Europa aufholt, obwohl es vor unseren Augen geschieht. Sie ignorieren das vereinte Europa; es ist ein neues Tier, eine politische Einheit, die in keine Schablone passt. Die Europäische Union ist keine zentralisierte Föderation nach dem Vorbild der Vereinigten Staaten, doch weitaus mehr als eine lockere Gruppierung souveräner Staaten. Amerika muss herausfinden, was diese neue Einheit genau charakterisiert. Amerika muss anfangen, Europa ernst zu nehmen. Nur so kann es die neue Weltkarte richtig verstehen.

Die europäische Integration ist eines der wichtigsten geopolitischen Ereignisse des 20. Jahrhunderts. Sie ist ein ebenso bedeutsamer Wendepunkt wie die Gründung der USA als Bundesstaat. Europa hat seine Geschichte selbst in die Hand genommen. Nach jahrhundertelangen Rivalitäten und blutigen Kriegen zwischen konkurrierenden Machtzentren wollen die Europäer den Streit beilegen. Sie haben genug davon. Krieg zwischen Europas Nationalstaaten soll für immer unmöglich werden.

Die Ergebnisse waren bislang dramatisch. Seit Untergang des Römischen Reiches bis zum Ende des Zweiten Weltkrieges befanden sich die Völker Europas mit kurzen Unterbrechungen im Kriegszustand. Nach nur fünfzig Jahren europäischer Integration sind Kriege zwischen England, Frankreich, Deutschland und ihren kleineren Nachbarn praktisch undenkbar geworden. Durch die Entwicklung von der Europäischen Kohle- und Stahlgemeinschaft zur Europäischen Wirtschaftsgemeinschaft und zur Europäischen Union hat sich Europa endlich von seiner Vergangenheit befreit.

Die meisten Amerikaner unterschätzen oder ignorieren sogar die geopolitische Bedeutung der EU.[17] Dieses Missverständnis ist nachvollziehbar, denn die wichtigsten Aktivitäten der EU betrafen bisher überwiegend die Wirtschaft. Die 1951 gegründete EGKS nahm sich zum Ziel, die Kohle- und Stahlproduktion von Frankreich, Deutschland, Belgien, Italien, Luxemburg und den Niederlanden unter gemeinschaftliche Kontrolle zu bringen. Die Gründung der EWG 1957 ging einen weiteren Schritt nach vorn, um interne Abgaben zu beseitigen und einen gemeinsamen Zoll einzuführen. In den sechziger Jahren haben die Mitgliedstaaten den gemeinsamen Markt konsolidiert.

1979 wurde das Europäische Währungssystem zur Regulierung von Wechselkursen gegründet. 1987 wurden verbleibende Barrieren – wie nationale Regulierungen und Standards – beseitigt. Ziel war, «ein Gebiet ohne innere Grenzen zu schaffen, in dem der freie Austausch von Waren, Personen, Dienstleistungen und Kapital garantiert ist.»[18] 1993 entstand dann die EU. Ihr Gütesiegel war die Währungsunion – die Einführung des Euro und die Abschaffung nationaler Währungen. Zwölf Länder haben sich bisher der Währungsunion angeschlossen, und weitere werden hinzukommen. Im Januar 2002 waren der französische Franc und die deutsche Mark für immer verschwunden.

Europas Leistungen im Bereich der Wirtschaftsintegration sind also weitaus größer als im militärischen Bereich. Dabei hatten die Europäer ihre Chancen. Der Vertrag von Brüssel (1948), die Europäische Verteidigungsgemeinschaft (1952) und die Westeuropäische Union (1964) waren Versuche, dem kollektiven Europa einen gemeinsamen militärischen Arm zu geben. Doch diese Ideen wurden nicht umgesetzt. Stattdessen hielten sich die Europäer an die Vereinigten Staaten und die NATO: Amerikanische Ressourcen wurden benötigt, um die westeuropäischen Ökonomien wiederaufzubauen und die Sowjetunion militärisch in Schach zu halten. Die großen westeuropäischen Staaten hatten noch nicht genug gegenseitiges Vertrauen, um gemeinsame Streitkräfte zu bilden. Sie wollten sehr wohl ihren Handel koordinieren. Die Integration von Militärstrukturen jedoch wurde noch als Eingriff in die nationale Souveränität verstanden. So gesehen ist Europa von Anfang an ein wirtschaftlicher Riese und geopolitischer Zwerg.

Dieses Resümee des europäischen Projektes greift jedoch viel zu kurz. Europa hat weitaus mehr zu bieten. Dies wird deutlich, wenn man die europäische Integration in einen historischen Kontext stellt. Man denke an die Entwicklung der dreizehn amerikanischen Kolonien zu einem Bundesstaat. Obwohl die Vereinigten Staaten ab 1781 nominell eine Konföderation und ab 1789 ein Bundesstaat waren, war die junge Nation in den ersten Jahrzehnten fast ausnahmslos damit beschäftigt, die Wirtschaft zu integrieren. Die politische Debatte damals kreiste um den Abbau innerstaatlicher Zölle, um Handelsregulierung und eine gemeinsame Währung. Die militärische Integration

Der Aufstieg Europas

spielte eine weitaus geringere Rolle. So achteten die Einzelstaaten darauf, dass die Konföderationsartikel das Recht zum Unterhalt einer Miliz umfassten. Dem Kongress wurde erlaubt, eine kleine Marine aufzubauen und Personal aus den Einzelstaaten für den Aufbau einer kleinen Armee zu rekrutieren. Die Einzelstaaten, nicht die Bundesregierung, behielten die Oberhand.

Obwohl die US-Verfassung die Macht der Bundesregierung stärkte, behielten die Staaten erstaunlich viel Autonomie. Die Amerikaner fürchteten sich vor äußeren Feinden und zu viel Zentralgewalt. Während der ersten Jahrzehnte der Union blieben Expansionsdrang und militärische Ambitionen begrenzt. Damals war Amerika vielleicht ein potentieller Wirtschaftsriese, eine bedeutende strategische Macht war es nicht. Heute wissen wir, dass der Zusammenschluss der Vereinigten Staaten die Geopolitik von Nordamerika – und dann der ganzen Welt – verändert hat.

Die deutsche Einigung verlief ähnlich. Sie begann nach dem Ende der napoleonischen Kriege im Jahre 1815. Handelsbeziehungen hatten wieder Priorität. 1834 wurde der Zollverein gegründet. Die politische Kontrolle blieb in Händen einer konföderierten Struktur, dem Deutschen Bund. Hauptaufgabe des Bundes war, liberale Tendenzen in den Mitgliedstaaten zu verhindern. Obwohl die Einzelstaaten ihre Abgeordneten in ein gemeinsames Parlament schickten, behielt jeder Staat das Recht, Allianzen zu bilden und Kriege zu erklären. Der Bund war somit kein zentralisierter Einheitsstaat, der das europäische Gleichgewicht zu verschieben drohte. Dennoch war ein historischer Vereinigungsprozess im Gange. Als dieser Prozess 1871 zur Reichseinheit führte, glaubte Disraeli, dass das Gleichgewicht der Mächte in Europa «völlig zerstört wurde.»

Anders als im Falle der deutschen Vereinigung und der Vereinigten Staaten von Amerika würde die Integration Europas wohl zu keinem Einheitsstaat führen. Sollte es dennoch geschehen, hätte dies heftige geopolitische Folgen. Bei der europäischen Integration ging es von Anfang an um Krieg und Frieden. Die Wirtschaft hat den Großteil der Arbeit geleistet, auch aus geopolitischen Interessen. Europas Gründungsväter wussten genau, dass ein multipolares Europa zu ständigem

Konflikt verurteilt war. Es musste etwas geschehen, um den zyklischen Aufstieg und Fall der europäischen Großmächte mit seinen Rivalitäten und Kriegen zu verhindern.

Die Lösung war die europäische Integration. Wenn getrennte Machtpole dazu verdammt waren, mit verheerenden Konsequenzen in Wettbewerb zu treten, so mussten diese Machtzentren in ein größeres Ganzes eingebunden werden. Durch Vermischung, Zusammenschluss und Überwindung separater Interessen und nationaler Identitäten sollte der Integrationsprozess eine neue politische Einheit, das kollektive europäische Gemeinwesen, hervorbringen.

Robert Schuman, von 1948 bis 1952 französischer Außenminister, hatte klare Vorstellungen, welche politischen Ziele die europäische Integration haben sollte und auf welche Weise Wirtschaft und Politik verknüpft werden mussten. Erstes Ziel war die Überwindung der Erbfeindschaft zwischen Frankreich und Deutschland. Für Schuman stand fest, dass «die Vereinigung der Nationen Europas die Beseitigung der jahrhundertealten Rivalität zwischen Frankreich und Deutschland erfordert. Alles beginnt mit diesen beiden Ländern.» Die EGKS sollte diesem Ziele dienen: «Die Solidarität der EGKS wird einen Krieg zwischen Frankreich und Deutschland nicht nur undenkbar, sondern materiell unmöglich machen. Die Gründung dieser mächtigen Produktionseinheit ist eine gute Grundlage für die wirtschaftliche Vereinigung aller Länder. Sie bietet allen Mitgliedstaaten die gleichen Voraussetzungen für ihre Industrieproduktion.»

Die Pflege gemeinsamer Interessen war das erste Ziel der Wirtschaftsintegration. Darauf folgte die Verknüpfung von Interessen und Identitäten. «Die Vereinigung von Interessen, die für den Aufbau eines gemeinsamen Wirtschaftssystems unentbehrlich ist, sollte zum Nährboden für eine größere Gemeinschaft zwischen den verfeindeten Ländern werden.»[19] Jean Monnet, der geistige Urheber der EGKS und erster Präsident der Hohen Behörde der EGKS, wurde noch deutlicher: «Die sechs Gemeinschaftsländer sind Vorläufer eines größeren Europas, dessen Grenzen nur von denen bestimmt werden, die noch kein Mitglied sind. Unsere Gemeinschaft ist kein Verband für Kohle- und Stahlproduzenten: Sie ist der Grundstein für Europa.»[20] Deutschland,

Der Aufstieg Europas

Frankreich und ihre Nachbarländer bildeten letztlich eine neue politische Gemeinschaft, die über den Nationalstaat hinausging. Wie die Präambel zum EGKS-Vertrag ausdrücklich erklärte, wollten die Mitglieder «die Grundlagen für Institutionen legen, die in eine gemeinsame Zukunft führen sollen.»[21] Die Instabilität der Multipolarität sollte von der Einheit und Harmonie des kollektiven Europas abgelöst werden, das einen französisch-deutschen Kern hatte.

Europa fing also bescheiden an, aber seine Ziele sind ehrgeizig. Es weiß, dass wirtschaftliche Integration allein nicht ausreicht. Die Architekten Europas schufen ein europäisches Parlament, um zu symbolisieren, dass Europa als Ganzes – und nicht nur die einzelnen Mitgliedstaaten – ein legitimes und repräsentatives politisches Gebilde ist. Sie etablierten einen Bildungs- und Kulturaustausch, um die psychologischen Barrieren zwischen Ländern abzubauen, die lange verfeindet waren. Und sie schufen gemeinsame Symbole – Fahne, Pass und Währung –, um Europa dem Durchschnittsbürger näher zu bringen und ein Loyalitäts- und Zugehörigkeitsgefühl entstehen zu lassen. In den Worten von Wim Duisenberg, dem ersten Präsidenten der Europäischen Zentralbank: «Der Euro ist viel mehr als nur eine Währung. Er ist Symbol der europäischen Integration in jedem Sinne des Wortes.»[22]

Das europäische Projekt ist ein uneingeschränkter Erfolg. Krieg zwischen Europas Nationalstaaten ist undenkbar geworden; die Grenzen sind unbewacht und können ohne Pass- und Zollkontrolle passiert werden. Die Fahrt von Frankreich nach Deutschland ist wie eine Fahrt von Virginia nach Maryland. Meinungsumfragen ergeben, dass die Menschen in ganz Europa die Integration beschleunigen wollen. Fast die Hälfte der Befragten sieht sich als Europäer und nicht nur als Bürger eines Nationalstaates. Und mehr als 70 Prozent unterstützen eine gemeinsame Sicherheits- und Verteidigungspolitik der EU.[23] Europas geopolitisches Experiment funktioniert.

Ebenso erfolgreich ist Europas Wirtschaft. Der Regionalhandel hat sich gut entwickelt. Etwa 75 Prozent des Gesamthandels der EU wird innerhalb Europas abgewickelt. Die großen Ökonomien werden durch Deregulierung immer wettbewerbsfähiger, während die sozialdemo-

kratischen Parteien zur Mitte rücken und sich von ihrer Arbeitneh-
merbasis entfernen. Die deutsche Regierung führte im Jahre 2000
wichtige Steuerreformen durch, um die Konjunktur zu beleben. Die
Franzosen zogen mit einer ähnlichen, etwas weniger ambitionierten
Steuerreform nach. Die Beachtung der Stabilitätskriterien beschleunigt zusätzlich die Entwicklung einer schlankeren europäischen Wirtschaft.

Europas kollektives Bruttosozialprodukt (BSP) erreicht heute fast
neun Billionen Dollar – verglichen mit etwa zehn Billionen Dollar in
den Vereinigten Staaten. Die voraussichtlichen Wachstumsraten der
EU sind mit den USA vergleichbar. Nach dem schnellen Abstieg des US-
Technologiesektors ist das Risikokapital, das die amerikanische Dot-
Com-Revolution anheizte, nach Europa geflossen. Dadurch könnte es
in der EU zum gleichen Anstieg der Produktivität wie in den neunziger Jahren in den USA kommen.[24] Mit dem bevorstehenden Beitritt der
neuen Mitglieder Polen, Ungarn, der Tschechischen Republik, Estland,
Slowenien, Zypern, Malta und wahrscheinlich auch der Slowakei,
Litauen und Lettland könnte das EU-Gesamtprodukt mit dem Amerikas gleichziehen.

Airbus ist ein Konglomerat aus französischen, deutschen, britischen, italienischen und spanischen Firmen, das Boeing bereits bei
der Produktion von Zivilflugzeugen überholt hat. Nokia aus Finnland
ist der größte Handy-Hersteller. Die Firma liegt weit vor Amerikas
Motorola. Nachdem jahrelang amerikanische Konzerne ausländische
Firmen gekauft haben, wendet sich jetzt das Blatt. Im Jahr 2000 lagen
britische und französische Firmen im Gesamtwert ihrer internationalen Akquisitionen vor ihren amerikanischen Konkurrenten.[25] Auch
Deutschland ist eingestiegen. Seit der Übernahme von Random House
und anderen wichtigen US-Verlagen ist Bertelsmann der größte Buch-
verlag der Welt. Daimler-Benz hat 1998 Chrysler gekauft, 2001 erwarb
die Deutsche Telekom die amerikanische Telekommunikationsfirma
VoiceStream.

Seit der Einführung des Euro im Januar 1999 hat die europäische
Währung zunächst über zwanzig Prozent ihres Wertes gegen den Dollar verloren. Ein wichtiger Grund für den Verfall war der europäische

Kapitalabfluss in die florierende US-Wirtschaft. Weil sich die amerikanische Wirtschaft verlangsamt, das Kapital in die EU-Finanzmärkte zurückfließt und die europäische Wirtschaft wächst, feiert der Euro ein Comeback. Er wird wahrscheinlich zu einer der wichtigsten Reservewährungen der Welt.[26]

Die Organe der EU – Kommission, Parlament und Rat – haben sich bewährt. Die Kommission ist die Hauptverwaltung der EU mit einem multinationalen Beamtenapparat und Mitarbeitern, die aus den Mitgliedstaaten entliehen werden. Obwohl sie nur ein begrenztes Entscheidungsrecht hat, kontrolliert die Kommission die Tagesordnung, schlägt politische Konzepte vor und ist für deren Ausführung verantwortlich. Die Größe und der Verantwortungsbereich der Kommission sind mit der Übernahme neuer Aufgaben gewachsen.

Die politischen Aufgaben sind auf drei Säulen verteilt – Gemeinschaftsaufgaben (beziehen sich primär auf den Betrieb des gemeinsamen Marktes), Außen- und Sicherheitspolitik sowie Justiz und Innere Angelegenheiten.[27] Die Macht der Kommission ist im Bereich der ersten Säule am stärksten. Der Bereich Wirtschaft wird zwischen Kommission und Zentralbank aufgeteilt, wobei die Kommission für Handels- und Wettbewerbspolitik und die Zentralbank für Währungspolitik zuständig ist. Die Mitgliedstaaten kontrollieren die eigene Wirtschafts- und Fiskalpolitik innerhalb der EU-Beschränkungen. Der Europäische Gerichtshof spielt eine wichtige Rolle beim Erzwingen von Entscheidungen und der Schlichtung von Streit zwischen Mitgliedstaaten und EU-Institutionen. Im Konfliktfall hat das EU-Recht Vorrang vor nationalem Recht.

Alle Mitgliedstaaten entsenden Abgeordnete in das Europäische Parlament, das seit 1979 direkt gewählt wird. Zunächst hatte das Parlament nur beratende Funktion, doch seine Macht ist seit den siebziger Jahren ständig gewachsen. Es darf jetzt Vorlagen der Kommission ändern und mit dem Rat zusammenarbeiten. Das Parlament stimmt der Zusammensetzung der Kommission zu, kann ihren Rücktritt fordern und hat mit dem Rat die Entscheidungsgewalt über den Haushalt der Union. Die erweiterte Macht des Parlamentes hat den demokratischen Charakter des supranationalen Europas verstärkt.

Der Rat der Europäischen Union ist das wichtigste Entscheidungsorgan der EU. Er besteht aus den Ministern der Mitgliedstaaten, die sich regelmäßig zur Diskussion von Fragen aus ihrem Ressort treffen. Er tritt auch auf der Ebene der Regierungschefs zusammen. Die Beschlüsse werden meistens mit einer qualifizierten Mehrheit gefasst.[28] Einstimmigkeit ist nur in der Außen- und Sicherheitspolitik erforderlich, bei der Justizpolitik und bei einigen inneren Angelegenheiten – z. B. bei Steuerpolitik. Die Ratspräsidentschaft rotiert alle sechs Monate. Gipfeltreffen wurden bisher im Heimatstaat des Präsidenten organisiert, doch sie finden bald nur noch in Brüssel statt, wodurch seine Stellung als Hauptstadt Europas gestärkt wird.

Der Erfolg Europas wird besonders dann ersichtlich, wenn neue Staaten vor der Tür stehen. Großbritannien, Dänemark und Irland wurden 1973 Mitglied, 1981 folgte Griechenland, 1986 Spanien und schließlich traten Portugal und Österreich, Finnland und Schweden 1995 bei. Selbst nach der Aufnahme hielt England Abstand zum Kontinent und versuchte, als Brücke zwischen Nordamerika und Europa zu fungieren. Doch Premierminister Tony Blair hat den Kurs geändert; er will Großbritannien eine Führungsrolle in der EU zuweisen. Bald werden die Londoner ihre Lebensmittel auch in Euro zahlen. Blair hat klar erkannt, dass England im wirtschaftlichen *und* geopolitischen Sinn an den Rand gedrängt würde, wenn es nicht voll auf Europa zugeht. Im November 2001 erklärte er: «Wir müssen mit vollem und nicht mit halbem Herzen Partner Europas sein ... Die Tragödie britischer Politik liegt darin, dass es Politiker beider Parteien seit den fünfziger Jahren versäumt haben, die Realität der europäischen Integration anzuerkennen. Dadurch haben sie britische Interessen vernachlässigt. Großbritannien hat keine wirtschaftliche Zukunft außerhalb Europas.»[29]

Inzwischen kämpfen Europas neue Demokratien um den Zutritt. Dies erlaubt der EU, einen stillen Einfluss auf die Kandidatenländer beim Übergang vom Kommunismus zur kapitalistischen Demokratie auszuüben. Die potentiellen Mitglieder privatisieren und liberalisieren ihre Wirtschaften, stabilisieren ihre Währungen, schützen Minderheiten und lösen Grenzkonflikte – kurz: Sie bringen ihr Haus in Ordnung, sodass sie zum größeren europäischen Haus gehören können. Die EU hat Europas Westen demokratisiert und pazifiziert. Jetzt ist sie bereit, das Gleiche für Europas Osten zu tun.

Zweifellos gibt es auch bei der Integration Rückschläge. Das ungeheure Ausmaß der zukünftigen Aufgaben versetzt einen zusätzlichen Dämpfer. Im letzten Jahrzehnt gab es genügend Enttäuschungen. So hat die EU Anfang der neunziger Jahre versagt, als sie das Gemetzel in Bosnien beenden wollte. 1994 hat sich Norwegen gegen eine Mitgliedschaft entschieden. Dänemark, Schweden und Großbritannien haben sich bisher nicht der Euro-Zone angeschlossen. Auf dem Nizza-Gipfel im Dezember 2000 sollten institutionelle Reformen für die EU-Erweiterung verabschiedet werden, die Ergebnisse lagen weit hinter den Erwartungen. Trotz der Reformen im Nizza-Vertrag haben die Iren den Vertrag im Juni 2001 nicht ratifiziert, wodurch die mangelnde Begeisterung der irischen Bevölkerung für Europa deutlich zutage trat.

Dies sind ernste Stolpersteine. Doch aus vielen Gründen sollte es keine Zweifel geben, dass die EU die zukünftigen Probleme bewältigen kann. Selbst unter den günstigsten Bedingungen gehen Prozesse von Integration und Vereinigung nur langsam voran. Schließlich geben die Staaten, die ein neues Gemeinwesen bilden, das auf, was ihnen am meisten am Herzen liegt: ihre Souveränität und Autonomie. Amerika, Deutschland und Italien – um nur wenige Beispiele zu nennen – haben sich unter Schmerzen vereint. Europas Integration war und wird nicht anders verlaufen. Die EU hat gute und schlechte Tage. Manchmal verliert sie ihre Dynamik und die Unterstützung der Mitgliedstaaten und Gemeinschaftsbürger. Doch dann findet sie ihren Willen wieder und geht ihren Weg.

Man muss auch bedenken, dass sich Integrationsprozesse beschleunigen, wenn sie eine gewisse Schwelle überschritten haben. In den Vereinigten Staaten kam die politische Zentralisierung bis in das späte 19. Jahrhundert langsam voran, doch dann nahm sie Fahrt auf. In den neunziger Jahren wuchsen die Macht der Exekutive, die Größe der US-Marine und die Ambitionen der Außenpolitik. Deutschlands Integration verlief zunächst ähnlich langsam; doch zur Jahrhundertwende ging sie in eine neue Phase schneller Zentralisierung und wachsender

Seemacht über. Man kann nicht voraussagen, ob und wann die EU in eine ähnliche Phase beschleunigter Integration eintritt, doch die Aussicht auf die bevorstehende Ost-Erweiterung könnte der auslösende Faktor sein.

Die Zukunft der EU erscheint auch deshalb vielversprechend, weil die Argumente der Europa-Skeptiker so wenig überzeugen. Viele Beobachter, besonders in den Vereinigten Staaten, belächeln die geopolitische Bedeutung der EU und behaupten, Europa werde sich niemals zu einem ernsten internationalen Machtfaktor entwickeln. Sie nennen vier Hindernisse: Erstens hätten Europas supranationale Institutionen keine demokratische Legitimität. Mit der Erweiterung der EU stoße sie auf ein «demokratisches Defizit».[30] Zweitens leide die EU an Überalterung, wodurch Deutschland und andere Mitgliedsländer mit Arbeitskräftemangel und einem maroden Rentensystem konfrontiert würden. Drittens würde die EU-Osterweiterung die Union schwächen. Viertens bleibe die EU ein militärisches Leichtgewicht, das keine wichtige geopolitische Rolle spielen werde.

Die EU leidet zweifellos an demokratischen Defiziten. Obwohl das Europäische Parlament gestärkt und die Bildung europaweiter Parteien ermutigt wurde, bestimmen allein die Nationalstaaten das politische Leben. Unterschiedliche Sprachen und einheimische Kulturen stärken die Stellung der nationalen Politik, sodass die Bürger die Legitimität der EU-Institutionen bezweifeln. Deutschlands Außenminister Joschka Fischer räumte ein, die EU habe den Ruf einer «bürokratischen Angelegenheit, die von einer gesichts- und seelenlosen Brüsseler Eurokratie geleitet wird. Die ist im besten Fall langweilig und im schlimmsten Fall gefährlich.»[31] Skeptiker meinen, die Bürger der EU-Mitgliedstaaten würden ihr Schicksal niemals der EU-Kommission und ihrem nicht gewählten Stab überlassen.

Die Kritik ist berechtigt – im historischen Kontext wird sie jedoch relativiert. Die Legitimation der supranationalen Politik hinkt immer der Entwicklung supranationaler Institutionen hinterher – ein aufreibender und langsamer Prozess. Die Angst vor einer Exekutivgewalt, die niemandem gegenüber verantwortlich ist, hat die amerikanischen Gründerväter veranlasst, das System von «Checks and Balances» zu erfinden und das Recht auf Waffenbesitz zu schützen. Nationale Zuständigkeiten lösten die Autorität der Einzelstaaten erst nach Ende des Bürgerkrieges ab. Erst nach jahrzehntelanger Erfahrung mit der einheitlichen Föderation wurde der Bund die Hauptquelle politischer Identität und Gegenstand politischer Loyalität.

Robert E. Lee, US-Armeeoffizier und erbitterter Gegner der Sezession, erklärte am Vorabend des Bürgerkrieges: «Trotz meiner Loyalität zur Union kann ich mich nicht dazu entschließen, die Hand gegen meine Verwandten, meine Kinder und mein Haus zu heben ... Wird die Union aufgelöst und sollte die Regierung zerbröckeln, kehre ich in meinen Heimatstaat zurück und teile das Unglück meines Volkes.»[32] Europas Demokratiedefizit ist zwar real, aber alle integrierenden Kräfte werden es bewältigen.

Europas Eliten wissen, dass die EU demokratischer werden muss. Erste Schritte sind getan. Gerade ist eine EU-Verfassung entstanden. Viele Europäer sehen den Entwurf, die Debatte und Ratifizierung der Verfassung als Gelegenheit, das öffentliche Engagement zu vertiefen. Etwa zwei Drittel der europäischen Bevölkerung befürwortet die Annahme der Verfassung. Im März 2002 eröffnete die EU einen Konvent unter dem Vorsitz des ehemaligen französischen Staatspräsidenten Valéry Giscard d'Estaing. Die Gruppe hat Vorschläge für die Regierungskonferenz über eine EU-Reform im Jahr 2004 ausgearbeitet. Die Verfassung wird wahrscheinlich eine klare Abgrenzung der Zuständigkeiten von Mitgliedstaaten und EU-Institutionen schaffen. Sie könnte auch die Kompetenz von nationalen Parlamenten und Europaparlament vergrößern, um die demokratische Verantwortlichkeit zu stärken.[33]

Deutschlands Bereitschaft, die institutionellen Veränderungen aktiv zu unterstützen, verbessert zudem die Aussicht auf Reformen. Jahrzehntelang hat sich Bonn an andere europäische Hauptstädte gehalten – ein durch den Zweiten Weltkrieg bedingter Versuch, die Versöhnung mit den Nachbarn zu bekräftigen. Als Ausdruck seiner wieder gefundenen Führungsrolle kehrte der Regierungssitz 1999 nach Berlin zurück. Deutschland hat sich an vorderster Front für die Entwicklung der EU eingesetzt und sich um die Verminderung des Demokratiedefizits bemüht. So erklärte Fischer in einer viel beachteten Rede im Mai 2000: «Aus der Vergemeinschaftung von Wirtschaft und Währung gegenüber den noch fehlenden politischen und demokratischen Strukturen ist ein Spannungsfeld entstanden, das in der EU zu inneren Krisen führen kann, wenn wir nicht die Defizite im Bereich der politischen Integration produktiv aufheben und so den Prozess der Integration vollenden.»

Der deutsche Außenminister hat die dafür notwendigen produktiven Schritte erläutert: «Es gibt allerdings eine ganz einfache Antwort: den Übergang vom Staatenverbund der Union hin zur vollen Parlamentarisierung in einer Europäischen Föderation – und d. h. nichts Geringeres als ein europäisches Parlament und eine ebensolche Regierung, die tatsächlich die gesetzgebende und die exekutive Gewalt innerhalb der Föderation ausüben.» Dies wäre «auch eine Föderation, die von den Bürgern durchschaut und verstanden würde, weil sie ihr Demokratiedefizit überwunden hätte.» Fischer versicherte: «Dies alles wird aber nicht die Abschaffung des Nationalstaates bedeuten. Denn auch für das finale Föderationssubjekt wird der Nationalstaat mit seinen kulturellen und demokratischen Traditionen unersetzlich sein, um eine von den Menschen in vollem Umfang akzeptierte Bürger- und Staatenunion zu legitimieren ... Auch in der europäischen Finalität werden wir also noch Briten und Deutsche, Franzosen und Polen sein.»[34]

Wenige Monate danach schlug Kanzler Gerhard Schröder die Einrichtung einer Zweikammernstruktur vor. Im Oberhaus sollten die Minister der Mitgliedstaaten vertreten sein, im Unterhaus die gewählten Volksvertreter. Wie in Fischers Plan würden Europas Nationalstaaten wichtige politische Befugnisse behalten, doch die Institutionen für kollektive Regierungstätigkeit würden verstärkt werden. Ob Fischers und Schröders Ideen Gestalt annehmen, ist weniger wichtig als die Tatsache, dass sich das größte und reichste Mitglied für ein föderiertes Europa einsetzt und einen konkreten Plan vorlegt, um dieses Ziel zu erreichen.

Auch Großbritannien hat sich bei der Entwicklung der EU-Institutionen flexibler gezeigt. Tony Blair hat bereits eine dramatische Kehrtwende der britischen Politik eingeleitet. Nach jahrzehntelanger Skepsis gegenüber Europa bemüht sich London zunehmend, einen Platz im Zentrum der EU einzunehmen. In den Worten des Premierministers muss «Großbritannien ein führendes Mitglied und strategischer Partner innerhalb der Union sein». Blair hat angedeutet, dass er Britannien in seiner zweiten Amtszeit in die Euro-Zone führen möchte. Und William Hague, der konservative Herausforderer, machte den Widerstand gegen den Euro zum Hauptthema im Wahlkampf 2001. Seine Partei verlor die Wahl.

Blair hat sich zwar gegen Europas Entwicklung in einen föderalen «Superstaat» ausgesprochen, doch er unterstützt «ein starkes Großbritannien in einem starken Europa». Also einen europäischen Supranationalismus, in dem Einzelstaaten bequem mit EU-Institutionen koexistieren können.[35] Blair ist skeptisch gegenüber einer EU-Verfassung, doch er hat eine «prinzipielle Erklärung» als «politisches und nicht rechtsverbindliches Dokument» vorgeschlagen, das «einfacher und daher für Europas Bürger zugänglicher» ist. Er fordert außerdem eine zweite Kammer für das Europäische Parlament, die demokratische Kontrollen verschärfen soll.[36] Seine Meinung deckt sich zwar nicht genau mit Fischer und Schröder, doch sie alle fordern eine Debatte über die institutionelle Zukunft der EU und befürworten demokratischere und effektivere Regierungsformen.

Beim Thema EU-Entwicklung ist Frankreich zurückhaltender. Zum Teil hing dies mit der Regierung der «Kohabitation» zusammen. Präsident Jacques Chirac und der ehemalige Premierminister Lionel Jospin kommen aus verschiedenen Parteien und haben unterschiedliche Meinungen. Chirac ist für mehr Integration – besonders in der Außen- und Sicherheitspolitik. Er ist auch für eine europäische Verfassung. Ein derartiger Text werde «die Europäer zusammenführen und ihnen ermöglichen, sich durch eine feierliche Zustimmung mit einem europäischen Projekt zu identifizieren.» Im Sommer 2001 sagte Chirac, die Verfassung könnte bis 2004 zur Ratifizierung vorliegen.[37]

Jospin war vorsichtiger. Im Mai 2001 widersprach er Deutschlands föderalistischen Absichten. In einer Rede über Europas Zukunft erklärte er: «Ich möchte Europa, aber ich hänge an meiner Nation. Wir müssen Europa gestalten, ohne Frankreich oder irgendeine andere europäische Nation aufzulösen.»[38] Diese Position ist für Frankreich paradox. Frankreich hat seit Jahrzehnten eine wichtige Rolle bei der europäischen Integration gespielt. Monnet und Schuman waren starke Befürworter des Föderalismus, obwohl sie erst am Anfang der europäischen Einigung standen.

Doch Reste des Gaullismus haben immer noch Einfluss auf die französische Politik. Daraus entsteht ein Nationalismus, der großen Ehrgeiz für das europäische Experiment entwickelt und zugleich dieser Entwicklung im Wege steht. Frankreichs jüngste Position fordert eine starke europäische Rolle in der Welt, die Institutionen sollen jedoch schwach bleiben. Das ist unlogisch und praktisch unmöglich. Europa kann nicht dezentralisiert und fragmentiert werden und zugleich geopolitische Ambitionen entfalten. Diese Haltung entspringt einer typisch französischen Mischung von Verletzlichkeit und Grandeur. Frankreich ist nicht mehr groß genug, seine Stimme auf der Weltbühne zu erheben. Daher wendet es sich an Europa. Doch das gleiche Gefühl von Ohnmacht hindert die Franzosen daran, sich verstärkt für die Integration einzusetzen und den Nationalstaat gegenüber dem europäischen Projekt einzuschränken. Frankreich zögert bei der Reform der Institutionen auch, weil man Deutschlands neue Führungsrolle beargwöhnt.

Die französische Ambivalenz gegenüber dem Ausbau der EU-Institutionen wird vermutlich nicht lange andauern. Ein nach außen starkes Europa kann nach innen nicht schwach sein. Obendrein stärkte Jospins Niederlage bei den Präsidentschaftswahlen von 2002 Chirac und dessen pro-europäische Einstellung. Während die Osterweiterung vorbereitet wird, steigt der Druck auf Frankreich, den Deutschland und andere EU-Mitglieder bei der institutionellen Reform ausüben. Frankreich hat die Wahl zwischen einer Gefährdung der Integrität der Union und dem Ausbau der Institutionen. Doch die Entscheidung wird auch den französischen «Etatisten» leicht fallen. Das europäische Projekt ist zu wichtig, und es steht auch für Frankreich zu viel auf dem Spiel.

Selbst wenn Europas Demokratiedefizit die Integration behindern sollte, heißt das nicht, dass die EU niemals ein ernst zu nehmendes Gegengewicht zu den Vereinigten Staaten werden kann. Schon heute ist die EU ein Konkurrent; sie muss sich nicht erst zu einer engen Föderation entwickeln, um eine Globalmacht werden zu können. Eine EU, die West- und Zentraleuropa umfasst und deren Reichtum sich mit dem Wert der Vereinigten Staaten messen kann, ist Amerika ebenbürtig. Je einheitlicher sich Europa darstellt, desto besser wird Europa in der Lage sein, mit nur einer Stimme zu sprechen und sich zu behaupten. Doch selbst das heutige Europa, das weniger geschlossen auftritt, bleibt ein aufsteigender Pol in einem sich wandelnden Globalsystem.

Die EU hat gewiss ein ernstes demographisches Problem. Sinkende Geburtsraten seit dem Zweiten Weltkrieg bedeuten zum Beispiel für Deutschland, dass 2020 auf jeden Arbeitnehmer ein Rentner kommt.[39] Die europäische Wirtschaft könnte durch zu wenig Arbeitskräfte und zu hohe Sozialabgaben gebremst werden. Gemäß einer Studie aus dem Jahre 2000 wird das deutsche Rentensystem 2019 ins Defizit geraten und die Rentenansprüche bis 2032 fast 50 Prozent des BSP erreichen. Frankreich und Italien wird es noch schlechter ergehen.[40]

Es gibt dafür keine einfache Lösung. Die EU-Mitglieder sehen die Krise aufziehen und ergreifen erste Gegenmaßnahmen. Das deutsche Parlament hat 2001 Steuererleichterungen für private Rentenvorsorge verabschiedet und die Arbeitnehmer motiviert, durch Investitionen in eine private Altersvorsorge das nationale System zu entlasten. Die EU will außerdem die Liberalisierung von Gesetzen über den Zuzug fremder Arbeitskräfte diskutieren.

Die EU-Osterweiterung wird das Problem möglicherweise lindern. Die zentraleuropäischen Länder haben ein großes Potenzial an Arbeitskräften, das Engpässe in einigen EU-Ländern überwinden kann. Auch die junge türkische Bevölkerung könnte helfen. Zudem sucht die EU die Mobilität von Arbeitnehmern, die bisher relativ klein ist, innerhalb der Union zu verbessern. Die Kommission prüft verschiedene Maßnahmen: bessere Fremdsprachenausbildung, die Erleichterung des Transfers von Leistungen zur Arbeitslosigkeit, Rente und Krankenversicherung innerhalb der Mitgliedstaaten und die Standardisierung von Hochschul- und Berufsqualifizierungen.[41]

All dies mag die Überalterungsprobleme der EU lindern, aber nicht lösen. Tief greifende Reformen sind nötig, einschließlich besserer Abstimmung der Steuerpolitik der Mitgliedstaaten – keine leichte Aufgabe, weil Nationalregierungen ihre Steuerpolitik nicht gern aus der Hand geben und sich Gewerkschaften gegen Rentenkürzungen wehren. Die soziale Integration von Immigranten ist besonders wichtig.

Europakritiker meinen, die Erweiterung um mehr als ein Dutzend neue Mitglieder werde die Union schwächen und ihre Entscheidungsorgane paralysieren. Außerdem hätten die Neuen wenig Erfahrung im Umgang mit Demokratie. Sie brächten divergierende politische Kulturen in die Europäischen Union ein, und ihre Volkswirtschaften befänden sich in unterschiedlichen Entwicklungsphasen. Die Erweiterung werde die EU mit höheren Ausgaben belasten – zum Beispiel mit mehr Agrarsubventionen und Zahlungen für regionale Entwicklung.

Die Ost-Erweiterung stellt die EU tatsächlich vor viele Probleme. Doch diese Herausforderung könnte sich als Glücksfall für die EU herausstellen. Die EU wird unabhängig davon erweitert, ob sie die notwendigen Vorbereitungen getroffen hat. Den neuen Demokratien von Zentraleuropa wurden Versprechungen gemacht. Sie müssen eingehalten werden. Der Ausbau der EU-Institutionen mag zur Disposition stehen, die EU-Erweiterung ist nicht mehr verhandelbar.

Eine Erweiterung ohne Ausbau der EU-Institutionen würde die Funktionsfähigkeit der EU gefährden. Daher könnte die Erweiterung zum entscheidenden Katalysator werden, der die EU zu Reformen zwingt, die sie sonst auf unbestimmte Zeit aufschieben würde. Die Erweiterung gewährt den EU-Führern innenpolitische Freiräume, die sie für einen institutionellen Ausbau der Europäischen Union brauchen. Fischer und andere Politiker haben davon gesprochen, dass die EU-Erweiterung die Union paralysieren könnte: «Doch diese Gefahr ist kein Grund, nicht so schnell wie möglich auf die Erweiterung hinzuarbeiten. Sie zeigt, dass entscheidende, angepasste institutionelle Reformen nötig sind, sodass die Handlungsfähigkeit der Union auch nach der Erweiterung erhalten bleibt.»[42]

Die amerikanische Geschichte bietet wieder eine interessante Parallele. Die Ausdehnung nach Westen hat die Vereinigten Staaten gezwungen, sich mit ihrem größten Problem auseinander zu setzen – mit der kulturellen und ökonomischen Kluft zwischen Norden und Süden. Während der ersten Hälfte des 19. Jahrhunderts haben sich freie Staaten und Sklavenstaaten unterschiedlich arrangiert. Der Missouri-Kompromiss ist ein Beispiel für den Versuch, politische Meinungsverschiedenheiten während der Westexpansion unter der Decke zu halten.[43] Institutionelle Reformen wurden aufgeschoben und ein hoher Preis für den fehlenden Zusammenhalt der Union bezahlt. Die Westexpansion hat politische Differenzen ans Licht gebracht und den Norden und Süden in einen direkten Konflikt gebracht. Der Bürgerkrieg hat zwar viele Opfer gekostet, er hat aber auch soziale und politische Reformen ermöglicht und eine effektive und zentralisierte Regierung entstehen lassen. So hat die Expansion und die daraus entstandene Krise den Weg für einen Föderalismus bereitet, der bis heute das ideologische und institutionelle Fundament Amerikas bildet.

Die EU-Erweiterung wird glücklicherweise keinen Krieg auslösen, aber sie verpflichtet unwillige Mitgliedstaaten, wichtige institutionelle Reformen durchzuführen. Will eine Union aus 25 Ländern gut funktionieren, müssen ihre Institutionen stark sein. Dazu gehört die qualifizierte Mehrheitsabstimmung bei Fragen, die bisher nur Einstimmigkeit erfordern. Die Kommission muss die Aufsicht über die Wirtschaftspolitik haben – und eines Tages auch für die Außen- und Sicherheitspolitik zuständig sein. Die Rolle des Europaparlamentes muss gestärkt werden – und langfristig sollte diskutiert werden, ob der Chef der Exekutive der EU direkt gewählt wird.

Die Erweiterung wird Druck auf die EU ausüben, zwischen einem inneren Kern von Mitgliedern und den neuen Staaten zu unterscheiden, deren Integration sich langsam und unsystematisch vollzieht. Mehr Verlass auf Differenzierungen – was die EU-Beamten euphemistisch «gesteigerte Kooperation» nennen – wird es den Kernstaaten ermöglichen, die Integration weiter voranzutreiben, während andere aussteigen oder lange Übergangsphasen wählen. Nach diesem Modell wurde der Euro eingeführt, wobei eine Kerngruppe von Staaten die Führung übernahm und andere sich erst der Eurozone anschlossen, als sie genug politischen Willen aufbringen und die Wirtschaftskriterien erfüllen konnten. Diese mehrstufige Methode erlaubt es der EU, beim Beitritt der zentraleuropäischen Länder nicht nur den kleinsten gemeinsamen Nenner zu suchen. In Fischers Worten: «In einer erweiterten und daher heterogenen Union ist eine breitere Differenzierung unvermeidbar.»[44] Mit dieser Flexibilität werden die langsamen EU-Mitglieder die schnellen nicht aufhalten. Die Flexibilität wird die europäischen Kernstaaten ermuntern, eine stärkere Integration anzustreben; und das wird die politische Vorhut für die gesamte Union sein.

Die Erweiterung wird schließlich längst überfällige Reformen des EU-Haushalts erfordern. Die Gemeinsame Agrarpolitik (CAP) ist primär ein Programm von Agrarsubventionen und Preisgarantien. Sie umfasst 50 Prozent des gesamten EU-Haushalts. Wiederholte Reformversuche sind stecken geblieben, weil sich die französischen Bauern widersetzt haben. Wegen des großen Agrarsektors in Mitteleuropa werden Reformen jetzt unvermeidbar. Die deutsche Regierung hat beispielsweise auch die Möglichkeit vorgeschlagen, jeder Regierung freizustellen, Agrarsubventionen auf nationaler Ebene zu gewähren. Die Erweiterung erfordert auch Reformen des regionalen Hilfsprogramms der EU. Die regionale Entwicklung nimmt 35 Prozent des EU-Haushalts in Anspruch; sie leidet unter bürokratischer Trägheit und politischem Stillstand. Da die neuen Beitrittsländer Wirtschaftshilfe beantragen werden, muss auch dieses Programm reformiert werden. So ist die Erweiterung vielleicht der richtige Schock, den die EU braucht, um zukünftige institutionelle Hürden überspringen zu können.

Sicherheitspolitik ist ein Thema, das Eurokritiker besonders gern aufgreifen. Und das zu Recht. Die EU-Mitglieder leisten viel im Verteidigungsbereich, sie tun dies jedoch mit nicht-militärischen Mitteln. Sie gewähren beachtliche Wirtschaftshilfe an Konfliktregionen und investieren Geld und Personal in Konfliktlösung, Demokratisierung und Staatsaufbau. Das europäische Militär hat sich primär bei friedenserhaltenden Missionen engagiert. Den meisten Mitgliedstaaten fehlen die Fähigkeiten zur Beteiligung an anspruchsvolleren Aufgaben. Das Problem ist nicht ein Mangel an Soldaten, sondern ein Mangel an Schlagkraft. Obwohl der gemeinsame EU-Verteidigungshaushalt kleiner als das Militärbudget der USA ist, hat Europa weitaus mehr Soldaten als die Vereinigten Staaten. Militärbudgets werden für Personal und Unterhalt großer Territorialarmeen ausgegeben – nicht für den Aufbau gut trainierter und ausgerüsteter Streitkräfte und deren Transport. Europa war bisher unfähig, eine bedeutende Operation selbständig durchzuführen. Es blieb vom US-Militär und dessen logistischer Infrastruktur abhängig. Wegen ihrer militärischen Schwäche wird die EU zu Recht kritisiert.

Doch die Zeiten ändern sich. Europa steht an einem Wendepunkt. Aus verschiedenen Gründen wird seine militärische Präsenz in den kommenden Jahren zunehmen.

Zunächst zimmert Europa an einer zentralisierten und verlässlichen Regierungsgewalt, eine wichtige Voraussetzung für die gemeinsame Sicherheitspolitik. Es ist leicht, die Handelspolitik zu koordinieren und die Norm von elektrischen Steckern festzulegen. Viel schwieriger ist es, seine Nationalwährung aufzugeben und eine EU-Verfassung zu diskutieren – symbolische und praktische Handlungen, die einen echten Zusammenschluss von Souveränität bedeuten und die Verschiebung von Politik, Interessen und Identität von der nationalen auf die supernationale Ebene festschreiben. Bei der Aufnahme neuer Mitglieder wird die EU wahrscheinlich ihre Autorität zunehmend zentralisieren. Die europäischen institutionellen Reformen werden größere geopolitische Ambitionen nach sich ziehen. Dies kann man sehr wohl mit der Zentralisierung von Amerikas politischen Institutionen im späten 19. Jahrhundert vergleichen.

Ein weiteres Indiz für Europas Reifungsprozess sind die verstärkten Bemühungen, eine gemeinsame Sicherheitspolitik zu schmieden und die entsprechende militärische Fähigkeit auszubilden. 1999 hat die EU die Position des Repräsentanten für Außen- und Sicherheitspolitik geschaffen, Europas obersten Außenpolitiker. Javier Solana, der ehemalige NATO-Generalsekretär, wurde zum ersten Amtsinhaber gewählt. Solana hat die Entwicklung neuer politischer und militärischer Räte beaufsichtigt, die eine gemeinsame Sicherheitspolitik entwerfen sollen. Und die EU hat sich dazu verpflichtet, bis 2003 eine schnelle Eingriffstruppe von ungefähr 60 000 Soldaten bereitzustellen, die kurzfristig einberufen und für mindestens ein Jahr im Feld unterhalten werden kann. Danach haben die Mitgliedstaaten mit der Integration ihrer Verteidigungspläne und -Haushalte begonnen, um diese Verpflichtung einhalten zu können.

Euroskeptiker weisen zu Recht darauf hin, dass die EU-Verteidigungshaushalte geschrumpft sind und neue Ausgaben erforderlich machen, sollte Europa die angestrebte Fähigkeit erwerben wollen. Doch die EU kann schon viel erreichen, wenn sie mit dem bestehenden Militärhaushalt vernünftiger umgeht. Die militärischen Fähigkeiten Europas können verbessert werden – durch Koordinierung nationaler Beschaffungsprogramme, eine vernünftige Arbeitsaufteilung für die militärischen Aufgaben und den Übergang von schlecht ausgebildeten Wehrpflichtigen zur effizienten Berufsarmee.

Wichtige Reformen wurden bereits verwirklicht: Frankreich hat die Wehrpflicht auslaufen lassen, Deutschland unterzieht die Bundeswehr einer Überprüfung und beginnt mit wichtigen Veränderungen. Neue Beschaffungsprogramme entstehen. Im Juni 2001 haben neun europäische Staaten 212 A400M Transportflugzeuge gekauft: Deutschland, Frankreich, Spanien, Großbritannien, Italien, Türkei, Belgien, Portugal und Luxemburg.[45] Das Flugzeug wird von Airbus gebaut, das zu 80 Prozent der European Aeronautic Defence & Space Company gehört, einem neuen Konsortium europäischer Rüstungsfirmen. Die EU-Staaten wollen das eigene Satellitennetz «Galileo» aufbauen und von der US-Technologie unabhängig werden.

Auch in der Diplomatie hat sich die EU zunehmend behauptet. Im März 2001 erklärte die Bush-Regierung, sie würde sich von der Annäherungspolitik der Clinton-Regierung gegenüber Nord- und Südkorea distanzieren. Die EU befürchtete negative Konsequenzen für die Region und erklärte, sie würde die Vermittlerrolle übernehmen, die die Vereinigten Staaten aufgegeben hatten. «Dies bedeutet, dass Europa sich engagieren muss», sagte der Außenminister Schwedens, das damals die EU- Präsidentschaft übernommen hatte.[46] Etwas später brachten albanische Rebellen Mazedonien an den Rand eines Krieges, als sie das Feuer auf die mazedonische Armee an der Grenze zum Kosovo eröffneten. Die Bush-Regierung hielt sich zurück. Wieder engagierte sich die EU und übernahm die diplomatische Führung. Solana und andere europäische Diplomaten spielten bei der Krisenbewältigung eine weitaus wichtigere Rolle als die amerikanischen Kollegen. Die EU hat seitdem das Kommando über die Friedensmission in Mazedonien von der NATO übernommen. Im März 2002 hat die EU mit Jugoslawien den neuen Namen «Serbien und Montenegro» ausgehandelt, um Montenegros Schritt in die Unabhängigkeit hinauszuzögern. Im Jahre 2002 hat sich die EU in Verhandlungen zwischen Israelis und Palästinensern eingeschaltet – ein Feld, auf dem amerikanische Diplomaten jahrzehntelang Prioritäten setzten. Die Europäer spielten eine wichtige Rolle, als die Belagerung der Geburtskirche von Bethlehem beendet werden konnte.

«Europa ist an der Reihe», erklärte die *Frankfurter Allgemeine Zeitung*. «Ein selbstbewussteres Europa», meinte die *New York Times* und stellte fest, dass die Europäische Union «neues Selbstvertrauen auf der Weltbühne gewonnen hat, das auf einer starken europäischen Wirtschaft und der wachsenden politischen und ökonomischen Integration beruht.»[47]

Zugegeben: Die EU kommt bei Diplomatie und Militär erst langsam voran. Doch ebenso erging es den Vereinigten Staaten, Deutschland und jeder anderen politischen Union, die durch das Zusammenwachsen zuvor separater Einheiten gebildet wurde. Staaten geben ihre Souveränität nur ungern ab. Jetzt sind die europäischen Staaten im Begriff, diesen Schritt nach vorn zu gehen.

Die EU kommt in eine neue Phase. Europa entwickelt größere geopolitische Ambitionen aufgrund der veränderten ideologischen Rolle, die die Integration in der europäischen Politik spielt. Während der letzten fünf Jahrzehnte haben Politiker das europäische Projekt und die dafür aufgebrachten Opfer vor allem aus zwei Gründen gerechtfertigt. Erstens musste Europa sich vereinen, um seiner kriegerischen Vergangenheit zu entkommen. Zum Zweiten musste sich Europa gegen die kommunistische Bedrohung zusammenschließen. Die NATO stand an der Front, doch die EU sorgte für den Aufbau der europäischen Wirtschaft und schaffte politisches Vertrauen.

Diese Rechtfertigungen für die europäische Integration zählen heute kaum noch. Die Sowjetunion ist verschwunden, und das schwache Russland bedroht Westeuropa nicht, selbst wenn es dies wollte. Seit dem Zweiten Weltkrieg sind mehr als fünf Jahrzehnte vergangen; die Flucht vor der Vergangenheit ist heute kein ernstes Thema mehr. Unabhängig von ihren historischen Kenntnissen haben junge Europäer, die weder Krieg noch Wiederaufbau kennen, keine persönliche Vergangenheit, der sie entfliehen müssen. Der politische Diskurs, der jahrzehntelang der EU Sinn und Dynamik gab, wird schnell irrelevant.

An seiner Stelle entsteht ein neuer Diskurs, der Europas Zukunft und nicht die Vergangenheit im Blick hat. Anstatt die Integration als Mittel zur Eindämmung geopolitischer Ambitionen der Nationalstaaten zu rechtfertigen, behandelt der neue Diskurs die Integration als ein Mittel, die geopolitischen Ambitionen für Europa als Ganzes zu definieren. Der französische Präsident Jacques Chirac erklärte in einer Rede im November 1999: «Die Europäische Union muss zum wichtigen Pol eines internationalen Gleichgewichts werden und die Instrumente echter Macht annehmen.»[48] Selbst die Briten, die jahrzehntelang eine starke militärische Rolle der EU ablehnten, haben ihre Meinung geändert. So sagte Premierminister Tony Blair: «Europas Bürger brauchen ein starkes und vereintes Europa. Sie brauchen es als eine Macht in der Welt. In Europa geht es heute nicht nur um Frieden. Es geht um Ausübung kollektiver Macht.»[49]

Die Integration findet somit eine neue Rechtfertigung. Paradoxerweise entsteht ein neuer pan-europäischer Nationalismus. Die europäischen Einzelstaaten mögen ihre außenpolitischen Ambitionen aufgegeben haben, auf der Ebene des kollektiven Europa kehren sie zurück.

Seltsamerweise fördert auch Amerika die europäische Rückkehr in die Geopolitik. Im Verteidigungsbereich ist Europa schlecht aufgestellt, weil es jahrzehntelang den Luxus genießen konnte, sich auf die Vereinigten Staaten verlassen zu können. Amerikas strategischer Schutzschirm für Europa garantierte den Frieden im Kalten Krieg und ermöglichte den Europäern, ihre Energie in die politische und wirtschaftliche Integration zu investieren. Die Vereinigten Staaten verschafften den Europäern die erforderliche Zeit, um die Einigung zu beschleunigen. Im Lauf der Jahre verwandelte sich jedoch die strategische Notwendigkeit in eine ungesunde Abhängigkeit. Die Europäer wurden Nutznießer der Amerikaner, die den Schutz Europas garantierten. Trotz aller Veränderungen seit 1949 und besonders seit 1989 bleibt Europa in Sicherheitsfragen von den Vereinigten Staaten abhängig.

Europa hat über lange Zeit einen guten Deal gemacht. Doch wie alle guten Deals geht auch dieser zu Ende. Die Geschäftsgrundlage des Kalten Krieges zwischen Europa und der amerikanischen Hegemonialmacht wird immer schwächer. Und das ist gut so. Der Kalte Krieg ist zu Ende, Europas Staaten leben im Frieden, und die EU blüht und gedeiht. Der US-Kongress hat Grund genug, von Europa die Übernahme größerer Verteidigungslasten zu fordern. Der Kosovo-Krieg und die Präsenz amerikanischer Friedenstruppen auf dem Balkan haben verdeutlicht, dass die Vereinigten Staaten noch immer bereit sind, den Europäern Zeit für ihren Reifungsprozess zu verschaffen. Doch Amerika hat den Kosovo-Krieg nur äußerst zögerlich geführt. Und die Bush-Regierung begegnet der Aussicht, US-Truppen auf unbegrenzte Zeit auf dem Balkan zu lassen, mit großer Skepsis. Durch neue Prioritäten wie Heimatschutz und Terrorismus wird der Balkan zunehmend unbedeutend.

Europa lässt sich am besten zur Übernahme größerer militärischer Verantwortung bewegen, wenn man es mit der Möglichkeit konfrontiert, Amerika könne sein Interesse an der Garantie für europäische Sicherheit verlieren. Es ist kein Zufall, dass Europa seine Anstrengungen zum Aufbau einer gemeinsamen Verteidigungspolitik direkt nach Ende des Kosovo-Krieges verdoppelte. Die Europäer haben zu Recht Angst davor, dass Amerika beim nächsten Krieg an der Peripherie Europas nicht mitmachen wird. Sie wissen, dass sie sich jetzt auf diese Eventualität vorbereiten müssen – oder sie werden im Stich gelassen. Mit dem Aufbau eigener militärischer Kapazitäten haben sie die richtige Entscheidung getroffen. Dieser Schritt wird ihnen mehr geopolitischen Einfluss zu Lasten der amerikanischen Dominanz verschaffen.

Der grundsätzliche Wandel der strategischen Beziehung zwischen Nordamerika und Europa steht also erst am Anfang. In den nächsten Jahren wird sich diese Entwicklung beschleunigen. Nicht nur Europas wachsende Ambitionen tragen dazu bei. Auch Amerikas Innenpolitik und ihre schizophrene Reaktion auf den Aufstieg Europas. Dies wird im Folgenden das Thema sein.

Das auferstandene Rom

Die Parallelen zwischen der heutigen Welt und dem späten Römischen Reich sind verblüffend. Wie Rom genießt Washington heute Dominanz. Doch Amerika beginnt, die Lasten der Hegemonie zu fühlen. Washington wird Zeuge, wie sich Macht und Einfluss allmählich vom imperialen Zentrum wegbewegen. Wie schon Byzanz entwickelt sich auch Europa zum unabhängigen Machtzentrum und spaltet das Einheitsreich in zwei Teile.

Noch ist unklar, ob Washington und Brüssel den gleichen Weg wie Rom und Konstantinopel gehen werden. Doch es gibt Warnsignale. Die Vereinigten Staaten werden durch den Euro unter Druck gesetzt. Europas wachsende Wirtschaftskraft und seine Spitzenunternehmen verstärken den Druck. Die geopolitischen Ambitionen der EU sind noch begrenzt, doch es gibt bereits starken Wind in den Segeln. Und obwohl Amerika Europa aufgefordert hat, mehr für seine Verteidigung zu tun, kann Washington es nicht begrüßen, wenn ein unabhängiges Europa entsteht. Vielleicht haben Amerika und Europa Wachstumsschmerzen. Vielleicht wird die Show bald zu Ende gehen. Sollte die Geschichte jedoch Recht behalten, so wird dieser Konkurrenzkampf in eine ernste Rivalität münden.

Skeptiker werden den Vergleich zwischen der westlichen Welt von heute und dem Römischen Reich im vierten Jahrhundert zurückweisen. Die Beziehung zwischen Nordamerika und Europa sei mit der Konfrontation von Rom und Byzanz nicht zu vergleichen. Natürlich haben sich im Laufe der Jahrhunderte gesellschaftliche Werte entwickelt, und politische und religiöse Konflikte zwischen liberalen Demokratien sind heute weitaus seltener als zur römischen Zeit. Amerika und Europa haben eine politische Gemeinschaft geschaffen, in der Kriege so gut wie undenkbar sind. Und Europa hat sich nach den Terroranschlägen vom 11. September hinter Amerika gestellt. Die NATO hat zum ersten Mal in ihrer Geschichte den Verteidigungsfall erklärt und den Angriff auf eines ihrer Mitglieder als Angriff gegen alle definiert. Ebenso richtig ist, dass die Europäer in absehbarer Zukunft nur bescheidene militärische Fähigkeiten haben werden. Die EU kann die Vereinigten Staaten militärisch nicht herausfordern.

Doch die Unmöglichkeit eines Krieges zwischen den USA und Europa sollte nicht den Blick verstellen auf die geopolitischen Konsequenzen, die der Aufstieg Europas und der daraus folgende Wettbewerb haben könnten. Hier werden einige mögliche Folgen dieser Entwicklung vorgestellt.

Nehmen Europas Reichtum, seine militärische Fähigkeit und gemeinsame Struktur zu, wächst auch sein Drang nach mehr Einfluss in der Welt. Amerikas Interesse an der Ausdehnung seiner Vorherrschaft basiert nicht nur auf Eigennutz, sondern auch auf emotionalen Bedürfnissen. Dies mag man Nationalismus nennen. Europas Aufstieg wird ebenfalls von der Sehnsucht nach mehr Geltung begleitet.

Einige europäische Führer haben ihren Unmut über Amerikas Macht bereits artikuliert. So klagte der französische Außenminister Hubert Védrine 1999, dass «wir eine politisch unipolare und kulturell uniforme Welt nicht akzeptieren können. Der Unilateralismus der amerikanischen Megamacht ist inakzeptabel.» Präsident Jacques Chirac stimmte zu: «Wir müssen gegen die amerikanische Hegemonie kämpfen.» Nach einem Treffen mit dem chinesischen Präsidenten Jiang Zemin sagte der russische Präsident Boris Jelzin im Dezember 1999: «Wir sind zum Ergebnis gekommen, dass der unipolare Plan nicht gut ist. Wir brauchen eine multipolare Struktur.»[50]

Diese Ressentiments wurden nach der Wahl von George W. Bush noch verstärkt. Der Inhalt und Ton seiner unilateralen Außenpolitik stieß auf Kritik. Nach Bushs Aufforderung, den Krieg gegen den Terrorismus auf den Iran, Irak und auf Nordkorea auszudehnen, opponierte Védrine offen gegen die Vereinigten Staaten, die «unilateral handeln, andere nicht konsultieren und Entscheidungen aufgrund der eigenen Weltsicht und eigener Interessen fällen». Als Gerhard Schröder gefragt wurde, wie man mit der amerikanischen Vorherrschaft umgehen sollte, meinte er: «Die Antwort ist einfach: Wir müssen Europa stärker integrieren und erweitern.» Valéry Giscard d'Estaing eröffnete den EU-Verfassungskonvent im März 2002 mit der Bemerkung, die erfolgreiche Reform der EU-Institutionen werde sicherstellen, dass «Europa seine Rolle in der Welt geändert hat. Dieses Europa wird man respektieren – nicht nur als Wirtschaftsmacht, sondern als politische Macht, die mit der größten existierenden Macht und den zukünftigen Mächten der Erde auf gleicher Ebene reden kann». Romano Prodi, der Präsident der EU-Kommission, fügte hinzu, eines der wichtigsten Ziele der EU sei es, «eine Supermacht auf dem europäischen Kontinent zu schaffen, die den Vereinigten Staaten gleichgestellt ist.»[51]

Diese Äußerungen mögen einen innenpolitischen Hintergrund haben. Doch selbst als politische Rhetorik sind sie aufschlussreich: Europäische Führer appellieren an nationalistische Instinkte und fordern ein Europa als Gegengewicht zur amerikanischen Vorherrschaft. Verbindet man nun die Logik des Realismus mit dem pan-europäischen Nationalismus, so zeigt sich, dass es selbst dann zum Kampf um Positionen und Status kommen wird, wenn es keine Interessenkonflikte zwischen Amerika und Europa geben sollte.

Doch es wird sie geben. Glücklicherweise haben die Vereinigten Staaten und Europa keine ungelösten territorialen Streitigkeiten. Sie wurden im 19. Jahrhundert durch eine Kombination aus Krieg und Diplomatie bereinigt. Der Streit wird sich um andere Dinge drehen.

Die Vereinigten Staaten und Europa gehen seit langem im Nahen Osten eigene Wege, etwa bei der Politik gegenüber dem Iran und dem Irak. Die meisten Europäer lehnten Amerikas Krieg gegen Saddam Hussein ab. Vor dem Krieg war es fast unmöglich, die Sanktionen gegenüber dem Irak einzuhalten. Europäische Firmen haben sich den Bemühungen der USA widersetzt, sie an Investitionen und Geschäften im Iran und in Libyen zu hindern. Der US-Kongress könnte auf Sanktionen gegen Europa drängen, weil europäische Firmen das Iran-Libyen-Sanktionengesetz (ILSA) von 1996 verletzt haben. Im Juli 2001 hat der Kongress den ILSA um fünf Jahre verlängert. Inzwischen hat die EU eine Verordnung erlassen, die die Einhaltung des ILSA für illegal erklärt. Der 11. September und der Krieg gegen den Terrorismus haben die politische Lage in Nahost kompliziert, wodurch der transatlantische Interessenkonflikt verschärft wird. Die Vereinigten Staaten und Europa haben auch unterschiedliche Positionen im arabisch-israelischen Friedensprozess. Die Länder der Region könnten beide Seiten gegeneinander ausspielen, wenn sich Europa als Vermittler stärker engagiert. Als die Gewalt in Israel 2001 und 2002 eskalierte, haben europäische Führer die Unterstützung der Bush-Regierung für Israels hartes Vorgehen gegen Jassir Arafat stark kritisiert.[52]

Man bedenke, wie die Debatte über das Raketenverteidigungssystem in den nächsten Jahren verlaufen könnte. Die Bush-Regierung hat ihren Willen erklärt, ein breites System von see-, land-, luft- und weltraumgestützten Abwehrraketen zu errichten. Europäer lehnen diesen Plan ab, wodurch ein strategischer Konflikt möglich wird – besonders dann, wenn sich Russland auf die Seite der EU stellt. Europa schätzt die möglichen Bedrohungen anders ein als Amerika. Ein Konflikt über diese Frage könnte Amerikas strategische Partnerschaft mit Europa gefährden. Die Beziehung könnte bald der Zwischenkriegszeit ähneln, als Amerika und die europäischen Demokratien keine Feinde, aber auch keine Alliierten waren.

Die Konkurrenz bei Handel und Finanzen wird zunehmen. Amerika und Europa haben heute eine gesunde Wirtschaftsbeziehung. Beide Seiten profitieren von starken Handels- und Investitionsflüssen. Ein durchsetzungsfähigeres Europa und eine weniger konkurrenzfähige amerikanische Wirtschaft könnten Handelsstreitigkeiten jedoch zunehmend politisieren. Als die Bush-Regierung im März 2002 neue Zölle auf importierten Stahl erhob, ging die EU in der WTO dagegen vor. Pascal Lamy, EU-Spitzenbeamter für Handelsfragen, meinte dazu: «Die Entscheidung der USA für den Protektionismus ist ein großer Rückschlag für das Welthandelssystem.»[53] Europas Einfuhrbeschränkungen für genetisch manipulierte Nahrungsmittel, ein Verbot, das US-Firmen vier Milliarden Dollar pro Jahr kosten wird, könnte zum Konflikt werden und eine neue Welthandelsrunde polarisieren. Die Einführung des Euros könnte unterschiedliche Auffassungen über das Management des internationalen Finanzsystems sichtbar werden lassen. Während der Zwischenkriegszeit kam es auf beiden Seiten zur

Geldentwertung, doch die Geldpolitik wurde nicht koordiniert. Es wurde klar, dass die Abwesenheit einer ökonomischen Vormacht finanzielles Chaos bewirken und außenpolitische Alleingänge – auch unter gleichgesinnten Alliierten – auslösen kann.

Es geht um konkurrierende Werte, nicht nur um konkurrierende Interessen. Der Atlantik trennt zwei unterschiedliche soziale Modelle. Trotz fortschreitender Deregulierung in Europa unterscheidet sich Amerikas Laisser-faire-Kapitalismus von Europas eher staatszentrierter Wirtschaft. Während Amerikaner beklagen, das europäische Modell würde das Wirtschaftswachstum behindern, schauen Europäer misstrauisch auf Amerikas ungleiche Einkommensstruktur, auf Konsumdenken und die Bereitschaft, soziales Kapital materiellem Gewinn zu opfern. Beide Seiten haben auch unterschiedliche Vorstellungen über die Staatsführung. Amerikaner halten die Verpflichtung der EU gegenüber multilateralen Institutionen und dem Völkerrecht für naiv, selbstgerecht und das Ergebnis militärischer Schwäche, während Europäer Amerikas Vertrauen auf Gewaltanwendung für simpel, egoistisch und das Ergebnis exzessiver Macht halten. Europäer empfinden zwar weiterhin eine historische Affinität zu den Vereinigten Staaten, doch sie haben sich von einer Gesellschaft entfremdet, die Waffenbesitz, Todesstrafe und Benzinfresser anhimmelt. Im Kern gehören Amerika und Europa zu zwei unterschiedlichen politischen Kulturen.

Diese Konflikte über Werte und Interessen werden die Arbeit von internationalen Organisationen erschweren. Die meisten von ihnen verlassen sich sowohl auf amerikanische Führung als auch auf europäische Unterstützung, um Konsens und gemeinsames Handeln zu ermöglichen. Die Vereinigten Staaten und Europa stimmen oft gemeinsam ab und haben in den Vereinten Nationen, im IWF, in der Weltbank und vielen anderen Organisationen oft erfolgreich zusammengearbeitet.

Widersetzt sich Europa der amerikanischen Führung, wird die Arbeit multilateraler Organisationen blockiert oder sogar paralysiert. Frühe Anzeichen von Widerstand sind bereits erkennbar. Im Mai 2001 führten die EU-Mitgliedstaaten einen Block an, der die Vereinigten

Staaten als Mitglied der UN-Menschenrechtskommission abwählte. Es war das erste Mal seit 1947, dass Washington der Kommission nicht angehörte. Angeblich wollten sich die Europäer für den amerikanischen Unilateralismus rächen und ihr Missfallen gegenüber der Todesstrafe in Amerika ausdrücken. Am gleichen Tag verloren die Vereinigten Staaten ihren Sitz im Internationalen Drogenkontrollausschuss des UN-Wirtschafts- und Sozialrates.

Trotz amerikanischer Einwände drängten die Europäer auf die Gründung des Internationalen Strafgerichtshofes. Als der ICC am 1. Juli 2002 seine Arbeit aufnahm, drohte die Bush-Regierung mit dem Rückzug der USA aus der UN-Mission in Bosnien, falls den US-Streitkräften kein Schutz gegen eine Strafverfolgung durch den Gerichtshof gewährt würde. Als sich Washington vom Kyoto-Protokoll zurückzog, hat die EU mit Japan und 150 anderen Ländern den Vertrag gegen die globale Erwärmung im Juli 2001 unterzeichnet. Dabei haben die Delegierten ihr Missfallen gegenüber der amerikanischen Gesandten Paula Dobriansky bekundet, als sie Amerikas Haltung gegen den Vertrag begründen wollte. Kurzum: In einer Welt, in der die Vereinigten Staaten und Europa nicht mehr eng zusammenarbeiten, ist das reibungslose Funktionieren von internationalen Organisationen gefährdet.

Keines dieser Szenarien könnte jemals zum bewaffneten Konflikt zwischen den Vereinigten Staaten und Europa führen. Aber zu einer dramatisch veränderten Welt, die weitaus weniger friedvoll wäre als unsere heutige Weltordnung.

Die römische Geschichte mag noch einmal die Gegenwart erhellen: Obwohl Byzanz kurzfristig zum Hauptrivalen von Rom aufstieg, war es der Aufstieg der nicht-europäischen Mächte, der letztendlich zum Fall des Römischen Reiches führte und Byzanz zum Nachfolger machte. Als die islamische Welt reich wurde und militärische Macht besaß, nahm sie dem Byzantinischen Reich das Getreide weg. Als die ottomanischen Armeen die Mauern von Konstantinopel eroberten, ging das byzantinische Zeitalter zu Ende. Bald standen die Ottomanen vor den Toren von Wien.

Der Aufstieg Asiens mag langfristig dem Westen mehr Kummer bringen als die Wiederkehr von Rivalitäten zwischen Nordamerika und Europa. Dieses Buch konzentriert sich gleichwohl auf den Aufstieg Europas. Die geopolitische Bedeutung der EU wurde bisher grob übersehen und unterschätzt. Europa – nicht Asien – wird die amerikanische Vormacht kurzfristig herausfordern. Der Aufstieg Asiens liegt noch in der Zukunft.

Doch Asiens Fortschritt ist absehbar. Zum dritten Jahrzehnt dieses neuen Jahrhunderts wird China als eine führende Weltnation die Bühne betreten. Die Vereinigten Staaten werden nicht nur einem neuen Machtpol gegenüber stehen, sondern einem erbitterten ideologischen und geopolitischen Gegner. Im Gegensatz zum Konflikt mit Europa könnten die Vereinigten Staaten in einen Konflikt geraten – über Taiwan oder die koreanische Halbinsel –, der zum Krieg führt.

Auch Japan könnte seine Wirtschaftskrise überwinden und sich als Global Player zurückmelden. Wegen der gespannten Beziehung zu China wird sich Japan wahrscheinlich an die militärische Allianz mit den Vereinigten Staaten halten. Doch selbst innerhalb Japans gibt es erste Zeichen einer Kursänderung. Junichiro Koizumi, der im April 2001 Premierminister wurde, hat sich von Anfang an mit populistischen und nationalistischen Symbolen umgeben. Er schlug Verfassungsreformen vor, die die Rolle des japanischen Militärs einschränken würden. Sein erster Außenminister Makiko Tanaka, ein Populist, ließ mehrere Treffen mit hochrangigen Besuchern platzen – auch mit dem stellvertretenden US-Außenminister Richard Armitage. Im August 2001 besuchte er das Yasukuni Kriegerdenkmal für die japanischen Helden des Zweiten Weltkrieges. Koizumi unterstützte auch die Einführung neuer Geschichtsbücher für japanische Schulen, in denen die Kriegsverbrechen des Landes übergangen werden, was Empörung in China und Südkorea auslöste.

Japan wird so schnell keinen dramatischen Kurswechsel vornehmen und sich als Gegengewicht gegen die Vereinigten Staaten positionieren. Aber am fernen Horizont lauert Asien. Durch verschiedene Krisenherde wie Nordkorea und Indonesien wird die gesamte Region Amerika und Europa vor neue strategische Herausforderungen stellen. Im Jahr 2025 werden sich Amerika und Europa vermutlich mehr mit dem Aufstieg Asiens als mit gegenseitigen Problemen befassen.

Heute jedoch entwickelt sich Europa zum einzigen wichtigen Rivalen Amerikas. Die Folgen für das globale System und die Große Strategie Amerikas können wir aber nur abschätzen, wenn wir eine andere Ursache für Veränderungen im internationalen System betrachten – Amerikas neuen Internationalismus.

Fünftes Kapitel

Die Grenzen des amerikanischen Internationalismus: Ein Rückblick

Nicht nur der Aufstieg Europas bedroht Amerikas unipolare Stellung, auch Amerikas eigene Politik und sein schwindendes Interesse, die Last zu tragen, die mit der globalen Hegemonie einhergeht. Die Annahme, der US-Internationalismus werde zukünftig schwinden und zugleich eine stärker unilaterale Ausrichtung erhalten, entspricht nicht der herrschenden Meinung – genau wie die These, Europa werde die Vereinigten Staaten herausfordern. Die meisten Beobachter glauben, dass Amerika nicht von der Weltbühne abtreten wird; Amerikas Elite und die öffentliche Meinung würden vielmehr ein multilaterales Engagement unterstützen. Nach dem 11. September waren viele überzeugt, Amerika habe seine globalen Interessen auf Dauer wieder entdeckt und wolle jetzt die Führungsrolle behalten.[1]

Das vorliegende Buch soll zeigen, dass der US-Internationalismus im Gegenteil auf dem Rückzug ist, weil Amerika keinen Hauptfeind mehr hat. Europa wird die amerikanische Dominanz attackieren, aber Europa wird nicht zum Feind, der Amerika zu mehr globalem Engagement provoziert. Der Terrorismus bleibt für Amerikaner eine Bedrohung im In- und Ausland. Doch selbst wenn die Amerikaner vereinzelt Schläge gegen Terroristen und ihre Sympathisanten unternehmen, werden sie den Schutz der Heimat verstärken und ihre internationalen Verpflichtungen verringern, um vor Bedrohungen sicher zu sein. Eine schwache Volkswirtschaft und der demographische Wandel in den Vereinigten Staaten werden die Begeisterung für den expansiven, multilateralen Internationalismus der letzten fünf Jahrzehnte dämpfen. Selbst wenn Amerika sein materielles Übergewicht langfristig behalten sollte, wird ein neuer Isolationismus und wachsender Unilateralismus die Welt verändern.

Ein Blick auf Amerikas Geschichte soll dies belegen. Seit Gründung der Vereinigten Staaten bis zu ihrem Eintritt in den Zweiten Weltkrieg 1941 haben die USA – mit kurzen Unterbrechungen – alles getan, um internationale Verwicklungen außerhalb der eigenen Hemisphäre zu vermeiden. Das globale Engagement der letzten fünfzig Jahre bedeutet eine dramatische Kurswende. Sie lässt sich durch die ernste Bedrohung von Amerikas Sicherheit erklären – durch Japan, Deutschland und die Sowjetunion. Die Gefahr von außen hat viele politische und ideologische Einwände in Schach gehalten, die zuvor jahrzehntelang Amerikas auswärtige Ambitionen gedämpft und das Desinteresse an internationaler Zusammenarbeit verstärkt hatten. Die Idee gemeinsamer Interessen förderte nun den aktiven Internationalismus, den liberalen Multilateralismus und die Bereitschaft zur Kooperation in internationalen Organisationen. Nach dem Zusammenbruch der Sowjetunion und dem Ende des innenpolitischen Konsenses im Kalten Krieg ist die weitere Unterstützung des liberalen Internationalismus nicht mehr gesichert: Wer Amerikas globales Engagement verstehen will, muss die Vergangenheit und die innenpolitischen Kräfte erkennen, die erneut auf die Große Strategie einwirken.

Seit Gründung der Union wurden Debatten über den US-Internationalismus und die Große Strategie von drei Themen beherrscht: Soll die Regierung einen realistischen oder idealistischen Kurs einschlagen? Wie können die Regionen mit ihren konkurrierenden Kulturen und Interessen in die Große Strategie eingebunden werden? Und wie kann der Einfluss der Parteien auf die Außenpolitik begrenzt werden? Die Diskussion um diese Fragen brachte eine besondere Art von Internationalismus hervor, die bis heute vorherrscht.

Der Konflikt zwischen Realismus und Idealismus bei der Definition der Großen Strategie reflektiert die konkurrierenden ideologischen Standpunkte während der Gründungsphase der USA. Beim Kampf um die Unabhängigkeit von Großbritannien war rohe Gewalt erforderlich. Nur dies konnte die Sicherheit des jungen Landes garantieren und ihm die Möglichkeit verschaffen, sich nach Westen auszudehnen. Zugleich kamen viele Einwanderer aus idealistischen Motiven nach Amerika. Ihre soziale und moralische Gesinnung übertrug sich auf die Außenpolitik. Die Idealisten bestanden auf moralischen Prinzipien als Grundlage der Machtausübung – die Staatskunst sollte vom Streben nach demokratischen Idealen durchdrungen sein. So beeinflusst noch heute die Spannung zwischen Realisten und Idealisten die Debatte über die Große Strategie.

Unterschiedliche Wirtschaftsinteressen und kulturelle Eigenheiten der amerikanischen Regionen haben seit Geburt der Union die Große Strategie beeinflusst. Die Nordstaaten wurden von den religiösen Gruppen geprägt, die dort siedelten. Sie forderten eine Außenpolitik, die mehr durch Recht und Vernunft als durch Macht definiert wurde. Der Idealismus des Nordens begünstigte einen liberalen Isolationismus, der die Verwicklung in Großmachtkonflikte und Amerikas Expansion nach Westen ablehnte. Der ländliche und merkantile Süden hingegen bevorzugte eine Realpolitik. Südstaatler hatten weniger Skrupel beim Gebrauch von Gewalt als Nordstaatler. Es ging ihnen vor allem um freien Handel. Zugleich setzte sich ein populistischer Individualismus im Süden durch; er förderte einen libertären Isolationismus und lehnte eine ehrgeizige Außenpolitik einer starken Zentralregierung ab.

Diese Vorstellungen blieben noch folgenlos, weil sich die Vereinigten Staaten in einer selbst auferlegten Isolation befanden. Doch sie legten das ideologische Fundament für Amerikas außenpolitische unilaterale Neigungen. Da die Amerikaner ihren eigenen Institutionen misstrauten, waren sie später gegenüber internationalen Institutionen besonders kritisch. Populismus mischte sich mit Idealismus und nährte eine Ideologie des amerikanischen Sonderweges. Der Glaube an die Auserwähltheit der Vereinigten Staaten schürte den Unilateralismus umso mehr und ermutigte das Land, bei der Definition des internationalen Systems eigene Wege zu gehen. Hieraus entstand Amerikas paradoxe Neigung zu isolationistischen und unilateralistischen Extrempositionen.[2]

Bei der Ausdehnung nach Westen setzten sich charakteristische regionale Interessen und Kulturen im Mittelwesten, in den Rockies und im pazifischen Westen durch. Amerika wurde politisch und geographisch immer vielschichtiger. Die Interessen der amerikanischen

Regionen haben sich seitdem dramatisch verändert. Doch regionale Interessen spielen in der US-Außenpolitik weiterhin eine wichtige Rolle. Ein liberaler und libertärer Isolationismus und ein hartnäckiger Unilateralismus gehören auch heute zu Amerikas politischer Kultur, obwohl sie mehr und mehr dem Wandel politischer und wirtschaftlicher Interessen der Regionen unterworfen sind.

Auch Parteiinteressen haben die Ausrichtung der Großen Strategie stark beeinflusst. Die *Checks and Balances*, die von den Gründungsvätern gefordert wurden, haben eine vernünftige Gewaltenteilung zwischen Volk, Einzelstaaten und Bundesregierung geschaffen. Doch hat die Dezentralisierung der Macht die Außenpolitik den Launen der Parteipolitik unterworfen. Die Diplomatie der jungen Republik hat die Außenpolitik deshalb von Parteienstreit fern gehalten, Allianzen über Parteien und Regionen hinweg geschmiedet und durch Kreativität und Kompromiss einen gesunden Mittelweg gefunden – dies charakterisiert amerikanische Außenpolitik noch heute.

Drei historische Perioden erhellen die Beziehung zwischen amerikanischer Innenpolitik und der Großen Strategie: die Gründungsepoche mit ihren Nachwirkungen, das Ende des Ersten Weltkrieges mit der Debatte um den Völkerbund und der Zweite Weltkrieg mit dem Beginn des amerikanischen Engagements in der Welt am Ende der vierziger Jahre. Die ideologischen, regionalen und parteipolitischen Debatten, die während dieser drei Perioden geführt wurden, geben Aufschluss darüber, woher der amerikanische Internationalismus kommt und welche Richtung er in Zukunft einschlagen wird.

Das Vermächtnis der Gründungsjahre

Die Männer, die Amerika in die Unabhängigkeit führten und das Land während der ersten Jahre regierten, suchten verständlicherweise nach einer neuen Beziehung zu Europa. Konkurrierende Ziele und Ideen komplizierten diese Aufgabe. Großbritannien war der Feind, doch gleichzeitig das Herkunftsland vieler Siedler. Der Handel mit Europa war wichtig, um das amerikanische Wirtschaftswachstum zu fördern.

Doch die Vereinigten Staaten mussten eine zu große gegenseitige Abhängigkeit vermeiden; sie wollten nicht in geopolitischen Konflikt mit der alten Welt geraten. So schrieb Thomas Paine, Essayist und Befürworter der amerikanischen Unabhängigkeit: «Jede Unterwerfung und Abhängigkeit von Großbritannien verwickelt diesen Kontinent in europäische Kriege und Streitigkeiten.» Beim Aufbau einer neuen Gesellschaft sollten die Amerikaner von Europa lernen und vom europäischen geistigen Erbe profitieren. Doch die Gründungsväter waren ebenso wild entschlossen, Europas soziale Übel, Religionskämpfe und politische Eifersüchteleien hinter sich zu lassen.

Doch es gelang erst nicht, sich auf Prinzipien der Außenpolitik zu einigen. Die amerikanische Führung war in Idealisten und Realisten gespalten. Paine und Thomas Jefferson gehörten zum idealistischen Lager. Sie waren überzeugt, die junge Nation solle mit der Vergangenheit brechen und eine Außenpolitik betreiben, die sich auf Recht und Vernunft und nicht auf Macht stützt. Amerikas Berufung sei Handel und nicht Krieg, sagte Paine, «und dadurch werden wir Frieden und Freundschaft mit Europa haben.»[3] Jefferson glaubte fest an den Fortschritt der Menschheit und meinte, die gesellschaftliche und politische Entwicklung werde Kriege unnötig machen. Amerika solle die Menschheit einem so wichtigen Ziel entgegenführen – «die totale Emanzipation des Handels und das Zusammenwirken aller Staaten für den freien Austausch von Glück». Jefferson hielt Krieg und Gewalt «für legitime Prinzipien des Mittelalters», doch im neuen Zeitalter von Demokratie und Recht sollten Beziehungen zwischen Staaten von «einem Code der Sittlichkeit» geprägt werden.[4]

Alexander Hamilton und John Jay gehörten zum realistischen Lager. In der Streitschrift *Federalist* (6) zeigte Hamilton wenig Verständnis für die Idee eines demokratischen oder kommerziellen Friedens. «Sind Abgeordnetenhäuser nicht ebenso häufig Gefühlen wie Wut, Ablehnung, Eifersucht, Habgier und anderen unziemlichen und gewalttätigen Neigungen ausgesetzt?», fragte er. Jay stimmte Hamiltons pessimistischem Realismus zu. Im *Federalist* (4) schrieb er, dass es nur «allzu wahr ist, ganz gleich wie beschämend dies für die menschliche Natur sein mag, dass Nationen immer dann Krieg führen werden, wenn sie

Aussicht haben, ungestraft davonzukommen.»⁵ Hamilton und Jay meinten, Amerika solle sich – wie andere Nationen auch – vom gesunden Eigeninteresse leiten lassen.

Trotz philosophischer Meinungsverschiedenheiten waren sich die Gründungsväter in einem wichtigen Punkt einig – dass die Vereinigten Staaten ihre Sicherheit besonders gut schützen können, wenn sie sich aus Europas geopolitischen Rivalitäten heraushielten. Idealisten und Realisten stimmten hierin aus mehreren Gründen überein. Zunächst meinten sie, die Vereinigten Staaten würden wegen der Entfernung von Europa eine natürliche Sicherheit genießen. In seiner Abschiedsrede sagte Präsident George Washington 1796: «Unsere distanzierte Lage erlaubt uns, einen anderen Kurs zu steuern ... Warum sollen wir die Vorteile dieser günstigen Situation vernachlässigen? Warum sollten wir unser Schicksal mit Europa verknüpfen und Frieden und Besitz durch europäische Ambitionen gefährden ...?»

Washington hatte ursprünglich beabsichtigt, Amerika nur für ein paar Jahrzehnte von Europa zu trennen, bis es wirtschaftlich und militärisch stark genug war. Doch Hamilton überzeugte den Präsidenten, die Vermeidung verfänglicher Allianzen würde auf unveränderten geopolitischen Realitäten beruhen, «einem allgemeinen politischen Prinzip», und keinem kurzfristigen Kalkül. Deshalb nannte Washington in seiner Abschiedsrede die isolationistische Strategie «Die große Verhaltensregel gegenüber ausländischen Nationen.»⁶

Die außenpolitischen Debatten der jungen Republik haben im ersten Jahrhundert des amerikanischen Engagements also einen klaren Kurs vorgegeben: Die Vereinigten Staaten sollten sich aus den europäischen Intrigen heraushalten. Trotz französischer Hilfe während des Revolutionskrieges standen die Vereinigten Staaten beim britisch-französischen Krieg 1793 abseits. Während der amerikanischen Revolution hatten sich die Vereinigten Staaten mit Frankreich verbündet, doch viele Amerikaner erklärten diese Allianz 1790 für beendet.⁷ Amerikas Unabhängigkeit und der Friedensschluss mit England machten förmliche militärische Beziehungen zu Frankreich unnötig. Obwohl die Kämpfe bis zum Sieg über Napoleon 1815 andauerten, blieben die Vereinigten Staaten gegenüber europäischen Kriegen auf Distanz.

Die Vereinigten Staaten erklärten zwar Großbritannien 1812 den Krieg, aber nur, weil Politiker und die Öffentlichkeit glaubten, die Briten würden den Außenhandel behindern und in Amerikas Einflusszone eindringen. Die Briten wollten die Seeblockade gegen Napoleon erzwingen und gerieten dabei mit amerikanischen Handelsinteressen in Konflikt. Die Amerikaner waren obendrein verärgert, weil die Briten Indianerstämme an der kanadischen Grenze aufrüsteten und Angriffe auf amerikanische Siedler unterstützten.

Während des 19. Jahrhunderts hat sich Amerika immer wieder sporadisch außerhalb der westlichen Hemisphäre engagiert. Amerikanische Truppen kämpften in Tripolis (1801–1805, 1815), Algerien (1815), Griechenland (1827), Sumatra (1832, 1838–1839), Liberia (1843), China (1843, 1854, 1856), Angola (1860), Japan (1863–1864, 1868) und Korea (1871). Dies waren jedoch nur kleine Operationen zum Schutz von US-Handelsinteressen und amerikanischen Bürgern. Um diese Einsätze zu unterstützen und die Handelsmarine zu schützen, errichteten die Vereinigten Staaten Stützpunkte im Mittelmeer, im Pazifik und in Ostindien. Diese so genannten «Geschwader» bestanden aber nur aus wenigen Schiffen, die oft getrennt segelten. Weder einzelne Kommandos noch US-Stützpunkte sollten eine dauerhafte Präsenz etablieren. Die Vereinigten Staaten wollten den Seehandel schützen und nicht die Machtbalance in Übersee bestimmen.[8]

In der westlichen Hemisphäre haben sich die Vereinigten Staaten stärker behauptet und die Europäer vor Einmischungen gewarnt. Im Bericht an den Kongress riet Präsident James Monroe den Europäern 1823, sich aus der Gründung von Republiken in Südamerika herauszuhalten. Monroe erkannte koloniale Ansprüche der Europäer zwar an, warnte sie aber davor, republikanische Tendenzen zu unterdrücken. Dies würde man als «Zeichen einer unfreundlichen Haltung gegen die Vereinigten Staaten» ansehen. Der Präsident war ebenso besorgt, dass die Dynamik der *Balance of Power* auf Nord- und Südamerika übergreifen könnte. Er warnte die europäischen Regierungen, dass die Vereinigten Staaten «Bemühungen, das europäische politische System auf einen Teil dieser Hemisphäre auszudehnen, als Gefahr für Frieden und Sicherheit in Amerika ansehen würden».[9] Und er bestätigte Amerikas distanzierte Haltung gegenüber Europa: «Wir haben uns nie in Kriege zwischen den europäischen Mächten eingemischt, und es ist nicht unsere Absicht, dies zu tun.»[10]

Auch der Bürgerkrieg von 1861 bis 1865 hat Amerikas Beziehung zu Europa kaum verändert. Großbritannien und Frankreich neigten der Konföderation zu. Ihre Textilindustrien waren von der Baumwolle des Südens abhängig und litten unter der Seeblockade der südlichen Häfen durch den Norden. Einige Briten unterstützten die Unabhängigkeit des Südens und meinten, ein geteiltes Amerika und eine unabhängige, anti-protektionistische Konföderation könnten britischen Interessen nützen. Am Ende wagten weder England noch Frankreich, sich direkt in den Krieg einzumischen, weil sie den Konflikt mit der Union fürchteten. Das britische und französische Verhalten stärkte einmal mehr die Überzeugung der siegreichen Unionspolitiker, dass sich die Vereinigten Staaten Europas strategischer Präsenz in Nordamerika widersetzen sollten.[11]

1890 war ein Wendepunkt in der amerikanischen Außenpolitik. Nachdem die USA ein Jahrhundert lang sich auf die eigene Hemisphäre konzentriert hatten, entwickelten sie nun globale Ambitionen. Jetzt reichten ihre Interessen über die unmittelbare Nachbarschaft hinaus. Die USA vergrößerten ihre Marine. Als Präsident Benjamin Harrison sein Amt 1889 antrat, stand die US-Marine an 17. Stelle der Weltrangliste. Als er 1893 aus dem Amt schied, war sie an die siebente Stelle gerückt. Die Marine hatte eine ehrgeizige Strategie: Sie baute Schlachtschiffe, die es mit den großen Flotten der Welt aufnehmen konnten. Ihre kleinen Kreuzer konnten bis dahin nur Handelsschiffe und die Küsten schützen. Zugleich bemühte sich Amerika darum, England und Spanien aus seiner Einflusssphäre zu verdrängen. Britannien wurde diplomatisch bedrängt, die spanische Flotte in einen Konflikt um Kuba hineingezogen, den die Vereinigten Staaten vom Zaun brachen. Der Sieg im spanisch-amerikanischen Krieg nährte den Drang nach mehr Expansion, sodass die Vereinigten Staaten 1898 eine Kolonialregierung in Puerto Rico, Hawaii, Guam und auf den Philippinen einsetzten.

Präsident Theodore Roosevelt, seit 1901 im Amt, erweiterte den Geltungsbereich der Monroe-Doktrin: Er gab den Vereinigten Staaten das Recht, in anderen Ländern der westlichen Hemisphäre nach Belieben zu intervenieren, um Einmischungen von außen abzuwehren. Auslöser war eine Finanzkrise in der Dominikanischen Republik im Jahre 1904. Die Europäer drohten mit Interventionen, sollten sie ihre Forderungen nicht eintreiben können. Roosevelt schickte amerikanische Agenten ins Land, die den Zolldienst übernahmen und die Rückzahlung der Obligationen sicherten. «In der westlichen Hemisphäre», meinte Roosevelt, «könnte die Einhaltung der Monroe-Doktrin die Vereinigten Staaten veranlassen, bei flagrantem Fehlverhalten oder Unfähigkeit die Autorität einer internationalen Polizeimacht anzunehmen.» In seiner Kongressrede von 1905 sagte er, die erweiterte Monroe-Doktrin böte «die einzige Möglichkeit, uns gegen einen Konflikt mit einer fremden Macht zu schützen. Sie ist daher im Interesse von Frieden und Gerechtigkeit.»[12]

Das deutlichste Zeichen für Amerikas neue Mission war vielleicht Roosevelts Entschluss, die amerikanische Flotte 1907 auf Weltreise zu schicken. Die Reise dauerte mehr als ein Jahr. Die Flotte besuchte die Häfen von Brasilien, Chile, Peru, Mexiko, Neuseeland, Australien, China, Japan, Ceylon, Ägypten, Algerien, Griechenland, Italien, Frankreich und der Türkei. Roosevelt demonstrierte dem Rest der Welt, dass Amerika auf die Weltbühne getreten war. Er ließ den Panamakanal errichten und zettelte einen panamesischen Aufstand an, als die kolumbianische Regierung ein Angebot für das Land ablehnte. Dann setzte Roosevelt amerikanische Kriegsschiffe als Zeichen an alle ein, die über den Aufstand und Amerikas Einmischung verärgert waren.

Dieser neue Internationalismus hatte verschiedene Wurzeln. Die US-Wirtschaft war während der zweiten Hälfte des 19. Jahrhunderts schnell gewachsen. Zwischen 1860 und 1900 hatte sich Amerikas Bevölkerung mehr als verdoppelt. Das Schienennetz wurde von 31 000 auf 250 000 Meilen erweitert. Die Weizenproduktion hatte sich verdreifacht, die Kohleproduktion verachtfacht, und die Ölproduktion war um 2000 Prozent gestiegen. Die Eisen- und Stahlproduktion machte Amerika zu einer der führenden Wirtschaften der Welt.[13] Auf der Suche nach neuen Märkten und mit ihren beeindruckenden Ressourcen im Rücken hatten die Vereinigten Staaten den Willen und die Mittel, eine größere Rolle in der Weltpolitik zu spielen.

So wurde ein neuer Nationalismus entfacht. Henry Cabot Lodge, der prominente Senator aus Massachusetts, forderte, Amerikaner sollten ihr Land «als eine der großen Nationen der Welt» ansehen.[14] Der Diplomat und Historiker George Kennan schrieb über diese Periode: «Viele einflussreiche Amerikaner wollten es den Kolonialreichen nachtun, unsere Fahne auf fremden Inseln wehen sehen, den Reiz ausländischer Abenteuer fühlen und sich im Glanz einer großen Imperialmacht sonnen.»[15]

Und so begann für die Vereinigten Staaten das 20. Jahrhundert mit einem neuen Internationalismus und einer neuen Großen Strategie. Bald sollte der Erste Weltkrieg diesen Ehrgeiz auf die Probe stellen.

Der Erste Weltkrieg und das Scheitern des Völkerbundes

Die erste Reaktion auf den Kriegsausbruch in Europa war eine Rückkehr zu den Prinzipien der jungen Republik. Die Vereinigten Staaten wahrten eine strenge Neutralität und bekundeten ihre Absicht, mit allen Kriegsparteien weiter Handel zu treiben. Die Öffentlichkeit hatte sich eindeutig gegen eine Kriegsbeteiligung ausgesprochen. Präsident Woodrow Wilson und seine Berater wollten ein direktes Engagement vermeiden. Doch Anfang 1917 schlug die Stimmung um, als deutsche U-Boote US-Handelsschiffe im Atlantik versenkten. Auf Wilsons Geheiß erklärte der Kongress am 6. April den Krieg. Die Vereinigten Staaten befanden sich jetzt in genau jenem Konflikt, vor dem die Gründungsväter so leidenschaftlich gewarnt hatten.

Es überrascht kaum, dass die Vereinigten Staaten ihre Zurückhaltung gegenüber der Alten Welt aufgaben. Als die deutsche Marine begann, amerikanische Schiffe zu versenken, musste Wilson die Neutralität aufgeben und in den Ersten Weltkrieg eintreten. Die politische Stimmung hatte jede andere Option ausgeschlossen. Außerdem bedrohte der Krieg die amerikanische Wirtschaft, da der transatlantische Handel zum Erliegen gekommen war.

Am interessantesten ist aber die Frage, wie für Amerika der Erste Weltkrieg zu Ende ging. Als der Sieg der Alliierten greifbar nahe war, entwarf Wilson eine Nachkriegsordnung, die dauerhaften Frieden garantieren sollte. 1918 präsentierte Wilson seine berühmten «Vierzehn Punkte» als sichtbare Abkehr von der Vergangenheit. Offene Verhandlungen sollten die Geheimdiplomatie ersetzen. Handelsbarrieren sollten abgeschafft und die Handelswege für alle Länder geöffnet werden. Die größten Länder sollten ihre Streitkräfte zur Selbstverteidigung auf ein Mindestmaß abrüsten. Es sollte das Prinzip kollektiver Sicherheit gelten und der Wille, Aggressionen gemeinsam abzuwehren. Wilson propagierte zudem das Selbstbestimmungsrecht, das den Kolonialismus und das Machtprinzip ersetzen sollte. Um diese Ideen zu verwirklichen, schlug Wilson einen Völkerbund vor, eine Art Weltversammlung, die sowohl kollektive Maßnahmen gegen Gewalt beschließen als auch ein Forum für diplomatische Konfliktlösung sein sollte.

Die anschließende Debatte im US-Senat über die Frage, ob die Vereinigten Staaten dem Völkerbund beitreten sollten, entzweite das Land über Monate. Es waren die gleichen Themen, die schon die Gründungsväter erregt hatten – Realismus oder Idealismus, die verschiedenen regionalen Interessen und die schädlichen Wirkungen des Parteienstreits auf die Außenpolitik. Der Internationalismus der 1890er Jahre kam auf den Prüfstand. Jetzt ging es um eine besonders liberale Form des Internationalismus. Wilson forderte die Amerikaner auf, sich mit anderen Völkern auf der Grundlage von Regeln und Institutionen zusammenzutun. Als der Senat Wilsons Vorschläge ablehnte, wurde deutlich, wie wenig Amerika genaue Vorstellungen über seine Weltmachtambitionen hatte.

Die Diskussion um den Völkerbund ließ die traditionelle Spannung zwischen Idealisten und Realisten wieder aufbrechen. Wilson stand in der Tradition von Thomas Jefferson und glaubte an Vernunft, Recht und sozialen Fortschritt, die in eine gerechte und friedliche

Welt führen sollten. Artikel 10, der die Unterzeichner zu gemeinsamem Kampf gegen Aggressoren verpflichtete, war für Wilson das Rückgrat des Völkerbundes – nicht wegen der rechtlichen Konsequenzen, sondern wegen der moralischen Verpflichtungen. Der Präsident akzeptierte eine großzügige Auslegung von Artikel 10. Die US-Regierung – nicht der Völkerbund – werde darüber entscheiden, wann und wo amerikanische Streitkräfte eingesetzt würden. Doch als Unterzeichner der Völkerbundakte hatten die Vereinigten Staaten eine moralische Pflicht, gegen Aggressionen vorzugehen, und diese Pflicht war wichtiger als alle rechtlichen Details. Als Warren Harding den Präsidenten während der Debatte im Senat fragte, warum die Vereinigten Staaten eine moralische Pflicht anerkennen sollten, antwortete Wilson prompt: «Aber Herr Senator, es überrascht mich, dass diese Frage überhaupt gestellt werden muss.»[16]

Wilsons Idealismus stieß auf Hamiltons Realismus. Es war verständlich, dass sich die Vereinigten Staaten in einen europäischen Krieg einmischen mussten, wenn ihre Schiffe durch deutsche U-Boote angegriffen wurden. Aber sich zur Einmischung in alle möglichen Konflikte zu verpflichten, wo und wann auch immer sie entstehen? Senator Philander Knox aus Pennsylvania befürchtete, der Völkerbund werde die Vereinigten Staaten gegen ihren Willen in ungewollte Konflikte hineinzuziehen und sie in «Jahrhunderte des Blutvergießens» stoßen. Gemäßigte Republikaner und die Gruppe der «Unversöhnlichen» attackierten Wilsons Vision und verwiesen auf die Gründungsväter. Lodge meinte, Amerika werde aufgefordert, «sich von George Washington zu entfernen ... und sich der sinistren Gestalt eines Trotski, dem Verfechter des Internationalismus, zu nähern.»[17] Die Gegner des Völkerbundes waren sich einig: «Washington würde sich im Grabe umdrehen, wenn er erführe, dass wir uns einem Völkerbund anschließen und eine Armee mit jungen Amerikanern bereithalten, um fremde Menschen in fremden Ländern zu bekämpfen – nur weil irgendeine Superinstitution dies verlangt.»[18]

Die Republikaner benutzten auch populistische und unilateralistische Argumente, um den Völkerbund zu bekämpfen. Schlimm genug, dass eine übergeordnete Bundesregierung die Freiheiten der Einzelstaaten und ihrer Bürger beschneiden wollte. Jetzt ging Wilson sogar einen Schritt weiter: Er kompromittierte die Souveränität der Vereinigten Staaten, indem er sie der Autorität einer supranationalen Institution unterwarf. So sagte der neue Präsident Harding: «Diese Republik hat nichts mit dem Völkerbund und dieser Weltregierung mit ihren Supermächten zu schaffen.»[19]

Die Republikaner versuchten, den Völkerbund als Bedrohung der amerikanischen Souveränität darzustellen. Senator Lodge meinte: «Wir werden aufgefordert, unseren Nationalismus durch einen Internationalismus zu ersetzen und diesen internationalen Staat dem reinen Amerikanismus vorzuziehen.»[20] Zuweilen nahm der Streit rassistische und religiöse Töne an. Senator James Reed aus Missouri beklagte, im Völkerbund seien mehr Schwarze als Weiße vertreten, während Senator Lawrence Sherman aus Illinois befürchtete, die Mehrheit der Katholiken werde dem Papst einen zu großen Einfluss verschaffen. Wilson verteidigte sich mit dem Hinweis, die Völkerbundakte sei ein «wahrlich amerikanisches Dokument» und «ein Vertrag des Volkes.» Doch Wilson konnte der Rhetorik von Senator Borah nur wenig entgegenhalten, der die Ablehnung des Vertrages im Senat «Amerikas zweite Unabhängigkeitserklärung» und «den größten Sieg seit der Schlacht von Appomattox im Bürgerkrieg» nannte.

Die Amerikaner lehnten zwar Wilsons liberale Ideen ab, doch sie zogen sich nicht sofort von der Weltbühne zurück. Washington spielte bei Abrüstungsverhandlungen eine führende Rolle und half bei der Planung eines neuen internationalen Währungssystems. Die Vereinigten Staaten hielten sich jedoch aus kollektiven Sicherheitsverträgen heraus und unterzeichneten nur allgemein verbindliche Verträge wie den Kellogg-Briand-Pakt von 1928, der den Krieg verurteilte und die Unterzeichner zur friedlichen Konfliktlösung verpflichtete.

Nach Beginn der weltweiten Rezession und dem Aufschwung des Militarismus in Deutschland und Japan nahmen die isolationistischen Kräfte wieder zu. 1935 entschied sich Präsident Franklin Roosevelt für die amerikanische Beteiligung am Weltgerichtshof; doch isolationistische und unilaterale Gefühle überwogen, als der Vertrag dem Senat zur Ratifizierung vorgelegt wurde. Ein Kongressausschuss über den

Ersten Weltkrieg kam zum Ergebnis, Amerikas Einmischung sei unge-
rechtfertigt gewesen. Rüstungsindustrie und Bankiers hätten das Land
in den Krieg gestürzt. Der Kongress erließ eine Reihe von Neutralitäts-
gesetzen, die den Handel mit Kriegsparteien untersagte. Die Vereinigten Staaten sollten nicht wieder in Großmachtkonflikte hineingezogen werden. Während der zweiten Hälfte der dreißiger Jahre hatte
Amerika sich in eine bequeme Ecke zurückgezogen, um in trügeri-
scher Ruhe zuzuschauen, wie die Welt langsam aber sicher in den
Krieg schlitterte.[21]

Der Zweite Weltkrieg und der Beginn
von Amerikas globaler Mission

Am 26. Juni 1945 hielt Präsident Harry Truman seine Abschlussrede
vor erschöpften Delegierten, die gerade die Charta der Vereinten Nationen erarbeitet hatten. «Mit dieser Charta haben Sie das Ideal des
großen Staatsmannes Woodrow Wilson verwirklicht», erklärte Truman im Opernhaus von San Francisco. «Hätten wir diese Charta schon
vor einigen Jahren gehabt, würden Millionen Menschen heute noch
leben.» Am 28. Juli versammelte sich der Senat in Washington, um die
Charta der Vereinten Nationen zu ratifizieren. Mit einer Mehrheit von
89 zu 2 Stimmen wurde Amerika Mitglied der Vereinten Nationen.

1920 hatte der Senat das Prinzip der kollektiven Sicherheit noch
abgelehnt, 1945 ratifizierte er widerspruchslos einen Vertrag, der die
Vereinigten Staaten in die kollektive Sicherheit und ein multilaterales
Engagement einbinden würde. Diese Kehrtwende war kein Zufall.

Franklin Roosevelt hatte den neuen Kurs jahrelang klug und umsichtig vorbereitet. Wilsons Völkerbunddebakel war ihm eine Lehre.
Auf dem Höhepunkt des Zweiten Weltkrieges hatte Roosevelt erkannt,
dass er Realismus und Idealismus in eine Balance bringen musste. Er
wollte einen stabilen Internationalismus fördern und verhindern,
dass die Vereinigten Staaten sich jemals wieder vom globalen Engagement verabschieden würden. 1941 schrieb Roosevelt, es sei «nicht emp-
fehlenswert, wieder einen Völkerbund entstehen zu lassen, der auf-

grund seiner Größe Meinungsverschiedenheiten und Untätigkeit fördert».[22] Anstatt wie Wilson hehre Ziele zu verfolgen, um dann mit leeren Händen dazustehen, zielte er auf ein zwar weniger ehrgeiziges, aber umso effektiveres System der Friedenserhaltung.

Obwohl die Vereinigten Staaten erst nach Pearl Harbor in den Krieg eintraten, hatte Roosevelt die Alliierten schon vor Ende des Jahres 1941 massiv unterstützt. Im November 1939 wurde das Embargo gegen die Kriegsparteien aufgegeben, sodass Frankreich und Großbritannien in den USA Waffen kaufen konnten. Ein Jahr später durfte Großbritannien alte US-Zerstörer übernehmen. Als Gegenleistung erhielten die USA Zugang zu britischen Basen im Westatlantik. Dann, im Frühjahr 1941, begannen amerikanische und britische Beamte, gemeinsame Kriegspläne zu erarbeiten. FDR befahl der US-Marine, deutsche Schiffe aufzuspüren und ihre Position den Briten zu melden.[23]

Noch vor Eintritt in den Zweiten Weltkrieg hatten die Vereinigten Staaten damit begonnen, eine Nachkriegsordnung zu entwerfen. In Washington wollte man die schweren Fehler der dreißiger Jahre vermeiden. Wie Truman in seiner Schlussrede in San Francisco sagte, glaubten amerikanische Politiker daran, dass der Krieg hätte vermieden werden können, wenn die Demokratien sich gemeinsam der deutschen und japanischen Expansion widersetzt hätten. Anstatt Wilson zu folgen und eine Wiederholung der dreißiger Jahre zu riskieren, wollten die Vereinigten Staaten nun rechtzeitig mit der Nachkriegsplanung beginnen und praktikable Mechanismen für kollektives Handeln schaffen.

Im August 1941 reiste Roosevelt nach Neufundland zum Treffen mit dem britischen Premier Winston Churchill. Nicht nur die Kriegsführung, sondern auch Pläne für eine mögliche Nachkriegsordnung standen zur Debatte. Churchill überreichte Roosevelt eine Erklärung, mit der sich beide Länder verpflichteten, «einen Frieden zu suchen, der ... mit wirksamen internationalen Organisationen allen Staaten und Völkern ermöglicht, in Sicherheit zu leben.» Roosevelt strich sofort den Passus «wirksame internationale Organisationen». Er forderte die Abrüstung von Aggressoren mit unverbindlichem Bezug auf «ein größeres und dauerhaftes System allgemeiner Sicherheit.»[24] Roosevelt fürchtete das Minenfeld der amerikanischen Politik und wollte einen Text vermeiden, der zu Hause «verdächtig» erschien.[25]

Im engsten Kreis um Roosevelt war man sich einig, dass der Frieden eine neue internationale Organisation erforderte. Amerika müsse darin eine führende Rolle spielen. Hier gingen die Meinungen jedoch auseinander. Man stritt vor allem um die Pflichten der Mitglieder gegenüber kollektiven Entscheidungen, die Frage nach der Eindämmung von Aggressionen und die Entscheidung darüber, wer die Truppen stellen sollte. Da waren die eingeschworenen Wilsonianer, die sich den Ideen kollektiver Sicherheit und einer multinationalen Streitmacht verpflichtet fühlten. Vizepräsident Henry Wallace gehörte zu den klaren Befürwortern der Vereinten Nationen. Er nannte diese Vision eine «zweite Chance, die Welt für die Demokratie zu sichern.»[26] Sollten Wirtschaftssanktionen einen Aggressorstaat nicht zum Einlenken bewegen, so müsse eine multinationale Luftflotte im Auftrag der Vereinten Nationen «das Land gnadenlos bombardieren.»[27]

Auf der anderen Seite saßen die Skeptiker – unter ihnen auch Roosevelt. Sie hielten den Plan für nicht praktikabel und politisch opportun. Obwohl sich Roosevelt für den Völkerbund stark gemacht hatte, fand er die Einwände von Lodge vernünftig und gab 1919 zu: «Ich habe den Entwurf für den Völkerbund dreimal gelesen und finde immer etwas, das mir nicht gefällt.»[28] Roosevelt neigte zu einer verwässerten Form kollektiver Sicherheit auf Grundlage einer Kooperation zwischen den führenden Nationen. Idealismus und Multilateralismus hätten zwar ihren Platz in der US-Außenpolitik, doch sie müssten durch eine starke Dosis Realismus und Respekt vor nationaler Autonomie gedämpft werden.

Um die Beteiligung der Vereinigten Staaten zu sichern, hat Roosevelt Vorsicht und Pragmatismus nicht nur bei der Planung einer neuen Nachkriegsordnung angewendet, sondern auch beim Umgang mit innenpolitischen Gegnern. Während Wilson die Debatte über den Völkerbund stets dominierte und sich wenig um die Befürworter der Ratifizierung kümmerte, ging FDR einen anderen Weg: Er entwarf schon früh eine politische Strategie für eine überparteiliche Mehrheit für die UNO. Wie Wilson zögerte Roosevelt mit dem Beginn einer öffentlichen Debatte. Doch während Wilson stur war und sich vor allem um seinen Ruhm sorgte, setzte FDR seine Strategie um: Form und Funktion der UNO wurden nur allgemein umrissen und umstrittene Themen vermieden – z.B. die Beteiligung der Vereinigten Staaten an Militäreinsätzen.

Von Ende 1943 bis zum Kriegsende arbeitete die Regierung doppelgleisig: Sie entwarf genaue Pläne für die UNO, zugleich wurde ein starker überparteilicher Konsens geschaffen. Während Wilson die Republikaner und den Senat verprellte, tat Roosevelt das Gegenteil: er kam ihnen entgegen.

Die Regierung ging besonders vorsichtig mit dem Kongress um. Bis 1943 brachte Roosevelt die Nachkriegsordnung im Kongress mit keinem Wort zur Sprache. Im Repräsentantenhaus und Senat wurden die Resolutionen akribisch geprüft und enthielten keine Passagen, die Streit zwischen den Parteien auszulösen drohten. Der dem Repräsentantenhaus vorliegende Text, der 1943 mit 360 zu 29 Stimmen angenommen wurde, forderte «die Schaffung einer angemessenen internationalen Maschinerie mit der Kompetenz, einen langfristigen Frieden unter den Staaten der Welt zu schaffen und aufrechtzuerhalten, wobei sich die Vereinigten Staaten durch ihren verfassungsgemäßen Prozess daran beteiligen.» Durch die «Verfassungsmäßigkeit» wollten die Förderer der Resolution Einwände der Unilateralisten und aller anderen entschärfen, die sich um die US-Souveränität und Autonomie sorgten.

Das Bemühen um einen überparteilichen Konsens konnte jedoch die überzeugten Isolationisten und Unilateralisten nicht beeindrucken. Sie befürchteten noch immer, die Vereinigten Staaten würden ihren Willen einem «gottlosen und seelenlosen internationalen Frankenstein» unterwerfen.[29] Doch schließlich gelang es, die Debatte um Amerikas Rolle in der Welt vom Parteienzank fern zu halten. Der Republikaner und Internationalist John Foster Dulles, der bald Präsident Eisenhowers Außenminister wurde, bedauerte 1944 zwar Roosevelts Wahlsieg. Seinem Bruder Allen bekundete er jedoch seine Genugtuung, dass «wir es geschafft haben, die Weltorganisation aus dem Wahlkampf herauszuhalten. Damit haben wir einen wichtigen Präzedenzfall geschaffen.»[30]

FDR stellte einen überparteilichen Konsens her, der dem Land ein halbes Jahrhundert einen guten Dienst erweisen sollte. Sein Internationalismus wurde zur politischen Grundlage nicht nur von Amerikas Kampf gegen den Faschismus und für den Beitritt zur UNO. Er war auch in den langen und schwierigen Jahren des Kalten Krieges von großem Nutzen. Roosevelt konnte die Amerikaner vom Sinn des globalen Engagements überzeugen. Sein liberaler und multilateraler Internationalismus wurde von der Mehrheit getragen. Nach dem begeisterten Beitritt zur UNO begannen die Vereinigten Staaten, ein dichtes Netz politischer und wirtschaftlicher Institutionen aufzubauen. Amerika hatte seine isolationistischen Wurzeln und die Abneigung gegen institutionelle Verstrickungen überwunden. Es wäre jedoch verfrüht anzunehmen, Roosevelt habe einen permanenten Kurswechsel bewirkt und den Isolationismus und Unilateralismus für immer besiegt.

Während der dreißiger Jahre sahen die Vereinigten Staaten lediglich untätig zu, wie die Regime in Deutschland und Japan wieder aufrüsteten. Auch den Kriegsbeginn in Europa betrachtete Amerika mit Zurückhaltung. Erst nach dem Überfall auf Pearl Harbor trat es in den Krieg ein. Der Krieg diente dann als idealer Hintergrund für Roosevelts Streben nach einem neuen Internationalismus. Er gab dem Präsidenten einen Anlass, die Achsenmächte aktiv zu bekämpfen und nach dem Krieg eine Friedensordnung zu schaffen. Wäre Amerika durch die deutsche und japanische Expansion nicht bedroht worden, die USA hätten sich aus ihrer bequemen Nische niemals herausbewegt.

Dennoch ist nicht sicher, ob der internationalistische Elan überlebt hätte, wenn es nicht auch die neue Bedrohung durch die Sowjetunion gegeben hätte. Kurz nach dem Krieg gab es Anzeichen für einen Rückzug. Zwei Jahre nach Kriegsende waren die Verteidigungsausgaben von 81 auf 13 Milliarden Dollar gesunken. Die Truppenstärke hatte sich von 12,1 auf 1,6 Millionen verringert. Als Präsident Truman Wiederaufbauhilfen für die Alliierten beantragte, stieß er im Kongress auf Widerstand. Und als sich herausstellte, dass die Sowjetunion Amerikas neuer Feind wurde, musste die Regierung die Öffentlichkeit mit aller Macht für die Eindämmung des Kommunismus mobilisieren.

Truman stellte im März 1947 die sowjetische Bedrohung bewusst übertrieben dar, um die öffentliche Meinung zu gewinnen. Er selbst hielt diese Überzeugungsarbeit für «den schwierigsten Verkaufsjob, auf den sich ein Präsident je eingelassen hat». Der Historiker John Gaddis nannte die Truman-Doktrin «eine Art Schocktherapie: Es war der letzte Versuch der Regierung, den Kongress und das amerikanische Volk davon zu überzeugen, eine Führungsrolle in der Welt zu akzeptieren.»[31]

Truman hatte Erfolg. Mehr noch: Ein heftiger Antikommunismus erfasste das Land. Senator Joseph McCarthy ging gegen «unamerikanische» Aktivitäten vor. Doch mit diesen Exzessen, mit wachsendem Widerstand der Sowjets, dem Erfolg der Kommunisten in China 1949 und Moskaus Atomwaffentest im selben Jahr schuf Trumans Initiative einen dauerhaften innenpolitischen Konsens über Amerikas globales Engagement.

Der Vietnamkrieg hat diesen Konsens zerstört. Damals begann die amerikanische Öffentlichkeit, das globale Engagement zu kritisieren. 1964 stimmten nur 18 Prozent der Amerikaner dem Satz zu, dass «sich die Vereinigten Staaten international mehr um ihre eigenen Angelegenheiten kümmern sollten.» 1974 waren es bereits 41 Prozent.[32] In diesem ungewissen politischen Klima entschloss sich Präsident Richard Nixon zur Entspannung mit der Sowjetunion und zur Aufnahme diplomatischer Beziehungen zu China. Nixon formulierte seine eigene Doktrin: Die Last des amerikanischen Auslandsengagements sollte reduziert und die Alliierten ermutigt werden, sich bei regionalen Konflikten mehr auf ihre eigene Kraft zu verlassen.[33] Als der innenpolitische Widerstand gegen den Vietnamkrieg eine flexiblere Diplomatie ermöglichte, blieben Amerikas internationalistische Fundamente dennoch in Fahrt. Der Ost-West-Konflikt, der sowjetische Einmarsch in Afghanistan im Jahre 1979 und die Eindämmung des Kommunismus hielten die Amerikaner wachsam und engagiert.

Heute ist der Kalte Krieg vorbei, die Sowjetunion verschwunden, und der Kommunismus liegt in den letzten Zügen. Jetzt muss Amerika einen neuen Internationalismus schaffen, der in die neue Welt passt. Nach dem 11. September haben viele die Angriffe auf New York und Washington das «Pearl Harbor des 21. Jahrhunderts» genannt. Der

Krieg gegen den Terrorismus sei das neue Fundament für den amerikanischen Internationalismus.

Der Kampf gegen den Terrorismus ist lang und schwierig. Vieles geschieht unter Ausschluss der Öffentlichkeit. Obwohl die militärische Komponente des Kampfes – der sichtbare Teil – in Afghanistan erfolgreich war, ist direkte Anwendung von Gewalt nicht immer sinnvoll. Der Erfolg lässt sich also schwer messen. Bald könnte der Patriotismus in Gleichgültigkeit umschlagen. Fühlt sich Amerika dann zum Handeln verpflichtet, wird es dies allein tun und die internationalen Institutionen, die es nach dem Zweiten Weltkrieg mit aufgebaut hat, ignorieren. Viel schärfer als je zuvor bewacht Amerika seine eigenen Grenzen, Küsten und öffentlichen Räume. Sollten sich Angriffe auf amerikanische Ziele im Ausland und in den USA wiederholen, könnten Stimmen lauter werden, die den amerikanischen Rückzug fordern. Dann wird die Frage der Gründungsväter wieder aktuell: Warum sollte sich Amerika in fremden Ländern engagieren, wenn es dadurch am Ende selbst Schaden nimmt?

Amerikas Schwierigkeiten bereiten dem Land Sorgen. In der Regel haben sich die USA aus vielem herausgehalten. Nur bei ernsten Bedrohungen seiner Sicherheit hat Amerika den Rat der Gründungsväter missachtet und sich in das Gleichgewicht der Mächte außerhalb seiner Nachbarschaft eingemischt. Es gibt zwei Ausnahmen: die späten 1890er Jahre, als die Vereinigten Staaten mit dem Imperialismus kokettierten, und die 1990er Jahre, als die Dynamik und das Ende des Kalten Krieges und Amerikas Vorherrschaft die Vereinigten Staaten sozusagen automatisch global engagiert hielten. Nun wird Amerika mit dem internationalen Terrorismus konfrontiert. Doch diese Bedrohung ist schwer fassbar und sporadisch – sie könnte also langfristig dazu führen, dass der liberale Internationalismus eher geschwächt als gestärkt wird. In dieser Hinsicht verheißt Amerikas Vergangenheit nichts Gutes für seine Zukunft.

Sechstes Kapitel

Die Grenzen des amerikanischen Internationalismus: Ein Blick nach vorn

Amerikas Verständnis der eigenen globalen Rolle wird immer ambivalenter. Das hat Vorteile. Wenn es heute keine Großmachtrivalitäten mehr gibt, so liegt dies nicht nur an Amerikas Macht, sondern auch an seinem politischen Charakter. Die Vereinigten Staaten sind mächtig genug, um beliebigen Zwang ausüben und andere ausbeuten zu können. Doch Amerika gebraucht seine Macht mit vergleichsweise guten Absichten. Andere Länder greifen nicht zu den Waffen, um sich Amerikas Vorherrschaft zu entziehen. Selbst Mexiko, das sich lange dem Nachbarn im Norden widersetzt hat, ändert seinen Kurs und versucht eifrig, seine Wirtschaft und Identität an die Vereinigten Staaten zu binden. Präsident Fox möchte, dass Mexiko und die USA «echte Freunde werden, echte Partner und Nachbarn».[1]

Es nützt allen, dass die einzige Supermacht vergleichsweise moderat handelt. Doch es gibt einen Nachteil: Wenn kulturelle und politische Gründe das Interesse der Amerikaner am Internationalismus begrenzen, dann führt dies zu einer gemäßigten Außenpolitik. Sollte Amerikas Drang nach internationalem Engagement aber noch mehr schwinden, könnte die US-Außenpolitik vollends an Bedeutung verlieren. Heute ist Amerika mehr zögernder Sheriff als hungrige Hegemonialmacht.[2] Wenn die USA keine Lust mehr haben, den Sheriff zu spielen, wird niemand sonst die Truppe zusammenhalten.

Man betrachte das letzte Jahrzehnt. Im Sommer 1990 marschierte Saddam Husseins Armee nach Kuwait ein. Washington schickte 700 000 Soldaten – einschließlich 540 000 Amerikanern –, warf die Iraker aus Kuwait hinaus und verbrachte den Rest des Jahrzehnts damit, das irakische Regime klein zu halten. Das Gleiche gilt für den Balkan.

Slobodan Milosevic richtete sein Interesse auf Bosnien und das Kosovo. Eine Koalition unter amerikanischer Führung beendete das Blutvergießen und verjagte die serbischen Truppen aus dem Kosovo. Washington unterstützte Serbiens demokratische Opposition, die schließlich Milosevic zu Fall brachte. Er wurde verhaftet und dem Kriegsverbrechertribunal in Den Haag überstellt. Amerikanische Streitkräfte blieben in der Region, um den unsicheren Frieden zu beaufsichtigen. Ebenso schnell hat Washington auf die Terrorattacken des 11. September reagiert. Innerhalb von Tagen waren Tausende von US-Truppen, Hunderte von Flugzeugen und Dutzende von Kriegsschiffen auf dem Weg in den Nahen Osten.

Doch die US-Aktionen waren klar begrenzt. Saddam Hussein und sein Regime konnten der militärischen Niederlage entkommen, weil Bush senior das Risiko der Besetzung Bagdads nicht eingehen wollte. Obwohl die Ölversorgung auf dem Spiel stand, hatte der Senat die Kriegsresolution gegen den Irak nur mit knapper Mehrheit (von 52 zu 42 Stimmen) angenommen. Als Generalstabschef trat Colin Powell damals gegen eine Irak-Invasion ein.[3] Auch Bill Clinton hatte Bedenken gegen den Einsatz von Bodentruppen in Jugoslawien. Er bezweifelte, dass das Risiko von US-Opfern die Sache wert war. Selbst als Clinton versprach, keine Bodentruppen einzusetzen, war das US-Repräsentantenhaus vom Sinn des Krieges keinesfalls überzeugt.

Amerikas Reaktion auf die Terroranschläge war nicht so zögerlich. Der Kongress und das amerikanische Volk unterstützten die militärischen Vergeltungsmaßnahmen ohne Einschränkung. Doch die Umstände waren besondere. Die USA selbst waren angegriffen worden – kein Ölproduzent am Persischen Golf und keine bedrohte Minderheit auf dem Balkan. Die neuen Aufgaben im Krieg gegen den Terrorismus werden jedenfalls Amerikas Willen schwächen, Soldaten auf Missionen wie in der Vergangenheit zu schicken.

Sollte sich Amerikas Außenpolitik nach innen wenden, werden sich die Vereinigten Staaten bald von der Weltbühne verabschieden, noch bevor andere das Vakuum besetzen können. Wenn keiner die Stellung hält, wird auf Bedrohungen wie auf dem Balkan und im Nahen Osten demnächst nicht mehr reagiert. Hätten die USA Saddam

Hussein in den frühen neunziger Jahren nicht in Schach gehalten, würde der Irak heute vielleicht auch Saudi-Arabien und die großen Öl- felder kontrollieren. Und auf dem Balkan würde vielleicht noch Chaos herrschen. NATO und EU würden schwer darunter leiden.

Diese Zukunftsvision ist kein Fantasiegebilde. Es ist die Welt, auf die wir uns wahrscheinlich zubewegen. Das Ende von Amerikas unipola- rer Stellung könnte sogar von Amerika selbst ausgehen. Historisch hat das Land immer gezögert, sich international zu engagieren. Ein paar Grundannahmen über die Determinanten der Großen Strategie lassen vermuten, dass Amerikas Bereitschaft, globale Verantwortung zu übernehmen, in den nächsten Jahren geringer wird.

Vor dem Urteil darüber, wie die Innenpolitik Amerikas außenpoli- tisches Verhalten bestimmt, steht die Frage, was Außenpolitik generell antreibt. Hier muss zwischen saturierten und aufstrebenden Mächten unterschieden werden. Saturierte Staaten haben die Spitze der Hack- ordnung erreicht. Sie sind mit ihrem Schicksal in Einklang und wol- len den Status quo erhalten. Aufstrebende Mächte sind ehrgeizig; sie hadern mit ihrem Schicksal und kämpfen um Anerkennung und Ein- fluss. Den Status quo würden sie am liebsten abschaffen. Saturierte Staaten engagieren sich außenpolitisch nur, wenn sie müssen – nicht schon dann, wenn sie können. Sie werden durch Bedürfnisse angetrie- ben, nicht durch Chancen. Aufstrebende Staaten engagieren sich im Ausland, wenn sie es können und nicht erst dann, wenn sie es müssen. Gelegenheiten und nicht Bedürfnisse treiben sie an.

Die Vereinigten Staaten sind saturiert. Sie haben das gegenwärtige internationale System mit aufgebaut. Dieses System schützt und ver- breitet amerikanische Interessen und Werte. Amerika tut gut daran, den Status quo zu erhalten und Bedrohungen der Heimat zu bekämp- fen. Doch Amerika braucht keine neuen Verpflichtungen. Im Gegen- teil: Es sollte sich von einigen Lasten des Kalten Krieges befreien.

Aus dieser Perspektive boten die neunziger Jahre eine Überra- schung. Der Kalte Krieg ging zu Ende, als Russland seine Satelliten in Osteuropa aufgab. Die Sowjetunion brach auseinander, und Russland selbst erlebte seinen Verfall. Das Hauptmotiv für Amerikas internationales Engagement war verschwunden. Dennoch standen die Vereinigten Staaten zu den Verpflichtungen, die sie im Kalten Krieg eingegangen waren. Und erweiterten sie obendrein.

Die NATO hat drei neue Mitglieder aufgenommen und bereitet die Aufnahme weiterer Staaten vor. Nach dem Kosovo-Krieg geriet ein Großteil des ehemaligen Jugoslawien in den Einflussbereich der NATO. Amerikas strategische Verpflichtungen sind somit seit 1990 in Europa größer geworden. In Ostasien haben die Vereinigten Staaten ihre Allianz mit Japan und den Zugang zu den Stützpunkten in Südostasien ausgebaut. In Lateinamerika wurden die USA in den Konflikt zwischen der kolumbianischen Regierung und den Drogenkartells hineingezogen. All dies geschah, bevor das Land nach dem 11. September sich der Außenpolitik widmete. Eine saturierte Macht verhält sich anders: Gemäß der Logik geopolitischer Interessen müsste sie ihre Verpflichtungen eher einschränken.

Das vergangene Jahrzehnt war indes kein Indikator für die zukünftige Richtung der US-Politik. Der Kalte Krieg ist vorbei, doch amerikanische Beamte und Politiker handeln immer noch nach überholten Maximen. Die meisten heutigen Führer der amerikanischen Außenpolitik haben ihre Erfahrungen im Kalten Krieg gesammelt: Im Kongress sind es Lee Hamilton, Joseph Biden und (bis 2002) Jesse Helms; in der ersten Bush-Regierung gehörten James Baker, Brent Scowcroft und Richard Cheney dazu; unter Clinton waren es Warren Christopher, Les Aspin und Anthony Lake; und unter George W. Bush heißen sie Richard Cheney, Donald Rumsfeld und Paul Wolfowitz. Erst haben diese Leute im Kampf gegen die Sowjetunion Karriere gemacht, dann entwickelten sie die Idee einer expansiven amerikanischen Weltrolle.

Das letzte Jahrzehnt ist auch in anderer Hinsicht eine Ausnahme: In den neunziger Jahren erlebte Amerika einen beispiellosen Konjunkturaufschwung. Angesichts von satten Haushaltsüberschüssen dachten Demokraten und Republikaner nicht daran, den Militärhaushalt zu verringern. In Zeiten des Überflusses war es nicht opportun, seine Kräfte zu bündeln. Das Land schwamm im Geld und fühlte sich wohl dabei. In dieser Atmosphäre konnte eine aktive, expansive und teure Außenpolitik gut gedeihen.

Schließlich waren die neunziger Jahre aus einem letzten Grund bemerkenswert: Amerikanische Truppen waren überall im Einsatz, aber sie erlitten nur wenig Verluste. Eine halbe Million Amerikaner nahmen am Golfkrieg teil. Zum Glück starben nur 147. Während der Clinton-Regierung kämpften amerikanische Soldaten im Nahen Osten, in Afrika, auf dem Balkan und in Haiti. Als 18 Soldaten in Somalia starben, zog Clinton die US-Truppen sofort zurück. Ansonsten kämpften die Amerikaner überall, ohne auch nur einen einzigen Soldaten zu verlieren: ein Beweis für die Qualität und Überlegenheit des amerikanischen Militärs – und ein trügerisches Zeichen für Amerikas Stehvermögen.

Die günstigen Bedingungen, unter denen Amerika in den neunziger Jahren so aktiv sein konnte, waren nicht von Dauer. Die Zusammensetzung des Kongresses veränderte sich. Mehr als die Hälfte der heutigen Senatoren und mehr als 60 Prozent der heutigen Abgeordneten kamen nach 1992 in den Kongress. Amerikaner, die nach dem Fall der Mauer aufs College gingen, sind schon heute in einflussreichen Positionen. Ihnen fehlt das historische Bewusstsein. München, Pearl Harbor, der Wiederaufbau Europas, der Eiserne Vorhang sind ihnen fremd – doch sie bildeten das geistige und politische Fundament des US-Internationalismus. So schreibt Karl Mannheim in seinem klassischen Essay über die politischen Wirkungen des Generationenwechsels: «Frühe Eindrücke verschmelzen oft zum ‹natürlichen Weltblick›, der bestimmte Wahrnehmungen im Laufe ihres Lebens verfestigt.»[4]

Umfragen haben ergeben, dass Haltungen zu sozialen und kulturellen Fragen stark vom Alter beeinflusst werden, die Haltung zur Außenpolitik davon aber unberührt bleibt.[5] Die meisten dieser Daten stammen aus dem Kalten Krieg, als man davon ausging, dass der Ost-West-Konflikt generationenübergreifend wirkte. Das Ende des Kalten Krieges gab den jüngeren Amerikanern eine andere Perspektive. Aus Meinungsumfragen ging hervor, dass sich Amerikaner zwischen 18 und 29 weniger für internationale Fragen interessieren als die ältere Generation.[6]

Das schwindende Interesse für den Internationalismus lässt sich nicht nur mit dem Verlust eines Feindbildes erklären. Junge Amerikaner interessieren sich immer weniger für Geschichte. An keiner der 55 Spitzenuniversitäten der USA sind Studenten verpflichtet, ein Seminar über amerikanische Geschichte zu belegen. Drei Viertel der Hochschulen verlangten überhaupt keine Geschichtskurse. Unter den höheren Semestern kannten nur 35 Prozent den Namen des US-Präsidenten, der während des Koreakrieges amtierte, und nur 40 Prozent wussten, dass die Ardennenoffensive zum Zweiten Weltkrieg gehört. In landesweiten Tests zeigten auch Schüler der High Schools katastrophale Geschichtskenntnisse.[7]

Die jüngere Generation ist kaum isolationistisch eingestellt. Sie hat mehr Möglichkeiten zu reisen als die Älteren, und viele junge Leute nehmen aktiv an der globalisierten Wirtschaft Anteil. Doch wer kosmopolitisch und weltgewandt ist, wird nicht unbedingt zum Internationalisten. Erst durch die Herausforderung Deutschlands und Japans und den Kampf gegen den Sowjetkommunismus wurde Amerikas Elite zur Jahrhundertmitte leidenschaftlich internationalistisch geprägt. Die akademische Schicht dieser Generation hat durchweg in den Streitkräften gedient. Das ist heute anders. Auch die Anschläge vom 11. September werden die neue Generation kaum dazu bewegen, einem Internationalismus zu folgen, der sich mit dem Zweiten Weltkrieg oder dem Kalten Krieg vergleichen ließe. Amerikaner, die in den neunziger Jahren sozialisiert wurden, kennen die Angst vor Terrorismus, aber Geopolitik ist ihnen fremd. Und vielen wird dieses Wissen im Geschichtsunterricht nicht mehr vermittelt. Während diese Generation zunehmend die öffentliche Meinung bestimmt, wird der Internationalismus der neunziger Jahre langsam verschwinden.

Der große Wirtschaftsaufschwung der Neunziger ging ebenfalls zu Ende. Die amerikanische Unterstützung für den Freihandel war verhalten genug, jetzt wird sie noch schwächer. George W. Bush hat im Juli 2002 vom Repräsentantenhaus die Genehmigung für Fast-Track-Verhandlungen erhalten. Doch die Mehrheit war knapp, und vorher musste er Schutzmaßnahmen für die Textilindustrie genehmigen. Die Sparsamkeit wird bald auch den Verteidigungshaushalt erreichen, was Stimmen im Kongress laut werden lässt, die mehr Lastenausgleich und mehr Verteidigungsausgaben der regionalen Partner fordern.

Nach den Terroranschlägen vom September 2001 brauchte der Kongress nur wenige Tage, um 40 Milliarden Dollar Nothilfe zu bewilligen. Ein Großteil davon ging ans Militär. Doch dies war eine Ausnahmesituation. Wenn die Haushaltsdefizite die Überschüsse ablösen, werden Sparmaßnahmen wieder aktuell. Dann wird Amerikas Aktivismus wieder durch ein maßvolles Engagement in der Welt ersetzt. Es ist bezeichnend, dass Verteidigungsminister Rumsfeld vor dem 11. September trotz der konservativen und militärfreundlichen Bush-Regierung mit dem Weißen Haus und dem Kongress um die Finanzierung seiner Militärreformen kämpfen musste.

Schließlich werden auch die menschlichen Opfer zunehmen, die Amerikas Rolle als Weltpolizist fordert. Dies könnten Selbstmordattentäter sein, die amerikanische Kasernen wie 1983 im Libanon angreifen. Möglicherweise wird Amerika gegen einen stärkeren Feind als Irak, Jugoslawien oder die Taliban kämpfen müssen. So oder so wird der politische *Backlash* heftig ausfallen. Bei der Planung von Militäraktionen im Kampf gegen den Terrorismus hat Präsident Bush den Amerikanern wiederholt erklärt, US-Opfer seien möglich. Dennoch wurde Afghanistan primär aus der Luft angegriffen; und Kampftruppen wurden auf Spezialeinheiten begrenzt. Bei Bodenoperationen griff man zumeist auf die Feinde der Taliban vor Ort zurück. Erst als die Taliban kurz vor dem Zusammenbruch standen, kamen US-Truppen in großer Zahl nach Afghanistan. Und als die meisten Feinde besiegt waren, hat das Pentagon den Einsatz der US-Truppen beschränkt und die Soldaten nicht zum Höhlenkampf nach Bora Bora geschickt – was unter Umständen den Al-Qaida-Führern die Flucht ermöglichte. Zum Glück blieben die amerikanischen Verluste gering. Doch die Illusion, man könne Kriege vor allem aus der Luft führen und Amerikas Dominanz mit geringen Opfern verteidigen, könnte die Vereinigten Staaten noch kalt erwischen: Wenn erst die Verluste steigen, wird Amerikas Interesse an Interventionen abnehmen.

Diese Trends sind keineswegs hypothetisch. Vieles spricht dafür, dass der US-Internationalismus bereits den Rückzug angetreten hat. Die Stimmung nach dem 11. September sollte den Blick nicht trüben. Dieses Buch zeichnet ein Bild, das vor dem 11. September entstand –

und dieses Bild wird wieder Konturen gewinnen, wenn die Erinnerung an die Angriffe langsam verblasst.

Amerikas diplomatisches Corps, einst Traumziel der besten Hochschulabsolventen des Landes, hat seinen Reiz verloren. Viele talentierte Angehörige des auswärtigen Dienstes verließen in den neunziger Jahren frustriert das State Department. Die *New York Times* schrieb dazu: «Das Außenministerium, die Behörde, die weltweit für Amerikas Diplomatie zuständig ist, kann sich nur schwer an die neue Zeit anpassen, in der Finanzmärkte interessanter sind als ein Gipfeltreffen zwischen Washington und Moskau. Der Nachwuchs geht heute in Banken, Dot-Com-Firmen und viele Finanz- und Wirtschaftsministerien, die ihre außenpolitischen Funktionen verstärkt haben.»[8]

Meinungsumfragen zeigen ein ähnliches Bild. Die Umfragen des Chicago Council on Foreign Relations und anderer Institutionen ergeben, dass die Amerikaner während der neunziger Jahre allgemein internationalistisch eingestellt waren.[9] Dennoch ist das öffentliche Interesse an Außenpolitik stark gesunken. Während des Kalten Krieges war Geopolitik meist Gegenstand öffentlicher Debatten. Doch Ende der neunziger Jahre hielten nur zwei bis drei Prozent der befragten Amerikaner die Außenpolitik für wichtig. Auf die Frage nach den «zwei oder drei wichtigsten außenpolitischen Problemen der Vereinigten Staaten» war die Hauptantwort: «weiß nicht.» Die große Mehrheit glaubte, Ereignisse in anderen Teilen der Welt hätten «einen sehr kleinen Einfluss» auf die Vereinigten Staaten. James Lindsay von der Brookings Institution hat diese Haltung in *Foreign Affairs* zusammengefasst: «Amerikaner unterstützen den Internationalismus theoretisch, doch in der Praxis tun sie selten etwas dafür.»[10] Zu Beginn des 21. Jahrhunderts lehnten die Amerikaner das weltweite Engagement ihres Landes keineswegs ab. Es war ihnen nur völlig gleichgültig geworden.

Zeitungen, Zeitschriften und Hörfunk- und Fernsehstationen haben ihre Auslandsberichterstattung wegen des mangelnden Interesses dramatisch eingeschränkt. In einer hart umkämpften Industrie, die von Marktanteilen und Werbeminuten bestimmt wird, geben die Medien Amerika das, was es haben will. Diese Entwicklung ergreift auch die Politik. Da sich die Öffentlichkeit wenig für Außenpolitik interessiert, verschwindet sie nahezu völlig aus dem politischen Bewusstsein. Fast jede außenpolitische Frage, die den Kongress beschäftigt – einschließlich der Frage nach Krieg und Frieden –, wird im Parteienstreit zerredet. Der Politologe Peter Trubowitz von der University of Texas hat dokumentiert, wie sich der Parteienzwist über außenpolitische Fragen in den letzten Jahren dramatisch zugespitzt hat.[11] Clintons Skandale und Auseinandersetzungen mit der Republikanischen Führung haben die Spannungen zwischen den Parteien zum Siedepunkt gebracht. Dass dabei auch die Außenpolitik instrumentalisiert wurde, verdeutlicht, welche Prioritäten Amerika in Zukunft bestimmen.

Der Parteienstreit hat den Ruf nach Amerikas globaler Führung nun wieder behindert. Wichtige Botschafterposten blieben während der Clinton-Regierung unbesetzt, weil die auswärtigen Ausschüsse von Senat und Repräsentantenhaus die vom Präsidenten nominierten Kandidaten nicht bestätigen wollten. Im August 2000 verließ Peter Burleigh das Außenministerium, nachdem er neun Monate auf die Bestätigung seiner Ernennung zum Botschafter für die Philippinen gewartet hatte.[12] Burleigh galt als einer der besten amerikanischen Diplomaten. Die Vereinigten Staaten zahlten keine Mitgliedsbeiträge an die Vereinten Nationen, weil sie die Abtreibungsgegner in der Republikanischen Partei nicht verärgern wollten, die die dortigen Vorstellungen zur Familienplanung für zu fortschrittlich hielten. 1999 lehnte der Senat den Atomwaffentestvertrag ab, obwohl die Regierung eine Abstimmung darüber vertagen wollte. Man hielt es für vernünftiger, Clinton zu brüskieren, als eine verantwortliche Politik zu treiben.

Im Zuge dieser Affären versuchte der Republikanische Senator Chuck Hagel aus Nebraska, das Verhalten seiner Partei zu erklären. Mit Bezug auf den offensichtlichen Angriff auf den Internationalismus sagte Hagel, dass «die Republikaner Präsident Clinton nicht mögen und ihm misstrauen.»[13] Doch dies ist kein Trost: Ein reflektierter und ehrlicher Isolationismus ist besser als die zynische Missachtung wichtiger globaler Aufgaben aus parteipolitischen Gründen.

Der Kampf um das Kosovo war ein gutes Beispiel für den neuen ambivalenten amerikanischen Internationalismus. Es ging um die Entsendung amerikanischer Kampftruppen, und alle taten sich schwer.

Es war einfach zu diskutieren, als es um die NATO-Osterweiterung, das Engagement in Ostasien und Verteidigungsausgaben ging – Fragen, die primär feierliche Verpflichtungen, Treuegelöbnisse und Haushaltsbewilligungen betrafen. Als es jedoch um Menschenleben ging, stand der amerikanische Internationalismus real auf dem Prüfstand.

An der Oberfläche schien der Kampf der NATO um das Kosovo die Stabilität des amerikanischen Internationalismus zu bestätigen. Die Vereinigten Staaten führten die NATO in den Krieg, Washington unternahm die Luftangriffe, und Clinton blieb auf Kurs, bis Milosevic zusammenbrach und das Kosovo verließ. Bei genauerem Hinsehen entsteht jedoch ein anders Bild.

Die USA hielten sich während der ersten Hälfte der neunziger Jahre aus Jugoslawien heraus. Als die Interventionen von UNO und EU ergebnislos blieben und die amerikanische Öffentlichkeit die ethnischen Säuberungen immer schärfer missbilligte – das Massaker von Srebrenica im Juli 1995 und die Bombardierung des Marktes von Sarajevo waren die Wendepunkte –, entschloss sich Clinton zum Einsatz militärischer Gewalt. Einige Luftschläge gegen die bosnischen Serben und die Bodenoffensive kroatischer und muslimischer Truppen brachten die Parteien 1995 schließlich an den Verhandlungstisch. Dann entwarf die Clinton-Regierung den Dayton-Vertrag, der jedoch Slobodan Milosevics Machtposition in der Region nur bestätigte.

Als sich Milosevic 1998 dem Kosovo zuwandte, wollten die Vereinigten Staaten eine militärische Beteiligung erneut vermeiden. Doch die Verschärfung der Krise zwang Clinton, ein zweites Mal Luftschläge zu befehlen. Der Luftkrieg begann am 24. März 1999. Washington erwartete, Milosevic werde in wenigen Tagen kapitulieren. Als dies nicht geschah, war die Clinton-Mannschaft wie paralysiert.[14] Trotz eines wochenlangen Bombardements, das eine humanitäre Krise im Kosovo nur noch verschlimmerte, hielt Clinton die US-Flugzeuge auf 5000 Meter Höhe, wo sie vor der Luftabwehr sicher waren, aber ihre Ziele auch weitaus unpräziser treffen konnten. Ebenso weigerte er sich, NATO-Bodentruppen einzusetzen, obwohl dies Milosevic ermutigte, den Luftkrieg einfach über sich ergehen zu lassen.

Der Kongress war auch keine Hilfe. Einen Monat nach Kriegsbeginn stimmte das Repräsentantenhaus mit großer Mehrheit gegen die Bewilligung von Geldern für den Einsatz von US-Soldaten in Jugoslawien ohne Zustimmung durch den Kongress. Dem Repräsentantenhaus gelang es nicht, eine Resolution zu verabschieden, die die Luftschläge begrüßte. Die Abstimmung ergab ein Patt von 213 zu 213 Stimmen. Trotz der erfolgreichen Luftschläge und obwohl kein NATO-Opfer zu beklagen war, reagierte der Senat nur mit einer Resolution, die Europas militärische Schwäche rügte.

Seit Ende des Kosovo-Konfliktes haben die Vereinigten Staaten versucht, ihr Engagement auf die Überwachung des brüchigen Friedens zu beschränken. Die EU musste den Großteil der KFOR-Truppen im Kosovo stellen und den wirtschaftlichen Wiederaufbau übernehmen. Schon vor Ende der Kampfhandlungen versprach Clinton den Amerikanern im Mai 1999, dass «die friedenserhaltenden Kräfte im Kosovo überwiegend europäisch sein werden; und wenn der Wiederaufbau beginnt, werden die Europäer den Großteil der Investitionen schultern».[15] Als kurz danach die KFOR in das Kosovo ging, wurden die amerikanischen Truppen (die weniger als 15 Prozent der Streitkräfte ausmachten) in den Ostteil des Kosovo geschickt, wo die Wahrscheinlichkeit von Gewalttätigkeiten gering war. Im Februar 2000 wurde ein kleines Kontingent amerikanischer Soldaten in die nördliche Stadt Mitrovica gebracht, um ethnische Ausschreitungen zu verhindern. Als die Soldaten von aufgebrachten Serben mit Steinen beworfen wurden, zog das Pentagon sie in ihren Sektor zurück. Man konnte erkennen, dass Washington bereit war, seine Truppen besonderen Beschränkungen zu unterwerfen.[16]

Trotz ungewöhnlicher Privilegien für die US-Truppen forderte das US-Parlament die Europäer zu größeren Anstrengungen auf. Senator John Warner von den Republikanern drohte im März 2000, die Hälfte von zwei Milliarden Dollar zu blockieren, die den amerikanischen Truppen im Kosovo bewilligt wurden, sollten die europäischen Staaten ihre finanziellen Beiträge für die UN-Streitkraft nicht erhöhen.[17] Der Demokratische Senator Robert Byrd schlug vor, die Vereinigten Staaten sollten die friedenserhaltenden Aufgaben im Kosovo der EU übertragen und die US-Truppen bald aus der Region abziehen.[18] Der

Kongress schien endgültig das Interesse an der europäischen Sicherheit verloren zu haben.

Die Wahl von George W. Bush hat diese Haltung noch verschärft. Vizepräsident Cheney äußerte, Bodentruppen seien in Europa und auf dem Balkan «eine angemessene Aufgabe für unsere europäischen Freunde und Alliierten.»[19] Nach monatelangem Meinungsstreit erklärte Präsident Bush schließlich, die US-Truppen würden trotz allem auf dem Balkan bleiben. Doch als in Mazedonien im März 2001 Kämpfe ausbrachen, hat die Bush-Regierung eine amerikanische Einmischung untersagt, obwohl ein Blutbad zwischen mazedonischen Slawen und der albanischen Minderheit drohte. NATO-Generalsekretär Lord Robertson bat die Mitgliedsländer, ihre Militärpräsenz im Kosovo zu verstärken, um die Einfuhr von Waffen und Personal in Mazedonien zu verhindern. Die Vereinigten Staaten haben sich auch daran nicht beteiligt. Und als die NATO im August ihre Truppen nach Mazedonien schickte, um albanische Partisanen zu entwaffnen, spielten die Vereinigten Staaten nur noch eine untergeordnete Rolle. Nur US-Truppen, die schon im Land stationiert waren, beteiligten sich an der Operation, die auf logistische Unterstützung für die Europäer beschränkt wurde. Kurz danach schlug Verteidigungsminister Rumsfeld vor, die NATO solle ihre Präsenz in Bosnien um ein Drittel reduzieren.

Der Kampf um das Kosovo zeigt, dass ein innenpolitischer Konsens für Amerikas strategische Rolle in Europa nicht mehr existierte. Für Demokraten wie Republikaner war klar, dass Europas strategische Abhängigkeit von den Vereinigten Staaten weder fair noch politisch haltbar war. Die Europäer wären schlecht beraten, die ständigen Warnungen aus Washington als leere Drohungen abzutun. Die Sowjetunion ist zusammengebrochen, der EU geht es gut, und Europa sollte einsehen, dass es jetzt auf sich selbst angewiesen ist. Die anfänglichen Versuche der Bush-Regierung, Amerikas Rolle auf der koreanischen Halbinsel, in Nahost und anderen Brennpunkten zu verringern, deuten zudem an, dass Europa nicht die einzige Region ist, die Amerikas schwindendes Interesse an der Rolle des Weltbeschützers zu spüren bekommt.

Das unilaterale Amerika

Amerikas Abkehr vom Internationalismus hat große Konsequenzen für eine Welt, die sich an Amerikas Vorherrschaft gewöhnt hat. Diese Wirkung wird durch das erlahmende Interesse an internationalen Engagements verstärkt und von einem zweiten Trend begleitet – vom wachsenden Unilateralismus. Während die Vereinigten Staaten langsam ihre Weltrolle aufgeben, neigen sie zunehmend zu politischen Alleingängen.

Ein sparsamer Internationalismus, der mit einem aggressiven Unilateralismus zusammengeht, lässt eine tödliche Mischung entstehen. Die Vereinigten Staaten haben sich langsam von der Weltbühne verabschiedet. Zugleich lehnen sie eine Kooperation mit anderen Staaten aus Furcht ab, dadurch ihren Einfluss zu verlieren. Doch Washington kann nicht alles zugleich haben. Es muss entweder das Steuer anpacken und den anderen sagen, an Bord zu kommen. Oder es muss sich zurückziehen und einen Teil seiner Verantwortung abgeben und seinen Verlust an Einfluss akzeptieren. Einige Länder haben den amerikanischen Unilateralismus kritisiert und darauf hingewiesen, dass er die Welt spalten werde. Die aufstrebenden Mächte Europa und Asien werden ihre neu gewonnenen Kräfte gegen das unilaterale Amerika einsetzen.

Amerikas unilateraler Drang hat tiefe Wurzeln und geht auf die Ängste der Gründungsväter zurück, die Amerika vor den Gefahren von Großmachtrivalitäten warnten. Seit Ablegen der Fesseln des Kalten Krieges ist die Neigung zum Unilateralismus erneut gewachsen. Politiker von links und rechts haben die Vereinigten Staaten aufgefordert, ihre Vermittlerrolle aufzugeben. Selbst die Clinton-Regierung, die sich im Prinzip einer multilateralen internationalen Politik verpflichtet sah, hat häufig den Alleingang gewählt.

1997 lehnte es Clinton ab, einen internationalen Vertrag zum Verbot von Landminen zu unterzeichnen, der von 132 Staaten unterstützt wurde. Zu den Ländern, die den Vertrag ebenfalls boykottierten, gehörten immerhin Staaten wie Afghanistan, Irak, Libyen, China, Russland und Nordkorea. 1998 unterschrieb die Clinton-Regierung das Kyoto-

Protokoll, erhob aber dann Einwände gegen seine Anwendung. Im November 2000 trafen sich 175 Länder in Den Haag, um Maßnahmen gegen den Treibhauseffekt auszuarbeiten. Die Vereinigten Staaten fanden keinen Konsens mit den Gesprächspartnern, die Konferenz endete ohne Ergebnis. Clinton verschob die Teilnahme am internationalen Strafgerichtshof bis in die letzten Tage seiner Präsidentschaft. Drei Wochen vor Ablauf seiner Amtszeit schlug er einen neuen Kurs ein und unterzeichnete den ICC-Vertrag doch noch. Zugleich riet er seinem Nachfolger, den Vertrag erst dann dem Senat zur Ratifizierung vorzulegen, wenn gewisse Änderungen die Chancen auf Ratifizierung verbessern würden.

Die Wahl von George W. Bush verstärkte die Neigung zum Unilateralismus. Viele von Bushs außenpolitischen Spitzenberatern – Richard Cheney, Donald Rumsfeld, Paul Wolfowitz, Richard Armitage und Staatssekretär John Bolton – sind für ihre militante, unilaterale Haltung bekannt. Rumsfeld unterstützt seit langem das nationale Raketenverteidigungssystem (NMD). Er hat keine Skrupel, sich internationalen Verträgen und den Einwänden der Alliierten beim Bau des Systems zu widersetzen. Vor dem Kongressausschuss, der seine Ernennung bestätigen sollte, nannte Rumsfeld den ABM-Vertrag eine «antike Geschichte».[21] In seiner Abschlussrede vor dem Republikanischen Parteikongress hatte Bush selbst gesagt, jetzt sei nicht die Zeit, «überholte Verträge zu verteidigen. Jetzt ist es Zeit, das amerikanische Volk zu verteidigen.»[22] Vor dem Kongressausschuss sagte der Republikanische Senator Jesse Helms zu John Bolton: «John, Sie sollen den ABM-Vertrag dorthin werfen, wohin wir den anderen Unterzeichner des ABM-Vertrages – die Sowjetunion – geworfen haben: in den Mülleimer der Geschichte.»[23]

Das Bush-Team hat von Anfang an Widerstand gegen den internationalen Strafgerichtshof angekündigt. Rumsfeld unterschrieb im Dezember 2000 einen Aufruf, der davor warnte, «die amerikanische Führungsrolle in der Welt werde das erste Opfer des ICC sein.»[24] Bolton hat den Gerichtshof seit langem am schärfsten bekämpft. Er überzeugte die Regierung davon, im Mai 2002 zu erklären, Clintons Unterschrift sei nicht mehr gültig und das Gericht solle keine Mitarbeit der Vereinigten Staaten erwarten. Der Atomtestsperrvertrag und die Konvention über biologische Waffen wurden auch nicht verschont. Eine ähnliche Position gab es auch bei anderen Umweltabkommen. Etwa zur gleichen Zeit erklärte die Bush-Regierung, die Vereinigten Staaten werden sich aus dem Kyoto-Protokoll zurückziehen, die Energieproduktion in den Vereinigten Staaten steigern und nach neuen Erdölquellen in Alaska suchen.

Diese Winkelzüge haben Amerikas Alliierte überrascht. Bushs Politik gegenüber dem Kyoto-Protokoll stieß auf scharfe Kritik. So meinte Romano Prodi, der Präsident der Europäischen Kommission: «Wenn man die Welt führen will, muss man sich um die ganze Welt kümmern und nicht nur um die amerikanische Industrie.» Frankreichs einflussreiche Tageszeitung *Le Monde* nannte die Entscheidung «eine brutale Form von Unilateralismus.»[25] Im dritten Monat der Bush-Regierung fasste ein britischer Journalist die englische Meinung folgendermaßen zusammen: «Hier hat man den Eindruck, die Bush-Regierung wolle alles neu beurteilen: bissig gegenüber alten Feinden, misstrauisch gegenüber internationalistischen Kompromissen, «America First» bei globalen Bedrohungen, mahnend gegenüber den Alliierten, geringschätzig statt konstruktiv gegenüber den komplizierten Realitäten einer Welt, die sich nicht mehr in die sauberen Kategorien der alten bipolaren Welt einteilen lässt.»[26]

Die schizophrene Verbindung von schwindendem internationalem Engagement und wachsendem Unilateralismus schickt diffuse Signale an die Welt. Erst beklagen sich die Vereinigten Staaten über zu große Lasten: Die Partner sollten ihren fairen Beitrag leisten. Dann werden die Partner ignoriert und lange Gesichter geschnitten, wenn andere das Vakuum füllen, das der müde Hegemon hinterlassen hat.

Diese Widersprüche sind es, die den Konflikt über die europäische Verteidigung schürten, der wiederum die atlantischen Beziehungen nach dem Kosovo-Krieg belastet hat. Die Vereinigten Staaten und die Europäische Union kamen überein, dass Europa seine militärischen Kapazitäten verbessern solle. Der Krieg hat den Europäern ihre militärische Schwäche und ihre strategische Abhängigkeit von den Vereinigten Staaten drastisch vorgeführt. Und Washington hat wieder über die

Unfähigkeit der EU geklagt, einen größeren Teil der Last zu tragen. Daher das Bemühen der Europäer um eine schnelle Eingreiftruppe, die unabhängig von den Vereinigten Staaten operieren soll.

Die Reaktion der Clinton-Regierung war aufschlussreich: Die Europäer hatten dem amerikanischen Wunsch entsprochen. Die Vereinigten Staaten begrüßten den Plan halbherzig. Der stellvertretende Außenminister Strobe Talbott meinte, «man solle Amerikas Position und den Wunsch nach einem stärkeren Europa nicht missverstehen. Wir sind nicht dagegen, wir sind nicht unentschieden, wir sind dafür.»[27] Doch hinter den Kulissen sandte Washington andere Signale aus. Außenministerin Madeleine Albright warnte die EU, die bestehenden NATO-Kapazitäten keinesfalls zu verdoppeln – was die Europäer jedoch tun mussten, wollten sie ein vernünftiges Maß an Autonomie erreichen. Der Staatssekretär im Verteidigungsministerium Franklin Kramer meinte, «einen EU-Kern» innerhalb der NATO dürfe es nicht geben. Dies war aber die Voraussetzung für eine schlüssige Politik der Europäer.[28] Verteidigungsminister William Cohen fügte hinzu, die Europäer würden riskieren, die NATO in ein «Relikt der Geschichte» zu verwandeln.[29]

Die USA sagten somit den Europäern, sie sollten ihre Streitkräfte ausbauen, aber keinen größeren Einfluss oder sogar Autonomie erwarten. Amerika wollte, dass Europa mehr Lasten tragen sollte – war aber nicht daran interessiert, sich zugleich bei den Europäern mit mehr Einfluss zu revanchieren. Doch den Europäern ging es primär um mehr Einfluss und Autonomie. Wenn es hart auf hart kam, wollte das Clinton-Team auf keinen Fall Europa Platz machen.

Unter der Bush-Regierung lebt Amerikas Schizophrenie weiter. Rumsfeld ignorierte die europäischen Bemühungen. Während seines ersten offiziellen Besuchs in Europa erwähnte er bei der Sicherheitstagung in München im Februar 2001 die EU mit keiner Silbe. Die guten Eigenschaften der neuen Eingreiftruppen hingen für ihn davon ab, ob sie die NATO stärken würden – nicht Europa. Zu dieser Frage sagte Rumsfeld: «Ich kann nicht sehen, wie die NATO dadurch gestärkt werden soll.»[30] Bolton sagte dem Auswärtigen Ausschuss des Repräsentantenhauses, das Ziel, die Außen- und Verteidigungspolitik der EU-Mitglieder zu bündeln, sei manchmal «vom Wunsch genährt, sich vom Einfluss der Vereinigten Staaten zu distanzieren, manchmal ist sogar offener Anti-Amerikanismus dabei im Spiel».[31] Außenminister Powell zeigte sich für die EU-Streitmacht empfänglicher, und Präsident Bush hat sogar Sympathie für die Idee bekundet. Nach einem Treffen mit Tony Blair sagte er, der britische Premierminister habe ihm «versichert, dass die europäische Verteidigungsmacht die NATO nicht untergraben werde», und «somit unterstütze ich, was der Premierminister vorgetragen hat.»[32] Trotz dieser Meinung des Präsidenten sind andere Mitglieder der Regierung über ein stärkeres und unabhängigeres Europa wenig glücklich.

Es gibt keine bessere Methode, die Beziehung zum aufstrebenden Europa zu vergiften, als die Europäer erst aufzufordern, selbständiger zu werden und sie dann zu kritisieren, wenn sie entsprechend handeln. Washington tut gut daran zuzugeben, dass man eine neue und kritische Version des amerikanischen Internationalismus anstrebt. Will man Freund und Feind nicht brüskieren, sollte diese Botschaft nicht mit Unilateralismus verbunden werden. Wenn die Welt, die Amerikas unipolarer Stellung nachfolgen wird, auf Partnerschaft und gleichberechtigter Verteilung von Risiken und Verantwortungen gebaut sein sollte, dann werden Amerikas Alleingänge zukünftig nur stören. Die Vereinigten Staaten mögen den Luxus genießen, im Augenblick besonders dominant zu sein. Kleinere Staaten müssen da mitspielen. Doch sollten Amerikas Dominanz nachlassen und sich andere Machtzentren behaupten, wird die amerikanische Neigung zum Unilateralismus mit Sicherheit zu neuen geopolitischen Rivalitäten führen.

Terrorismus und amerikanischer Internationalismus

Wenigstens kurzfristig haben die Terroranschläge des 11. September diesen beunruhigenden Trend unterbrochen. Auf den neuen Internationalismus folgte ein kämpferisches Engagement. Amerika jagt die

Terroristen global und setzt Militär, Diplomatie, rechtliche und wirtschaftliche Instrumente ein. Außenpolitik wurde zu Amerikas größter Priorität. Die Nation wurde zusammengeschweißt, der parteipolitische Streit verschwand über Nacht.

Der Terror hat Amerikas wachsenden Unilateralismus gebändigt. Washington brauchte eine starke Koalition, um zurückschlagen zu können. Präsident Bush und Colin Powell suchten Verbündete; Donald Rumsfeld flog nach Nahost, um Unterstützung zu finden. Die Vereinigten Staaten klopften selbst in Russland, China und im Iran an. Die meisten Länder haben positiv reagiert und zumindest im Prinzip ihre Bereitschaft zum Kampf bekundet. Die NATO und die Organisation Amerikanischer Staaten haben die Verteidigungsklauseln ihrer Charta in Kraft gesetzt. Ein ausländischer Politiker nach dem anderen besuchte Washington und bot Unterstützung und Hilfe an. Die Bush-Regierung schien die Vorteile des Multilateralismus wieder entdeckt zu haben.

Langfristig wird sich der Terrorismus jedoch auf andere Weise auf den amerikanischen Internationalismus auswirken. Die unilateralistischen und isolationistischen Tendenzen, die schon vor dem 11. September erkennbar waren, werden gestärkt. Anstatt Amerikas Engagement zu mobilisieren, macht der Terrorismus Amerika immer unberechenbarer: Mal werden die USA um sich schlagen, um sich dann wieder hinter ihre Grenzen zurückzuziehen.

Trotz ihrer Rhetorik waren die Vereinigten Staaten keineswegs so multilateralistisch eingestellt, wie es schien. Die USA strebten eine breite Koalition an, die den US-Truppen Zugang zu Basen in Nahost ermöglichte und den Vergeltungsschlägen gegen Afghanistan internationale Legitimität verschaffte. Doch Washington wollte keine Einschränkungen seiner Manövrierfähigkeit, die ein Koalitionskrieg mit sich gebracht hätte. Die Bush-Regierung wollte einen Multilateralismus «à la carte» – ein Begriff, der von Richard Haas geprägt wurde, dem Direktor des Planungsstabes im Außenministerium. Unterschiedliche Staaten sollten spezifische Unterstützung leisten; doch die USA würden sich auf keine Konsultationen einlassen und somit keinen echten Multilateralismus praktizieren. Während Amerika die Koalition schmiedete, fasste der amerikanische Journalist John Vincour die Situation aus europäischer Sicht zusammen:

«Die Vereinigten Staaten haben eine lockere, breite Koalition zum Kampf gegen den Terrorismus geformt und sie durch den UN-Sicherheitsrat, die EU und die NATO untermauert ... Doch sollte dies der neue Multilateralismus der Vereinigten Staaten oder eine neue Geopolitik sein, so wird sie stark amerikanisch geführt, was die Europäer zu besorgen scheint. Während Präsident George W. Bushs Politik des Mit-uns-gegen-uns beim Terrorismus unterstützt wird, hat er stillschweigend durchgesetzt, dass es dabei nur einen Kapitän und einen einzigen Spielplan für sein Team gibt. Beim neuen amerikanischen Multilateralismus verteilen US-Soldaten und Diplomaten spezifische Aufgaben wie Überflugrechte oder logistische Unterstützung. Dies ist kein Forum für Diskussionen zwischen Gleichberechtigten. Es ist eher ein Versammlungsort, an dem die Vereinigten Staaten die Ansagen machen und darauf achten, von einzelnen Alliierten nicht zu viel zu verlangen; wobei von einigen gar nichts gefordert wird.»[33]

Als am 7. Oktober 2001 die Militäraktion gegen Afghanistan begann, hielt es Washington nicht für nötig, den belgischen Premierminister Guy Verhofstadt zu informieren, dessen Land die EU-Präsidentschaft stellte. Die Bush-Regierung rekrutierte Tony Blair, um die Koalition während der Kampfhandlungen zu festigen, doch sie behielt totale Kontrolle über den Kriegsverlauf und die nachfolgende Diplomatie. Eine internationale Umfrage einen Monat nach Kriegsbeginn ergab, dass zwei Drittel der Meinungsführer außerhalb der Vereinigten Staaten meinten, Amerika würde allein handeln und die Interessen seiner Alliierten nicht berücksichtigen.[34]

Die internationale Solidarität nach den Angriffen auf New York und Washington war tröstlich und hilfreich, doch sie ging nicht sehr weit. Amerikas Partner wollten geheimdienstlich und polizeilich kooperieren, doch als es um militärische Vergeltungsschläge ging, zögerte die Koalition von Anfang an. Wenige Tage nach dem 11. September zeigten sich Amerikas europäische Alliierte nervös. Sie schlugen Zurückhaltung vor und vermieden es, von Krieg zu reden. Saudi-Arabien, Washingtons engster Alliierter am Persischen Golf, erlaubte US-Flugzeugen die Nutzung seines Luftraums – Angriffsschläge durften aber von saudischen Militärbasen nicht geflogen werden. Anfangs weigerten sich die Saudis sogar, die Bankkonten verdächtiger Terrorgruppen einzufrieren.

Zu Beginn des Feldzuges wurden die Vereinigten Staaten nur von den Briten unterstützt. Und Englands Beteiligung am Luftkrieg war begrenzt. Hauptbeitrag war der Abschuss einiger Marschflugkörper am ersten Abend und der Einsatz weniger Spezialeinheiten in Afghanistan. Andere europäische Staaten erklärten zwar ihre Unterstützung, aber ihre Truppen waren nicht am Kampf beteiligt. Die meisten arabischen Staaten distanzierten sich. Entweder sie reagierten gar nicht, oder sie äußerten leise Kritik. Russland kam den USA entgegen, unterstützte die US-geführte Operation und bot geheimdienstliche und militärische Unterstützung an. Doch Russland hatte ein klares Motiv: Es sah den islamischen Radikalismus als Bedrohung seiner Sicherheit. Russland befindet sich im blutigen Kampf gegen separatistische Muslime in Tschetschenien, es hat Grenzen zu mehreren muslimischen Ländern. Moskau wurde also von Eigeninteresse motiviert, nicht von einem neuen Altruismus.

Ein ähnliches Bild entstand während der zweiten Phase des Krieges. Nach dem Zusammenbruch der Taliban im Norden Afghanistans setzten die Vereinigten Staaten etwa 2000 Soldaten der Bodentruppen ein und errichteten Operationsbasen im Süden, um die verbleibenden Taliban-Hochburgen zu besiegen und die Jagd auf Osama bin Laden zu koordinieren. Wenige Spezialkräfte anderer Länder nahmen daran teil, doch die Bodenoffensive – wie der Luftkrieg – waren fast ausnahmslos eine Sache der Amerikaner. Einige europäische Staaten boten den Einsatz regulärer Truppen im Norden an, um Ordnung zu schaffen und die Verteilung humanitärer Hilfe zu unterstützen, aber Washington lehnte das Angebot ab. Man befürchtete, die Anwesenheit fremder Truppen könne die Lage komplizieren. Erst als die wichtigsten Schlachten geschlagen waren, erreichten Streitkräfte aus Europa, der Türkei, Kanada, Australien und Neuseeland das Land. Sie hatten die Aufgabe, Frieden zu bewahren und Widerstandsnester in den Bergen auszuheben.

Es überrascht nicht, dass Amerika gegen die Taliban und Al-Qaida im Alleingang gehandelt hat. Obwohl Terroristen eine Bedrohung für alle sind, richten sich ihre Schläge gegen bestimmte Länder. Verständlicherweise ist das angegriffene Land mehr an Vergeltung interessiert als die anderen. Da es relativ wenige ausländische Anschläge gegen die kontinentalen USA gab, war Washington vor dem 11. September im Kampf gegen den Terrorismus nur schwach engagiert. Israel lebt seit Jahrzehnten mit Terroranschlägen, ist aber bei der Abwehr auf sich allein gestellt. Das Gleiche gilt für Englands Kampf gegen die Irische Republikanische Armee und Frankreichs Abwehr von Terroristen aus Nordafrika und Nahost. Die vom Terrorismus ausgehende Bedrohung wird also wahrscheinlich den unilateralen Kurs der USA verstärken.

Dieser Kurs lässt sich auch durch den politischen Kontext im Nahen Osten begründen. Der Kampf gegen den Terrorismus findet dort in einem Labyrinth politischer, ethnischer, religiöser und nationaler Differenzen statt. Es trifft zu, dass alle arabischen Länder außer dem Irak die Angriffe des 11. September anfangs verurteilten. Doch ebenso richtig ist, dass die Palästinenser in den Straßen jubelten und dass es zu anti-amerikanischen Protesten in Afghanistan, Pakistan, Somalia, Oman, Nigeria und Indonesien kam.

In diesem Spannungsfeld und angesichts der Wirtschaftsinteressen, die im Nahen Osten auf dem Spiel stehen, haben einzelne Staaten guten Grund, sich zurückzuhalten. Die Angst vor terroristischer Vergeltung, vor zunehmender anti-westlicher Stimmung und vor der Destabilisierung gemäßigter Regime in der arabischen Welt hat die Stabilität der Antiterror-Koalition geschwächt. Das gleiche Eigeninteresse, das schon früh Russland zur Kooperation führte, hat auch viele andere Länder dazu gebracht, sich von Amerikas militärischem Engagement zu distanzieren, obwohl sie die Vergeltungsschläge öffentlich unterstützten.

Die Entfremdung zwischen den Vereinigten Staaten und ihren mutmaßlichen Partnern wuchs noch mehr, als Bush den Irak, Iran und Nordkorea die «Achse des Bösen» nannte und andeutete, diese Länder könnten das nächste Ziel im Krieg gegen den Terrorismus sein. Seine Erklärung stieß im Ausland auf großen Widerstand. Selbst England und Deutschland, zwei von Amerikas engsten Verbündeten, bekundeten ihr Missfallen. Tony Blair warnte Washington vor einem Angriff auf den Irak. Der deutsche Außenminister erinnerte Washington daran, die Partner der Allianz seien «keine Satelliten». Die *Süddeutsche Zeitung* klagte, der «arme Gerhard Schröder», der zum Gespräch nach Washington reiste, müsse «am Throne des jüngst gesalbten amerikanischen Cäsar» erscheinen. Am Vorabend von Bushs Europareise im Mai 2002 jammerte die *Berliner Zeitung*, die Vereinigten Staaten hätten nach dem 11. September ihren Unilateralismus nicht aufgegeben, sondern «die Gelegenheit genutzt, ihre selbstsüchtige Supermachtposition auszubauen ... Noch nie war uns ein Präsident der Vereinigten Staaten so fremd», meinte die Zeitung. «Und niemals waren die Deutschen so skeptisch gegenüber der Politik ihres mächtigsten Alliierten.»[35] Der Kampf gegen den Terrorismus hat die strategische Partnerschaft zwischen Amerika und Europa nicht konsolidiert. Im Gegenteil: Sie wird dadurch neu belastet.

Auch die Annahme, der Terrorismus sei ein Mittel gegen Amerikas isolationistische Neigungen, entbehrt jeder Grundlage. Die Hauptfrage ist: Wie geht Amerika mit dem neuen Gefühl der Verwundbarkeit um – und mit der Einsicht, dass die globale Vorherrschaft die Sicherheit des Landes umso mehr bedroht. Hier betritt Amerika Neuland. Pearl Harbor war der Angriff auf einen Marinestützpunkt, der Tausende von Meilen vor dem amerikanischen Kontinent liegt. Die Anschläge vom 11. September trafen jedoch mitten ins Herz der amerikanischen Nation.

«Der Isolationismus ist tot», erklärte Andrew Sullivan fünf Tage nach den Angriffen. Die Erkenntnis der eigenen Verwundbarkeit werde die letzten Illusionen beseitigen. «Wir sind jetzt alle Israelis», erklärte ein anderer Kommentator in Anspielung auf Israels Kampf gegen den Terrorismus.[36] Anstatt sich angesichts des Terrors zurückzuziehen, hat Israel auf wiederholte Angriffe mit Vergeltungsschlägen gegen die Täter und Anstifter des Terrors reagiert.

Israels Erfahrung mit dem Terrorismus sagt allerdings wenig darüber, wie Amerika langfristig mit seiner neuen Verwundbarkeit umgehen wird. Israels Terrorismus kommt von innen, wobei die Täter mit israelischen Juden zusammenleben und in Gebieten wohnen, die von Israel kontrolliert werden. Das Land hat daher keine andere Wahl: Es muss den Terror bekämpfen, denn seine Existenz steht auf dem Spiel.

Treffender ist der historische Vergleich mit anderen globalen Mächten, die terroristischen Angriffen ausgesetzt waren. Dieser historische Bezug ist aufschlussreich: Asymmetrische Bedrohungen haben tatsächlich immer wieder die militärische Überlegenheit von Großmächten beeinträchtigt. Diese Bedrohungen waren nur schwer abzuwehren, was nicht nur Frustration auslöste, sondern auch erhebliche politische Folgen hatte.

Ein Beispiel ist Großbritanniens Erfahrung in Palästina. Der Völkerbund hatte Palästina nach dem Ersten Weltkrieg zum britischen Mandat erklärt. Während der ersten Mandatsperiode blieben die Briten militärisch in Palästina präsent, um Gewalt zwischen Juden und Arabern zu verhindern. Als Krieg in der zweiten Hälfte der dreißiger Jahre immer wahrscheinlicher wurde, wollten die Briten ihre Ressourcen schonen und die palästinensischen Araber mit Konzessionen beruhigen, die den Drang der Juden nach einem eigenen Staat gefährdeten. Obwohl viele jüdische Führer weiterhin mit den Briten eng zusammenarbeiteten, gab es auch Terrorangriffe auf britische Ziele. Höhepunkt war der Bombenanschlag auf das Jerusalemer King David Hotel am 22. Juli 1946, in dem hochrangige britische Beamte wohnten. Mehr als 90 Menschen starben.

Diese Angriffe beschleunigten Englands Rückzug aus der Region. 1947 überließen die Briten das Palästinaproblem den Vereinten Nationen. Als die UNO um eine Verlängerung des britischen Mandates über 1948 hinaus bat, lehnte London ab und deutete an, es wolle sich völlig aus Palästina zurückziehen. Die Kosten waren allzu hoch, und die Aussicht auf eine friedliche Lösung allzu vage. So schrieb Finanzminister Hugh Dalton an Premierminister Clement Attlee noch vor dem Anschlag auf das King David Hotel: «Die derzeitige Lage kostet uns nicht nur viel Kraft und Geld, sie hat auch strategisch wenig Wert. In einem Wespennest kann man sich nicht sicher fühlen. Und wir würden unsere jungen Männer größter Gefahr aussetzen.» Der britische Kolonialminister nannte Palästina «einen Mühlstein, der uns am Nacken hängt.»[37]

Die britischen Erfahrungen in Aden waren ähnlich. Im 19. Jahrhundert hatten die Briten dort einen Marinestützpunkt eingerichtet. Dann kamen eine Erdölraffinerie und ein Flugplatz hinzu. Der Hafen von Aden wurde zur Kolonie und die Region zum britischen Protektorat erklärt, das mit Scheichs vor Ort kooperierte. Während der fünfziger Jahre des 20. Jahrhunderts wuchs der Widerstand gegen die britische Präsenz auf der arabischen Halbinsel. Anfang der Sechziger kam es zu Terroranschlägen gegen zivile und militärische Ziele. 1964 erklärten die Briten ihre Unterstützung für eine unabhängige Südarabische Föderation. Zugleich wollten sie die Kontrolle über den Hafen von Aden behalten und Truppen stationieren, die den neuen Staat verteidigen sollten. Doch die Terrorangriffe nahmen zu. Bei einem Granatenangriff wurde ein Kinderfest auf dem britischen Luftwaffenstützpunkt getroffen. 1967 verließen die letzten britischen Streitkräfte Aden.

Der Terrorismus hat die Briten nicht immer aus der Bahn geworfen. In Malaysia etwa blieben die Briten standfest und wehrten sich gegen Terroranschläge. Sie zogen sich dann nach Plan zurück und übergaben die Kontrolle an Parteien, die sie selbst auswählten. Auch die Anschläge der Irischen Republikanischen Armee konnten den britischen Rückzug nicht erzwingen. Trotz regelmäßiger Anschläge in London zogen die Briten ihr Militär aus Nordirland nicht ab und strebten nach Verhandlungen. Dies ähnelt der Situation in Israel, da Nordirland fester Bestandteil des Vereinten Königreichs ist. Außerdem ist die Bevölkerungsmehrheit protestantisch und will Nordirland im Vereinten Königreich halten. London sieht sich als Garant der territorialen Integrität des Landes und seiner demokratischen Traditionen. Großbritannien verteidigt eben keine weit entfernte Kolonie und ist daher eher in der Lage, die Folgen der Terroranschläge zu ertragen.

Die algerischen Anschläge gegen Ziele in Frankreich geben weit mehr Aufschluss über die Frage, wie Großmächte auf Terror reagieren, der durch ihr Engagement im Ausland entsteht. Während des algerischen Unabhängigkeitskriegs in den fünfziger und sechziger Jahren kam es zu Anschlägen sowohl in Algerien als auch in Frankreich. Am 1. November 1954 griff die Front de Libération Nationale (FLN) französische Militäranlagen und Kasernen in Algerien an. Dies war der Auftakt zu einer Serie von Gewalt. Der dramatischste Anschlag fand am 24. August 1958 in Frankreich statt, als algerische Terroristen Öldepots bei Marseille sprengten, einen Zug zum Entgleisen brachten und Polizeistationen in Paris und Lyon angriffen.

Wie diese Ereignisse die französische Politik beeinflussten, ist schwer zu bemessen. Die französische Minderheit in Algerien jedenfalls fühlte sich ermutigt, auch selbst gegen die Algerier vorzugehen und forderte von Paris, den Aufstand mit allen Mitteln niederzuschlagen. Doch die Folgen in Frankreich waren vielschichtiger. Als das Blutvergießen in Algerien zunahm und auf das Mutterland übergriff, wandelte sich die Stimmung. Die Erkenntnis, dass sogar die Franzosen selbst mit Terror gegen die Rebellen vorgingen, stärkte den Widerstand gegen den Krieg.

Obwohl die französische Armee 1960 den Krieg fast gewonnen hatte, gab es erneut Gewaltausbrüche und sporadische Terroranschläge. So schreibt Martha Crenshaw, Professorin an der Wesleyan University: «Der Terrorismus war für die FLN das ideale Mittel, den nationalistischen Kampf in die Schlagzeilen zu bringen – als Symbol des Widerstandes und als Taktik im Abnutzungskrieg. Während des ganzen Konfliktes erinnerte der Terrorismus die französische Regierung und die Öffentlichkeit ständig daran, dass die Sicherheit in Algerien gefährdet war und die beiden Gruppen sich unversöhnlich gegenüberstanden, obwohl ein französischer militärischer Sieg greifbar nah erschien.»[38] Dass die französische Bevölkerung über die Frage, wie der Algerien-Konflikt zu lösen sei, stark gespalten war, hat die politischen Kosten noch erhöht.

Als Charles de Gaulle 1959 wieder Staatspräsident wurde, hielt er Frankreichs Rückzug und Algeriens Unabhängigkeit für die beste Lösung. «Entkolonialisierung ist unser Interesse und deshalb auch unsere Politik», erklärte de Gaulle. «Warum sollten wir die Kolonisation fortsetzen, die doch nur teuer, blutig und endlos ist?»[39] Im folgenden Jahr zog Frankreich seine Truppen aus Algerien zurück, und Algerien wurde unabhängig. «Die Hartnäckigkeit der FLN und ihre Fähigkeit, einen Abnutzungskrieg zu führen, hat sich bezahlt gemacht», schreibt Crenshaw. «Die Franzosen akzeptierten nicht nur die volle Unabhängigkeit und Anerkennung der FLN, sondern auch jene beiden Forderungen der FLN, die die Verhandlungen in die Länge zogen und noch mehr Terror auslösten – die Rechte der zukünftigen europäischen Minorität in Algerien und die Kontrolle des Öls in der Sahara.»[40]

Die amerikanische Reaktion auf den Terrorismus gegen US-Ziele im Ausland stützt die These, dass diese Anschläge eher zum Rückzug und nicht zu neuem Engagement und internationalistischem Elan führen werden. Im Oktober 1983 bombardierten Terroristen die Kaserne der US-Marinesoldaten in Beirut. 241 Amerikaner starben. Die Vereinigten Staaten zogen ihre Truppen sofort aus dem Libanon ab. Verteidigungsminister Caspar Weinberger kündigte an, das Land werde militärisch nur noch intervenieren, wenn «vitale Interessen» auf dem Spiel stehen und «die klare Absicht zu siegen» vorhanden ist. Diese Doktrin hat Amerikas Auslandsengagement auf friedenserhaltende Missionen und Konflikte in peripheren Regionen begrenzt.

1993 erlitten die US-Streitkräfte Opfer in Somalia. Die Soldaten fielen im Kampf – nicht bei Terroranschlägen. Doch die Gegner hatten Beziehungen zu Osama bin Ladens Netzwerk. Die Leichen mehrerer Soldaten wurden vor laufenden Fernsehkameras durch die Straßen von Mogadischu geschleift, was eine verheerende Wirkung in Amerika hinterließ. Wieder zog Washington die Truppen ab, und das anfängliche Interesse der Clinton-Regierung an friedenserhaltenden Maßnahmen ließ nach.

Nach dem Anschlag auf die USS *Cole* im Oktober 2000 im Hafen von Aden verhielt sich Amerika ähnlich. Die US-Marine stoppte die Nutzung des Hafens. Ein FBI-Team wurde in den Jemen geschickt, um den Zwischenfall zu untersuchen. Vor Abschluss des Berichtes zog Washington seine Agenten zurück, weil man weitere Anschläge befürchtete. US-Marinesoldaten, die mit der jordanischen Armee im Manöver waren, brachen ihre Operationen ab und wurden außer Landes gebracht. Und US-Schiffe, die in Bahrain beim Hauptquartier der Fünften Flotte lagen, verließen den Hafen. Thomas Friedman schrieb dazu in der *New York Times*: «Für all dies gibt es einen militärischen Begriff: ‹Rückzug›.»[41]

Diese Reaktionen entsprachen den allgemeinen Vorschriften. Wenn sich die Sicherheitslage im Ausland verschlechtert, fordern die Vereinigten Staaten ihre Bürger gewöhnlich auf, das Land zu verlassen. Die Diplomaten werden abgezogen und Barrikaden um die Botschaft errichtet. Als die Bombardierung von Afghanistan begann, schlossen die Vereinigten Staaten ihre Botschaft in Saudi-Arabien und reduzierten ihr diplomatisches Personal in anderen muslimischen Ländern. Diese Maßnahmen sind verständlich und gerechtfertigt. Amerika sollte keine unnötigen Risiken eingehen und seine Staatsbürger vor Gefahren schützen.

Aber diese Logik bedeutet auch, dass der Terrorismus langfristig den amerikanischen Internationalismus untergraben könnte. Der Preis, den ein Volk für die Autonomie seines Heimatlandes zu bezahlen bereit ist, ist meist höher als der Preis, den ein Fremder für seine Präsenz in jenem Land bezahlen möchte. Das ist einer der wichtigsten Gründe für den Untergang von Kolonialreichen. Deswegen haben die Vereinigten Staaten Militärbasen in Ländern aufgegeben, in denen sie nicht mehr erwünscht waren – z. B. auf den Philippinen. Und diese Logik wird Amerika überzeugen, dass die Kosten einiger Engagements in Übersee deren Nutzen weit übertreffen.

Die USA sind in den meisten Regionen der Welt – einschließlich des Nahen Ostens – eher willkommen als unerwünscht. Die Vereinigten Staaten sind kein imperialer Staat mit räuberischen Absichten. Ihnen liegt mehr an der Stärkung regionaler Stabilität und Sicherheit und dem Schutz des internationalen Handels als an eigenem Machtzuwachs auf Kosten anderer. Amerika hat gute Gründe, im Nahen Osten engagiert zu bleiben: Es will unter anderem den dortigen Zugang zum Öl garantieren und für die Sicherheit Israels sorgen. Terroristische Anschläge und andere Demonstrationen anti-amerikanischer Gefühle werden Washington nicht davon abhalten, diese Prioritäten aufzugeben. Die Geschichte des 20. Jahrhunderts zeigt, dass Amerika hartnäckig sein kann, wenn es provoziert wird.

Aber die amerikanische Geschichte zeigt auch, dass es immer wieder eine innere Stimme gibt, die das Land auffordert, sich aus den Angelegenheiten anderer Länder herauszuhalten, damit die sich aus Amerikas Angelegenheiten heraushalten. Sollten die Kosten des globalen Engagements steigen und die Angriffe auf die Heimat zunehmen, werden immer mehr Stimmen den Rückzug aus dem Nahen Osten fordern. Es mag nach Defätismus aussehen – aber es ist logisch, den Terrorismus am besten zu vermeiden, indem man ihn nicht provoziert.

Im patriotischen Rummel nach den Anschlägen auf New York und Washington wurde wenig darüber nachgedacht, wie Amerika sein Engagement im Nahen Osten ändern oder verringern könnte, um antiamerikanische Ressentiments in der Region zu unterbinden. Die patriotische Stimmung verhinderte zunächst, dass amerikanische Zeitungen dieses Thema aufgriffen.[42] Aber ein intensiver Dialog und der Versuch, Amerikas Präsenz im Nahen Osten zu verringern, sind natürliche und unvermeidbare Konsequenzen des 11. September. Deshalb hat Israels Premierminister Ariel Sharon die Vereinigten Staaten gewarnt, «die Araber nicht auf unsere Kosten zu befrieden», wobei er auf die Appeasement-Politik der Westeuropäer in den dreißiger Jahren anspielte: «Israel wird nicht zur Tschechoslowakei.»[43] Deswegen begannen die Amerikaner nach dem Sieg über die Taliban mit einer Diskussion über die US-Militärpräsenz in Saudi-Arabien.[44]

Amerika wendet sich dem Heimatschutz zu und schaut dabei zunehmend auf sich selbst. Zweifellos muss der Heimatschutz verbessert werden. Doch in zweifacher Hinsicht distanzieren sich die Vereinigten Staaten vom Rest der Welt. Zunächst hat sich Amerika eingeschanzt; Flugzeuge und Kriegsschiffe patrouillieren die Küsten. Restriktive Einwanderungsregeln und mehr Überwachung haben die Grenzen dichter gemacht. Die für den Heimatschutz vorgesehenen Mittel werden zumindest teilweise zu Lasten der Ressourcen gehen, die für internationale Missionen verwendet werden. Je mehr Zeit amerikanische Soldaten und Flugzeuge in oder bei den Vereinigten Staaten verbringen, desto weniger werden sie für die Friedenserhaltung im Ausland gebraucht.

Aber wie wirken sich die Terroranschläge auf Amerikas öffentliches Bewusstsein und seine Unterstützung für den US-Internationalismus aus? Die kurzfristigen Folgen waren eindeutig: Die Nation rückte zusammen und demonstrierte Einheit. Meinungsumfragen ergaben ein neues Vertrauen in die Fähigkeiten der Regierung.[45] Die Zunahme von freiwilliger Mitarbeit und Spendenbereitschaft bewies einen dramatischen Zuwachs an zivilem Engagement.

Doch langfristig sehen die Perspektiven anders aus. Die meisten Aktivitäten im langen Kampf gegen den Terrorismus führen kaum dazu, den Zusammenhalt der Nation zu stärken. Die besten Gegenmaßnahmen sind Polizeiarbeit, geheimdienstliche Tätigkeit und geheime Operationen. Es wird keinen D-Day geben. Amerikas Militärmacht wird sporadisch eingesetzt – ähnlich wie in Afghanistan und im Irak. Doch seine Überlegenheit wird zuweilen durch einen Schattenfeind neutralisiert, wodurch ein Sieg nur schwer erreichbar erscheint und ein langer und frustrierender Kampf droht. Die Vereinigten Staaten haben den Krieg gegen die Taliban und die Al-Qaida leicht gewonnen, doch viele Terroristen laufen noch frei herum. Die größten Erfolge werden so genannte Nicht-Ereignisse sein – Terroranschläge, die entweder verhindert oder nie geplant wurden, über die somit niemand berichten kann.

Das Land wird in diesen Kampf nicht als Ganzes hineingezogen werden. Nach den Angriffen vom 11. September wehten überall Fahnen, doch es gab keine Schlangen vor den Rekrutierungsstationen. Die Fluglinien schickten Hunderte von Flugzeugen ins Lager, weil die Passagiere ausblieben. Die Menschen blieben lieber zu Hause. Und anstatt die Kriegsanstrengungen in Fabriken zu unterstützen, wurden viele Amerikaner entlassen, weil die Anschläge die Konjunktur schwer beschädigt hatten. So oder so könnte der Kampf gegen den Terror also unilateralistische und isolationistische Tendenzen verstärken, anstatt sie abzuschwächen.

Ein neuer amerikanischer Internationalismus

Während die Vergangenheit und Gegenwart darauf verweisen, dass sich der Isolationismus und Unilateralismus in den nächsten Jahren durchsetzen, bleibt der liberale Internationalismus als mögliche Alternative. Ein neues Gleichgewicht muss gefunden werden – ein internationales US-Engagement, das mit der neuen Politik im eigenen Land einhergeht. Es geht um eine richtige Mischung aus Realismus und Idealismus, die konkurrierende regionale Interessen und Kulturen ausgleichen und die Außenpolitik gegen Parteiinteressen schützen könnte.

Die heutigen Politiker sollten Franklin Roosevelts Vorbild folgen und einen Mittelweg zwischen zu viel und zu wenig Engagement finden. Einem Extrem zu folgen wäre gefährlich. Ein unkontrollierter Unilateralismus würde aus Alliierten Feinde machen. Ein unilaterales internationales Engagement hätte keine ausreichende innenpolitische Unterstützung. Gegenwehr und eine schnelle Rückkehr zum Isolationismus wären die Folge. Genau dies war Woodrow Wilsons Schicksal. Der Rückzug von Amerikas Weltrolle würde jedoch nur die Gleichgültigkeit fördern und Amerika in eine illusionäre Zurückgezogenheit treiben – wo es sich im Laufe seiner Geschichte am liebsten befand. Der Mittelweg liegt dazwischen, ein neuer und anspruchsvoller liberaler Internationalismus, auf den eine neue differenzierte Große Strategie aufbauen könnte. Ein praktikables Minimum, würde Roosevelt es nennen – kein unerreichbares Maximum.

Ein erstes Ziel wäre es, die Größe und Bedeutung dieser Aufgabe überhaupt zu erkennen. Ein neues Gleichgewicht kann nicht gefunden werden ohne ein konkretes Bemühen darum. Ein neuer Internationalismus mit einer entsprechenden Großen Strategie kommt nicht von allein. Die Clinton-Regierung hatte dies vergessen. Sie ließ sich von der amerikanischen Wirtschaftskraft blenden und glaubte, Amerikas unipolare Stellung würde ewig andauern. Die Bush-Regierung wird sich vermutlich auf den Kampf gegen den Terrorismus konzentrieren – eine wichtige Aufgabe, die aber von anderen ebenso wichtigen Themen ablenkt. Und selbst wenn Bush seine Ziele erweitern sollte, wird er wahrscheinlich – wie zu Beginn seiner Amtszeit – zwischen zu viel und zu wenig Engagement schwanken. Sowohl unter seinen Beratern als auch innerhalb der Republikanischen Partei gibt es gegensätzliche Lager, die die beiden Extrempositionen vertreten.

Zum einen die Neokonservativen wie Cheney, Rumsfeld, Wolfowitz und die externen Berater William Kristol, Robert Kagan und Richard Perle (der das *Defense Policy Board* leitet, das den Verteidigungsminister berät). Sie befürworten unilaterale Einsätze der US-Streitkräfte, die Amerikas Hegemonie so lange wie möglich sicherstellen und aktiven Widerstand gegen den Aufstieg alternativer Machtzentren leisten. Eher traditionelle Konservative wie Condoleezza Rice und Colin Powell stehen im anderen Lager. Sie gehen mit der amerikanischen Macht vorsichtiger um und lehnen kleine Kriege an Amerikas Peripherie ab. Die USA sollten ihre Ressourcen klug verwalten, sich auf den Heimatschutz konzentrieren und sich um die wichtigsten Mitspieler kümmern – die EU, Russland und China.

Präsident Bush selbst neigt zum konservativen, wenig engagierten Lager. Er hat sich im Laufe seiner Karriere kaum für Außenpolitik interessiert. Als Präsidentschaftskandidat war Bushs wichtigste Botschaft, dass er mit Amerikas internationalen Verpflichtungen selektiver als seine Vorgänger umgehen werde. «Ich werde vorsichtig sein», sagte er während der Präsidentschaftsdebatte in Boston. «Ich glaube nicht, dass wir alles für alle Menschen auf der Welt sein können. Ich meine, wir sollten beim Einsatz unserer Truppen sehr vorsichtig sein.»[46] Doch weil Bush außenpolitisch recht unerfahren ist, ließ er sich von den unilateralistischen und konservativen Lagern beeinflussen. Bush ist nicht Franklin Roosevelt, der rivalisierende Lager gegeneinander auszuspielen verstand, um dann den Mittelweg einzuschlagen.

Bush muss nicht nur zwischen den Flügeln der Republikanischen Partei vermitteln, er muss auch den Konflikt zwischen den Realisten und Idealisten moderieren. Clinton hat es verstanden, beide Richtungen hervorragend zu vereinbaren. Nach einem holprigen Start hat er die Sicherheitspolitik gut gemanagt und US-Soldaten wiederholt auf dem Balkan und im Persischen Golf in den Kampf geschickt. Clinton hat die Option des begrenzten Krieges wieder eingeführt. Er fühlte sich zunehmend sicher beim Einsatz eines begrenzten Militäraufgebotes, das den begrenzten Interessen entsprach. Somit kippte er die Pentagon-Doktrin des Alles-oder-Nichts, die der ehemalige Generalstabschef Colin Powell hinterlassen hatte.

Gleichzeitig entwarf Clinton eine neue Agenda mit klaren idealistischen Untertönen: Er kümmerte sich um Globalisierung, schützte die Umwelt, interessierte sich für die Gesundheitsprobleme der Dritten Welt und stärkte die Rolle internationaler Organisationen. Er hatte erkannt, dass der Aufstieg anderer Machtzentren Amerika langfristig Vorteile bringen könnte. Trotz dieser Einsicht begegnete er der europäischen Verteidigungsmacht mit Skepsis. Sein Sicherheitsberater Samuel Berger schrieb dazu: «Clinton hatte verstanden, dass das alte Gewinn-Verlust-Paradigma des Kalten Krieges nicht mehr ausreicht. Es nützt uns allen, dass Europa stärker wird. Die Integration von Lateinamerika ist gut für uns.»[47] Ein Kommentator bezeichnete Berger selbst als Quelle des Ausgleichs zwischen Realismus und Idealismus: «Er wollte kein Idealist wie Wilson und kein Realist wie Kissinger sein. Er lehnte es ab, zwischen den Alleingängen der Konservativen und dem liberalen Internationalismus wählen zu müssen.»[48]

Obwohl Teile der Clinton-Mannschaft Realismus und Idealismus erfolgreich miteinander vereinbarten, definierten sie keine Leitsätze für ihre Politik. Ohne ein konzeptionelles Gefüge war die Außenpolitik der Clinton-Regierung am Ende viel weniger als die Summe der Einzelteile. Die Regierung hat viele Einzelprobleme richtig gelöst, doch es gab keine konsequente Große Strategie. Da Clinton den Wählern keine Leitprinzipien präsentierte, konnte er auch keinen neuen amerikanischen Internationalismus formulieren.

Bush hat ein anderes Problem. Seine realistische Agenda bleibt von idealistischen Ambitionen unberührt. Er verfolgt somit eine monolithische Außenpolitik, die für die Herausforderungen der Gegenwart ungeeignet erscheint. Sein Team hatte sich zunächst fast ausschließlich auf das traditionelle Machtgleichgewicht konzentriert: Aufbau von Amerikas militärischer Stärke, Aufbau eines Raketenabwehrsystems, Bekräftigung alter Allianzen mit Europa, Japan und Taiwan und Eindämmung der Chinesen. Die Ereignisse haben ihn dann gezwungen, die Agenda zu ändern und den Krieg gegen den Terrorismus zur obersten Priorität zu erklären. Doch die Tendenz zu Realismus blieb. Wolfowitz versprach, jene Staaten, die den Terrorismus unterstützten, einfach «abzuschaffen». Das Bush-Team forderte die Welt auf, sich entweder für oder gegen Amerika zu entscheiden. Über die Suche nach Ländern, gegen die Amerika Vergeltung üben könnte, schrieb das satirische Blatt *The Onion*: «Präsident Bush hat Osama bin Laden darum gebeten, einen Staat zu bilden, den Amerika angreifen kann.»[49]

Bush hat sich vom kriegerischen Ton seines Teams distanziert, Geduld gezeigt und für eine gemäßigte Militärreaktion optiert. Doch sein krasser Realismus bleibt ein Anachronismus. Obwohl dieser Realismus für einige Teile der Welt noch gelten mag, wo die traditionelle Sicherheitsagenda weiterhin dominiert – zum Beispiel in Nordostasien – hat er dem Rest der Welt nur wenig zu bieten. Die europäischen Konfliktlinien sind endgültig verschwunden. Lateinamerika und Südostasien konzentrieren sich auf die regionale Integration – nicht auf das Machtgleichgewicht. Multilateralismus dominiert in allen drei Regionen. Amerikas unilateralistische Neigungen sind dort nicht gern gesehen.

Bushs Realismus ist auch für den Nahen Osten ungeeignet, eine Region, von der die größte Bedrohung der amerikanischen Sicherheit ausgeht. Der Terrorismus wurzelt in sozialen und religiösen Konflikten. Geopolitische Interessen sind ihm fremd. Und obwohl die Mehrheit den Terrorismus im Nahen Osten nicht unterstützt, gibt es dort einen starken Anti-Amerikanismus. Viele Regime werden dort durch eigene islamische Extremisten bedroht. Die politische Lage in Nahost ist kompliziert. Die Nahoststaaten müssen einen Balanceakt vollbringen – manchmal für, manchmal gegen Amerika. Ebenso ist es auch für Amerika zuweilen opportun, Regime zu tolerieren, die terroristische Aktivitäten unterstützen – so zum Beispiel die Palästinenserbehörde. Afrika hat ebenso große Sorgen, aber Afrikas Probleme wurzeln in religiösen und ethnischen Konflikten, in Armut, Krankheit und traditioneller geopolitischer Rivalität. Zwischen den Entwicklungsländern wird es zu Kriegen kommen, aber diese Kriege werden eher begrenzte ethnische und zivile Konflikte sein, für die sich das Bush-Team nicht interessiert. Die US-Regierung wird erkennen, dass ihr erzrealistisches Konzept obsolet geworden ist.

Der Realismus der Bush-Regierung hindert sie auch daran, Konzepte für einen neuen US-Internationalismus zu entwickeln. Realismus eignet sich gut zur Belehrung der Öffentlichkeit. Die Welt wird in Schwarz und Weiß unterteilt. Mit diesem Freund-Feind-Denken lässt sich leicht Unterstützung mobilisieren. Periphere Bedrohungen und die neue Sicherheitsagenda – Umwelt, Friedenserhaltung, Gesundheit und Wirtschaftsentwicklung – interessieren Amerika nicht; die Öffentlichkeit kann getrost abschalten. Die Nation konzentriert sich auf die großen Bedrohungen. Für sie werden auch Opfer gebracht.

Doch so einfach ist die Welt nicht. Für das US-Engagement gibt es kein Entweder-Oder. Der Realismus mag die Grundlage für einen neuen amerikanischen Internationalismus sein; für die Herausforderungen des Landes ist er denkbar ungeeignet. Die zentrale Frage ist nicht, ob sich die USA engagieren sollen – sondern wie und in welchem Ausmaß. Insofern müssen amerikanische Führer die Wähler offen über Grundlagen der Außenpolitik des Landes informieren. Die Vereinigten Staaten leben in einer Welt, in der die Konfliktlinien verschwinden, Freund und Feind oft nicht erkennbar sind und die größten Verbrecher gegen Amerika in Felsschluchten verschwinden, noch bevor sie Schaden angerichtet haben. In dieser Welt können sich Politiker nur schlecht zurechtfinden. Die einzige verlässliche Alternative besteht darin, der politischen Unsicherheit ein klares Konzept entgegenzustellen.

Hier muss Amerikas außenpolitisches Engagement neu überdacht werden. Die Geschichte liefert dabei nützliche Erkenntnisse: Wilsons US-Beteiligung am Völkerbund scheiterte nicht, weil sich Amerika anderen Staaten gegenüber nicht verpflichten wollte. Sie scheiterte, weil die Verpflichtungen bindend waren. Der Senat wollte derartige Einschränkungen nicht akzeptieren. Präsident Franklin Roosevelt gewann Unterstützung für die Vereinten Nationen, weil Amerikas Verpflichtungen unter der UN-Charta locker und unverbindlich blieben. Gibt es keinen großen Feind, wollen die Amerikaner sich nicht binden lassen.

Bush und Clinton haben diese wichtige Lehre nie verstanden. Sie verlassen sich weiterhin auf Allianzen mit bindenden und automatischen Verteidigungsmechanismen als wichtigste Instrumente ihrer Politik. Diese Allianzen mögen in Nordostasien noch plausibel sein, wo geopolitische Konfliktlinien weiterhin traditionelle Partner wie Südkorea und Japan bedrohen. Doch die NATO-Erweiterung in Europa, wo diese Konfliktlinien nicht mehr existieren, könnte wegen der gleichen innenpolitischen Probleme scheitern, die bereits den Völkerbund zu Fall brachten. Wenn Bush Zweifel am Einsatz amerikanischer Truppen auf dem Balkan hat, wird er sicher schlecht erklären können, warum er Verteidigungsgarantien gegenüber zehn Ländern abgeben will, die der NATO beitreten wollen. Die Vereinigten Staaten werden eher in Europa bleiben, wenn sie über ihre Streitkräfte allein verfügen können, anstatt sich Verpflichtungen gegenüber Ländern auszusetzen, die sie kaum auf der Landkarte finden können. Während Bush die Grenzen des neuen Internationalismus testet, sollte er sich an Roosevelts weisen Rat halten: Weniger ist mehr.

Amerikanische Hybris kompliziert die Suche nach einem neuen und differenzierten Internationalismus. Die Vereinigten Staaten sind mit einer Herausforderung konfrontiert, die nur wenige große Staaten bewältigen konnten: der Bereitschaft, aufstrebenden Machtzentren einen Teil der eigenen Macht abzugeben. Innenpolitische Rücksichten könnten dies verhindern. Politiker fürchten, sie würden abgewählt, wenn sie sich schwach und kompromissbereit zeigen. Diese Angst ist besonders groß, wenn ihre Gegner ihnen vorwerfen, sie würden die Nation demütigen. Wegen ihrer Ambivalenz gegenüber der internationalen Verantwortung könnte sich die amerikanische Öffentlichkeit an einen schleichenden Machtverlust gewöhnen. Doch die amerikanischen Eliten und die öffentliche Meinung haben sich an ihre Machtstellung gewöhnt, sodass sich die Vereinigten Staaten sträuben werden, wenn andere Länder die US-Vorherrschaft herausfordern. Bush und seine Nachfolger haben somit die undankbare Aufgabe, einen neuen Internationalismus zu entwerfen, ohne den hartnäckigen Unilateralismus anzufachen. Man sollte dies als Strategie der Erleichterung von einer schweren Last darstellen – nicht als Rückzug unter dem Druck fremder Länder.

Der neue Internationalismus muss auf der richtigen Ideologie basieren und die konkurrierenden Interessen der amerikanischen Regionen ausbalancieren. Die amerikanische Geschichte lehrt, dass es isolationistische und unilateralistische Strömungen in vielen Teilen der Vereinigten Staaten gab. Einige Regionen sind weder heillos isolationistisch noch stur unilateralistisch geprägt. Der Isolationismus in seiner liberalen und libertären Ausprägung und der Unilateralismus durchdringen Amerikas Ideologie. Ihre Dominanz in bestimmten Regionen variiert je nach den unterschiedlichen politischen und wirtschaftlichen Interessen. Isolationistische und unilateralistische Stimmen werden deshalb weiterhin zum politischen Diskurs gehören. Aus ideologischen und instrumentellen Gründen werden sich Politiker und unterschiedliche Gruppen immer für sie einsetzen. Die Herausforderung wird sein, diese Extrempositionen durch Bildung regionaler Koalitionen zu neutralisieren. Das Ziel ist ein moderater Internationalismus, der die Anziehungskraft der Isolationisten und Unilateralisten ausschaltet.

Doch Allianzen können sich schnell ändern. Die internationalistische Einheit zwischen Nord und Süd, die Roosevelt zustande gebracht hatte, brach in den siebziger Jahren auseinander. Es gab Streit über Vietnam und die Bürgerrechte. Der Süden war antikommunistisch eingestellt, für den Krieg und konservativ in sozialen Fragen. Der Norden tendierte gegen den Krieg und war eher progressiv. Nach dem Vietnam-Krieg kam es zu einer Entspannungsphase. Die politischen Folgen des Zerfalls der Nord-Süd-Koalition wurden zunächst verdrängt. Doch als zu Beginn der achtziger Jahre erneut alte Spannungen auftraten, spielten regionale Interessen plötzlich wieder eine Rolle.

Präsident Ronald Reagan brachte eine neue Koalition zwischen dem Süden und dem Westen zustande. Sie wurde das politische Fundament für seine militärische Aufrüstung. Diese neue Allianz basierte auf gemeinsamem Antikommunismus, auf den Vorteilen der Rüstungsausgaben für beide Regionen und der Förderung des Freihandels. Der liberale Norden war von Reagans Politik wenig begeistert, man hatte weniger Vorteile von Rüstungsausgaben und befand sich mitten in der Regression. Während die Menschen und mit ihnen der

Unternehmergeist vom «Rostgürtel» in den «Sonnengürtel» abwanderten, verschob sich auch das Interesse an ökonomischer Freiheit.[50]

Das Ende des Kalten Krieges und der darauf folgende Wirtschaftsboom brachten ein Jahrzehnt, in dem regionale Interessen weniger Konfliktstoff boten. Da der Verteidigungssektor unter den Kürzungen nach Ende der Sowjetunion litt und die US-Regierung Haushaltsüberschüsse vorweisen konnte, wurden zusätzliche Militärausgaben rasch bewilligt. Obwohl der Krieg gegen den Irak und das Engagement auf dem Balkan heftige Debatten im Kongress auslösten, haben die geringen Opferzahlen dafür gesorgt, dass die Unterstützung für den Internationalismus nicht schwand. Und nach den Terroranschlägen auf New York und Washington stand das Land vereint hinter den militärischen Vergeltungsschlägen.

Unter diesen Umständen blieb die Allianz zwischen Süden und Westen, die Reagan zustande gebracht hatte, selbst nach dem Verschwinden des «Reichs des Bösen» am Leben. Im November 2000 half sie George W. Bush im Präsidentschaftswahlkampf. Der Süden und innere Westen waren konservativer und realistischer eingestellt und akzeptierten den Populismus von George W. Bush, während der Norden und die westliche Küstenzone liberaler und idealistischer dachten und eher Al Gore zuneigten.

Die Konflikte zwischen den regionalen Interessen werden in den kommenden Jahren zunehmen – auch weil Amerikas Regionen im politischen Sinne auseinander wachsen. Neuengland hatte immer eine gesunde Mischung aus Republikanern und Demokraten. 1985 schickten die Staaten der Region (Maine, Vermont, New Hampshire, Massachusetts, Rhode Island und Connecticut) 14 Demokraten und 10 Republikaner ins Repräsentantenhaus. 2001 waren es 17 Demokraten und fünf Republikaner. Es gibt immer weniger republikanische Wähler in Neuengland.

Das Gegenteil trifft auf den Westen zu – auf Montana, Nevada, Idaho, Utah, Wyoming, Colorado, Arizona und New Mexico. Im Jahre 2001 gingen sieben Demokraten und 17 Republikaner aus dieser Region ins Repräsentantenhaus – das gleiche Verhältnis wie 1985. Trotz Bevölkerungswachstums ist es schwer, im Westen der Rocky Mountains Wähler der Demokraten zu finden. Diese Trends machen es schwieriger, regional übergreifende Koalitionen zu bilden – keine guten Aussichten für Amerikas internationales Engagement. Roosevelt hatte den Wert von Koalitionen für den liberalen Internationalismus klar erkannt. Anstatt sich auf einen moderaten Konsens verlassen zu können, werden die Politiker heutzutage durch regionale Gegensätze und innenpolitischen Druck gelähmt und zu unilateralistischen und isolationistischen Extremhaltungen verführt.

Amerikas Regionen haben ähnlich unterschiedliche Wirtschaftsinteressen. Während der wichtigste Handelspartner des Nordostens in Europa liegt, ist Kanada für den Mittelwesten am bedeutsamsten. Der Westen hat die engsten Beziehungen zu Asien; und Europa, Asien, Mexiko und Kanada sind für den Süden gleich wichtig. Die regionalen Unterschiede beeinflussen Amerikas Handelspolitik. Jede Region hat eine andere ökonomische Basis und das relative politische Gewicht des industriellen, landwirtschaftlichen und Dienstleistungssektors vergrößert die regionalen Unterschiede. Seit Gründung der Vereinigten Staaten haben regionale Wirtschaftsinteressen handelspolitische Konflikte verursacht. Dadurch entstanden ebenso unterschiedliche Auffassungen zu Amerikas strategischem Engagement im Ausland.

Auch die Veränderungen der ethnischen Zusammensetzung der amerikanischen Gesellschaft können die regionalen Gegensätze verschärfen. Die Vereinigten Staaten waren immer ein Land, das es geschafft hat, Einwanderer zu integrieren. Die Immigranten behielten starke persönliche und menschliche Bindungen an ihr Mutterland; ihre politische Loyalität galt jedoch meist Amerika. Fast jede ethnische Gruppe hat eine Lobby in Washington. Dennoch haben Amerikaner verschiedenster Herkunft meistens ihre nationalen Interessen gemeinsam definiert. Für die Außenpolitik spielte die ethnische Herkunft meist nur eine Nebenrolle.

Dennoch mag die Theorie des Schmelztiegels bald nicht mehr gelten. Minoritäten werden nicht mehr so leicht in den multiethnischen Mainstream integriert, wenn sie selbst zum Mainstream geworden sind. Der Anteil nicht-hispanischer Weißer an der US-Bevölkerung schrumpft ständig. Im Jahre 2060 wird er unter 50 Prozent liegen. Am

Ende des 21. Jahrhunderts wird es nur noch 40 Prozent «Weiße» im traditionellen Sinne geben. Bis 2060 wird ein Viertel der Bevölkerung hispanisch-amerikanisch sein, im Jahre 2100 bereits ein Drittel. Der Anteil schwarzer und asiatischer Minoritäten wächst langsamer. Der Anteil der Asiaten, die jetzt etwa vier Prozent stellen, wird bis 2025 auf sieben und bis 2060 auf 10 Prozent ansteigen. Der Anteil der nicht-hispanischen Schwarzen wird unverändert bei 13 Prozent liegen.[51]

Hispanische und asiatische Amerikaner leben bevorzugt in bestimmten Regionen: Hispanoamerikaner im Südwesten und Asiaten an der Westküste. Daher werden zukünftige Generationen ethnische Identität und ethnische Interessen stärker verknüpfen. Um 2025 wird es in Kalifornien nur noch 33 Prozent Weiße geben; Hispanoamerikaner werden 42 Prozent, Asiaten 18 Prozent und die Schwarzen sieben Prozent der Bevölkerung stellen. Um 2025 wird es in Texas 46 Prozent Weiße und 38 Prozent Hispanoamerikaner geben, während in Neumexiko 48 Prozent hispanisch sein werden.[52]

Weil hispanische und asiatische Amerikaner sich in einigen US-Staaten bevorzugt niederlassen, wird der politische Einfluss dieser Gruppen zunehmen. Kalifornien und Texas sind bei Wahlen besonders wichtig. Beide Staaten stellen zusammen 86 Stimmen im Wahlmännergremium, etwa ein Drittel der 270 Stimmen, die für die Präsidentschaftswahl benötigt werden. Wie die Debatte um die NATO-Osterweiterung gezeigt hat, wirkt sich die ethnische Zusammensetzung in Staaten mit großem Stimmenanteil im Wahlmännergremium auf die politischen Interessen dieser Staaten sehr wohl aus. Wären Amerikaner polnischer, tschechischer und ungarischer Herkunft in allen US-Staaten gleichmäßig verteilt, hätten sie wenig Einfluss auf die Frage, ob ihre Heimatländer der NATO beitreten sollten. Da sie jedoch in bevölkerungsstarken Staaten im Mittelwesten leben und eine gute Lobby haben, konnten sie die Entscheidung erheblich beeinflussen.[53] Somit nimmt auch Amerikas wachsende hispanische Bevölkerung zunehmend Einfluss auf die US-Außenpolitik. Präsidentschaftskandidaten, die Kalifornien und Texas gewinnen möchten, müssen die Interessen der hispanischen Wähler berücksichtigen.

Dass unterschiedliche ethnische Gruppen dazu neigen, die amerikanische Außenpolitik zu beeinflussen, ist nichts Neues. Das gehört zum Wesen der pluralistischen Demokratie und multiethnischen Gesellschaft. Doch Amerikas veränderte Demographie könnte dem ethnischen politischen Einfluss eine größere Bedeutung geben und Konsequenzen für den amerikanischen Internationalismus haben.

Der Anteil der Latinos beispielsweise könnte die Richtung des US-Internationalismus und die Ziele der amerikanischen Außenpolitik stark beeinflussen. Meinungsumfragen in der hispanischen Community sind nicht eindeutig. Aber sie ergeben Tendenzen, die von den Positionen vieler amerikanischer Politiker stark abweichen. So unterstützen hispanische Führer zum Beispiel die traditionelle Sicherheitspolitik und ihre Militärallianzen weitaus weniger. Verglichen mit 60 Prozent der US-Eliten meinen nur acht Prozent der Latino-Eliten, dass «die Verteidigung von Alliierten ein sehr wichtiges Ziel» sei. 85 Prozent der hispanischen Eliten glauben, die Vereinigten Staaten sollten sich mehr um die Beziehungen zu Lateinamerika kümmern. Amerikas Außenpolitik ist zwar kein Nullsummenspiel. Doch begrenzte Ressourcen bedeuten, dass mehr Aufmerksamkeit für Lateinamerika zu Lasten anderer Regionen geht.[54]

Die potenzielle Balkanisierung Amerikas könnte die Aufgabe zusätzlich komplizieren, einen dauerhaften Internationalismus für das gesamte Land zu entwickeln. Wenn der Südwesten mit Lateinamerika beschäftigt ist, die Westküste an den Pazifik denkt und sich die Ostküste für Europa interessiert, wird es schwer sein, einen Konsens über Amerikas gemeinsame Interessen zu finden. Treten ethnische und sprachliche Trennlinien zu den kulturellen und wirtschaftlichen Unterschieden hinzu, die Amerikas Regionen schon immer gespalten haben, könnten regionale Differenzen das soziale Gefüge und die gemeinsame Identität bedrohen. Ein politischer Stillstand könnte dazu führen, dass es immer schwieriger wird, internationalistische Koalitionen zu bilden. Ein Abdriften in eine isolationistische und unilateralistische Politik wäre kaum zu vermeiden.

Die regionale Mobilität der Arbeitskräfte könnte die ethnogeographischen Trennlinien überwinden. Wenn sich die regionale Nachfrage nach Arbeitskräften verändert, funktioniert auch der Schmelztiegel besser. Im 19. Jahrhundert wanderten dadurch neue Immigranten und Siedler in den Westen. Während der Industrialisierung und Urbanisierung gingen die Arbeiter im frühen 20. Jahrhundert von Süden nach Norden. Am Ende des Jahrhunderts drängten sie in den «Sonnengürtel» im Süden und Westen zurück. Die Vermischungen, die daraus entstanden, haben die Vereinigten Staaten in ein starkes Gemeinwesen verwandelt.

Im digitalen Zeitalter gibt es jedoch weitaus weniger Arbeitsmobilität als im Industriezeitalter. Menschen und Unternehmen können jetzt mit großer Flexibilität entscheiden, wo sie sich niederlassen wollen. Im Industriezeitalter ließen sich die Unternehmen dort nieder, wo Rohstoffe und Transportwege vorhanden waren. Die Arbeiter folgten ihnen und ließen ihre Heimat auf der Suche nach Arbeit zurück. In seinem Buch *Nations and Nationalism* beschreibt Ernest Gellner, wie die Industrialisierung und die damit verbundene Mobilität und Homogenität die moderne Nation schuf. Die Industrialisierung war der Brennstoff, der den Schmelztiegel heizte.[55]

Im digitalen Zeitalter lassen sich Unternehmen und Arbeiter dort nieder, wo sie es wollen – nicht dort, wo sie es müssen. Bei der Wahl ihres Wohnortes werden sich die Amerikaner zunehmend von Lebensstil, Nähe zur Familie, kulturellem Milieu oder Klima beeinflussen lassen. Diese Kriterien waren schon vor dem digitalen Zeitalter wichtig. In den siebziger und achtziger Jahren waren Nordstaatler, die in den Süden umzogen, politisch konservativer eingestellt als die Mehrheit der Menschen im Norden.[56] Das digitale Zeitalter wird diese Trends jedoch verstärken, wodurch die kulturellen und ethnischen Trennlinien zwischen den Regionen sich verschärfen. So erklärt Michael Lind von der New American Foundation: «Die geographische Mobilität der Amerikaner kann die regionalen Subkulturen tatsächlich stärken. Eine freiwillige Aufteilung kann entstehen, wenn liberale Südstaatler nach Norden umziehen und konservative Nordstaatler aus Boston und New York fliehen, um nach Atlanta oder Dallas zu ziehen.»[57] Mit zunehmendem Fortschritt des digitalen Zeitalters driften die regionalen Kulturen und Interessen somit auseinander. Diese Entwicklung macht es meist schwieriger, einen gemeinsamen amerikanischen Internationalismus zu formulieren und isolationistischen und unilateralistischen Extremen zu widerstehen. Sie lässt auch eine sorgsame politische Strategie zu diesem Zweck umso dringlicher erscheinen.

Siebtes Kapitel

Nach der Pax Americana

Die Vereinigten Staaten können und sollten sich dem Ende des amerikanischen Zeitalters nicht widersetzen. Tun sie es dennoch, würden sie mit dem aufstrebenden Europa und einem heranwachsenden Asien in Konflikt geraten. Wer aber die Vereinigten Staaten drängt, ihre globale Dominanz aufzugeben, fordert sehr viel: Großmächte können ihre eigene Vergänglichkeit nur schwer akzeptieren. Nur wenige von ihnen haben im Laufe der Geschichte emporstrebenden Mächten freiwillig Platz gemacht und ihre Große Strategie entsprechend verändert.

Mit der richtigen Politik und der richtigen Taktik könnte es den Vereinigten Staaten gelingen, den Übergang von der Unipolarität zur Multipolarität friedlich zu vollziehen. Sie könnten zudem garantieren, dass Stabilität und Wohlstand, die unter ihrer Vorherrschaft erreicht wurden, auch nach dem Machtwechsel fortbestehen. Die Vergangenheit dient zunächst nur als Warnung. Multipolare Systeme waren meist Brutstätten von Rivalität und Krieg – keine guten Aussichten für Amerikas Führer und ihre ausländischen Kontrahenten. Bald müssen sie sich mit den geopolitischen Konfliktlinien auseinander setzen, die durch die US-Vorherrschaft bislang ruhig gestellt waren. Doch zwischen den Jahrhunderten des Blutvergießens gab es immer wieder Epochen, die Hoffnung keimen ließen.

In diesen Perioden gab es Prozesse von Integration, bei denen sich unterschiedliche Staaten bewusst aneinander banden, um einen destruktiven Konkurrenzkampf zu verhindern. Das Spektrum reicht von engen staatlichen Einheiten bis zu lockerer Zusammenarbeit. Am Anfang des Spektrums steht Amerikas Erfahrung mit dem Föderalismus. Die dreizehn amerikanischen Kolonien hatten sich zusammengeschlossen, um die Unabhängigkeit von Großbritannien zu erreichen und ein Staatswesen zu schaffen, das nicht nur den Konkurrenzkampf zwischen den Einzelstaaten verhinderte, sondern eine einheitliche Nation schuf. Die Europäische Union dagegen ist viel weniger als ein Einheitsgebilde und doch viel mehr als eine lockere Gruppierung souveräner Staaten. Die EU ist weder Fisch noch Fleisch, doch sie ist ein historisches Experiment geopolitischer Art – sie hat es geschafft, die Staatsgrenzen strategisch überflüssig zu machen.

Wer die Beziehungen zwischen gleichartigen Zentren der Macht friedlich gestalten will, muss drei wichtige Bedingungen erfüllen: strategische Zurückhaltung, den Aufbau bindender und verbindlicher Institutionen und das Streben nach sozialer Integration, um Vertrauen und eine gemeinsame Identität zu schaffen.[1] Strategische Zurückhaltung bedeutet, dass Macht abgegeben und Neulingen Platz gemacht wird, was überdies gute Absichten beweist. Institutionen erreichen für die Außenpolitik, was Verfassungen für die Innenpolitik bewirken – sie zähmen das System und zügeln den Wettbewerb, indem sie die Kontrahenten aneinander binden und ihr Verhalten durch gemeinsame Regeln und Normen kontrollieren. Die politische und wirtschaftliche Integration dient als sozialer Kitt, der den Wettbewerb in kooperative Bahnen lenkt und die Grundlagen für eine Politik legt, die Staaten, die einst getrennt waren, wieder miteinander verbindet.

Die Vergangenheit

Heute kann man ohne einen Pass oder sonstigen Nachweis von Virginia nach Maryland reisen. Viele Amerikaner fahren täglich über diese Grenze, ohne daran zu denken, dass sie eine politische Grenzlinie überqueren. Ein Krieg zwischen Virginia und Maryland ist heute undenkbar. Die Basketballteams der Universitäten von Virginia und Maryland sind zwar Erzrivalen, doch eine strategische Konkurrenz zwischen beiden Staaten gibt es nicht. Im Gegenteil: Virginia und Maryland sind – wie auch die anderen 48 US-Bundesstaaten – verpflichtet, sich gegenseitig zu verteidigen. Sollte Maryland von einem fremden Staat angegriffen werden, würden Virginia und der Rest des Landes nicht zögern, zu den Waffen zu greifen. Die Unterstützung für militärische Vergeltungsschläge gegen Osama bin Ladens Netzwerk war an der Westküste genauso stark wie an der Ostküste, obwohl Kalifornien Tausende von Meilen entfernt liegt.

Für Amerikaner ist es eine Selbstverständlichkeit, dass die Staaten der Union in Frieden miteinander leben und sich gegenseitig verteidigen. Doch Harmonie und Gemeinschaftssinn waren nicht immer selbstverständlich. Sie sind das Ergebnis einer Jahrhunderte dauernden politischen und wirtschaftlichen Integration. So schreibt Felix Gilbert, ein prominenter Experte für frühamerikanische Geschichte, dass sich «jede Kolonie als eine autonome und unabhängige Welt verstand». Die Kolonien hatten unterschiedliche politische Systeme. Einige wurden von Gouverneuren regiert, die in London ernannt wurden, andere basierten auf privaten *land charters*, und andere wiederum wurden von religiösen Autoritäten regiert. Zu Beginn gab es kaum Konflikte; die Kolonien waren dünn besiedelt, hatten viel Land und selten Streit. Doch die Bevölkerung wuchs, und bald gab es Auseinandersetzungen um Grenzen und Gebietsansprüche. Bei der Lösung ihrer Konflikte wandten die Siedler oft Gewalt an, und viele fürchteten sich vor Kriegen zwischen den einzelnen kolonialen (und später staatlichen) Milizen. Gilbert schreibt dazu: «Ihre Politik musste koordiniert werden, um Kämpfe zu verhindern.»[2] In dieser Phase der Evolution Amerikas waren die Kolonien mehr Konkurrenten als Partner.

Die einzelnen Kolonien mussten auch entscheiden, ob sie Bedrohungen von außen gemeinsam bekämpfen wollten. Zunächst lehnten sie es ab und blieben unabhängige politische Einheiten. 1745 sah der «Albany Plan» eine gemeinsame Aufsicht über die Bedrohung durch die amerikanischen Ureinwohner (Indianer) vor. Die Kolonien lehnten den Plan jedoch ab, weil er ihre Autonomie verletzte. Selbst die Gefahr einer französischen Invasion reichte nicht aus, eine gemeinsame Reaktion zu ermöglichen. Als darüber nachgedacht wurde, ob Maryland Virginia zu Hilfe eilen sollte, beschloss das Parlament von Maryland, «dass die Situation unserer Nachbarn in Virginia bezüglich von Gewalt und Verbrechen, die ihnen von den Franzosen angedroht werden, unsere sofortige Hilfe oder Unterstützung durch den Aufbau von militärischen Streitkräften nicht erfordert».[3]

Es war nicht leicht, Individualismus und Konkurrenzdenken der Kolonien durch ein Gemeinschaftsgefühl zu ersetzen. Die wichtigste politische und konzeptuelle Neuerung bestand darin, sich strategisch zurückzuhalten – die Vorstellung, dass die Einschränkung von Macht und Autonomie der individuellen Kolonien sie am Ende stärken werde. Die strategische Zurückhaltung hatte drei Ziele: die Ambitionen der Kolonien gegeneinander zu bändigen, fremde Mächte im Umgang mit der aufsteigenden amerikanischen Nation zu bremsen und eine sich selbst regulierende Machtbalance zwischen Volk, Einzelstaaten und der Bundesregierung zu schaffen – den drei politischen Einheiten, die zusammen die Union bilden. Gegenseitige Zurückhaltung, *Checks and balances*, gemäßigte Ausübung von Macht – dies waren zentrale Gedanken, die eine Wende der amerikanischen Politik möglich machten und den Konkurrenzkampf zwischen den Kolonien in eine Kooperation zwischen sich integrierenden Staaten verwandelte.[4]

Während die Idee der strategischen Zurückhaltung die Gründung der amerikanischen Union überhaupt erst möglich machte, waren Institutionen die zentralen Mechanismen, um diese Idee zu verwirklichen. Die Institutionen haben die Spielregeln bestimmt und Rivalitäten und Misstrauen durch Ordnung und gegenseitige Zurückhaltung ersetzt. Die wichtigste Institution, die dafür zu sorgen hatte, dass die amerikanische Politik in geordneten Bahnen verlief, war die US-Verfassung. Es galt, die Rechte und Pflichten der verschiedenen Hoheitssphären zu kodifizieren, um eine Struktur zu schaffen, die zentralisiert und gebündelt genug war, eine effektive Regierung zu garantieren. Zugleich aber musste sie dezentralisiert und begrenzt sein, um auch von all jenen akzeptiert zu werden, die keine Zentralgewalt wünschten. Die Konföderationsartikel von 1781 waren in dieser Hinsicht einfach zu schwach. Sie sahen nur eine legislative Kammer vor, in die jedes Staatsparlament ihre Abgeordneten entsandte. Es gab keine Judikative, keine Exekutive, und der Kongress durfte keine Steuern erheben, die Umsetzung seiner – wenigen – Entscheidungen nicht erzwingen oder den innerstaatlichen Handel regulieren. Die Verfassung von 1789 konnte diese Schwächen beheben. Sie umfasste die wichtigen Funktionen von Bindung und Verpflichtung. Indem die Verfassung die Menschen, Staaten und die Bundesregierung miteinander verband und voneinander abhängig machte, setzte sie den Integrations- und Zentralisationsprozess in Gang, der die Union zu einer Einheit zusammenfügte. So erklärt der erste Satz der Verfassung deutlich, dass die Verfassung vom Willen geleitet werde, «unseren Bund zu vervollkommnen.» Deshalb überträgt die Verfassung dem Bund die erforderliche Gewalt, die Staaten aneinander zu binden und aus der Summe der Teile ein Ganzes zu bilden. Zu den zentralen Funktionen des Bundes gehört, «den Handel mit fremden Ländern und zwischen den Einzelstaaten zu regeln», «Münzen zu prägen, ihren Wert und den fremder Währungen zu bestimmen und Maße und Gewichte zu normen», «Postämter und Poststraßen einzurichten» und «für die allgemeine Verteidigung zu sorgen». Eher profane Aufgaben – doch sie sind unverzichtbar, wenn es darum geht, aus Einzelstaaten eine Union zu formen.

Die dritte Komponente, die eine Bändigung von Amerikas politischem System ermöglichte, war die soziale Integration und die Bildung einer gemeinsamen nationalen Identität. Von Beginn an fiel es Amerika leichter, den Konkurrenzkampf zwischen den Einzelstaaten zu bändigen, denn sie waren nicht durch ethnische oder linguistische Grenzen getrennt. Und weil viele Siedler nach Amerika zogen, um religiöse und politische Freiheit zu suchen, verband die Staaten ein gemeinsames Interesse an der Entwicklung einer republikanischen Bürgeridentität. Kern der amerikanischen Identität waren nicht ethnische Zugehörigkeit oder die Religion, sondern das Engagement gegenüber dem nationalen Projekt und den Werten von Freiheit und Demokratie. So erklärte Präsident Andrew Jackson den Amerikanern in seiner Abschiedsrede: «Die Vorsehung ... hat euch zu Wächtern der Freiheit ausersehen, um sie zum Wohle der Menschheit zu erhalten.»[5] Regeln der Selbstbeschränkung, Fairness und Mäßigung gehörten ebenfalls zur bürgerlichen Identität. Sie wurden durch politische Aktivitäten, ein Massenerziehungssystem, politische Vorschriften und Literatur propagiert, um eine nationale Identität zu entwickeln. Diese

Nach der Pax Americana

neue Identität sollte die Loyalität zu den Einzelstaaten überragen, oder zumindest eine gleiche Bedeutung haben.[6]

Die nationale Mobilisierung der Amerikaner im Ersten und Zweiten Weltkrieg hat den modernen amerikanischen Nationalstaat vollendet. Dabei entstand ein großer öffentlicher Sektor, ein nationaler Sicherheitsapparat und die politische Unterstützung für das aktive Engagement des Landes in der Weltpolitik. Bis zur Mitte des zwanzigsten Jahrhunderts hatte Amerika seine Einzelstaaten nicht nur in eine Union verwandelt – es schuf auch ein zentralisiertes und integriertes Gemeinwesen von bisher unerreichter wirtschaftlicher und militärischer Macht.

Auch die Europäische Union bietet eine Möglichkeit, Multipolarität zu bändigen. Die napoleonischen Kriege, der Krimkrieg, die deutschen Einigungskriege, der Erste und Zweite Weltkrieg – sie alle haben das destruktive Potenzial von Rivalitäten zwischen benachbarten Machtpolen verdeutlicht. Der europäische Weg bestand aus einem langsamen Prozess wirtschaftlicher und politischer Integration, der langfristig die europäischen Nationalstaaten zusammenbindet und strategische Rivalitäten durch dauerhafte Kooperation ersetzt. Die Hauptbestandteile waren wieder die gleichen: strategische Zurückhaltung, institutionelle Einbindung und soziale Integration.

Seit Beginn der europäischen Integration umfasste die strategische Zurückhaltung drei Komponenten. Zunächst musste Deutschland, das den Zweiten Weltkrieg verursacht hatte, befriedet werden. Die siegreichen Alliierten sorgten für die ersten Machtbeschränkungen. Die Alliierten besetzten das Land und teilten es mit Beginn des Kalten Krieges in zwei Teile auf. Ostdeutschland blieb über Jahrzehnte von den Sowjets besetzt. In Westdeutschland übten die Deutschen viele Formen von Selbstbeschränkung; so schafften sie zum Beispiel den Generalstab ab. Sie verlegten die Hauptstadt in das stille, unauffällige Bonn. Und sie nahmen ein Grundgesetz an, das den Angriffskrieg ausdrücklich verbot. Die Westdeutschen gingen offen mit ihrer Vergangenheit um. Sie übernahmen Verantwortung für die NS-Verbrechen und bemühten sich um Versöhnung mit ihren Nachbarn – wichtige

Schritte, um die deutsche Gesellschaft vom Nationalismus zu befreien.

Zweitens haben sich Frankreich und Westdeutschland einem Prozess wirtschaftlicher und politischer Integration unterworfen und damit sichergestellt, dass die gemeinsame Grenze nicht wieder zur geopolitischen Konfliktlinie wird. Die deutsch-französische Koalition sollte beide Staaten in einen Gleichschritt bringen. Entscheidungen über gemeinsame Interessen sollten nur durch Konsens und Kompromiss gefällt werden. Die deutsch-französische Freundschaft vergrößerte Macht und Einfluss von Europas beiden größten Ländern. Doch das Tauziehen um die Politik der Koalition dämpfte auch die Ambitionen beider Länder – eine Umarmung, die den anderen fest im Griff hält.

Drittens hat die Europäische Union selbst als Instrument zur Machteindämmung fungiert. Frankreich und Deutschland kamen überein, einige Vorteile von Größe und Macht aufzugeben und ihr Verhalten den Beschränkungen zu unterwerfen, die ein gemeinsames Europa von seinen Staaten verlangt. Als Gegenleistung verpflichteten sich die kleinen Staaten, ein Europa mit aufzubauen, das hauptsächlich von Frankreich und Deutschland geprägt wurde. Dieses Abkommen gab den kleineren Staaten, was sie sich wünschten – die Eindämmung französischer und deutscher Macht. Und Frankreich und Deutschland erhielten, was sie wollten – ein Europa, das nach ihrem Bilde gestaltet wurde.[7]

Europa ging beim Aufbau seiner Institutionen schrittweise vor, um dieses Ziel in die Tat umzusetzen. Wegen seiner blutigen Vergangenheit und der vielen kulturellen und politischen Trennlinien war die amerikanische Erfahrung kein Vorbild. Stattdessen musste Europa einen langen und beharrlichen Weg gehen, um seine Einheit durch gegenseitige Bindungen herzustellen. Die Gründungsväter der EU trieben besonders die wirtschaftliche Integration voran. Sollte Europa jemals eine politische Einheit werden, müsse es zunächst die wirtschaftliche Einheit anstreben. In den bitteren Jahren nach dem Zweiten Weltkrieg votierten die Führer Europas dafür, die Wirtschaftsintegration in den Dienst des geopolitischen Wandels zu stellen.

Robert Schuman äußerte sich dazu in aller Deutlichkeit. Zur Gründung der EGKS sagte er: «Weil Europa nicht vereint war, gab es den Krieg ... Die Gründung der Gemeinschaft für Kohle und Stahl schafft die erste konkrete Grundlage für eine europäische Föderation, die für den Erhalt des Friedens so unabdinglich ist.»[8] Trotz der schrittweisen Entwicklung der EWG und der EU sind die von Schuman definierten Ziele unverändert geblieben. So fasste Bundeskanzler Helmut Kohl die Erfolgsaussichten der Währungsunion 1996 zusammen: «Die Politik der europäischen Integration berührt die Frage, ob wir im 21. Jahrhundert Krieg oder Frieden haben werden.»[9]

Die politische Integration hinkte von Anfang an der wirtschaftlichen Integration hinterher. Die gesellschaftlichen Gruppen, die von der Wirtschaftsunion profitierten, dienten als Motor des europäischen Projektes und zogen die Nationalstaaten mit, die bei der Preisgabe von Privilegien und Souveränität zögerten. Diese einzelnen Schritte haben insgesamt die Autorität der EU-Institutionen zu Lasten der Nationalstaaten langsam gestärkt. Mittlerweile prüft die EU verschiedene Vorschläge zur Zentralisierung politischer Macht, etwa neue Abstimmungsregeln im Ministerrat, effektivere Entscheidungsprozesse und die Stärkung des Europäischen Parlamentes. Eine europäische Verfassung soll entworfen und ratifiziert werden – dies hätte eine große historische und symbolische Bedeutung.

Die soziale Integration und eine wachsende kollektive europäische Identität und Loyalität haben es den EU-Institutionen zunehmend ermöglicht, die separaten Nationalstaaten gegenseitig zu binden. Die Europäer fühlen sich weiterhin ihren Einzelstaaten gegenüber viel stärker verpflichtet als die Amerikaner. Doch die EU bemüht sich um eine kollektive Identität und hat Erfolg damit: Viele Europäer fühlen sich heute gleichermaßen als Bürger Europas und als Bürger ihres Landes. Diese neue Loyalität gegenüber Europa war zum Teil die natürliche Folge von Wirtschaftsintegration und offenen Grenzen. Europa hat sich aber auch um soziale Reformen bemüht. Die europäische Fahne, das Europaparlament, der europäische Pass, die gemeinsame Währung, Kultur- und Bildungsaustausch und der Aufbau verschiedener europäischer Universitäten – dies alles hat dazu beigetragen, dass eine legitime politische Autorität im gemeinsamen Europa entstehen konnte.

Die Europäische Union übt eine starke Anziehungskraft auf die neuen Demokratien Europas aus. Wie im Falle Amerikas weckt die sich erweiternde Union bei keinem der betroffenen Länder den Wunsch, in Deckung zu gehen oder eine Gegenkoalition zu bilden. Im Gegenteil: Staaten, die noch nicht Mitglied sind, warten ungeduldig auf ihre Aufnahme. Anstatt Europa als Bedrohung ihrer Souveränität zu betrachten, halten die neuen Demokratien den Beitritt zur EU zu Recht für ihre Eintrittskarte zu Wohlstand und Sicherheit. Die EU verspricht, für Zentraleuropa das zu tun, was sie bereits für Westeuropa geschafft hat – das von Krieg gezeichnete multipolare Umfeld durch die bindenden Kräfte einer friedlichen Union zu ersetzen.

Die Zukunft

Nichts könnte gefährlicher sein, als in das Zeitalter des geopolitischen Wandels mit der Illusion geopolitischer Stagnation einzutreten. Doch genau das tun die Vereinigten Staaten. Amerika wird wahrscheinlich mit dem Krieg gegen den Terrorismus beschäftigt bleiben und dabei die Herausforderungen ignorieren, die bei der Rückkehr der multipolaren Welt entstehen. Das Ende von Amerikas unipolarer Stellung kommt auf leisen Füßen. Die meisten Beobachter und Politikstrategen erkennen nicht die geopolitische Bedeutung des Aufstiegs von Europa. Der sich wandelnde amerikanische Internationalismus wird die globalen Veränderungen zudem beschleunigen und die Zerstörung der Unipolarität zusätzlich kaschieren. Ein schwindender politischer Wille ist viel schwieriger zu erkennen als schwindende militärische Macht. Ebenso schwer lässt sich die stille Entfremdung abschätzen, die Amerikas Unilateralismus auslöst.

Die meisten amerikanischen Strategen haben sich an die Hegemonie gewöhnt. Sie übersehen die subtilen Kräfte, die die Globalpolitik verändern, und vertrauen auf die Beständigkeit der Unipolarität. Die Größe der US-Wirtschaft und die Dominanz der Waffenindustrie nähren diese Illusion. Das Vertrauen darauf, dass die amerikanische Vorherrschaft andauern wird, hat eine gefährliche Mischung aus Unilateralismus und Isolationismus hervorgebracht, die die frühe Außenpolitik von Präsident George W. Bush prägte.

Auch unter idealen Bedingungen wäre es schwierig und gefährlich, einfach zur Multipolarität zurückzukehren. Die schlechteste Politik wäre, die globale Machtverteilung zu ignorieren, sich nur auf Heimatschutz und den Kampf gegen den Terrorismus zu konzentrieren und ansonsten alles beim Alten zu lassen. Die Vereinigten Staaten würden sich Europa und andere Aspiranten zum Feind machen und dazu beitragen, dass eine Rückkehr der Welt zu verschiedenen Machtpolen die Entfremdung und Rivalität noch weiter verstärkt. Sollte Amerika seine unipolare Position über seine Zeit hinaus retten wollen, würde es sich übernehmen, auf Widerstand stoßen und das Land letztendlich in den Rückzug führen. Ähnlich würde es Amerika in einem fragmentierten internationalen System ergehen, das von einem plötzlichen Aufwallen amerikanischer isolationistischer Tendenzen heimgesucht wird. Unter den gleichen Bedingungen kam es in den dreißiger Jahren zum Krieg.

Die Vereinigten Staaten sollten versuchen, den sich jetzt abzeichnenden globalen Wandel zu beeinflussen. Wie lange der unipolare Augenblick noch andauert, ist gar nicht entscheidend. Die Frage ist, ob die zukünftige multipolare Welt planmäßig oder durch Nichtstun entsteht. In letzterem Fall wird die Multipolarität neue Instabilitäten und Konflikte hervorbringen. Im anderen Fall hat Amerika zumindest eine Chance, es richtig zu machen.

Die Wiederkehr einer Welt mit verschiedenen Machtzentren bedeutet die Wiederkehr geopolitischer Konfliktlinien. Die Vereinigten Staaten müssen daher Wege finden, die strategischen Folgen dieser Konfliktlinien zu begrenzen, Brücken zu bauen und Ambitionen zu zügeln. Amerikas Geschichte zeigt, dass strategische Zurückhaltung, institutionelle Einbindung und soziale Integration die richtigen Mittel sind, das Entstehen von Multipolarität zu verhindern. Diese drei Aspekte sollten zur Grundlage eines neuen liberalen Internationalismus werden und die Konzeption einer neuen amerikanischen Großen Strategie bestimmen.

Strategische Zurückhaltung heißt, Macht nicht auszuüben, Boden zu verlieren und anderen Platz zu machen. Diese Strategie ist auf keinen Fall universal anwendbar. Zurückhaltung zu üben, wenn man mit einem erbitterten Feind kämpft, wäre Selbstmord. Großbritannien hatte in den dreißiger Jahren überhaupt keinen Grund, Appeasement-Politik gegenüber Nazideutschland zu treiben – als dies dann geschah, waren die Folgen verheerend. Die Vereinigten Staaten sehen sich heute einer ernsten Bedrohung durch den Terrorismus ausgesetzt und sollten sich nicht zurückhalten. Doch Amerika hat heute keinen großen Feind. Stattdessen sieht sich Amerika mit einer Reihe potenzieller Herausforderer konfrontiert, deren Ziele noch unklar sind. Die Vereinigten Staaten haben daher die seltene Gelegenheit, diese Ziele positiv zu beeinflussen. In diesem Kontext heißt strategische Zurückhaltung Boden aufzugeben, um Boden zu gewinnen, weniger Macht auszuüben und dadurch paradoxerweise mehr Einfluss zu erlangen.

Die Politik der strategischen Zurückhaltung wird diese Ziele auf mehrfache Weise voranbringen. Die Vereinigten Staaten könnten ihre guten Absichten darstellen und ein Signal aussenden, dass sie mehr am Erhalt des Friedens als an ihrer Vorherrschaft interessiert sind. Potenzielle Partner würden dann ähnlich reagieren und ebenfalls strategische Zurückhaltung üben, die wiederum das Vertrauen stärkte. Indem die USA anderen Machtzentren Raum gewähren, könnten sie darüber mitbestimmen, wo und wie sie mehr internationale Verantwortung übernehmen könnten. So wie England und Russland einst Österreich, Preußen und Frankreich zufrieden stellten, so könnte Amerika den Status der heutigen Aufsteigernationen heben und ihnen eine Stimme gewähren. Das Kind, das gegen dominante Eltern rebelliert, bereitet gewöhnlich mehr Ärger als das Kind, das Abhängigkeiten überwindet und Selbstverantwortung entwickelt.

Was bedeutet eine Große Strategie auf der Grundlage strategischer Zurückhaltung in der Praxis? Zunächst muss Europas Wunsch nach mehr Mitbestimmung und Autonomie akzeptiert werden. Hierbei kommt die Geschichte wieder voll zur Geltung. Während ihrer Gründungszeit haben sich die Amerikaner über die europäische Überlegenheit und Arroganz heftig erregt. So schrieb Alexander Hamilton im *Federalist 11*: «Seine lange aufrechterhaltene Überlegenheit hat Europa dazu verleitet, sich als Gebieterin der Welt zu gebärden und zu meinen, der Rest der Menschheit sei zu seinem Nutzen geschaffen. Männer, die man als scharfsinnige Denker bewundert, haben den Bewohnern Europas sogar eine physische Überlegenheit zugesprochen und allen Ernstes behauptet, alle Tiere und mit ihnen das menschliche Geschlecht degenerierten in Amerika, selbst Hunde hörten auf zu bellen, wenn sie einige Zeit lang unsere Luft eingeatmet hätten.»[10]

Doch dann wendete sich das Blatt: Europas Arroganz schwand, und das aufstrebende Amerika begann, Europa zu überholen. Europa verhielt sich vernünftig und trat beiseite. Doch dann begann es, sich über die amerikanische Dominanz und Anmaßung zu ärgern. So schrieb *Der Spiegel*: «Gestärkt durch das Ende des Kommunismus und dem lang andauernden Wirtschaftsaufschwung, scheinen alle Selbstzweifel von Washington abzufallen. Amerika gibt neuerdings den Schwarzenegger der internationalen Politik: Mit seinen Muskeln protzend, aufdringlich, einschüchternd ... zumindest äußerlich bewundert alle Welt die Amerikaner. Und die agieren, von nichts und niemandem mehr in die Schranken gewiesen, als besäßen sie eine Art Blankoscheck in ihrer ‹McWorld›.»[11]

Doch jetzt wendet sich das Blatt schon wieder: Europa wächst zusammen und holt mächtig auf. Jetzt ist es die Pflicht der Vereinigten Staaten, beiseite zu treten. Dabei können die USA viel vom vorausgehenden Machttransfer über den Atlantik lernen. Dieser Transfer vollzog sich deshalb friedlich, weil Großbritannien strategische Zurückhaltung übte und Platz für Amerika machte. Die Amerikaner hatten im Unabhängigkeitskrieg und im Krieg von 1812 gegen die Briten gekämpft. Doch Amerika war es gelungen, Großbritannien als Hegemonialmacht in der westlichen Hemisphäre abzulösen und den Stab zu übernehmen, ohne einen einzigen Schuss abzufeuern.

Während der letzten Jahrzehnte des neunzehnten Jahrhunderts kam London den Amerikanern bei einer Reihe von Forderungen entgegen. Großbritannien reduzierte seine Militärpräsenz in Kanada, zog sich aus einem Grenzstreit in Venezuela zurück, unterstützte die Vereinigten Staaten im Spanisch-Amerikanischen Krieg und im Pazifik und verringerte seine Marinepräsenz im Westatlantik. Die Vereinigten Staaten haben daraufhin ihre Seite der kanadischen Grenze entmilitarisiert und eine neutrale Schlichtung für alle Streitigkeiten akzeptiert. Die Beziehungen zu England waren fortan nicht mehr von Feindschaft und Misstrauen, sondern von Freundschaft und Vertrauen geprägt. Um die Jahrhundertwende waren Politikstrategen auf beiden Seiten des Atlantiks überzeugt, die Affinität zwischen beiden Ländern sei so groß, dass ein Konflikt zwischen ihnen «den unnatürlichen Horror eines Bürgerkrieges» bedeuten würde.[12]

Es ist eine historische Ausnahme, dass die Pax Britannica der Pax Americana das Feld überließ, ohne dass es zum direkten Konflikt kam. Die meisten Großmächte treten erst dann ab, wenn sie vom Herausforderer besiegt werden. Großbritannien und Amerika hatten ein gemeinsames Erbe und eine gemeinsame demokratische Kultur. Es war der Aufstieg Deutschlands und die deutsche Bedrohung, die London dazu brachten, sich den Vereinigten Staaten zu nähern. Britannien konnte seine Atlantikflotte zurückrufen und sich den Problemen in seiner Nachbarschaft widmen. Gemeinsamkeiten und strategische Interessen reichen jedoch selten aus, eine friedliche Machtübergabe zu garantieren. Rom und Konstantinopel hatten eine gemeinsame Kultur, Religion und Staatsform. Beide wurden von außen bedroht. Und die Aufteilung des römischen Reiches in eine westliche und östliche Hälfte im dritten Jahrhundert geschah planvoll – nicht zufällig. Dennoch wurde ihre Geschichte von Blutvergießen und Machtkämpfen geprägt, nicht von Frieden und Harmonie.

Die Taten der Vereinigten Staaten werden darüber entscheiden, ob das Ende der Pax Americana dem friedlichen Machtübergang des

19. Jahrhunderts gleicht oder sich die blutige Erfahrung von Römern und Byzantinern wiederholt. Wie Großbritannien im 19. Jahrhundert ist Amerika heute der Hegemon, der die Zügel in der Hand hält. Amerika muss das Angebot zur Schlichtung des Streits annehmen und dem Neuankömmling Platz machen, wenn die Vereinigten Staaten und Europa die Konfrontation vermeiden wollen. Amerika hat Glück: Europa ist ein gutwilliger Partner. Beide haben eine lange gemeinsame Geschichte und teilen einige gemeinsame Werte. Und Europa ist keinesfalls ein Aggressor, der in Schach gehalten werden muss. Die EU strebt zwar eine stärkere geopolitische Mitbestimmung an. Um Eroberung und Vorherrschaft geht es ihr nicht. Sollte Amerika seine unilaterale Neigung bändigen können, würden Europas begrenzte Ambitionen einen vorsichtigen Optimismus über die Aussicht auf Gegenseitigkeit und Annäherung rechtfertigen.

Die Clinton-Regierung verhielt sich richtig und hat mehr als ihre Vorgänger die europäische Integration unterstützt. Während des Kalten Krieges haben Demokraten und Republikaner die Integration zwar öffentlich gemeinsam befürwortet. Doch Washingtons Begeisterung für Europa war immer vom Verdacht begleitet, die europäische Stärke ginge auf Kosten des amerikanischen Einflusses. Die Clinton-Regierung brach mit dieser Tradition und unterstützte Europas Einheitswährung. Man wünschte sich eine EU, die noch mehr Einheit und Mitglieder umfasste. Clinton hatte erkannt, dass ein starkes und selbstbewusstes Europa den Vereinigten Staaten langfristig nutzen würde.

Doch die Begeisterung des Clinton-Teams für ein starkes Europa hatte auch Grenzen. Als die EU im Jahre 2000 versuchte, eine unabhängige Streitmacht aufzubauen, konnte die Regierung ihre alten Gewohnheiten nicht ablegen. Die Berater der Bush-Regierung haben Europas Verteidigungsinteressen ebenso argwöhnisch betrachtet – obwohl sie selbst erklärte, die amerikanische strategische Verpflichtung gegenüber Europa herunterfahren zu wollen. Die Kontrolle über Sicherheitsfragen bleibt der entscheidende Faktor bei der Frage, wer das Kommando führt.

Washingtons skeptische Reaktion auf Europas geopolitische Ambitionen zeigt, wie schwierig es für Amerika wird, mit dem Verlust der

Vorherrschaft umzugehen. Widerstand gegen den Reifungsprozess der EU macht einen friedlichen Übergang zur multipolaren Welt unwahrscheinlich. Die Vereinigten Staaten verpassen eine Gelegenheit, den wachsenden europäischen Einfluss zu kanalisieren und sich selbst als Ergänzung zu Europa zu positionieren – nicht als Rivalen. Stattdessen sollte Amerika die europäische Integration mit allen ihren Facetten begrüßen – einschließlich der Verteidigung – und strategische Zurückhaltung üben, um Europa einzubinden. Nur so kann es seine geopolitischen Interessen beeinflussen.

Um aus der gegenwärtigen Sackgasse herauszukommen und die Feindschaft zu überwinden, sollte Europa seine Streitkräfte ausbauen und militärisch autonom handeln können. Die EU sollte die weitere Koordinierung und Integration der jeweiligen nationalen Sicherheitspolitik überwachen und eine gemeinsame Basis für die Beschaffungsprogramme und Reformen finden, die Europa mehr militärische Fähigkeiten bringen. Die europäischen Regierungen müssen anfangen, die politischen Grundlagen für die neuen Verteidigungsprogramme zu legen. Der Übergang von der Wehrpflicht- zur Berufsarmee, verbesserte Ausbildung und Ausrüstung, die Fusion von Planungs- und Beschaffungsprozessen der einzelnen Nationalstaaten, die Erhöhung der Verteidigungsausgaben – all dies sind Aufgaben, die öffentliche Akzeptanz und stärkeren gemeinsamen Willen erfordern.

Die Vereinigten Staaten sollten aufhören, sich über Europa zu beklagen und stattdessen eine neue Geschäftsgrundlage vorschlagen: Politischer Einfluss im Tausch gegen militärische Fähigkeiten. Amerika gewährt Europa eine größere Stimme im Einklang mit seiner größeren militärischen Fähigkeit. Die Vereinigten Staaten erfüllen ihren Teil, indem sie mehr Verantwortung auf die EU übertragen. Es ist richtig, den Europäern mehr Einfluss in der NATO-Kommandostruktur zu geben. So hat die NATO im Januar 2000 eine gute Entscheidung getroffen, als sie den europäischen Streitkräften das Kommando über die Kosovo-Mission übertrug.

Während sich Europas Verteidigungsfähigkeit und der gemeinsame Wille entwickeln, sollten die Vereinigten Staaten Wege suchen, eine reifere strategische Partnerschaft mit der EU zu begründen. Dafür sollten mehr diplomatische Kontakte mit Europa als politischer Einheit und nicht mit den einzelnen Hauptstädten geknüpft werden. Vor wichtigen politischen Initiativen sollte die EU voll konsultiert werden – anstatt Europa im Nachhinein zu unterrichten. Obendrein sollte eine öffentliche Kampagne in den Vereinigten Staaten dafür sorgen, dass der Kongress und das amerikanische Volk erkennen, dass Europa ein aufsteigender, gleichberechtigter Partner ist – und keine strategische Last oder gar ein strategischer Widersacher.

Auf der Suche nach einer neuen und ausgeglichenen atlantischen Beziehung sollten Amerika und die EU zusammenarbeiten, um zwei Ziele zu erreichen: die Konsolidierung des Friedens in Südosteuropa und die Einbindung Russlands in das europäische Projekt. Europas südöstliche Flanke bleibt sein größter Konfliktherd. Die historischen Entwicklungen, die Nordeuropa demokratisiert und befriedet haben – Industrialisierung, die Bildung von ethnische Grenzen überschreitenden Klassen, die Trennung von Kirche und Staat – haben im Südosten wenig Erfolg. Ethnische Konflikte, Religion und konkurrierende historische Ansprüche bestimmen weiterhin die politische Tagesordnung.

Trotz der zumeist friedlichen Revolution, die den jugoslawischen Präsidenten Slobodan Milosevic im Jahre 2000 aus dem Amt drängte, bleibt die Union von Serbien und Montenegro zerbrechlich und könnte wieder zerfallen. Das Abkommen von Dayton hat seit sechs Jahren den Frieden bewahrt – doch nur weil NATO-Truppen vor Ort stehen. Sollte sich die internationale Gemeinschaft zurückziehen, würden die Kämpfe wahrscheinlich erneut aufflammen. Albanien ist nur nominell ein Staat; die Zentralregierung hat nur wenig Kontrolle über große Teile des Landes, und Korruption ist weit verbreitet. Griechenland und die Türkei sind immer noch schwierige Nachbarn. Ihre Politiker tauschen regelmäßig Gehässigkeiten aus, und ihre Luftwaffen leisten sich gefährliche Scharmützel über der Ägäis. Werden diese schwelenden Konflikte nicht gelöst, bleibt die EU stecken, und ihre diplomatischen und militärischen Ressourcen werden verzehrt. Wenn dieses Jahrzehnt eine Übergangszeit werden soll, in der Amerika Europa die primäre Verantwortung für seine eigene Sicherheit übertragen kann, müssen die Vereinigten Staaten und die EU zunächst dafür sorgen, dass diese historischen Konflikte dauerhaft gelöst werden.

Frieden auf dem Balkan wird heute durch die Kombination von drei Faktoren ermöglicht: militärischer Zwang (durch NATO-Friedenstruppen), politische Treuhänder (durch die UNO und das Büro des Hohen Kommissars) und durch Wirtschaftshilfe (hauptsächlich durch die EU). Man verspricht sich viel von der allmählichen Integration der Region in die EU, wodurch letzten Endes die ethnischen und politischen Grenzen verschwinden sollen, die immer noch für Verbitterung und Konflikte sorgen. Obwohl diese Strategie im Prinzip vernünftig ist, hat sie ein Timing-Problem. Es wird eine oder zwei Generationen dauern, bis die zerrütteten Staaten des Balkans zur Aufnahme in die EU bereit sind. In der Zwischenzeit wird der ethnische Hass überleben. Kinder, die zusehen mussten, wie ihre Eltern von Nachbarn ermordet wurden, können nur schwer vergeben und vergessen. In diesem Sinne stecken Amerika und die EU auf dem Balkan in einer Warteposition, die keine Lösung in einem vernünftigen Zeitraum verspricht. Die Vereinigten Staaten und die EU könnten ihre Geduld und Ressourcen verlieren, bevor die Integration in Europa eine dauerhafte Wirkung zeigt.

Dennoch bleibt die Integration des Balkans in die EU ein langfristiges Ziel. Kurzfristig sind Schritte erforderlich, um die Region in eine stabile Lage zu bringen. Dies erfordert eine regionale Ordnung, die von auswärtigen Truppen, Verwaltern und Hilfskräften unabhängig wird. Wer dieses Ziel erreichen will, muss wissen, dass multiethnische Gesellschaften auf dem Balkan – so wünschenswert sie sein mögen – in der Praxis nicht funktionieren. Die Staaten mit der größten ethnischen Homogenität – Slowenien und Kroatien – haben ihre politischen und ökonomischen Reformen am weitesten vorangetrieben. Staaten mit großen ethnischen Minderheiten sind bereits faktisch auseinander gebrochen und werden nur notdürftig zusammengehalten. Das Kosovo ist jetzt von Serbien fast völlig unabhängig. Bosnien wurde in serbische, kroatische und muslimische Sektoren aufgeteilt. Sie tun so, als lebten sie in einem Einheitsstaat, so lange der Druck der internationalen Gemeinschaft anhält. Mazedonien, das in den neunziger Jahren vom Blutvergießen verschont blieb, wurde 2001 in den Konflikt zwischen der slawischen Mehrheit und der albanischen Minderheit hineingezogen.

Es wird ein Tag der Abrechnung kommen, der wahrscheinlich neue Grenzen zieht und dadurch dauerhafte Stabilität bringt. Das Kosovo wird wahrscheinlich Serbien entrissen und als unabhängiger Staat oder autonome Region anerkannt. Mazedonien hat die Chance, ein multiethnischer Staat zu bleiben, doch seine Stabilität muss von der internationalen Gemeinschaft genau kontrolliert werden. Seine Regierung muss sich ernsthaft bemühen, die Rechte und den sozialen Status der albanischen Minorität zu verbessern.

Bosnien ist ein größeres Problem. Das Land befindet sich in einem politischen Freiraum. Die internationale Gemeinschaft hat sich in Bosnien wie eine Klette festgesetzt. Sie versucht, den Staat durch eben jene politischen Parteien und Schutzherren regieren zu lassen, die für das Blutvergießen verantwortlich waren. Das Daytoner Abkommen sollte einen Rahmen für die Überbrückung der ethnischen Konflikte bieten und Serben, Kroaten und Muslime ermutigen, wieder in Frieden miteinander zu leben. Doch wenige Flüchtlinge sind in Dörfer zurückgekehrt, in denen sie eine Minderheit bilden würden. Und die drei verfeindeten Gemeinschaften würden lieber Wirtschaftshilfe von der EU annehmen als wirtschaftliche Bindungen herzustellen, die über die ethnischen Grenzen Bestand haben. Es ist eine traurige Wahrheit, dass Bosnien ethnisch bereits aufgeteilt wurde und eine Aussöhnung nicht in Sicht ist.

Will Bosnien mehr als ein Mündel der internationalen Gemeinschaft werden, müssen Amerika und die EU entweder zwei Schritte nach vorn oder zwei Schritte zurückgehen. Die Schritte nach vorn würden bedeuten, dem Büro des Hohen Vertreters die Befugnis zu geben, mit harter Hand zu regieren und den Stillstand zu brechen, der Bosniens Regierung weiterhin blockiert. Das Wahlsystem des Landes müsste geändert werden, damit nationalistische Parteien weniger Macht haben und Kandidaten aufsteigen können, die die ethnischen Grenzen überwinden wollen. Die NATO-Truppen müssten den Befehl erhalten, alle Kriegsverbrecher zu verhaften, anstatt sie frei laufen zu lassen. Auch müssten Flüchtlinge verstärkt in ihre Heimatorte zurückgebracht werden, damit wenigstens ein Teil des multiethnischen Charakters der Städte und Dörfer, die während des Krieges «ethnisch gesäubert» wurden, wiederhergestellt werden kann.

Sollte die internationale Gemeinschaft die hiermit verbundenen Risiken nicht eingehen wollen, muss sie zwei Schritte zurückgehen und den Schaden begrenzen. Das hieße, die Integrität eines multiethnischen Bosniens aufzugeben, das Dayton-Abkommen zu kündigen und die Kroaten mit Kroatien, die Serben mit Serbien sich verbrüdern zu lassen. Es wäre dann besser, der Realität ins Auge zu schauen und Pragmatismus über Prinzipien siegen zu lassen, als knappe Ressourcen und politisches Kapital zu verschwenden.

Eine Annäherung zwischen Griechenland und der Türkei würde den letzten Konflikt in Südosteuropa lösen helfen. Beide Parteien haben 1999 Fortschritte gemacht, als sie sich gegenseitig halfen, die Folgen schwerer Erdbeben in der Region zu mildern. Der türkische Außenminister Ismail Cem und der griechische Außenminister George Papandreou besuchten sich gegenseitig und knüpften einen persönlichen Kontakt. Griechenland ging auf die Türkei zu und unterstützte den türkischen Antrag, Verhandlungen mit der EU über einen Beitritt aufzunehmen. Die Türken haben jedoch keine entsprechende Gegenleistung gebracht. Die neue Annäherung geriet ins Stocken, und der griechische Optimismus schlug in Verstimmung um.

Amerika und die EU sollten ihren Einfluss geltend machen und beide Parteien zur Versöhnung antreiben. Der beste Weg ist, die Türkei ganz in die europäischen Märkte und Institutionen einzubeziehen und diese Integration von einer entgegenkommenden Haltung gegenüber Griechenland abhängig zu machen. Nur eine Politik der Annäherung kann Südosteuropas Epoche der Spaltungen und Konfrontationen beenden. Eine Versöhnung zwischen Ankara und Athen würde auch dazu beitragen, Zypern endlich den Frieden zu schenken.

Die Bindung Russlands an ein erweitertes Europa ist der andere wichtige Schritt, der das europäische Projekt vollenden und die EU in eine größere Selbständigkeit führen soll. Seit dem Aufstieg des modernen Staatensystems im 17. Jahrhundert war Russland ein wichtiger Teil der europäischen Geopolitik. Russland hat beim Sieg über das napoleonische Frankreich geholfen und war ein führendes Mitglied im europäischen Konzert der Mächte nach 1815. Russland spielte auch eine wichtige Rolle beim Sieg über Deutschland im Zweiten Weltkrieg.

Die Vergangenheit erhellt nicht nur Russlands bedeutende Rolle bei der Gestaltung der Geopolitik des Kontinents. Sie zeigt auch, dass Russland in das heutige Europa eingebunden werden muss. Die Erfahrung nach 1815 lehrt, dass Sieger – wollen sie eine neue Ordnung schaffen – auf den Besiegten zugehen müssen. Das europäische Konzert war in der Lage, den Frieden jahrzehntelang zu bewahren, weil man klugerweise das besiegte Frankreich nicht ausgeschlossen hatte. Frankreich wurde zur kooperativen Macht und zu keinem erniedrigten und verbitterten Rivalen. Ähnlich klug war es, das besiegte Deutschland nach dem Zweiten Weltkrieg an die NATO und das europäische Projekt zu binden. Ein demokratisches, wohlhabendes und wiedervereinigtes Deutschland wurde zum Anker der EU. Im krassen Gegensatz dazu hat der Versailler Vertrag Deutschland nach der Niederlage im Ersten Weltkrieg einen Bestrafungsfrieden aufgezwungen, der Armut und Entfremdung schuf und letztlich durch verschiedene Ereignisse einen Großteil Europas an Hitler und die Nazis auslieferte.

Wir scheinen diese wichtigen Lehren vergessen zu haben und konstruieren ein Europa, das Russland ausschließen könnte. Anstatt alles zu tun, um Russland in die territorialen Vereinbarungen am Ende des Kalten Krieges und nach dem Zusammenbruch der Sowjetunion einzubinden, haben die Vereinigten Staaten und ihre Alliierten genau das Gegenteil getan – die NATO trotz heftiger russischer Einwände nach Osten erweitert und eine größere atlantische Sicherheitsordnung geschaffen, die Russland immer noch als Außenseiter betrachtet.

Damit in Europa keine neuen Trennlinien entstehen, ist ein deutlicher Kurswechsel nötig. Die NATO- Erweiterung sollte ein Instrument zur Einbindung russischer Stärke sein und Russland nach Europa führen. Sie sollte nicht dazu dienen, amerikanische und europäische Macht gegen Russland auszuspielen. So wie die Vereinigten Staaten sich zurückhalten und Platz für Europa machen sollten, um den transatlantischen Konkurrenzkampf zu mäßigen, so sollte die NATO Russland Platz machen, um eine neue Teilung Europas zu verhindern. Diese Politik wird auch die Integration der baltischen und anderen zentraleuropäischen Staaten während der NATO-Erweiterung fördern. Ihre Aufnahme richtet sich nicht gegen Russland, sondern sucht die Kooperation mit Russland, das die NATO nicht als Bedrohung, sondern integralen Bestandteil seiner Sicherheit versteht.

Die NATO ist das richtige Instrument für diese Aufgabe: Amerikanische Macht wird gebraucht, um Russland nach Westen zu ziehen. Die Allianz führt den historischen Prozess von Demokratisierung und Befriedung an, der sich langsam über Osteuropa verbreitet. Die NATO verhindert Kriege und fördert Versöhnung und Integration. Die EU arbeitet dort weiter, wo die NATO stehen bleibt – sie macht die Integration unumkehrbar und sorgt dafür, dass die neuen Mitglieder fest in die europäische Friedensstruktur eingebunden werden. Russland ist noch Jahrzehnte von einer Wirtschafts- und Staatsform entfernt, die eine förmliche EU-Mitgliedschaft ermöglicht. Doch Russland könnte schon in wenigen Jahren die Voraussetzungen für die NATO-Mitgliedschaft erfüllen, ein wichtiger Schritt, um Russland einen Platz in der neuen europäischen Ordnung zu geben. Und wie seine Kooperation im Kampf gegen den Terrorismus bewies, kann Russland viel zur kollektiven Sicherheit der NATO-Länder beitragen.

Bei der zukünftigen Erweiterung der Allianz müssen die Mitglieder ihre Zielsetzung ändern. Sie müssen nicht nur die Stabilisierung von Zentraleuropa als Top-Priorität betrachten, sondern auch Russlands Integration in Europa. Es war richtig, Russlands Gewicht in der NATO-Strategie zu vergrößern – eine Entscheidung, die nach Moskaus Hilfe im Kampf gegen den Terrorismus gefällt wurde. Doch Maßnahmen, die die Mitgliedschaft nicht einschließen, bleiben unzureichend. Die Russen beklagen sich zu Recht, wie Bürger zweiter Klasse behandelt zu werden. Die nächste Erweiterungsrunde sollte wie geplant durchgeführt werden. Doch zugleich sollte die NATO einen ernsten Dialog mit Russland über eine eventuelle Mitgliedschaft aufnehmen. Ein Zeitplan ist nötig – möglicherweise könnte 2010 als erstes Zieldatum für die Aufnahme Russlands dienen.

Es ist möglich, dass die russischen Reformen versagen und die Aussichten auf NATO-Mitgliedschaft und Einbindung in Europa zunichte

Nach der Pax Americana

gemacht werden. Doch wenigstens wird der Westen sich ernsthaft bemüht haben, Russland einzubinden und dem Land die Chance zu geben, die Folgen der militärischen und politischen Integration zu genießen. Die Risiken sind gering: Russland hat erst dann eine gleichberechtigte Stimme in der NATO, wenn die Reformen greifen. Doch die Vorteile des Erfolges wären erheblich – die Demokratisierung, Befriedung und Integration Russlands in Europa.

Eine NATO einschließlich Russlands würde zugegebenermaßen anders aussehen als die Allianz, die während des Kalten Krieges existierte. Anstatt sich auf territoriale Verteidigung zu konzentrieren, wäre diese Allianz ein Werkzeug für die Koordinierung von friedenserhaltenden Maßnahmen, für den Kampf gegen den Terrorismus und anderer militärischer Aktivitäten in Europa. Sie wäre flexibler und würde Verteidigungsgarantien zugunsten informeller Kooperationen aufgeben, die die Grundlagen des europäischen Konzertes nach 1815 waren. Dies ist die einzige Form der NATO, die in der Lage ist, Russland an Europa zu binden – ein Hauptziel der Vereinigten Staaten, die ihre strategischen Verpflichtungen auf dem Kontinent einschränken und eine neue Beziehung zu einem friedlichen Europa aufbauen möchten. Und während die Amerikaner erkennen, dass sie ihre Sicherheitsgarantien nicht mehr weltweit verteilen können, ist dies auch die einzige NATO, die vom Kongress und den Wählern akzeptiert werden kann.

Die Große Strategie der Vereinigten Staaten sollte sich darauf konzentrieren, Verantwortung von Amerika auf Europa zu übertragen. Das Risiko, diese Aufgabe zu vernachlässigen, ist sehr groß. Sie ist eine subtilere Herausforderung als der Auftrag, die Taliban zu stürzen oder die Beziehungen mit China zu gestalten. Doch viel steht auf dem Spiel: Die atlantische Beziehung ist die entscheidende Grundlage der Pax Americana. Europa war an jeder Front der wichtigste Partner der Vereinigten Staaten. Keine Seite kann wie selbstverständlich davon ausgehen, dass diese Beziehung eine veränderte Machtverteilung über den Atlantik überleben wird. Im Gegenteil: eine größere Konkurrenz ist unvermeidbar. Doch Weitblick und der Wille, eine neue Beziehung zu akzeptieren, können dafür sorgen, dass selbst dann, wenn Europa und Amerika Konkurrenten sind – sie niemals zu Feinden werden.

Ostasien

In Ostasien wird Amerika mit anderen strategischen Herausforderungen konfrontiert. Anders als in Europa haben ostasiatische Länder Amerikas Schutzschirm nicht genutzt, um die regionale Integration voranzutreiben und geopolitische Grenzen zu überwinden. Somit spielen amerikanische Streitkräfte und Diplomatie weiterhin eine wichtige Rolle, um das derzeitige strategische Gleichgewicht zu bewahren. Europa kann jetzt mit eigenem Dampf fahren, was zum Teil damit zusammenhängt, dass Deutschland offen mit seiner Vergangenheit umgegangen ist. Die Entnazifizierung ging Hand in Hand mit einer europäischen Aussöhnung. Die asiatischen Länder pflegen jedoch uralte Antagonismen, wobei China und Korea zu Recht über Japans Weigerung enttäuscht sind, die dunklen Seiten seiner Geschichte aufzuarbeiten. Die Deutschen haben 2001 ein jüdisches Museum in Berlin eröffnet, das das Gedenken an den Holocaust und das Schicksal der deutschen Juden am Leben erhält. Im Gegensatz dazu verherrlicht das Kriegsmuseum auf dem Gelände des Yasukuni-Schreins in Tokio den Zweiten Weltkrieg. In der Ausstellungshalle werden Japans berüchtigte Selbstmordtorpedos und Kamikaze-Flugzeuge ausgestellt. Ostasien hat sich bisher noch nicht mit seiner Vergangenheit auseinander gesetzt.

Unsicherheit über Chinas langfristige Ziele kompliziert die Lage. Amerika kann Platz für Europa machen, weil es darauf vertraut, dass die EU sich nicht in ein Raubtier verwandelt. Die EU wird ihre Muskeln zeigen und sich immer häufiger behaupten, doch vermutlich niemals imperialen Ehrgeiz entfalten. Hier bietet Englands Nachgiebigkeit gegenüber dem aufstrebenden Amerika eine historische Parallele. England vertraute darauf, dass die Vereinigten Staaten ihm nicht schaden würden. Daher das Vertrauen in die strategische Zurückhaltung. Mit den entsprechenden amerikanischen Gegenleistungen entstand somit eine dauerhafte Partnerschaft.

Englands Konfrontation mit dem wilhelminischen Deutschland – nicht die Annäherung an die Vereinigten Staaten – bietet vermutlich die beste Parallele zu Amerikas heutiger Beziehung zu China. Während des Jahrzehnts vor Beginn des Ersten Weltkrieges war Deutschland für Großbritannien nicht nur eine aufsteigende Macht, sondern auch eine nach Vorherrschaft über Europa greifende Gefahr. Der Kaiser nutzte den Nationalismus, um der Demokratisierung zuvorzukommen und die Arbeiterklasse an sich zu binden – eine gefährliche Mischung aus militärischer Stärke und geopolitischer Ambition. Hätte England Deutschland Platz gemacht, hätte es zu einer Aggression geradezu eingeladen – genau das Ergebnis der Londoner Appeasement-Politik der dreißiger Jahre.

Heute lässt sich schwer voraussagen, welche Absichten sich in China durchsetzen und ob die Beziehung zu den Vereinigten Staaten den wohlwollenden Kurs der angloamerikanischen Annäherung nimmt oder die bösartige Richtung der englisch-deutschen Rivalität. Die Vereinigten Staaten haben somit noch nicht genug Erkenntnisse, um zu entscheiden, ob sie Platz für China machen oder die chinesischen Ambitionen blockieren sollten. Es wäre naiv, die nachgiebige Haltung gegenüber Europa auf China zu übertragen. Pekings Absichten könnten Einschränkungen erforderlich machen. Es wäre aber ebenso unvernünftig anzunehmen, China wäre bereits ein Gegner, der mit harten Bandagen bekämpft werden müsste. Das könnte schnell zu einer sich selbst erfüllenden Prophezeiung werden. In der großen Chinadebatte, die zurzeit stattfindet, haben Optimisten und Pessimisten zugleich Unrecht.[13] Es ist schlicht zu früh, China zum strategischen Partner oder unversöhnlichen Gegner zu erklären.

Amerika kann es sich leisten, eine abwartende Haltung gegenüber China zu bewahren. Unabhängig von der Panik, die von Pessimisten verbreitet wird, hat China noch nicht die wirtschaftliche und militärische Macht, um Amerikas Hauptkonkurrent zu werden. Chinas BSP betrug 2001 1,3 Billionen Dollar, während Amerika 10,2 Billionen Dollar verzeichnete – achtmal so viel. Allein die Wirtschaft von Kalifornien ist größer als das chinesische Bruttosozialprodukt.[14] Am Ende der neunziger Jahre betrug der chinesische Militärhaushalt etwa fünf Prozent der US-Militärausgaben, und er konnte mit der Steigerung der amerikanischen Ausgaben nicht mithalten. Allein der Anstieg von 48 Milliarden Dollar, den Präsident Bush 2002 forderte, ist doppelt so hoch wie der gesamte chinesische Militärhaushalt.[15] Amerika hat zwölf Flugzeugträger, ein dreizehnter steht vor dem ersten Einsatz. Die chinesische Marine hat keinen einzigen Träger. Wenn alles gut geht, wird China in einem Jahrzehnt zu einer mittelstarken Macht werden, doch langfristig wird es zunächst nicht Amerikas wichtigster Rivale sein.

Bevor voreilige Entscheidungen getroffen werden, sollte sich Amerika darauf konzentrieren, Chinas wachsenden Ehrgeiz mitzugestalten und seine zunehmende Macht in eine günstige Richtung zu lenken. Washington sollte Peking klar machen, dass es durch die Begrenzung seiner Ambitionen an Einfluss und Manövrierfähigkeit gewinnen wird. Man sollte China eher einbinden als isolieren und Pekings Status anheben, um seinem Wunsch nach mehr Prestige in der Welt entgegenzukommen. Zugleich gilt es, vorbereitet zu sein, falls China das Spiel nicht mitspielt.

Um diese Strategie umzusetzen, muss die amerikanische Politik in drei Kategorien aufgeteilt werden: Die USA müssen die für China besonders sensiblen Sachfragen identifizieren und damit vorsichtig umgehen. Washington muss den unter Chinesen weit verbreiteten Eindruck zerstreuen, dass Amerika sie von oben herab behandelt und ihr Land nicht respektiert. «Wir erwarten keine Gleichberechtigung», sagte unlängst ein hochrangiger Diplomat auf dem Campus der Pekinger Universität, «aber wir erwarten Respekt. Wir können ein Amerika akzeptieren, das China so behandelt, wie ein reicher Mann einen Armen behandelt. Aber wir können kein Amerika akzeptieren, das China so behandelt wie ein Reiter sein Pferd.»

Wer diesen Eindruck korrigieren will, muss nicht nur den allgemeinen Tonfall der US-Diplomatie ändern. Er muss auch strategische Zurückhaltung üben können. Die Vereinigten Staaten können Taiwan beistehen, ohne die Insel mit den neuesten Waffen aufzurüsten und ohne die arroganten Äußerungen aus dem Weißen Haus und dem Kongress. Washington muss auch die Raketenverteidigungsfrage vorsichtig angehen und China bei Entwicklung und Aufbau konsultieren. Wenn China zu dem Schluss kommt, seine primitiven Nuklearwaffen würden durch das Verteidigungssystem neutralisiert werden, wird es seine nuklearen Fähigkeiten substantiell ausbauen. Wer die chinesischen Einwände einfach ignoriert, wird nicht nur die chinesisch-amerikanischen Beziehungen vergiften, er wird auch einen neuen Rüstungswettlauf auslösen.

Zweitens sollten die Vereinigten Staaten festlegen, bei welchen Fragen sie hart bleiben müssen. Es müssen Grenzen für Chinas Verhalten gesetzt werden, die gleichzeitig Maßstäbe für eine Bewertung der chinesischen Absichten anlegen. Wenn Peking diese Grenzen überschreitet, können aggressive Absichten unterstellt werden, und ein Wechsel der US-Politik von Engagement zur Eindämmung wäre angebracht. Wenn die Chinesen Gewalt außerhalb ihrer Grenzen gebrauchen – besonders gegen Taiwan – wäre diese Grenze sichtbar verletzt. Das Gleiche gilt für den Transfer von Massenvernichtungswaffen an Schurkenstaaten oder terroristische Gruppen.

Drittens sollten die Vereinigten Staaten Felder erweitern und vertiefen, bei denen sie schon eine gemeinsame Haltung mit China gefunden haben. Beide Seiten sind stark daran interessiert, die Teilung der koreanischen Halbinsel zu überwinden. Washington und Peking sollten in dieser Frage enger zusammenarbeiten. Dabei sollten die Vereinigten Staaten ihren Einfluss in Seoul geltend machen, während China seine besonderen Beziehungen zu Nordkorea nutzen kann. Der Handel ist ein weiteres Gebiet gemeinsamer Interessen. Amerikanische Firmen suchen mehr Zugang zu Chinas Märkten. Chinesische Unternehmen treiben bereits Handel mit den USA im Wert von mehr als 100 Milliarden Dollar.[16]

Europa hat eine potenziell wichtige Rolle an der Wirtschaftsfront. Während die militärische Reichweite der EU für die absehbare Zukunft auf die eigene Region beschränkt bleibt, hat die EU eine globale wirtschaftliche Reichweite. 1996 haben die EU und zehn asiatische Länder das *Asia-Europe Meeting* (ASEM) gegründet, um die Kooperation auf ökonomischer, politischer und kultureller Ebene zu vertiefen. Weil die EU politisch weniger belastet erscheint als die USA, könnte sie eine wichtige Rolle bei der Einbeziehung Chinas in den globalen Markt spielen.

Die potenziellen Vorteile reichen weit über den gemeinsamen Nutzen von erweiterten Handelsbeziehungen hinaus. Die Wirtschaftsliberalisierung, die Chinas Integration in den globalen Markt begleitet, kann auch potenziell eine politische Liberalisierung bewirken. Vereinfacht wird dieser Prozess durch die vielen chinesischen Studenten, die in den Vereinigten Staaten studieren und in Chinas urbane Zentren zurückkehren. Es ist kein Zufall, dass die erfolgreichsten Städte wie Schanghai auch die liberalste Politik aufweisen. Der Wettbewerb auf internationalen Märkten und das Werben um ausländisches Kapital erfordern nicht nur transparente Buchhaltungsverfahren, sondern auch eine günstige politische Atmosphäre. Chinas kommunistische Partei ist noch nicht bereit, ihren harten Griff zu lockern, und Wirtschaftsliberalisierung ist keine Garantie für politischen Wandel. Doch die beharrliche Integration Chinas in die Weltwirtschaft könnte bewirken, dass es zu Reformen und einem stufenweisen Übergang zur Demokratie kommt.

Regionale Integration ist ein weiteres Gebiet für chinesisch-amerikanische Kooperation. Mehrere US-Regierungen haben das Entstehen regionaler Foren in Ostasien blockiert, die die Vereinigten Staaten nicht einbeziehen wollten. Washington hat die Gründung eines asiatischen Handelspaktes in den frühen neunziger Jahren verhindert. 1997 haben sich die USA gegen Japans Versuch gestellt, einen asiatischen Fonds zur Bewältigung der regionalen Finanzkrise von 1997/98 zu gründen, und die USA haben sich gegen alle Anstrengungen ausgesprochen, ein exklusives asiatisches Sicherheitsforum entstehen zu lassen. Stattdessen haben die Vereinigten Staaten eine Diplomatie der Nabelschau betrieben und sich zum Dreh- und Angelpunkt für die Beziehungen zwischen den wichtigen Staaten der Region erklärt. Diese Strategie maximiert den amerikanischen Einfluss in der Region und erleichtert es den USA, dort ein stabiles Gleichgewicht zu bewahren. Aber sie hemmt auch die regionale Integration und verhindert Versöhnung und Annäherung. Eine neue Verständigung ist aber wichtig, wenn Ostasien eine Ordnung aufbauen will, die sich weniger auf die Vereinigten Staaten verlassen kann.

Anstatt Asiens regionale Integration zu blockieren, sollte Washington sie unterstützen, auch wenn dies auf Kosten des amerikanischen

Einflusses geht. Amerika kann nicht die alleinige Verantwortung für die Erhaltung des Friedens tragen. Die Region braucht eine eigenständige Ordnung; und die Reparatur politischer und ideologischer Zerwürfnisse ist eine Aufgabe, die nur die Staaten der Region übernehmen können. Die Vereinigten Staaten sollten mehr direkten Kontakt zwischen allen ostasiatischen Ländern begrüßen und erleichtern und Japan und besonders China unter Druck setzen, ihre Differenzen aus dem Zweiten Weltkrieg zu überwinden. Die deutsch-französische Freundschaft wurde der Schlüssel zum Dauerfrieden in Europa; ebenso sollten die beiden wichtigsten Nationen Ostasiens aufeinander zugehen, um der Region dauerhafte Stabilität zu verleihen.

Es ist viel zu früh und unrealistisch, von einer chinesisch-japanischen Koalition zu sprechen. Die beiden Länder sind keine Partner. Sie haben sich in einem antagonistischen Dialog festgefahren, wobei Amerikas Militärpräsenz die Parteien in Schach hält. Doch 1945 erschien eine Versöhnung zwischen Deutschland und Frankreich ähnlich utopisch. Die deutsch-französische Koalition gibt es heute nur, weil die politischen Führer damals den Mut hatten, sie sich vorzustellen, strategische Zurückhaltung zu üben und den Integrationsprozess in Gang zu bringen.

Für einen Neustart von Versöhnung und Integration in Ostasien werden nicht nur mutige Führer gebraucht. Die Japaner müssen sich bereit erklären, sich offener mit ihrem Verhalten während des Zweiten Weltkrieges auseinander zu setzen. Inzwischen sind die Japaner mitteilsamer geworden und haben ihr Bedauern über Aggressionen gegen die Nachbarn geäußert. Doch vorsichtige Entschuldigungen und halbherzige Eingeständnisse wurden von Taten begleitet, die alte Wunden wieder aufgerissen haben.

Anfang 2001 wurde ein japanisches Schulbuch eingeführt, in dem die japanischen Eroberungen in Ostasien gerechtfertigt und Kriegsverbrechen – einschließlich der vom Militär erzwungenen sexuellen Sklaverei in Korea – nicht erwähnt wurden. Als Reaktion hat die chinesische Regierung einen hochrangigen Besuch Japans abgesagt und erwidert, das Buch würde «die Geschichte der japanischen Aggressionen» verleugnen. Südkorea hat vorübergehend seinen Botschafter aus

Tokio abberufen, und Südkoreas Außenminister Han Seung Soo bedauerte, der Schulbuchfall würde «kaltes Wasser» auf den Annäherungsprozess zwischen beiden Ländern gießen.[17]

Eine wirkliche Öffnung zwischen Japan und China erfordert eine wirkliche Abrechnung mit der japanischen Vergangenheit. Dazu gehören neue Geschichtsbücher, ein intensiver öffentlicher Dialog und eine Neubewertung der Frage, ob gewisse Museen und Schreine das Kriegsverhalten des Landes angemessen wiedergeben. Aus der jüngsten deutschen Geschichte geht klar hervor, dass eine Versöhnung nach außen eine gedankliche Auseinandersetzung erfordert. Außerdem sollte sich Japan um mehr Investitionen und Handel mit China bemühen und somit mehr wirtschaftliche Anreize haben, um beide Länder enger aneinander zu binden. Die Chinesen würden dabei besonders Investitionen in den Energiesektor und die Transportinfrastruktur begrüßen.

Auch China muss sich bemühen, die Beziehung zu Japan über den kalten Frieden hinaus zu gestalten. Peking sollte positiv auf eine mögliche japanische Auseinandersetzung mit der Vergangenheit reagieren. Peking muss die japanische Aufarbeitung und Entschuldigung nutzen, um die öffentliche Meinung zu beeinflussen und die Verbitterung gegenüber Japan zu überwinden, die noch immer die chinesische Gesellschaft prägt. Eine Umfrage 1997 ergab, dass mehr als 40 Prozent der Chinesen immer noch einen «schlechten» Eindruck von Japan haben, während 44 Prozent einen «durchschnittlichen» und nur 14 Prozent einen guten Eindruck haben. Mehr als 80 Prozent meinten, Japans Invasion von China und sein Verhalten im Zweiten Weltkrieg wären ihre primäre Assoziation mit Japan.[18] Eine chinesische Annäherung ist nur möglich, wenn innere Vorbehalte gelockert werden, die dieses öffentliche Bild entstehen lassen.

In Japan grassieren ähnliche Ressentiments, obwohl sie nicht so scharf ausfallen wie die anti-japanischen Vorurteile in China. Seit dem Zwischenfall vom Tian'anmen-Platz, als 1998 die chinesische Regierung mehr als 150 Studenten getötet hat, ist die japanische öffentliche Meinung gegenüber der chinesischen Innenpolitik besonders sensibilisiert. Pekings Bereitschaft, das politische System des Landes zu liberalisieren und die Lage der Menschenrechte zu verbessern, würde Tokio helfen, sich China gegenüber zu öffnen. Eine positive chinesische Geste würde die Annäherung zumindest bei Japans Liberalen fördern, die Chinas Menschenrechtsverletzungen besonders scharf kritisieren.

China könnte sich auch um mehr reguläre, hochrangige Kontakte zu Japans Politikern und seinem Verteidigungsestablishment bemühen. Beide Länder haben 1972 diplomatische Beziehungen aufgenommen, doch ein chinesisches Staatsoberhaupt hat Japan erst 1998 zum ersten Mal besucht. Und Präsident Jiang Zemins Besuch hat mehr geschadet als genützt: Die japanische Regierung hatte es in einem gemeinsamen Kommunique abgelehnt, sich für die Vergangenheit öffentlich zu entschuldigen. Jiang hat diesen Streitpunkt dann zum Zentralthema seiner Reise erklärt. Hochrangige Besuche wurden fortgesetzt, doch sie haben wenig genützt, um eine neue politische Öffnung real voranzubringen.

Es gibt zwar zunehmend Kontakte zwischen japanischen und chinesischen Militärvertretern, doch bleiben sie weiterhin die Ausnahme, was die Entfremdung zwischen Peking und Tokio vertieft. Nach vielen Jahren der Isolation hat sich Chinas Volksbefreiungsarmee erst vor kurzem entschlossen, regelmäßig Informationen und Personal auszutauschen. Will man Jahrzehnte gegenseitigen Misstrauens überwinden, muss China seine Bereitschaft beweisen, an größeren und häufigeren bilateralen Aktivitäten – einschließlich gemeinsamer Militärübungen – teilzunehmen. Um ihre Beziehungen zu verbessern, sollten beide Länder auch die regionalen Foren nutzen, die von der Association of Southeast Asian Nations (ASEAN) veranstaltet werden.

Viele Hindernisse stehen einer Annäherung im Wege. Die chinesisch-japanische Entfremdung gehört genauso zum Leben in China und Japan wie der Ost-West-Konflikt im Kalten Krieg zu Amerika und Russland. Obendrein sind die japanischen und chinesischen politischen Systeme nicht kompatibel. In Japan werden wichtige innere Reformen durch das Patronage-System verhindert – ein wichtiger Grund für die Flaute der japanischen Wirtschaft, die schon mehr als ein Jahrzehnt andauert. Auch die chinesische Regierung widersetzt sich dem

Wandel. Sie fühlt sich vom Zusammenbruch der kommunistischen Regime in großen Teilen der Welt und durch liberalisierende Wirkungen der Globalisierung bedroht. Es fehlt ihr an Selbstvertrauen, das Risiko einer Annäherung an Japan einzugehen. Die chinesische Regierung könnte sich obendrein versucht fühlen, den Nationalismus zur Stärkung ihrer Legitimität wieder zu beleben. Diese Hindernisse sind nicht unüberwindbar, doch sie zeigen, wie wichtig amerikanischer Zuspruch und Druck sein kann, um Japan und China zur Reparatur der wichtigsten ostasiatischen Konfliktlinie zu bewegen.

Eine chinesisch-japanische Annäherung, regionale Integration und die Befriedung der ostasiatischen multipolaren Landschaft sind zwar ferne Ziele, doch sie bieten die einzige Alternative zu einer Regionalordnung, die weiterhin stark von der amerikanischen Obhut abhängt. Amerika wird sich in nächster Zukunft nicht zurückziehen. Seine Interessen und die Bedrohung dieser Interessen bleiben enorm. Amerikas sich wandelnder Internationalismus wird somit weniger direkte Konsequenzen für Asien als für Europa haben.

Dennoch wäre es eine gefährliche Illusion zu glauben, der Status quo könne in Ostasien auf unbestimmte Zeit aufrechterhalten bleiben. Sollten sich Nordkorea und Südkorea einer Aussöhnung nähern, würde dies die Form und den Ton der amerikanischen Strategie für die Region stark beeinflussen. Obwohl die Südkoreaner erklärt haben, sie würden US-Truppen auch nach der Wiedervereinigung begrüßen, könnte die Abwesenheit von geopolitischen Spaltungen auf der koreanischen Halbinsel dazu führen, dass Amerikas Stellung in Ostasien nicht mehr gerechtfertigt ist. Verschwindet diese Rechtfertigung, wird es in den Vereinigten Staaten und bei Amerikas regionalen Alliierten einschließlich Japan schwer, die Fortsetzung der bisherigen Strategie zu begründen. Es wäre klug, wenn sich zwischen den Vereinigten Staaten und den wichtigsten ostasiatischen Ländern ein Dialog über die Frage entwickeln würde, wie man eine stabilere und zunehmend selbstverantwortliche Regionalordnung anstreben könnte.

Sollte Ostasien schließlich den Weg der Versöhnung und Integration einschlagen, wäre das globale System in drei große Blöcke aufgeteilt –

ein nordamerikanischer, ein europäischer und ein ostasiatischer Block. Oberflächlich gesehen wäre diese Vision ein mögliches Szenario für Konflikte zwischen drei regionalen Monstern – und kein Weg zu globaler Stabilität. Doch Integration auf regionaler Basis bietet die größte Hoffnung für die friedliche Wiederkehr einer multipolaren Welt. Krieg und Frieden beginnen auf lokaler und nicht globaler Ebene. Nur wenn Nachbarn in Frieden leben, können sie stabile und freundliche Beziehungen zu weit entfernten Ländern aufbauen. Erst als Deutschland und Japan ihre Nachbarn in den dreißiger Jahren erobert hatten, verfügten sie über ausreichend Macht und Ehrgeiz, um zu einer größeren Bedrohung zu werden. Ein realistischer Plan für Frieden auf globaler Ebene muss mit dem Aufbau eines «schrittweisen Friedens» beginnen, ein Begriff, der vom Harvard-Professor Joseph Nye eingeführt wurde.[19]

Prozesse regionaler Versöhnung und Integration schaffen regionale Blöcke mit begrenzten geopolitischen Ambitionen. Sie werden durch strategische Zurückhaltung und Mechanismen zur Machtkontrolle ermöglicht. Amerikas Ambivalenz gegenüber seiner globalen Führungsrolle wurzelt in der politischen Kultur und den Verfassungsbeschränkungen, die bei den Debatten und Kompromissen während der Gründung des Bundesstaates entstanden. Die geopolitischen Ambitionen der EU werden durch das Tauziehen begrenzt, das zwischen den supranationalen Institutionen und den einzelnen Mitgliedstaaten stattfindet. Die auswärtigen Interessen eines ostasiatischen Regionalblocks wären ebenso begrenzt: durch die Selbstkontrollmechanismen einer Koalition zwischen China und Japan und das Tauziehen, das zwischen den einzelnen Ländern der Region beginnen würde. Wie in Europa würden sprachliche und kulturelle Trennlinien eine Zentralisierung auch in Asien verlangsamen und dafür sorgen, dass sich ein regionaler Block eben nicht zu einem Einheitsstaat mit räuberischen Ambitionen entwickelt. Wird die Integration richtig gehandhabt, werden keine streitenden Monster entstehen, sondern regionale Organisationen. Sie werden viel stärker auf sich selbst bezogen sein und sich weniger auf der Weltbühne tummeln.

Es gibt noch einen letzten Grund, warum der «schrittweise Frieden» vernünftig ist: Regionale Stabilitätszonen geben nicht nur Hoffnung auf mehr Harmonie zwischen den entwickelten Ländern, sie fördern auch die politische Modernisierung und das Wirtschaftswachstum der Entwicklungsländer. Die Frage ist, wie der Norden davon überzeugt werden kann, den Süden einzubeziehen, anstatt ihm die kalte Schulter zu zeigen und sich von Armut und Krankheit abzuschotten. Es gibt zwei Antworten: Interessen sind überzeugender als Altruismus, und Interessen wachsen mit geographischer Nähe – auch im digitalen Zeitalter.

Die Vereinigten Staaten sind mehr als Europa und Asien daran interessiert, Frieden und Wohlstand nach Lateinamerika zu bringen. Wenn Armut und Instabilität Drogen und Flüchtlinge nach Norden treiben, zahlen die Vereinigten Staaten einen hohen Preis. Sollte es Lateinamerikas aufstrebenden Märkten jedoch gut gehen, profitieren die Vereinigten Staaten von mehr Handel und weniger Flüchtlingen. Interessen sind auch der Grund, warum die zentral- und südamerikanischen Länder die Freihandelszone vergrößern wollen, die in Nordamerika entstanden ist. Für sie gibt es keinen besseren Weg zum Wohlstand als eine Beteiligung an Projekten zur regionalen Integration. Eine wachsende Zone von Frieden und Freihandel auf dem amerikanischen Kontinent ist der beste Weg, um die Lücke zwischen den armen und reichen Ländern langsam zu schließen.

Die gleiche Logik gilt für Europa und Asien. Europäer interessieren sich weitaus mehr für Nordafrika als Amerikaner und Asiaten. Sollte es dort zu Gewalt und politischem Chaos kommen, so würden die Flüchtlinge nach Europa strömen. Die EU hat somit ein direktes Interesse an Entwicklungshilfe für die Länder an ihrer südlichen Peripherie. Zugleich interessiert sich Europas Peripherie für den Anschluss an die EU – durch Mitgliedschaft oder formlose wirtschaftliche und politische Bindungen. Eine starke zentripetale Kraft drängt somit vom Zentrum der EU nach außen – weit über die eigenen Grenzen hinaus –, nach Osteuropa, in den Nahen Osten und nach Afrika.

Der Regionalismus in Asien ist weit weniger entwickelt als der europäische und nordamerikanische Regionalismus. Sollte es in Asien zu stärkerer regionaler Integration kommen, hätte dies eine ähnliche Wirkung auf die umliegende Peripherie. Wird Indien in eine wachsende Wohlstandszone in Asien eingebunden, kann das Land mit der zweitgrößten Bevölkerung auf der Welt in die globale Wirtschaft integriert werden, vielleicht zieht es Pakistan noch mit. Dies könnte für die belasteten Beziehungen von Vorteil sein. Ähnlich positiv hat die europäische Integration auf das Verhältnis von Spanien zu Portugal gewirkt. Chinas Grenze mit Indien führt dazu, dass sich China für Indiens Wohlstand interessiert und für Wohlstand und Stabilität in ganz Südasien. Es ist kein Zufall, dass Japan in den neunziger Jahren 60 Prozent seiner Entwicklungshilfe in Asien investierte. Die meisten Friedenstruppen für Osttimor kamen 1999 aus Australien, Neuseeland, Thailand, Malaysia und anderen Nachbarländern.[20] Geographische Nähe ist wichtig. Die Bildung von regionalen Wohlstandszonen in Nordamerika, Europa und Asien ist kein Wundermittel für die Entwicklungsländer. Doch die Einbindung armer Länder in nahe gelegene Wohlstandszonen bietet ihnen eine bessere Zukunft als die Alternative: abgehängt zu werden.

Während sich die regionalen Zonen von Frieden und Wohlstand in Richtung der Peripherie ausbreiten, müssen die Vereinigten Staaten eine besondere Rolle im Nahen Osten spielen. Die USA müssen den Zugang zum regionalen Öl garantieren, Israels Sicherheit schützen und den Terrorismus und seine Wurzeln bekämpfen. Die USA sind daher stark daran interessiert, in der Region voll engagiert zu bleiben. Wer über eine veränderte Politik im Nahen Osten nachdenkt, beugt sich nicht dem Terrorismus und seinen perversen Zielen, sondern versteht das komplizierte politische Terrain der Region – und verbessert gleichzeitig Amerikas Fähigkeit, sich darin zu bewegen.

Die Hauptquellen anti-amerikanischer Ressentiments im Nahen Osten sind nicht im Verhalten der Vereinigten Staaten zu suchen. Sie liegen im eigenen Versagen begründet – in Armut, Ungleichheit, politischer Repression, staatlich kontrollierten Medien, ethnischen und religiösen Rivalitäten und schlechten Bildungssystemen. Die Regime, die mit diesen Problemen konfrontiert werden, müssen vorwiegend sich selbst dafür verantwortlich machen. Doch Politiker, Kleriker und extremistische Gruppen manipulieren und nutzen die Abneigung. Sie schieben die Verantwortung auf Israel, die Vereinigten Staaten und den Westen. Sie nutzen den Aufschrei, um eigene Interessen durchzusetzen. Die Wut auf den Westen vermischt sich mit religiösem Fundamentalismus, sodass eine explosive Mischung entsteht. Die Probleme der Region sind somit selbst geschaffen und haben tiefe historische und politische Wurzeln. Unabhängig vom Verhalten Washingtons und dem Stand des arabisch-israelischen Konfliktes werden die islamischen Länder weiterhin einen Teil ihres Zorns auf Amerika und den Westen richten. Allein deswegen wäre es vernünftig, die Abhängigkeit vom Öl der Region zu verringern, den Ölverbrauch einzuschränken und alternative Energiequellen zu entwickeln.

Amerika sollte diese Wut kanalisieren und auf die Verantwortlichen für Armut und Ungleichheit vor Ort richten. Ebenso müssen die sozialen Ungerechtigkeiten – der Nährboden des Extremismus – verringert werden. Wenn Washington Gewalt gegen terroristische Zellen im Nahen Osten anwendet – ein Gebot der Stunde – sollten zugleich Maßnahmen gegen die wachsende Verbitterung ergriffen werden.

Ein wichtiger erster Schritt ist Hilfe bei der friedlichen Lösung des israelisch-palästinensischen Konfliktes. Die Vereinigten Staaten dürfen dieses Problem nicht ignorieren, wie es die Bush-Regierung zunächst versucht hat. Ob zu Recht oder nicht: Die islamische Welt sieht Amerika als Freund Israels. Und Israel wird als fremder Außenposten in der islamischen Welt betrachtet. Diese Wahrnehmung wird sich auch bei einer schrittweise angepassten US-Außenpolitik nicht verändern. Die einzige Lösung wäre ein Friedensvertrag und die Gründung eines palästinensischen Staates.

Anti-Amerikanismus und Terrorismus sind keinesfalls mittelbare Nebenfolgen des arabisch-israelischen Konfliktes. Die Amerikaner brauchen nicht zu glauben, diese Übel würden nach einem Friedensabkommen verschwinden. Im Gegenteil: Extremistische Gruppen haben sich oft gegen Friedensverhandlungen ausgesprochen und mit terroristischen Anschlägen auf Israel gedroht, sollte es zu diesen Verhandlungen kommen. Die israelische Haltung hat sich dadurch verhärtet. Der rechte Flügel wurde gestärkt, und Kompromisse verhindert. Diese Strategie basiert ausschließlich auf eigenen Interessen. Unzufriedenheit ist die Grundlage für Macht und politischen Einfluss von extremistischen Gruppen: Je verhärteter die Fronten im arabisch-israelischen Streit, desto besser für sie.

Doch weil terroristische Gruppen die Unzufriedenheit für sich nutzen, ist eine friedliche Lösung des israelisch-palästinensischen Konfliktes so wichtig. Eine friedliche Lösung würde zumindest eine Quelle des Hasses beseitigen, den viele Menschen in der arabischen Welt für die Vereinigten Staaten und den Westen im Allgemeinen empfinden. Die arabischen Führer müssten beginnen, ihr eigenes Versagen zu verantworten. Sie könnten keine auswärtigen Mächte mehr beschuldigen. Für die Vereinigten Staaten wäre es dann leichter, andere politische Ziele in der Region zu verfolgen. Amerikas Präsenz wäre nicht mehr mit den Leiden des palästinensischen Volkes in Zusammenhang gebracht.

Die Vereinigten Staaten sollten anti-amerikanische Gefühle in der islamischen Welt verringern, indem sie sensibler mit dem Leiden der Menschen in der Region umgehen. Es war hilfreich, dem afghanischen Volk während des Bombenkrieges gegen die Taliban und Al-Qaida humanitäre Hilfe zukommen zu lassen. Die Vereinigten Staaten könnten auf der arabischen Halbinsel weniger sichtbar militärisch präsent bleiben, ohne die Fähigkeiten im Krieg gegen den Terrorismus oder zum Schutz der Ölversorgung einzuschränken. Und Amerika könnte mehr für die Öffentlichkeitsarbeit tun und den Menschen in der Region seinen Auftrag durch kulturelle und akademische Austauschprogramme und Sendungen in örtlichen Sprachen erklären.

Kurz: Die Vereinigten Staaten müssen wissen, dass sie im Nahen Osten oft als dominierende, imperiale Macht angesehen werden, auch wenn sie gut gemeinte politische Ziele verfolgen. Diese Wahrnehmung ist zum Teil unvermeidbar; sie basiert auf der amerikanischen globalen Vorherrschaft. Doch Washington kann weitaus mehr tun, um die Feindschaft abzubauen. Stärke und Wachsamkeit im Kampf gegen Extremisten müssen vorsichtig gegen eine Politik der strategischen Zurückhaltung ausbalanciert werden.

Schließlich muss ein langfristiger Plan entworfen werden, der dafür sorgt, dass die Unzufriedenheit in den Entwicklungsländern allmählich schwindet. Dieser Plan muss politische Liberalisierung anstreben, die Mittelklasse stärken, Bildungsmöglichkeiten verbessern und soziale Institutionen modernisieren. Eine langfristige Entspannung zwischen Arm und Reich muss die Kluft zwischen den führenden und den nachkommenden Ländern verringern. Die regionalen Wohlstandszonen müssen sich unbedingt bis an die Peripherie der Armut ausdehnen, und der Norden muss weitaus mehr für die Entwicklungshilfe tun.

Nun unterscheiden sich die Regionen sehr stark, was den Grad von Armut und Entwicklung betrifft. Die meisten lateinamerikanischen und karibischen Länder haben die Ressourcen und Infrastruktur, um mehr Wohlstand zu erreichen. Sie wurden jedoch durch schlechtes Wirtschaftsmanagement behindert, durch korrupte Rechtssysteme und große soziale Ungerechtigkeiten. Trotz eines Pro-Kopf-Einkommens, das über dem der anderen Entwicklungsländer liegt, lebt ein Drittel der Bevölkerung dieser Region in Armut.[21] Mehr Hilfe wird für bessere Gesundheitsfürsorge und Ausbildung benötigt; und die Grundbedürfnisse der Armen müssen befriedigt werden. Priorität hat jedoch die Reform der staatlichen Institutionen und des Rechtssystems. Die allmähliche Einbeziehung der Region in eine Freihandelszone für ganz Amerika kann die Armut verringern und Reformen beschleunigen. Der Beitritt Mexikos zur NAFTA ist dafür ein Vorbild.

Es ist weitaus schwieriger, die Entwicklung der verarmten Länder von Afrika und Südasien zu fördern. Viele dieser Länder haben nur eine rudimentäre wirtschaftliche und politische Infrastruktur. Erdrückende Armut ist weit verbreitet. Die Bildungs- und Gesundheitssysteme sind primitiv oder – wie in einigen Regionen – nicht existent. Südlich der Sahara besuchen weniger als ein Viertel der Mädchen in armen ländlichen Gegenden die Grundschule. In Afrika gibt es 90 Prozent der 500 Millionen weltweit bekannten Malariafälle. Etwa eine Million Menschen sterben jährlich an dieser Krankheit.

Afrikas Probleme sollen nicht zur Schlussfolgerung führen, die Milliarden von Hilfsdollars für den Kontinent seien sinnlos. Im Gegenteil: In Ghana und Mosambik zum Beispiel hat Auslandshilfe die Armut verringert und das Wachstum gefördert. Soziale Dienste sind in Afrika seit den sechziger Jahren merklich verbessert worden. Zwischen 1965 und 1990 sind die Einschulungsraten von 40 auf 70 Prozent gestiegen, und die Lese- und Schreibfähigkeit wurde von 15 auf 50 Prozent gesteigert. Zwischen 1960 und 1990 hat sich der Anteil von Krankenschwestern an der Bevölkerung verdoppelt. Die Lebenserwartung bei der Geburt stieg von 39 auf 52 Jahre.[22]

Trotz dieser einzelnen Erfolge bleibt die Entwicklung Afrikas stark hinter den Erwartungen zurück. Dies hat verschiedene Gründe. Etwa können die Empfängerländer die Hilfsprogramme wegen ineffizienter öffentlicher Institutionen, Korruption und Missmanagement nicht nutzen. Wenn die Nationalregierungen eine schlechte Fiskal- und Geldpolitik verfolgen, sind Hilfsgelder überflüssig. Sie könnten die Lage noch verschlimmern, indem sie die Nachteile der verfehlten Politik ausgleichen und somit den Druck auf die Politiker, den Kurs zu ändern, verringern. Aber auch die Gebergemeinschaft hat Fehler begangen. Hilfsgelder werden häufig von Bürokratien in Washington, New York oder Genf verwaltet, die wenig über die Zustände in den Empfängerländern wissen. Die Koordinierung zwischen den einzelnen Geberländern ist schlecht; sie ist zwischen der Weltbank, den Vereinten Nationen und den vielen Nichtstaatlichen Organisationen, die mit der Vergabe von Hilfsgeldern betraut sind, ebenso unzureichend. Politische, strategische und kommerzielle Interessen verdrängen oft die humanitären Belange: Selbst wenn Hilfsgelder das Wirtschaftswachstum ankurbeln, erreichen sie nicht diejenigen, die sie am meisten brauchen – die Armen.

Diese Mängel bei Leistung und Abläufen beweisen, dass große Reformen dringend erforderlich sind. Nicht nur sollten die Entwicklungshilfeprogramme den spezifischen Problemen jeder Region angepasst werden; auch müssen die reichen Nationen der Welt die Grundlinie einer neuen Strategie diskutieren. Nur so lässt sich Unterentwicklung wirksam bekämpfen. Die Ereignisse vom September 2001 haben verdeutlicht, wie wichtig der Kampf gegen Armut und Unzufriedenheit ist.

Eine erfolgreichere Entwicklungshilfepolitik muss auf drei Säulen stehen – Humankapital, ökonomische Infrastruktur und politische Fähigkeiten. Das Humankapital ist die Grundlage. Eine gut ausgebildete und gesunde Bevölkerung ist die Basis für sozialen und wirtschaftlichen Fortschritt. Ohne diese Grundlage hat ein Gemeinwesen keine Chance, auswärtige Hilfe zu absorbieren – Hilfsgelder würden durch die Gesellschaft wie Wasser durch ein Sieb sickern. Bildung und Gesundheit verstärken sich gegenseitig. Frauen mit Schulbildung haben kleinere, gesündere Familien als Frauen ohne Schulbildung. Bildung scheint auch die Kindersterblichkeit und die HIV-Infektionsraten zu verringern.[23] China hat heute ein viel größeres Wirtschaftswachstum als Indien, weil die chinesische Regierung – noch bevor sie 1979 anfing, die Entwicklung einer Marktwirtschaft zu fördern – in das Schul- und Gesundheitssystem des Landes investiert hat.[24]

Die internationale Gemeinschaft muss weitaus mehr Interesse und Geld für die Verbesserung des Grundschulwesens in den Entwicklungsländern aufbringen. Oxfam hat ausgerechnet, dass eine globale Schulversorgung bis zum Jahre 2015 ungefähr acht Milliarden Dollar kosten würde – weniger als drei Prozent des amerikanischen Militärhaushaltes. Die Verteiler von Hilfsgeldern sollten nationalen und regionalen Regierungen Ausgleichsfonds geben, um sie zu höheren Ausgaben für die Grundschulbildung zu ermutigen und um die Wirkungen dieser Ausgaben zu vergrößern. Die Universitäten sollten ebenfalls verbessert werden – auch durch Partnerschaften und akademische Austauschprogramme mit den Industrieländern. Und die Vereinigten Staaten und andere Länder mit guten Universitätssystemen sollten mehr tun, um ausländische Studenten zur Rückkehr in ihre Heimatländer zu bewegen. Hierzu könnten Visa und Stipendien mit einer entsprechenden Auflage versehen werden.

Bessere Bildungszugänge werden sich positiv auf die Gesundheit auswirken. Mehr Wissen führt zu mehr Prävention und Pflege. Schulen sind zentrale Orte für die Vergabe von Impfstoffen und Medikamenten. Doch direkte Interventionen sind auch unbedingt nötig. Während der Aufbau eines modernen Gesundheitssystems Generationen dauert, kann die internationale Gemeinschaft sofortige Maßnahmen gegen die gefährlichsten Krankheiten einleiten – und dies zu begrenzten Kosten. Der Mangel an Impfstoffen und Pflege, die hohen Infektionsrisiken und die fürchterlichen Folgen für junge Erwachsene machen den Kampf gegen HIV zur Top-Priorität. Die Welt braucht mehr Informationen zur Prävention – besonders für soziale Gruppen, die gegenüber der Krankheit vornehmlich anfällig sind. Pharmafirmen müssen überzeugt werden, Medikamente zu stark reduzierten Kosten anzubieten. Fälle von Tuberkulose, Diarrhöe und Malaria können leicht verringert werden, wenn mehr Ressourcen für Kauf und Verteilung von Medikamenten zur Verfügung stehen.

Die internationale Gemeinschaft leistet ihren größten Beitrag zur wirtschaftlichen Infrastruktur durch Entwicklungshilfe und Handel. Die Hilfe soll Armut lindern und das Wachstum fördern. Die Beziehung zwischen Gebern und Empfängern muss dafür verbessert werden. Anstatt Programme zu realisieren, die vom Geber geplant und verwaltet werden, sollten Beamte und Privatpersonen in den Empfängerländern eigene Vorschläge einreichen, die von den Gebern nach Marktkriterien geprüft werden.

Diese durch die Nachfrage diktierte Methode hat Vorteile: Sie würde Initiative, Verantwortung und Verantwortlichkeit den Bürgern vor Ort und nicht abgehobenen Bürokraten überlassen. Die Programme wären für die örtlichen Gegebenheiten besser geeignet, und Reformen würden länger andauern. Innovationen und Ideen, die von innen kommen, werden eher akzeptiert als jene, die von außen auferlegt werden. Eine direkte Finanzierung konkreter Projekte könnte den Bedarf an teurem Personal in den Geber- und Empfängerländern verringern.[25] Wenn Vermittler ausgeschaltet und Basisprojekte realisiert werden, könnte auch die bedürftigste Gemeinde erreicht werden. Geldvergabe auf Konkurrenzbasis schränkt Korruption und Missmanagement ein; Agenturen und Gruppen, die Hilfsgelder bisher veruntreut haben, könnte man somit ausschalten.[26]

Die bessere Verwendung von Hilfsgeldern wird Geberländer motivieren, ihren Entwicklungshilfehaushalt zu vergrößern. US-Ausgaben für Entwicklungshilfe sind relativ bescheiden. Sie liegen ungefähr bei 0,1 Prozent des BIP. Ein durchschnittliches afrikanisches Land erhält ungefähr 20 Millionen Dollar pro Jahr von den Vereinigten Staaten (ein US-Kampfflugzeug kostet ungefähr 30 Millionen Dollar). Jeder Amerikaner bringt umgerechnet 29 Dollar pro Jahr für Entwicklungs- und humanitäre Hilfe auf, während die Bürger anderer Industrie- nationen ungefähr 70 Dollar pro Jahr ausgeben. Im März 2002 hat die Bush-Regierung angekündigt, den Entwicklungshilfehaushalt bis 2006 von 10 Milliarden auf 15 Milliarden Dollar zu erhöhen – eine be- achtliche Steigerung, die jedoch weiterhin unter dem Durchschnitt liegt.[27]

Größere Handelsströme müssen den Hilfsgeldern folgen, um eine kontinuierliche Entwicklung zu garantieren. Die Vereinigten Staaten und andere reiche Länder sollten Handelsbarrieren für Entwicklungs- länder abschaffen. Das hätte zwar nur wenig Wirkung auf die großen Volkswirtschaften, doch es könnte ein exportorientiertes Wachstum in den kleinen Volkswirtschaften der Entwicklungsländer fördern. Wenn die Märkte des industrialisierten Nordens geöffnet werden, hät- te dies mehr Nutzen für die Dritte Welt als alle Entwicklungshilfe- programme. So erklärt ein Wirtschaftswissenschaftler dazu: «Entwick- lungsländer sehen sich mit Handelsbarrieren besonders in den Wirtschaftszweigen konfrontiert, in denen sie die besten Chancen hät- ten, sich aus der Armut herauszuarbeiten – in der Landwirtschaft und der Bekleidungsindustrie.»[28]

Die Vereinigten Staaten sollten auch mehr *Enterprise Funds* einset- zen – öffentlich geförderte Investitionsfonds, die von privaten Auf- sichtsräten überwacht werden, die wiederum dem Kongress rechen- schaftspflichtig sind. Diese Instrumente zur Unterstützung kleiner Firmen wurden in Osteuropa bereits erfolgreich eingesetzt. Partner- schaften zwischen Geberorganisationen und Privatfirmen sollten mehr genutzt werden, um den Privatsektor in den sich entwickelnden Volkswirtschaften zu stärken. Dadurch können moderne Manage- mentfähigkeiten gelehrt und eine Mittelklasse gefördert werden, die ein starkes Interesse an Wirtschaftsstabilität und einer guten Regie- rung hat. Eine einflussreiche inländische Wählerschaft ist für wirt- schaftliche und politische Reformen wichtiger als der Druck der inter- nationalen Gemeinschaft.

Politische Fähigkeiten sind die dritte Voraussetzung für eine Befreiung des Südens von weit verbreiteter Armut. Wirtschaftswissenschaftler sehen einen Zusammenhang zwischen guter Politik und der Chance von Wirtschaftshilfe, das Wirtschaftswachstum zu stimulieren.[29] Hingegen steht eine schlechte Politik der Entwicklung entgegen. Das betrifft auch Länder mit einer gebildeten Öffentlichkeit und üppigen Ressourcen – wie Brasilien, Argentinien und Russland. In Afrika und Südasien sind die Folgen von Missmanagement noch größer: Die von Politikern getroffenen Entscheidungen beeinflussen nicht nur den Lebensstandard; auch die Lebensfähigkeit des Staates und die Fähigkeit der Bürger, ihre Grundbedürfnisse zu befriedigen, stehen auf dem Spiel. So bemerkt Lancaster: «Entwicklungshilfe kann wenig bewirken, wenn Wirtschaftswachstum durch eine Politik erstickt wird, die Investitionen durch ineffektive oder korrupte öffentliche Institutionen blockiert.»[30] Viele afrikanische Regierungen verlassen sich weiterhin auf hohe Handelszölle als wichtige Staatseinnahmen, obwohl sie dadurch den Handel hemmen und das Wachstum bremsen.

Politische Reformen können von oben nach unten wirken – durch eine Kombination von lokaler Führung, Druck durch die internationale Gemeinschaft und die Bildung von gut ausgebildeten politischen Kadern. Doch weil Beamte oft Veränderungen im Weg stehen, muss die Reform auch von unten kommen. Einige der spektakulärsten politischen und wirtschaftlichen Reformen wurden ganz unten in Gang gesetzt. In Russland haben sich Provinzbeamte und örtliche Unternehmer für demokratische Reformen und Marktreformen eingesetzt – gegen den Widerstand im Kreml.[31] Das schnelle Wachstum unabhängiger Verbände, die sich der Zivilgesellschaft verschrieben haben, spielte eine wichtige Rolle beim Übergang zur Demokratie in Zentraleuropa. Die internationale Gemeinschaft sollte daher lokale Organisationen unterstützen, die öffentliche Partizipation fördern, soziale Dienste anbieten und die Bürger zum zivilen Engagement ermutigen.

All dies könnte auch dem islamischen Extremismus entgegenwirken. Geld für Grundschulen ist ein gutes Beispiel. Mehr Schulbildung verspricht nicht nur wirtschaftlichen Fortschritt und soziale Mobilität, sondern auch die Mäßigung des religiösen Extremismus. Viele pakistanische Kinder wurden in *madrasas* erzogen, die von islamischen Fundamentalisten geleitet werden. Sie hatten keine andere Wahl. Eine Investition in das Grundschulwesen ist somit auch eine Investition in Pluralismus und religiöse Toleranz.

Bildung und Pluralismus führen zu einer Grundsatzfrage über das Verhältnis von Islam und der politischen Modernisierung. Nach dem 11. September haben viele Kommentatoren erklärt, der Islam würde den Extremismus fördern und für die Blockade politischer und wirtschaftlicher Entwicklungen im Nahen Osten verantwortlich sein.[32] Doch Ursache und Wirkung werden hier verwechselt. Es waren schwache politische und wirtschaftliche Institutionen, die dem islamischen Fundamentalismus zum Sieg verhalfen. Der religiöse Absolutismus und die Gewalt, die ihn oft begleiten, sind in christlichen und jüdischen Gesellschaften weniger verbreitet, weil diese Gesellschaften den liberalisierenden Einflüssen der Reformation, der Aufklärung, der wissenschaftlichen und industriellen Revolution und dem Aufstieg der Demokratie ausgesetzt waren, kurz: dem historischen Fortschritt, der Kirche und Staat trennte und die Wirkungen der Religion auf das politische Leben mäßigt. Die wirtschaftliche und politische Entwicklung in Südasien, im Nahen Osten und in Afrika kann den Islam den gleichen liberalisierenden, mäßigenden und friedensfördernden Kräften aussetzen.

Es wird viel Zeit und Geld kosten, die Entwicklungsländer beim Aufbau von Humankapital, von wirtschaftlicher Infrastruktur und politischen Fähigkeiten zu unterstützen. Viele Hilfsprogramme werden selbst nach erheblichen Reformen die Erwartungen nicht erfüllen. Doch wir dürfen diese Herausforderungen nicht vernachlässigen. Vielleicht ist dies die einzige Möglichkeit, die kulturelle und sozioökonomische Kluft zwischen Nord und Süd zu überwinden.

Amerikaner hatten schon immer eine starke Abneigung gegen Institutionen. Die Kolonien hatten sich anfangs auf eine lose Konföderation geeinigt, weil sie die Einschränkungen durch eine institutionelle Struktur nicht akzeptieren wollten. Die Amerikaner haben erst dann eine konstitutionelle Föderation in Kauf genommen, als erkennbar wurde, dass die Institutionen, die man 1781 schuf, zu schwach waren, um die Union zu stützen. Seitdem und besonders seit dem Bürgerkrieg hat sich Amerika zu einem der am meisten institutionalisierten und legalisierten Länder der Welt entwickelt. Unabhängig von der verbreiteten Aversion gegen eine starke Zentralautorität haben die meisten Amerikaner eine Nation akzeptieren gelernt, die aus vielen örtlichen, einzelstaatlichen und bundesstaatlichen Regierungsebenen besteht, aus unzähligen nichtstaatlichen Organisationen und einem allgegenwärtigen Rechtssystem. Heute kommt auf sechshundert Menschen ein Rechtsanwalt, ohne den niemand den Dschungel von Vorschriften und Institutionen durchschauen könnte.

Das frühe Amerika hegte besonders viel Misstrauen gegen internationale Organisationen. Die Warnung der Gründungsväter vor den Verstrickungen von Allianzen war eine allgemeine Warnung gegen Amerikas Beteiligung an Institutionen, die das Land in eine gefährliche Großmachtpolitik hineinziehen könnte. Amerika konzentrierte sich auf den inneren Aufbau, die Expansion nach Westen und den wirtschaftlichen und militärischen Aufstieg. Dabei hatte Amerika kein Interesse an den Verpflichtungen, die mit den internationalen Organisationen verbunden waren. Die Ablehnung des Völkerbundes durch den Senat war nur eines der auffälligsten Beispiele für die tiefe Verwurzelung dieser Ansicht in der amerikanischen Seele.

Die Lehren der dreißiger Jahre, der Schock des Zweiten Weltkrieges und Roosevelts Begabung im Umgang mit der öffentlichen Meinung haben Amerikas Widerstand gegen das Engagement in internationalen Organisationen schließlich gebrochen. Während des ersten Jahrzehnts des Kalten Krieges haben sich die Vereinigten Staaten aktiv um eine neue internationale Ordnung bemüht und dafür mehrere

Institutionen aufgebaut. Die USA haben in Dumbarton Oaks und später in San Francisco die Führung bei der Gründung der Vereinten Nationen übernommen. Die Konferenz von Bretton Woods in New Hampshire führte zu neuen Institutionen der Weltwirtschaft. Zu Beginn des Kalten Krieges bildeten die Vereinigten Staaten Allianzen an der Peripherie der Sowjetunion und unterzeichneten Sicherheitspakte mit Westeuropa, dem Nahen Osten, Südostasien und Nordostasien. Die Anstrengungen der USA während der vierziger und fünfziger Jahre schufen eine institutionelle Infrastruktur, die noch heute Grundlage für multilaterale Kooperation in vielen Teilen der Welt ist.

Die Amerikaner haben internationale Organisationen nie mit dem gleichen Enthusiasmus akzeptiert wie ihre heimischen Institutionen. Die gleichen Bedenken, die die Gründungsväter gegen die «Verstrickungen» von Allianzen hegten und die den Völkerbund verhinderten, gelten auch heute noch. Kritiker von internationalen Institutionen beziehen sich noch immer auf historische Erfahrungen – Institutionen kompromittieren die amerikanische Souveränität und Autonomie, sie schränken die Manövrierfähigkeit des Landes ein und geraten in Konflikt mit der Verfassung, indem sie die Autorität des Kongresses beschneiden.

Senator Jesse Helms kam 2001 zur Erkenntnis, dass fünf Amtszeiten im US-Senat für ihn genug wären. Seine vielen konservativen Alliierten werden den Krieg gegen die Vereinten Nationen aber fortsetzen. So schrieb Helms in *Foreign Affairs*: «Durch das beständige Wachstum und die Reichweite ihrer Aktivitäten haben sich die Vereinten Nationen von einer Institution souveräner Staaten in eine quasi-souveräne Institution gewandelt. Dieser Wandel bedeutet eine offensichtliche Bedrohung der nationalen Interessen der Vereinigten Staaten.»[33] Der Republikanische Senator Rod Grams aus Minnesota griff 1998 den Internationalen Strafgerichtshof an: «Ich hoffe, dass die Regierung dieses Gericht jetzt aktiv bekämpft und sicherstellt, dass es das gleiche Schicksal wie der Völkerbund haben wird und ohne US-Unterstützung zusammenbricht, denn dieses Gericht ist ein Monster, das wir unbedingt erschlagen müssen.»[34]

Nicht alle internationalen Institutionen werden derart scharf abgelehnt. So wird die NATO von vielen Politikern unterstützt, weil sie durch Amerikas Militärmacht kontrolliert wird. Washington hat wenig Probleme mit der G-8-Konferenz, in der die Vereinigten Staaten eine ebenso beherrschende Rolle spielen. Das Gleiche gilt für den IMF, in dem die Vereinigten Staaten das größte Gewicht haben und fast immer das bekommen, was sie wollen.

Institutionen, in denen die Vereinigten Staaten anderen gegenüber Rechenschaft ablegen müssen, sind selbst bei «liberalen» Politikern wenig beliebt. Nur wenige Demokraten wären dafür, US-Truppen unter ein UN-Kommando zu stellen. Der Internationale Gerichtshof hat nur wenige gute Freunde im Kongress. Die Bush-Regierung hat das Kyoto-Protokoll abgelehnt, doch selbst Clinton hat die Umsetzung verzögert. Die Bush-Regierung hat wenig Reue gezeigt, als sie den ABM-Vertrag durch unilaterale Aufkündigung abschaffte.

Wer versucht, die Vereinigten Staaten in Schlichtungsverfahren einzubinden oder Entscheidungen erwirken möchte, die nicht im Interesse des Landes sind, stößt meistens auf Granit. Washington hält sich leichter an Regeln, die den Handel betreffen; bei Sicherheitsfragen stellt es sich stur. 1984-1985 weigerten sich die Vereinigten Staaten, die Meinung des Internationalen Gerichtshofes zu respektieren, der den USA die Verletzung des Völkerrechtes durch die Verminung der Häfen von Nicaragua vorwarf. Als Nicaragua die Klage erhob, bestritten die USA die Zuständigkeit des Gerichtes. Als das Gericht den Einwand verwarf, widerriefen die Vereinigten Staaten ihre Erklärung aus dem Jahre 1946, in der die Zuständigkeit des Gerichtes anerkannt wurde.

Amerikas janusköpfige Haltung gegenüber internationalen Institutionen ist kurzsichtig. Zurzeit mögen es sich die Vereinigten Staaten leisten, Institutionen abzulehnen, in denen sie ihren Willen nicht durchsetzen können. Sie sind stark genug, nach eigenem Gutdünken unilateral zu handeln. Das Problem ist, dass Amerika nicht immer den Luxus haben wird, auf eigene Faust loszuschlagen. Wenn die unipolare Zeit zu Ende geht, werden sich die Vereinigten Staaten immer öfter an Institutionen wenden, die sie heute durch unilaterales Verhalten unterminieren.

Wenn erst die Gestaltung des internationalen Systems von Konsens und Kompromiss und nicht von der amerikanischen Führung abhängt, werden die Vereinigten Staaten bedauern, dass sie die Normen des Eigeninteresses und nicht der Gegenseitigkeit vorgelebt haben. Wenn der Dollar keine Leitwährung mehr ist, wird sich Washington eine Institution wünschen, die das internationale Finanzsystem stabilisieren hilft. Wenn Amerikas Militär im Nahen Osten oder Asien engagiert bleibt und erneut ethnische Gewalt in Europa ausbricht, werden sich die Vereinigten Staaten eine EU-Streitmacht wünschen, die unabhängig von der NATO funktioniert. Wenn Brennstoff-Industrien der Schwellenländer in einem oder zwei Jahrzehnten mit voller Kapazität arbeiten, werden es die Amerikaner bedauern, dass ihre Regierung keine ernsten Schritte unternommen hat, um ein wirksames globales Umweltregime zur Eindämmung der Umweltverschmutzung durchzusetzen.

Anstatt sich auf ihre Vorherrschaft zu verlassen und im Alleingang zu handeln, sollten die Vereinigten Staaten das Gegenteil tun – ihren Einfluss nutzen, um die Institutionen zu formen, auf die sie sich bald verlassen werden müssen. Die Vereinigten Staaten sollten einen Teil ihrer Privilegien aufgeben und im Gegenzug die Institutionen eng an sich binden, die sie zu ihrem Vorteil einsetzen können, wenn sie nicht mehr die Fähigkeiten haben, unilateral zu handeln. Diese Politik erfordert kurzfristige Opfer, um langfristige Vorteile zu gewinnen. Sie erfordert strategische Zurückhaltung, um Institutionen zu gewinnen, in denen die Vereinigten Staaten ihre Rechte und Verantwortung mit anderen Partnern teilen werden. Es bedeutet, diese Institutionen für die Einbindung der amerikanischen Stärke zu nutzen und Amerika zugleich in andere Machtzentren einzubinden.

Dies ist das gleiche Geschäft, das die großen Kolonien wie Virginia und New York gemacht haben, um den Weg für eine föderale Union zu ebnen. Es ist der gleiche Deal, den Deutschland und Frankreich beim Bau der Europäischen Union eingegangen sind. Und es ist die gleiche Logik, die John Ikenberry von der Georgetown University als zentrale Idee für eine stabile Nachkriegsordnung beschrieben hat:

«Sollte der führende Staat erkennen, dass die Vorteile seiner Nachkriegsstärke nur von begrenzter Dauer sind, kann eine institutionalisierte Ordnung günstige Arrangements finden, die nach Überschreiten des Machtzenits weiterhin gelten. Der Aufbau grundlegender Institutionen ist eine hegemoniale Investition in die Zukunft. Wenn die richtigen Regeln und Institutionen festgezurrt sind, können sie zugunsten des führenden Staates arbeiten, selbst wenn seine relativen materiellen Fähigkeiten abnehmen. Dies sind Vorteile, die ein führender Staat in einer nicht institutionalisierten Ordnung nicht realisieren würde.»[35]

Die Vereinigten Staaten müssen ihre Autonomie vorzeitig aufgeben, wenn die Institutionen, die die Multipolarität eindämmen, rechtzeitig zur Verfügung stehen sollen. Dies lässt hoffen, dass das Beste an der Pax Americana den unipolaren Augenblick überdauern wird. Während Amerika diesen Weg beschreitet, sollten die Amerikaner in Institutionen investieren, die drei Funktionen erfüllen:

Zunächst sollten die Vereinigten Staaten ein Direktorat größerer Staaten einrichten, das die Beziehungen zwischen den wichtigsten Machtzentren der Welt steuert. Im Augenblick bietet der UN-Sicherheitsrat dieses Forum. Doch wegen seiner Formalitäten und dem Veto der fünf ständigen Mitglieder ist der Sicherheitsrat mehr ein Forum für höfliche – und manchmal weniger höfliche – Debatten als für knallharte Diplomatie.

Ein globales Direktorat sollte eher wie das europäische Konzert nach 1815 funktionieren und nicht wie die UNO oder der Völkerbund. Zu den Gründungsmitgliedern sollten die Vereinigten Staaten, die Europäische Union, Russland, China und Japan gehören. Wichtige Staaten aus anderen Regionen sollten ebenfalls am Tisch sitzen – zum Beispiel Indonesien, Indien, Ägypten, Brasilien und Nigeria. Wie das europäische Konzert wäre dieses Direktorat ein informelles Forum zur Aussprache und Koordination von Aufgaben. Entscheidungen würden durch Konsens gefällt, niemand hätte ein Veto. Die Koordination von Nichteingreifen und strategischer Zurückhaltung wäre ebenso wichtig wie gemeinsame Aktionen. Das Direktorat würde regelmäßig und auch in Notfällen tagen. Wie das europäische Konzert hätte es das Ziel, die Kooperation zwischen den großen Machtzentren der Welt zu fördern und regionale Krisen zu managen.

Die Vereinigten Staaten sollten überdies eine zweite Stufe von Institutionen aufbauen, deren Funktion es wäre, eine Reihe von Normen zu etablieren und Regeln in das internationale System einzubetten. Aufgrund dieser Normen und Regeln ist das tägliche Leben in vielen Ländern friedlich und berechenbar. Zwischen den Staaten ist das tägliche Leben weniger friedlich. Die Normen und Regeln sind primitiver und elementarer. Das muss aber nicht immer so sein. Institutionen geben dem internationalen System einen sozialen Charakter. Sie bestimmen die Regeln, die das Verhalten von Staaten beeinflussen. Wenn souveräne Staaten gewillt sind, in die institutionelle Infrastruktur zu investieren, können sie das internationale Leben friedlicher und berechenbarer gestalten.

Ein Teil dieser institutionellen Infrastruktur existiert bereits. Sie wurde von den Vereinigten Staaten in den letzten fünf Jahrzehnten aufgebaut. Doch viele dieser Institutionen hängen weiterhin von der US-Führung ab. Sie sollten so angepasst werden, dass sie auch funktionieren können, wenn Washington die Kontrolle abgibt. Amerika muss auch diejenigen Institutionen unterstützen, die es heute meidet. Ein wichtiger symbolischer Schritt wäre, mehr Interesse für die Vereinten Nationen zu zeigen. Ziel wäre, nicht nur die Fähigkeit der UNO zu humanitärer Hilfe zu stärken und ihre friedenserhaltenden Missionen zu fördern. Die Unterstützung der USA für das globale Forum würde ein wichtiges Signal aussenden, wenn Amerika in Institutionen zu investieren bereit ist und sich wie andere Länder an die Spielregeln halten will.

Starke Institutionen werden auch gebraucht, um bestimmte Aspekte des internationalen Lebens zu gestalten. So erfordert die Globalisierung verbesserte Mechanismen zur Kontrolle der Handels- und Finanzbeziehungen. Die Welthandelsorganisation und ihr Streitschlichtungssystem sind ein guter Anfang, doch monetäre und finanzielle Fragen müssen noch beantwortet werden. Während der Euro dem Dollar zunehmend als Reservewährung Konkurrenz macht, kann die Währungspolitik dem heutigen System von Ad-hoc-Koordinationen nicht länger überlassen bleiben. Zusätzliche finanzielle Mechanismen werden benötigt, um die Verbreitung sektoraler und regionaler Schocks zu verhindern. Diese Mechanismen können aus Notfall-Fonds zur Stabilisierung von nationalen Ökonomien bestehen, die sich im freien Fall befinden, aus «Sicherungen» zur Verhinderung von Panik oder aus internationalen Beschränkungen von Kredit- und Kapitalflüssen: Die Vereinigten Staaten und ihre Partner sollten eine neue Finanzarchitektur aufbauen und nicht darauf warten, bis neue Krisen die Weltwirtschaft erschüttern.

Der Aufbau einer Rechtsstruktur des internationalen Systems ist ein weiterer Schritt, um globale Stabilität und Berechenbarkeit zu fördern. Polizeiarbeit spielt eine wichtige Rolle auf staatlicher Ebene. In der internationalen Arena kann sie das Gleiche tun. Der Internationale Gerichtshof, der Permanente Schlichtungshof, der Internationale Strafgerichtshof und das Kriegsverbrechertribunal, das unter der Federführung der Vereinten Nationen eingerichtet wurde, haben jeder auf seine Weise das Rechtsstaatsprinzip in die internationale Politik eingeführt. Jetzt muss die Autorität der Streitschlichtungsinstanzen unter der Federführung der WTO und anderer Organisationen verstärkt werden. Die Vereinigten Staaten müssen der Versuchung widerstehen, sich von diesen Institutionen zu distanzieren oder sie ganz zu verlassen und sich über das Recht zu stellen, weil man sich das heute leisten kann. Sollten diese Institutionen nicht mehr zur Verfügung stehen, wenn sich ein schwächeres Amerika auf sie verlassen muss, dann tragen die Amerikaner selbst die Verantwortung dafür.

Die dritte Stufe der Institutionen sollte sich weniger mit Tagespolitik als mit langfristigen Bedrohungen beschäftigen. Die meisten Bedrohungen der Vereinigten Staaten sind kollektiv – das heißt, es sind die gleichen Bedrohungen, mit denen auch andere Länder umgehen müssen. Sie können am besten durch gemeinsame Aktionen bekämpft werden. Dies betrifft auch den traditionellen Bereich der Sicherheit, in dem die geographische Lage bisher ausschlaggebend war. Es gibt immer noch gefährliche Regionen auf der Welt. Südasien und der Nahe Osten gehören dazu. Doch totale Kriege sind selbst in diesen Regionen unwahrscheinlich. Terrorakte, Anschläge mit chemischen oder biologischen Waffen und der Cyberkrieg sind eher denkbar – Bedrohungen, die keine geographischen Grenzen kennen.

Diese Bedrohungen lassen sich am besten durch internationale Koordinierung bekämpfen. Institutionen werden gebraucht, um die Weiterverbreitung von Nuklearmaterial und Raketentechnologie – besonders aus der ehemaligen Sowjetunion – zu verhindern. Da chemische und biologische Waffen leicht erworben und verbreitet werden können, sind der Austausch von internationalen geheimdienstlichen Informationen und die gemeinsame Überwachung und Penetration terroristischer Gruppen das beste Gegenmittel. Die Vergeltungsschläge gegen Afghanistan waren ein wichtiger Teil im Kampf gegen die Al-Qaida und andere terroristische Netzwerke. Doch die Al-Qaida hatte bekanntlich Operationseinheiten in mehr als fünfzig Ländern. Der langfristige Kampf gegen den Terrorismus erfordert eine institutionelle Zusammenarbeit zwischen den Geheimdiensten, der Polizei und den Einwanderungsbehörden vieler Länder.

Sollte die Bush-Regierung den Aufbau eines Raketenabwehrsystems vorantreiben, so müsste sie ein multilaterales Programm anstreben, das weitestgehenden Schutz gewährleistet. Richtige Schritte wären die Entwicklung einer Startphasen-Technologie und die Arbeit an gemeinsamen Einsätzen des Systems. Ein Startphasen-System, das Raketen kurz nach dem Start abfängt, bevor sie ein Ziel ansteuern, schützt alle potenziellen Zielstaaten – nicht nur das Land, das gerade das System aufbaut. Somit können die Vorteile des Systems allen zugute kommen, sodass seine Entwicklung die Gefahren eines neuen Rüstungswettlaufs eher vermindert als vergrößert. Der Einsatz gemeinsamer, multilateraler Systeme wird außerdem Ängste zerstreuen, die Vereinigten Staaten würden nur sich selbst beschützen oder unilaterale strategische Vorteile anstreben. Die Vereinigten Staaten könnten mit der EU, mit Russland und vielleicht China Vorschläge zum Austausch von Frühwarnsystemen und der Abfangtechnologie prüfen.

Konventionelle Gefährdungen der Sicherheit erfordern kollektive Reaktionen. Krieg zwischen den Großmächten der Welt ist unwahrscheinlich – zumindest in der absehbaren Zukunft. Gewalttätige Auseinandersetzungen werden eher den ethnischen und zivilen Konflikten ähneln, die in letzter Zeit Bosnien, Serbien, Aserbaidschan, Ruanda und Ost-Timor heimgesucht haben. Da die Vereinigten Staa-

Nach der Pax Americana

ten bereits erklärt haben, sich in viele dieser Kriege nicht einmischen zu wollen, sollte Washington Alternativen für Prävention und Intervention entwickeln.

Die größte Hoffnung liegt auf den Kräften der jeweiligen Region selbst, da ihre Länder am meisten an Prävention und Konfliktbeendigung interessiert sind. Um die lokalen Organisationen in Afrika, Südostasien und anderen Regionen für diese Aufgaben zu befähigen, muss eine institutionelle Infrastruktur und Personalschulung gefördert werden. Der Kosovo-Mission, die von NATO und UNO voll unterstützt wird, gelang es nur sehr schwer, gut ausgebildetes Personal für Polizeiaufgaben und die örtliche Verwaltung zu finden. Die UNO muss den Personalbestand für kurzfristige Einsätze erweitern und ihre Kontakte zu regionalen Organisationen verbessern.

Bessere Hilfsprogramme für Entwicklungsländer sind ebenfalls eine wichtige Investition in Konfliktprävention. Die schlimmen ökonomischen Zustände in vielen afrikanischen Ländern, knappe Ressourcen und die Verbreitung von AIDS und anderen Krankheiten verursachen Chaos und Krieg. Großzügige und besser verwaltete Entwicklungshilfe kann sehr viel bewirken. Wer darauf wartet, dass soziale Krisen in Sicherheitskrisen umschlagen, der fördert nur den Stillstand. Wenn Entbehrungen Gewalt auslösen, wird sich der Norden wahrscheinlich von der Not des Südens endgültig abschotten.

Schließlich sind kollektive Anstrengungen zum Schutz der globalen Umwelt dringend erforderlich. Der Treibhauseffekt, die Zerstörung der Ozonschicht, Wasserknappheit und die Vernichtung der Wälder sind große Probleme. Zwar sind sich die Wissenschaftler über Entwicklung und Schwere der verschiedenen Umweltzerstörungen nicht einig. Doch alle bekräftigen, dass die heutigen Gegenmaßnahmen nicht ausreichen und ein negativer Trend erkennbar ist.

Hier nur eines der Szenarien, die uns möglicherweise erwarten. Die globale Erwärmung wird durch Kohlenstoffemissionen in den Industrienationen angeheizt. Hinzu kommt die Industrialisierung bevölkerungsreicher Entwicklungsländer wie China und Indien. Wenn der Meeresspiegel um einen Meter ansteigt, was bis 2100 möglich ist, könnten Millionen von Menschen in Bangladesh vertrieben werden.

Die Weltnahrungsmittelproduktion würde dramatisch sinken. Wenn der Meeresspiegel nur um 50 Zentimeter ansteigt, würden 50 Prozent der nordamerikanischen Küstensumpfgebiete überflutet werden. Höhere Temperaturen werden den Anteil der Weltbevölkerung vergrößern, der für tropische Krankheiten wie Malaria anfällig ist. In Gegenden, in denen Malaria heute schon weit verbreitet ist, werden die Infektionsraten zwischen 50 und 80 Prozent ansteigen.[36]

Die Welt braucht ein globales Abkommen, das einen institutionalisierten Zwang für die Reduzierung von Schadstoffen vorsieht. Doch das größte Hindernis ist die Versuchung, die Sache der nächsten Generation in die Schuhe zu schieben. Politiker drücken sich um die ökonomischen Opfer, die für den Umweltschutz gebracht werden müssen. Nur sieben Wochen nach seinem Amtsantritt hat Präsident George W. Bush sein Wahlversprechen gebrochen, neue Grenzwerte für Kohlendioxidemissionen zu setzen. Er berief sich auf zu große Belastungen für die Energieindustrie. Ein weiteres Hindernis liegt darin, dass sich unterschiedliche Länder in verschiedenen Entwicklungsphasen befinden und die Umwelt unterschiedlich belasten. Dadurch ist es schwer, ein allgemein gerechtes Abkommen zu entwerfen. Doch je länger gewartet wird, desto größer der Schaden. Die Vereinigten Staaten sollten sich um einen Konsens über den besten Weg zum wirksamen Umweltschutz bemühen, solange ihre Stimme noch Gewicht hat. Je mehr Zeit verstreicht, desto schwerer wird es, dieses Abkommen zustande zu bringen.

Amerika muss und sollte nicht jeder internationalen Institution beitreten, die gerade existiert oder bald geschaffen wird.[37] Viele Organisationen haben schwere Mängel. Selbst große Befürworter des Kyoto-Protokolls geben zu, dass das Abkommen nicht perfekt war. Doch wenn Washington sich gezwungen sieht, eine Beteiligung daran abzulehnen, sollte es nicht seinen eigenen Kurs steuern und Amerikas Eigeninteressen herausstellen, sondern Kompromisse und Alternativen anbieten, um einen für alle Seiten akzeptablen Vertrag zu schmieden. Der Geist des Multilateralismus ist zumindest genauso wichtig wie die Fakten. Nur wenn Amerika die internationalen Organisationen und deren Solidarität unterstützt, werden diese Institutionen eine Chance haben, die konkurrierenden Interessen der multipolaren Welt auszugleichen.

Soziale Integration

Die soziale Integration ist der am schwersten zu fassende Teil einer Großen Strategie, die darauf abzielt, multiple Machtzentren zu zähmen. In den sechziger Jahren des 19. Jahrhunderts brachen die Vereinigten Staaten fast auseinander, weil der Norden und der Süden inkompatible Sozialordnungen mit eigenen Identitäten und kulturellen Merkmalen geschaffen hatten. Ebenso brach das Europäische Konzert auseinander, als die Revolution von 1848 die politischen Differenzen zwischen liberalen Regierungen und konservativen Monarchien offenbarte. Dadurch wurden die Risiken einer oberflächlichen sozialen Integration entlarvt, die kaum über die Arbeit von Diplomaten hinausging. Im Gegensatz dazu wurde die Vitalität der amerikanischen Union im 20. Jahrhundert durch eine umfassende zivile Identität gestärkt, die eine geschlossene Nation aus ungleichartigen Regionen zusammenschmiedete. Das Experiment der europäischen Integration hängt auch von der Fähigkeit der EU ab, politische Identitäten und Loyalitäten zu bilden, die die europäischen Nationalstaaten in ein größeres europäisches Staatswesen einbinden. Soziale Integration und eine daraus resultierende gemeinsame Identität schließen die europäische Integration ab. Dadurch werden der Aufbau der Gemeinschaft und die Beseitigung strategischer Rivalitäten unumkehrbar.

Soziale Bindungen lassen sich leichter zwischen benachbarten Ländern herstellen als zwischen Staaten, die durch große Entfernungen voneinander getrennt sind. Eine gemeinsame Identität erfordert umfassende soziale Kontakte, die durch geographische Nähe erleichtert werden. Samuel Huntington hat Unrecht mit der Behauptung, unterschiedliche Zivilisationen würden zwangsläufig in Konflikt miteinander geraten. Aber er hat Recht mit der These, dass Kultur wichtig ist. Es ist leichter, einen Gemeinschaftssinn zwischen Staaten zu fördern, die eine gemeinsame Kultur haben als zwischen Staaten, die sich fremd sind. Es ist kein Zufall, dass die Gebiete, in denen die soziale Integration am weitesten fortgeschritten ist, viele kulturelle Gemeinsamkeiten aufweisen – Nordamerika, die skandinavische Welt und Westeuropa. Aus dieser Perspektive wird die soziale Integration eher innerhalb der Regionen fortschreiten als zwischen ihnen. Dies ist ein weiterer Grund für den «Frieden in Teilen» und die Schaffung regionaler Stabilitätszonen.

Für die Vereinigten Staaten lohnt es sich dennoch, einen sozialen Charakter, und sei er noch so gering, über ihre Region hinweg zu verbreiten. Amerika und Europa sind seit über fünf Jahrzehnten durch ein atlantisches Gemeinwesen verbunden. Die Zusammenarbeit ist dabei selbstverständlich. Diese Übereinstimmung wird schwer aufrecht zu erhalten sein, wenn Europa durchsetzungsfähiger geworden ist, sich die Vereinigten Staaten nach innen gewandt haben und der transatlantische Wettbewerb zugenommen hat. Doch die Pflege einer gemeinsamen Identität kann beiden Parteien nützen und die unvermeidbaren Konfrontationen mäßigen. Es ist vernünftig, in kulturelle und schulische Austauschprogramme zu investieren, in Besuche von Kongressabgeordneten und Parlamentariern, gemeinsame Gedenk- und Feiertage und einen florierenden transatlantischen Handel.

Den Vereinigten Staaten stehen heute mehr Instrumente für die internationale Sozialisation zur Verfügung als in der Vergangenheit. Die Verbreitung von Demokratie mag keinen Frieden garantieren, doch sie stellt eine Reihe von Normen und Werten zur Verfügung, aus denen Gemeinschaftsgeist entstehen kann. Ein größerer Konsens über Menschenrechte, über rechtliche Verfahren und Streitschlichtung kann diesen Gemeinschaftsgeist fördern. Zusammentreffen von Demokratien aus aller Welt – wie etwa in Warschau im Jahre 2000 – haben eine symbolische wie praktische Bedeutung. Sie verstärken die gemeinsame Identität und schaffen ein Forum für mehr soziale und politische Konvergenz. Die Vereinigten Staaten sollten aber auch mehr für bessere Kontakte zu nichtdemokratischen Ländern tun. Selbst wenn Interaktionen mit der islamischen Welt nicht zur sozialen Konvergenz führen, könnte dadurch das gegenseitige Verständnis verbessert werden.

Das digitale Zeitalter bietet neue Chancen für soziale Integration.

Fortschritte bei der Transport- und Kommunikationstechnologie machen die soziale Interaktion weniger abhängig von geographischer Nähe. Der Flugverkehr erleichtert den direkten Kontakt zwischen fernen Völkern. Zwischen Juni 1999 und Juni 2000 haben amerikanische und ausländische Flugunternehmen 137 Millionen Passagiere in die Vereinigten Staaten gebracht.[38] Und der kreative Nutzen des Internets – die Organisation internationaler Umfragen oder multinationaler Town Meetings – könnte neue Wege für ein vertieftes öffentliches Engagement über nationale Grenzen hinweg anbieten.

Auch internationale Institutionen können die soziale Integration fördern. Die Beteiligung an der NATO und NAFTA verstärkt die gemeinsame Identität zwischen Eliten und der Öffentlichkeit. Chinas Aufnahme in die WTO kann nicht nur den Handel fördern, sondern auch die Vorstellung in China und andernorts nähren, dass sich das Land einer Nationengemeinschaft anschließt, die gleiche Spielregeln für alle anerkennt. Die Ausweitung demokratischer Verantwortlichkeit internationaler Institutionen und ihre größere Transparenz würde ihre sozialisierende Rolle verstärken. Werden die Befugnisse parlamentarischer Aufsichtsgremien vergrößert, würde dies den Bürokraten und Unterhändlern mehr Legitimität verleihen.[39]

Genau wie die Mitglieder des europäischen Konzertes im 19. Jahrhundert sollten die großen Staaten auch heute eine Verbundenheit und das Gefühl eines gemeinsamen Schicksals pflegen, das die politischen und kulturellen Trennlinien überwindet. Durch den Glauben an das Konzert als «innige Union» haben ihre Führer gehofft, dass sie – mit den Worten von Castlereagh – «nicht nur gemeinsame Interessen, sondern auch gemeinsame Pflichten zu erfüllen haben.»[40] Die Vereinigten Staaten müssen beginnen, zwischen den aufsteigenden Machtzentren genau diesen Geist der innigen Union, der gemeinsamen Interessen und gemeinsamen Pflichten zu kultivieren.

Achtes Kapitel

Die Wiedergeburt der Geschichte

Aus der Perspektive der modernen Gesellschaft erscheint der Verlauf der Geschichte als evolutionärer Fortschritt. Eine stetige Zunahme von Wissen und Technologie hat die Lebensqualität ständig verbessert und sowohl Annehmlichkeiten als auch Chancen gebracht, von denen man vor einem Jahrhundert kaum geträumt hätte. Die Vorstellung von der Geschichte als Fortschritt ist zudem fest in unseren intellektuellen und kulturellen Institutionen verankert. Charles Darwins Evolutionslehre beeinflusst viele Disziplinen – von der Medizin über die Geologie bis zur Ökonomie. Trotz ihrer antiken Wurzeln bietet die jüdisch-christliche Kultur eine ähnlich progressive Perspektive der menschlichen Existenz. Die Bibel erzählt die Schöpfungsgeschichte als Folge von Ereignissen, die auf einen Höhepunkt zulaufen.

Diese evolutionäre Vorstellung von Geschichte ist die Grundlage für viele optimistische Einschätzungen der Weltlage. Francis Fukuyama erklärt, die Geschichte habe ein «happy end» erreicht. Ihm zufolge sorgen Demokratie und Globalisierung für ein Zeitalter dauerhaften Friedens. Nach Jahrhunderten mühsamen Fortschritts haben die Menschen endlich ihr größtes Ziel erreicht – die Märkte werden ihre materiellen und die Demokratie ihre psychischen Bedürfnisse befriedigen. Die Geschichte ist an ihrem Ende angekommen.

Dieses Buch basiert auf einer völlig anderen These: Die Geschichte besitzt sowohl einen zyklischen wie auch einen evolutionären Charakter. Während Innovationen und Entdeckungen die Menschheit vorantreiben, begünstigt der Fortschritt gewisse Arten von politischen und sozialen Formationen, die dann wiederum ihren Zweck verlieren, wenn Produktions- und Kommunikationsweisen sich weiter verändern. Das Ergebnis ist der zyklische Aufstieg und Niedergang bestimm-

Die Wiedergeburt der Geschichte

ter historischer Epochen, während sich die Geschichte als Ganzes nach vorne bewegt.

Die nomadische Gesellschaft ist dem Agrarzeitalter gewichen, als Pflug und Bewässerungsgraben zur Nahrungsbeschaffung besser geeignet waren als der Speer. Umherziehende Gruppen wurden sesshaft, es bildeten sich Agrarreiche, der Animismus wich der organisierten Religion. Der Agrargesellschaft folgte das Industriezeitalter, weil Fabriken effizienter arbeiteten als Bauernhöfe. Dörfer wurden von Städten verdrängt, das Imperium wich der demokratischen Republik. Obwohl sie im privaten Bereich noch immer eine wichtige Rolle spielte, wurde die organisierte Religion vom Nationalismus als wichtige Quelle gemeinsamer Identität abgelöst. Veränderte Produktionsweisen hatten erhebliche politische und soziale Folgen, indem sie zyklischen Wandel bewirkten – vom nomadischen zum agrarischen bis zum Industriezeitalter.

Jetzt beginnt eine neue Epoche – das digitale Zeitalter. Mikrochips, die riesige Informationsmengen verarbeiten und speichern können, beschleunigen diesen historischen Übergang. Eine Infrastruktur von Kabeln, Sendemasten und Satelliten ermöglicht preiswerte und globale Kommunikation in Sekundenschnelle. Die Einführung der digitalen Technik markiert einen Wandel der Kommunikationsmittel – nicht der Produktionsmittel. Doch neue Möglichkeiten zur Beschaffung und Verarbeitung von Informationen, die das digitale Zeitalter mit sich bringt, verändern die grundlegenden Produktionsweisen in quantitativer und in qualitativer Hinsicht.

Somit beginnt die Industriegesellschaft auseinander zu brechen, während die digitale Technologie und IT-Unternehmen Fabriken und Fließbänder überflüssig machen. Die wichtigsten politischen und sozialen Strukturen des Industriezeitalters wurden grundlegend erschüttert – die republikanische Demokratie und der Nationalismus. Der Übergang vom Industriezeitalter zur digitalen Wirtschaft rüttelt am Fundament des demokratischen Nationalstaates. Ein historischer Zyklus geht zu Ende, und ein neuer beginnt.

Aus dieser Perspektive bedeutet das Ende des amerikanischen Zeitalters nicht nur das Schwinden der amerikanischen Vorherrschaft und die Wiederkehr einer Welt von multiplen Machtzentren. Dies ist auch der Abschluss einer Epoche, die stark von Amerika geprägt wurde – der Epoche des Industriekapitalismus, der republikanischen Demokratie und des Nationalstaates. Fukuyama verwechselt das Ende der Geschichte mit dem Ende nur eines bestimmten historischen Zyklus. Für ihn bedeutet der Sieg der liberalen Demokratie einen stabilen und friedlichen Endpunkt und keinen historischen Übergang, der bald zu einer Epoche neuer Produktionsformen führen wird.

Amerika im digitalen Zeitalter

Nur im Rückblick ist es möglich, das Ende eines Zeitalters und den Beginn eines neuen Zeitalters zu bestimmen. Technologischer Fortschritt findet fast täglich statt, doch die meisten Innovationen haben einen quantitativen und keinen qualitativen Einfluss auf die Produktionsweise. Die Erfindung des Telefons war ein großer Fortschritt der Kommunikationstechnologie. Das Telefon brachte Produzenten mit Lieferanten und Kunden in sofortigen Kontakt. Das steigerte die Leistungsfähigkeit der Industrie. Doch das Telefon hat die Grundlagen der Industrieproduktion nicht verändert und somit die politischen und sozialen Institutionen unberührt gelassen.

Man kann noch nicht mit letzter Gewissheit behaupten, dass die Expansion der digitalen Technologie die Produktionsweise qualitativ verändert und den Beginn eines neuen Zeitalters anzeigt. Doch der Finanz- und Dienstleistungssektor umfasst bereits vierzig bis siebzig Prozent der US-Wirtschaftsleistung – je nachdem, wie umfassend diese Sektoren definiert werden.[1] Verschiedene charakteristische Merkmale der digitalen Technologie weisen bereits auf einen historischen Wendepunkt hin:

- Anders als das Spinnrad und das Telefon – vergleichsweise bescheidene Innovationen – ist die Digitaltechnologie ein Betriebssystem, das so gut wie alle Formen der Wirtschaftsaktivität berührt. Sie automatisiert zugleich die Fertigung, ermöglicht das genetische

Engineering von Feldfrüchten und Tieren und verändert Finanz-
instrumente und Geldflüsse. Sie ist somit eine Schlüsselinnovation,
vergleichbar mit der Erfindung der Dampfturbine und ihrer Fähigkeit, Hitze in Energie zu verwandeln – eine Entdeckung, die sofort
die Landwirtschaft, die Produktion und den Transport veränderte.

- Die Digitaltechnologie kann möglicherweise Produktivitätssteige-
rungen und Kostensenkungen bewirken, die sich mit der Einführung der Dampfmaschine und der Elektrizität vergleichen lassen.
Zwischen 1990 und 1997 haben Produzenten, die die Informationstechnologie genutzt haben, fast doppelt so große Produktivitäts-
fortschritte gemacht wie Firmen, die sich auf die alte Technik
verließen. In den achtziger Jahren brauchten amerikanische PKW-
Produzenten vier bis sechs Jahre, um ein neues Modell zu entwickeln und zu bauen. Mit der Digitaltechnologie konnte dieser
Zeitraum auf zwei Jahre verkürzt werden. Die Buchung eines Flug-
tickets durch das Reisebüro kostet die Fluggesellschaft acht US-
Dollar, während die Internet-Buchung nur einen Dollar kostet. Im
High-Tech-Sektor lag das Produktivitätswachstum pro Arbeiter
zwanzigmal höher als in anderen Wirtschaftssektoren.[2] Außerdem
erobert die Digitaltechnologie führende Wirtschaftszweige viel
schneller als frühere Innovationen. Die Elektrizität brauchte 46
Jahre, um dreißig Prozent der US-Haushalte zu erreichen, das Telefon brauchte 38 Jahre, und das Fernsehen brauchte 17 Jahre. Das
Internet hat 30 Prozent der US-Haushalte innerhalb von sieben Jahren erreicht.[3]

- Die Digitaltechnologie kann Größenvorteile sowohl verstärken als
auch abschwächen. Geschwindigkeit, Umfang und integrierte
Struktur der Weltwirtschaft ermutigen den Bau größerer Unternehmen, deren Produktionsanlagen, Arbeitskräfte und Investitionen nationale Grenzen überschreiten. Zugleich könnten kleine
Biotechnik-Firmen und Internet-Gründungen wichtige Innova-
tionsknoten in einer Wirtschaft werden, in der Wissen zur wichtigsten Voraussetzung von Wachstum wird. Der zentralisierte
Charakter des Industriezeitalters könnte von oben und unten untergraben werden.

- Die Digitaltechnologie schwächt die Verbindung zwischen geographischem Standort und Produktionsort, ein Kennzeichen des Industriezeitalters. Zugang zu Rohstoffen und Transportnetzen wird für Unternehmen der Informationsbranche weniger wichtig. Immer mehr Arbeiter ziehen aus eigenem Antrieb und nicht aus Notwendigkeit um. Das Ergebnis ist der Niedergang der Industriestädte, weniger Bevölkerungsvermischungen als im Industriezeitalter und eine stärker atomisierte und individualisierte Produktionsform.

Es ist zu früh, eine endgültige kausale Beziehung zwischen dem digitalen Zeitalter und den Problemen herzustellen, die zurzeit die amerikanische Demokratie plagen. Dennoch ist richtig, dass der Wandel der Produktionsweisen die amerikanischen politischen und sozialen Institutionen belastet und sich das Land einem historischen Wendepunkt nähert. Andere Fakten kommen hinzu: der Niedergang der traditionellen Familie, wirtschaftliche Ungleichheit und Unsicherheit und verlängerte Arbeitszeiten. All dies lässt das politische System des Landes so träge erscheinen. Nachlassendes Bürgerengagement und die Schwächung des Nationalstaates fügen sich ins Bild: Amerikas Institutionen erweisen sich angesichts der politischen und sozialen Veränderungen, die den Übergang von der industriellen zur digitalen Wirtschaft begleiten, als brüchig und schwerfällig. Wie bei früheren historischen Zyklen scheint eine veränderte Produktionsform eine Delegitimierung und den Zerfall der gesellschaftlich dominanten Institutionen zu bewirken.

Amerikas Gründungsväter diskutierten leidenschaftlich darüber, wie das tägliche Leben das reibungslose Funktionieren der politischen Institutionen beeinflussen würde. Obwohl Jefferson und Hamilton unterschiedlicher Meinung darüber waren, ob eine Agrar- oder eher die Industriewirtschaft den Interessen des Landes dienen, stimmten sie überein, dass aktives Bürgerengagement und politische Partizipation die Grundlagen der republikanischen Staatsform seien. Alexis de Tocqueville, einer der scharfsinnigsten Analytiker des frühen Amerika, stimmte zu: «Gemeindeversammlungen haben für die Freiheit die gleiche Bedeutung wie Grundschulen für die Wissenschaft. Sie bringen die Freiheit zum Volk und zeigen den Menschen, wie sie die Freiheit gebrauchen und genießen können. Eine Nation mag eine freie Staatsform haben, doch ohne städtische Institutionen kann sie keinen freiheitlichen Geist haben.»[4] Während eines Großteils ihrer Geschichte konnte sich die amerikanische Demokratie auf ein hohes Maß an politischer Partizipation ihrer Bürger stützen. Trotz Jeffersons Bedenken gegen die potentiell üblen Einflüsse der Industriegesellschaft haben das industrielle Zeitalter und der begleitende Prozess der Nationenbildung ein starkes Bedürfnis nach zivilem Engagement bewahrt.

In den letzten Jahrzehnten ist die amerikanische Demokratie jedoch ins Stocken geraten; sie verliert ihre Richtung. Die aktive Beteiligung am politischen Leben ist seit den sechziger Jahren stark zurückgegangen. Der Harvard-Professor Robert Putnam hat das Engagement der Bürger auf unterschiedlichen Ebenen untersucht. Sein Fazit: «Amerikaner sind vielleicht 10–15 Prozent weniger daran interessiert, ihre Meinung öffentlich zu sagen, sich um ein Amt zu bewerben oder an den Kongress oder die örtliche Tageszeitung zu schreiben. Sie sind 15–20 Prozent weniger an Politik und öffentlichen Angelegenheiten, etwa 25 Prozent weniger an Wahlen und 35 Prozent weniger an Gemeindeversammlungen interessiert. Sie engagieren sich zu 40 Prozent weniger in politischen Parteien oder Bürgerorganisationen. Zwischen 1970 und 1995 hat sich ein Drittel von Amerikas zivilgesellschaftlicher Infrastruktur einfach in Luft aufgelöst.»[5] Putnam führt die Informationstechnologie und die Massenmedien als Hauptursachen an. Es gebe eine direkte Verbindung zwischen «Fernsehkonsum und schwindendem Engagement.»[6] Je mehr Zeit vor dem Fernseher verbracht wird, desto weniger Zeit bleibt für die Bürgergesellschaft.

Man könnte annehmen, dass die digitale Technologie und die Informationsrevolution eigentlich diesen Trend umkehren, weil sie soziale Kontakte und Bindungen erleichtern. Das Internet sorgt schließlich für einfache, schnelle und billige Kommunikation. In der Tat haben einige Gruppen das Potenzial des Internets für sich genutzt. Die internationale Kampagne gegen Landminen hat ihre Aktivisten per E-Mail informiert und mobilisiert. Auch die Antiglobalisierungsbewegung ist paradoxerweise im Internet ähnlich aktiv. Verbände und politische Gruppen nutzen Webseiten und E-Mail-Kampagnen zur Verbreitung von Informationen. Putnams Kritiker meinen, seine Schlüsse seien überzogen, weil sie nur traditionelle zivilgesellschaftliche Aktivitäten betrachteten und neue Formen des Engagements übersähen.[7]

Das Informationszeitalter scheint jedoch nicht nur die Zeit zu begrenzen, die für eine Mitarbeit in der Bürgergesellschaft zur Verfügung steht. Es beeinträchtigt auch das noch verbleibende Engagement. Amerikaner filtern die Informationen aus dem Internet; sie empfangen nur noch Newsletters und besuchen nur noch Websites, für die sie sich interessieren. Je mehr Zeit die Menschen im Internet verbringen, desto weniger Zeit haben sie für die traditionellen Medien.[8] Je kleiner die Bandbreite von Meinungen und Fakten ist, desto mehr droht die Wählerschaft polarisiert zu werden.[9]

Politik im Internet geht auch zu Lasten persönlicher Kontakte. Das politische Leben wird dadurch zunehmend fragmentiert und atomisiert. Wer einen Scheck für einen Kandidaten ausstellt oder eine E-Mail an seinen Abgeordneten sendet, ist weniger engagiert als jemand, der an einer öffentlichen Veranstaltung teilnimmt oder den Meinungsaustausch sucht. Eine E-Mail kann einen Gedanken kommunizieren, doch ihr fehlen die Emotion, Körpersprache und Gesten, die eine politische Diskussion beleben. So schreibt Joel Kotkin von der Pepperdine Universität: «Indem die realen persönlichen Kontakte verschwinden, vergrößert das Internet die Einsamkeit und soziale Isolation und erweitert virtuelle Netzwerke, die von der Intimität menschlicher Beziehungen durch körperliche Nähe nicht mehr geprägt werden.»[10] Putnam ist ähnlich besorgt über ein Phänomen, das er «Staatsbürgerschaft durch Vertretung» nennt. Für ihn ist die Anonymität der «Feind der Debatte».[11]

Das digitale Zeitalter scheint den aktiven Bürgersinn durch Individualismus und Selbstbezogenheit zu ersetzen. Das tägliche Leben wird den Konsumwünschen angepasst. Die Handy-Kommunikation ermöglicht ständige Erreichbarkeit, sie verkürzt aber auch die Zeit zum Nachdenken. Die Möglichkeit, alles über das Internet bestellen zu können – von Lebensmitteln über Medikamente bis zu Büchern – ist zwar bequem, fördert aber auch den Materialismus, die sofortige Bedürfnis-

Die Wiedergeburt der Geschichte

befriedigung und ein Anspruchsdenken. David Brooks schreibt dazu: «Amerika wird nicht untergehen, weil es sich überfordert, sondern weil es sich selbst schwächt: Amerikas Bürger empfinden mehr Freude über eine große Küche als über die Herausforderungen des Dienstes am Vaterland.»[12] Selbst Thomas Friedman, der in seinen Kolumnen das digitale Zeitalter zumeist feiert, erkennt seine dunklen Seiten. Unter der Überschrift «Cyber-Sklaverei» warnt er davor, die Durchdringung unseres Lebens durch die Technik könne auf uns zurückschlagen: «Man ist jetzt in einen ständigen Fluss von Interaktionen eingebunden, auf die man sich nur teilweise konzentrieren kann. Jetzt ist man immer «in», und wer immer «in» ist, der ist auch immer «on». Und wer immer «on» ist, wird leicht zum Diener des Computers. Und das erschöpft den Geist.»[13]

Überall mehren sich die Anzeichen für eine wachsende Anspruchsethik. Das Allradfahrzeug SUV verstopft Amerikas Autobahnen und Straßen. Im Jahre 2000 war jedes zweite Auto, das in Amerika gekauft wurde, ein SUV – ein Minivan oder ein kleiner Truck. SUVs können ihrem Besitzer Komfort und Pferdestärken bieten, doch verglichen mit den durchschnittlichen PKW sind SUVs Benzinfresser, die den Energieverbrauch insgesamt steigern und den Treibhauseffekt anheizen. In den Vereinigten Staaten leben nur vier Prozent der Weltbevölkerung, aber das Land verbraucht 25 Prozent der Energie. Amerikanische Autofahrer sollten keine Wagen fahren, die das Problem noch verschärfen. Wegen des Drucks, den die Automobil- und Energieindustrie auf das Repräsentantenhaus ausübt, ist ein Gesetz zur Verbesserung des Benzinverbrauchs von SUVs im August 2001 im Kongress gescheitert.[14]

Die US-Armee, wahrscheinlich die wichtigste öffentliche Institution im Land, wählte im Jahre 2001 den Slogan «An Army of One» als Werbespruch. Man kann sich keinen Satz denken, der die veränderten gesellschaftlichen Normen und den Auftrieb des Individualismus besser beschreibt. Der Amtrak Eisenbahn-Metroliner von New York nach Washington war ein Ruhepol zwischen zwei hektischen Städten. Man konnte nachdenken oder ruhig mit einem Nachbarn sprechen. Heute überfällt den Reisenden die Kakophonie von Mitfahrern, die in ihre

Handys brüllen. Auf öffentlichen Druck hat Amtrak jetzt einen Ruhe-waggon eingeführt, in dem Handys verboten sind.

Die Lage wird sich verschlechtern. Junge Amerikaner verbringen mehr Zeit vor dem Fernseher und im Internet als andere Altersgrup-pen. Sie interessieren sich auch weitaus weniger für freiwillige Ge-meinschaftsarbeit und legen mehr Wert auf Wohlstand und materiel-len Komfort. Während diese Menschen heranreifen und die ältere Generation abtritt, wird das Interesse an ehrenamtlicher Tätigkeit noch weiter sinken.

Im digitalen Zeitalter schwindet das politische und soziale Kapital Amerikas. Das betrifft nicht nur das Ehrenamt. Auch die Politik leidet darunter. Amerikaner verlieren das Interesse an öffentlichen Angele-genheiten, weil sie mit anderen Dingen beschäftigt sind – aber auch, weil sie das Vertrauen in öffentliche Institutionen verlieren und be-fürchten, die moralische Integrität ihres politischen Systems sei in Ge-fahr. In den sechziger Jahren glaubten drei Viertel der Amerikaner, sie könnten der US-Regierung «meistens» vertrauen. In den neunziger Jah-ren hatte sich die öffentliche Meinung geändert: Jetzt vertrauten drei von vier Amerikanern ihrer Regierung nicht mehr.[15] David Brooks fasst die Notlage der amerikanischen Politik zusammen:

«Heute wollen sich viele von uns nicht allzu sehr in die nationale Politik einmischen. Sie ist parteiisch und schmutzig. Die meisten Ame-rikaner haben sich vom öffentlichen Leben entfremdet und betrach-ten alles, was sie nicht direkt betrifft, mit Gleichgültigkeit und Geringschätzung. Unsere Auffassung von Politik wird von einem Pseu-do-Zynismus untergraben: Politiker sind Gauner, und alle öffentlichen Projekte Betrug. Die Umfragen ergeben klar, dass wir das Vertrauen in öffentliche und viele private Institutionen verloren haben».[16]

Brooks' Kritik mag überzogen sein, doch viele Amerikaner werden sich darin wieder erkennen. Und auch hier scheint die Informations-revolution ein großer Teil des Problems zu sein.

Die Medien – besonders das Fernsehen – haben das Rathaus als Hauptvermittler von Politik abgelöst. Wer Zugang zu öffentlichen Äm-tern sucht, braucht Zugang zu Sendern, TV-Stationen und Studios. Und dafür braucht man viel Geld. Das digitale Zeitalter hat diesen

Trend verstärkt. Immer mehr neue Kanäle entstehen mit Programmen rund um die Uhr. Medienberater und Kommunikationsdirektoren sind für die Verpackung und Gestaltung von Images unentbehrlich, was wiederum die Kosten einer politischen Kandidatur erhöht. Wer heute Wahlen gewinnen will, muss Firmensponsoren umwerben und die Wahlkampfkasse füllen können. Während des Präsidentschafts-wahlkampfs hat Bush 187 Millionen und Gore 120 Millionen Dollar investiert, wovon ein Großteil für TV-Werbespots bezahlt wurde. Michael Bloomberg hat 69 Millionen Dollar seines eigenen Geldes im Kampf um den Bürgermeisterposten von New York im Jahr 2001 ausge-geben. Die Wahlkampfkosten sind ständig gestiegen. Die Gesamtkos-ten der Präsidentschafts- und Kongresswahlen wurden im Jahr 2000 auf 3 Milliarden Dollar beziffert. 1996 waren es noch 2,2 Milliarden und 1992 nur 1,8 Milliarden.[17]

Der Wahlkampf, so wollten es die Gründungsväter, sollte ein Kampf der Ideen und der Charaktere sein. Inzwischen ist er zum Geschäft ge-worden. Wer einen Wahlkampf führen will, muss sich primär aufs Geldeinwerben verstehen oder persönlichen Reichtum mitbringen, fä-hige Meinungsforscher und Medienberater sind ebenso wichtig. Das Wahlprogramm und die Diskussion mit den Wählern sind zweitran-gig geworden. Die Beziehung zwischen unternehmerischem Kapitalis-mus und digitaler Technologie gibt Großspendern besonders viel Ein-fluss, wodurch das demokratische Prinzip der Stimmengleichheit beeinträchtigt wird. Das wiederum schwächt die Motivation der Wäh-ler, zur Wahl zu gehen. Man denke an den Zusammenbruch von En-ron 2001/2002. Es fällt schwer, Vertrauen in Amerikas Firmenkultur zu haben, wenn Manager – wie im Falle von Enron und WorldCom – ihre Angestellten und Aktionäre so eklatant betrügen. Ebenso schwer ist es, dem US-Regierungssystem zu vertrauen, wenn 212 der 248 Sena-toren und Abgeordneten, die im Enron-Untersuchungsausschuss sit-zen, Wahlkampfspenden von Enron oder ihrem Wirtschaftsprüfer, Ar-thur Andersen, erhielten.[18]

Das Eindringen von Firmengeldern in die Politik ermutigt und be-lohnt Menschen, die in der Lage sind, dieses System zu manipulieren, und es entmutigt alle, die eine traditionelle Vorstellung von republikanischen Tugenden und bürgerlicher Verantwortung haben. Es ist kein Zufall, dass so häufig gegen Amerikas Politiker ermittelt wird oder sie in Skandale verwickelt werden. Dies sind Leute, die sich im jetzigen System entfalten können. Es ist auch kein Zufall, dass Menschen wie Lee Hamilton, Sam Nunn, Nancy Kassebaum und Dale Bumpers die Politik freiwillig verlassen haben, alles Politiker, die nicht gewillt waren, sich selbst zu kompromittieren und das Spiel mitzuspielen. Diese Entwicklung ist beunruhigend. Man denke nur an die Hoffnung von James Madison, Amerikas Regierungssystem würde «aus der Masse der Gesellschaft die reinsten und edelsten Charaktere hervorbringen.»[19]

Politiker und Kommentatoren haben immer wieder betont, welch großen Schaden die Wahlkampffinanzierung verursacht. So hat sich John McCain als Senator und Präsidentschaftskandidat seit langem für Reformen eingesetzt. Und Persönlichkeiten wie der ehemalige Senator Bumpers räumen ein, dass «der Geldfaktor der Hauptgrund dafür ist, dass wir keine gute Regierung haben.»[20] Nach Jahren ergebnisloser Versuche, das System zu ändern, ist im Jahr 2002 endlich ein neues Gesetz vom Senat und Repräsentantenhaus angenommen worden. Doch der Umfang der Reform blieb begrenzt. Selbst die Verfechter des neuen Gesetzes geben zu, es werde «den Einfluss des großen Geldes nur wenig beschränken» und «die gewaltigen Wahlkampfkosten kaum verringern».[21]

Die Durchdringung der Politik von privaten Finanzinteressen und digitaler Technologie beeinflusst auch die Arbeit in Washington. Die Anzahl von Lobby-Gruppen ist in den letzten drei Jahrzehnten dramatisch gestiegen. Sie belagern täglich den Kongress; sie versprechen Wählerstimmen für Geld.[22] Regelmäßig eröffnen neue Interessenverbände ihre Büros in Washington. Die Mitglieder überweisen Geld, anstatt Sitzungen zu besuchen und im Lande aktiv zu sein. Der soziale Protest ist professionalisiert und bürokratisiert worden. So meint der Politologe Ronaldo Shaiko, dass die öffentlichen Interessengruppen nicht mehr die Basis organisieren, sondern «Ökonomen einstellen, Juristen, Unternehmensberater, Spezialisten für Direktmailing und Kommunikationsdirektoren».[23]

Auch die politischen Think Tanks werden von diesem Trend erfasst. Die älteren Think Tanks – der Council on Foreign Relations, die Brookings Institution und Carnegie Endowment for International Peace – hatten noch den Auftrag, die Öffentlichkeit zu informieren und unparteiische Analysen zu politischen Fragen zu liefern. In den letzten Jahrzehnten hat die Parteilichkeit stark zugenommen. Firmenspenden machen die Think Tanks politisch immer abhängiger. In Washington sind immer mehr Organisationen entstanden, die sich Forschungsinstitute oder Think Tanks nennen, in Wirklichkeit aber Interessengruppen sind. Institutionen wie die Heritage Foundation haben einen präzisen politischen Auftrag. Sie werden von Spendern unterstützt, die ein unmittelbares Interesse haben. Die New Atlantic Initiative (NAI), ein Forschungsprogramm des American Enterprise Institute, veranstaltete in den späten neunziger Jahren Dutzende von Konferenzen zur NATO-Osterweiterung. Doch die meisten Teilnehmer wollten das Gleiche: die NATO-Osterweiterung durchsetzen – an einer Diskussion war man dort nicht interessiert.

Diese Interessengruppen werden gut finanziert und nutzen die Vorzüge des digitalen Zeitalters. Ideen – wie die Stimmen im Kongress – können verkauft werden. Der Niedergang der Think Tanks als unabhängige Schiedsrichter hat den Niedergang der Qualität und Integrität der öffentlichen Debatte mitverursacht.

Alle diese Entwicklungen haben dazu geführt, dass Politik seltsam distanziert und künstlich wirkt. Der öffentliche Anschein und die heimliche Realität klaffen zunehmend auseinander. Die zentrale Botschaft des Republikanischen Wahlkonventes im Jahre 2000 war Mäßigung, eine Hinwendung zur Mitte und ein «mitfühlender Konservatismus». Als George W. Bush sein Amt antrat, schwenkte er nach rechts, um den Interessengruppen und konservativen Spendern entgegenzukommen. Die Regierung verkündete im Frühjahr 2001 ihre Steuerkürzungen mit großer Fanfare. Die meisten Experten allerdings haben die Wirkungen der Steuersenkungen bestritten und einen Kompromiss entlarvt, der hauptsächlich aus heißer Luft besteht.[24] Doch Doppelzüngigkeit ist keine alleinige Spezialität der Republikaner: Auch die Rhetorik der Clinton-Regierung hatte oft mit der Realität wenig zu tun –

zum Beispiel bei der Krankenversicherung, Raketenverteidigung oder Fragen der humanitären Intervention.

Das Verhalten des Kongresses ist keineswegs besser. Der Kongress hat mit dem Idealbild einer beratenden Versammlung, das die Gründungsväter vor Augen hatten, nur noch wenig gemein. Sechs Tage vor der Präsidentschaftswahl schrieben die Herausgeber der *New York Times* am 1. November 2000:

«Der 106. Kongress, der in seinen zwei Jahren wenig vorweisen konnte, hat sich aus der öffentlichen Debatte nahezu verabschiedet. Bei fast allen wichtigen Fragen – Waffenkontrolle, Elternrechte, Energie-Deregulierung, Sozialversicherung – hat er so gut wie nichts getan. Doch während der Kongress die Interessen der Allgemeinheit schlecht vertrat, hat er sein eigenes Nest umso leidenschaftlicher verschönert und die kommerziellen Interessen und bevorzugten Wahlkreise mit legislativen Überraschungen bedient, die weder die Öffentlichkeit noch die meisten Mitglieder des Kongresses verdaut haben.»

Die dürftige Leistung von Amerikas Regierungsinstitutionen hängt nicht nur von innenpolitischen Entwicklungen ab. Sie wird auch von der politischen Mobilisierung über Grenzen hinweg beeinflusst. Die Kommunikationsrevolution erlaubt Aktivisten den Aufbau von Interessengemeinschaften, die nationale Grenzen überschreiten. Gruppen, die Menschenrechte durchsetzen, Landminen abschaffen, die Umwelt schützen und die Globalisierung aufhalten wollen, können internationale Kampagnen über das Internet organisieren. Diese neuen Formen der Partizipation und Mobilisierung sind einigermaßen erfolgreich, doch sie umgehen den Nationalstaat. Die Bedeutung der amerikanischen Institutionen schwindet, weil sich die Bürger lieber für internationale Themen einsetzen.

Schwindendes Engagement und der Verfall der Regierungskunst scheinen in einem Teufelskreis zu stecken. Während sich die Amerikaner immer weniger für Politik engagieren, überlassen sie zunehmend den Interessengruppen das Feld. Eine gleichgültige Wählerschaft ermöglicht den Politikern, immer weniger Rechenschaft über ihre Arbeit abzulegen. Die Qualität der Politik nimmt ab, Zynismus und Passivität wachsen. Weil es zwischen Bürgerpartizipation und vielen

Die Wiedergeburt der Geschichte

politischen Werten – verantwortungsvolle Regierungsform, gesundes Vertrauen und Zusammenhalt, niedrige Kriminalität, wirtschaftliche Leistungsfähigkeit – einen direkten Zusammenhang gibt, sind dies äußerst beunruhigende Trends.

Das Informationszeitalter und das digitale Zeitalter sind nicht die einzigen Ursachen für die Schwächung der amerikanischen Demokratie. Das Internet ist nicht daran schuld, dass das Geld der Konzerne die Politik verdirbt. Schon 1912 haben die Präsidentschaftskandidaten Theodore Roosevelt und Woodrow Wilson darüber diskutiert, wie man den allzu großen Einfluss der Privatwirtschaft auf die Politik verhindern kann. Vermutlich haben also auch andere Kräfte als die Informationstechnologie den Niedergang des bürgerlichen Engagements seit den sechziger Jahren befördert.

Doch das digitale Zeitalter und die Informationsrevolution haben einen großen Anteil am Verfall der politischen Institutionen Amerikas. Zumindest kann man sagen, dass die politischen und sozialen Konsequenzen der digitalen Technologie zu einem Zeitpunkt am Gefüge der amerikanischen Demokratie zerren, da dieses Gefüge bereits zu zerreißen droht. Risse in der Demokratie sind ein Beweis dafür, dass sich die Produktionsformen verändern und die USA den Übergang zu einem neuen Zeitalter erleben. Dieser Übergang ist noch nicht vollzogen, und das digitale Zeitalter steckt noch in den Anfängen. Doch diese Frühwarnung sollte dazu dienen, dass wir Amerikas politische Institutionen keinesfalls als selbstverständlich betrachten.

Wenn Aufstieg und Expansion der digitalen Technologie den Beginn einer neuen historischen Ära bedeuten, so werden veränderte Produktionsformen die vorherrschenden Institutionen kommunaler Identität und politischer Aktivität beeinflussen. Während Amerikas demokratische Institutionen durch den historischen Fortschritt der Zeit geprüft werden, wird der Nationalstaat durch soziale Veränderungen des digitalen Zeitalters herausgefordert.

Das digitale Zeitalter verändert die Muster der Arbeitsmobilität auf solche Weise, dass soziale und ethnische Vermischungen des Industriezeitalters verlangsamt oder gar rückgängig gemacht werden. Technologie lässt die Verbindung zwischen Standort und Arbeitsplatz überflüssig werden – Familien haben größere Freiheit, ihren Wohnort frei zu wählen. Als Folge könnte Amerika allerdings in die alten Zeiten von sozialer und rassischer Segregation zurückfallen. Dieser Trend wäre besonders beängstigend angesichts einer immer stärker werdenden hispanischen Bevölkerung. Zudem führt der zunehmende Fluss von Menschen und Handel über die Landesgrenzen hinweg dazu, dass es entlang der Grenzen zu Mexiko und Kanada zu immer mehr Ballungsgebieten kommen wird. Das Zugehörigkeitsgefühl und das ökonomische Handeln werden immer weniger von Grenzen bestimmt. Damit steht der Nationalstaat in Frage. Das digitale Zeitalter kann also zu einem grundlegenden politischen und sozialen Wandel führen.

Vorbereitung auf den epochalen Wandel

Wer die politischen und sozialen Institutionen beschreiben will, die das digitale Zeitalter prägen werden, kann nur spekulieren – dies gleicht dem Versuch, im Jahre 1700 die Konturen des Industriezeitalters vorauszusagen. Dennoch führt die Erkenntnis, dass das Ende des amerikanischen Zeitalters gleichzeitig das Ende des industriellen Kapitalismus bedeutet, zu einer Reihe von Einsichten über die Zukunft.

Amerika wird nicht in der Lage sein, das Schwinden seiner Vorherrschaft und die daraus folgende Unsicherheit in der Welt in geordnete Bahnen zu lenken, wenn es sich nicht um seine eigenen Institutionen kümmert. Eine neue Große Strategie und ein neuer Internationalismus erfordern reaktionsfähige politische Institutionen, eine engagierte Öffentlichkeit und eine nationale Identität, die Opferbereitschaft und Gemeinsinn ermöglicht.

Die öffentlichen und privaten Sektoren sollten daher zusammenwirken, das Bürgerengagement beleben und eine ethnische, soziale und regionale Segregation verhindern. Obwohl das digitale Zeitalter das Engagement der Bürger negativ beeinflusst, kann ein kreativer Umgang mit dem Internet die politische Partizipation stärken. Einige Experten hoffen auf «Information commons» und die Einrichtung von

«Diskussions-Domains», um die Internet-Kommunikation zwischen öffentlichen Institutionen, Interessengruppen und Bürgern zu beleben.[25] Das Internet könnte den Zugang zu öffentlichen Sitzungen und Archiven erleichtern.[26] Die digitale Technologie könnte auch eingesetzt werden, um Wahlverfahren zu vereinfachen und virtuelle Bürgerversammlungen abzuhalten.[27]

Doch Bürgerkontakte im Internet ersetzen keine direkte menschliche Begegnung und kein Gespräch. Während die Verbände ihre Websites verbessern und ihre Büros in Washington personell aufstocken, sollten sie lieber die Basis mobilisieren, die Integrität des politischen Systems wiederherstellen, die Reform der Wahlkampffinanzierung durchsetzen und den Einfluss der Firmenlobbys beschneiden. Selbst beim Bau von neuen Shopping Malls sollte Platz für die Zivilgesellschaft geschaffen werden – für Bürgerversammlungen, öffentliches Theater und karitative Arbeit.

Öffentliche und private Anstrengungen sind auch erforderlich, um die soziale Fragmentierung und Polarisierung zu bekämpfen, die im digitalen Zeitalter unvermeidbar ist. Mehr Geld für die Innenstädte könnte die wirtschaftliche Vitalität und soziale Heterogenität ihrer urbanen Zentren wiederherstellen. Bundesregierung und Parlamente der Bundesstaaten sollten gemeinsam verhindern, dass immer mehr Latino-Kinder rassisch getrennte Schulen besuchen. Ein nationales Programm könnte dafür sorgen, dass sich Amerikaner unterschiedlicher ethnischer und sozialer Herkunft wieder mehr vermischen – und eine gemeinsame Loyalität gegenüber der Nation entwickeln.

Auch die amerikanische Außenpolitik wird vom Beginn des digitalen Zeitalters beeinflusst. Zu Anfang dieses Jahrhunderts werden zwei unterschiedliche historische Zyklen das globale Umfeld verändern. Das vorliegende Buch hat sich über weite Teile mit dem zyklischen Aufstieg und Fall von Großmächten in spezifischen historischen Epochen befasst. Das Voranschreiten dieses Zyklus spiegelt sich im Aufstieg Europas und im Ende von Amerikas unipolarer Stellung wider. Das letzte Kapitel dieses Buches hat jenen historischen Zyklus beschrieben, der vom Fortschritt der Produktionsform angetrieben wird und zum Aufstieg und Fall unterschiedlicher Epochen führt. Das Voranschreiten dieses Zyklus zeigt sich im Niedergang des industriellen Zeitalters und dem Beginn der digitalen Epoche.

Diese beiden Zyklen erreichen nun gemeinsam einen kritischen Punkt: Die amerikanische Vorherrschaft schwindet, und zugleich beginnt ein neues Zeitalter. Dabei verändert sich das Umfeld unterschiedlich schnell. Der Niedergang der amerikanischen Hegemonie wird sich innerhalb von ein oder zwei Jahrzehnten vollziehen. Das Ende des Industriezeitalters und der Aufstieg der digitalen Epoche wird ein Jahrhundert und länger dauern. Diese beiden zyklischen Übergänge finden gleichzeitig statt – und die Weltgemeinschaft steht vor großen Herausforderungen. Aus zwei Gründen werden Turbulenzen, die eine Wiederkehr der multipolaren Welt begleiten, sich noch verstärken: Zum einen wird der Übergang vom industriellen zum digitalen Zeitalter die politischen Systeme der Welt besonders belasten. Die privilegierte Stellung der USA, der EU und Japans gründet sich vor allem auf hoch entwickelte Volkswirtschaften. Doch gerade ihre Leistungen exponieren sie in besonderer Weise. Sie sind die ersten, die die Folgen der digitalen Wirtschaft zu spüren bekommen. Sollten ihre wichtigsten politischen und sozialen Institutionen in den kommenden Jahren zusammenbrechen, werden sie sich um ihre eigenen Probleme kümmern und wohl kaum um ein unbeständiges und kompliziertes globales Umfeld. Staaten, deren Institutionen sich im Übergang befinden, neigen dazu, ihre Probleme durch eine aggressive Außenpolitik nach außen zu kehren. Die Französische Revolution und ihr Einfluss auf Frankreichs politische und soziale Institutionen heizten den geopolitischen Ehrgeiz der Franzosen an und hatten die napoleonischen Kriege zur Folge. Man kann den Ersten Weltkrieg unmittelbar auf die Industrialisierung Deutschlands und seinen wachsenden Nationalismus zurückführen, der durch den wirtschaftlichen Wandel gewachsen war: Staaten, deren Institutionen sich im Übergang befinden, sind oft schwierige Akteure auf der internationalen Bühne.

Aus einem zweiten Grund können epochale Veränderungen die Turbulenzen noch verschlimmern: wenn es über die Trennlinien hinweg zu Spannungen kommt. Staaten, die in unterschiedlichen historischen Phasen leben, geraten oft in Konflikt miteinander. Sie repräsentieren konkurrierende Prinzipien. Nach dem Übergang zum Agrarzeitalter kam es oft zu Kriegen zwischen Agrarstaaten und nomadischen Gemeinschaften. Die Nomaden hatten keine Chance gegen die wirtschaftlich und militärisch überlegenen Agrargesellschaften. Nach Beginn des Industriezeitalters gerieten Länder mit republikanischen und demokratischen Staatsformen oft in Konflikt mit Ländern, die autoritär verfasst waren. Staaten, die im Übergang zum digitalen Zeitalter stehen, kollidieren mit anderen, die noch in einer früheren historischen Phase stecken. Der Anschlag vom September 2001 war insofern auch ein Angriff auf die Avantgarde der Geschichte durch all diejenigen, die weit zurückgeblieben sind.

Das Problem könnte sich durch den Abstand verschärfen, der zwischen den Staaten an der Spitze und den Staaten am anderen Ende liegt. Dieser Abstand war noch nie so groß. Die digitale Technologie durchdringt die am weitesten entwickelten Länder und beschleunigt ihren historischen Fortschritt. Die Amerikaner debattieren, wie man allen Haushalten den Zugang zum Breitband-Internet ermöglicht und ob man die Stammzellenforschung unterstützen soll. Zugleich sind die meisten der rückständigen Länder in einer historischen Phase, in der sie sich nur sehr langsam entwickeln, wenn überhaupt. Die Menschen dort suchen Feuerholz, sorgen sich um die nächste Mahlzeit und benötigen eine medizinische Grundversorgung. Diese zwei Welten haben fast nichts miteinander gemein. Es wird schwer, sie zusammenzubringen und humanitäre, ökologische oder geopolitische Herausforderungen gemeinsam zu meistern.

Der Druck auf die Entwicklungsländer, möglichst schnell Anschluss ans digitale Zeitalter zu finden, ist der letzte Grund für mögliche Turbulenzen. Staaten, die sehr schnell im digitalen Zeitalter ankommen wollen, überspringen wichtige Entwicklungsphasen und müssen dafür büßen. Russland will sich möglichst rasch in die globalen Märkte integrieren. Doch ohne eine starke Mittelklasse kann Russland die Launen der Weltwirtschaft nur schlecht verkraften. In den neunziger Jahren profitierten die Länder Südostasiens von starken Beziehungen zu den globalen Finanzmärkten. Doch als diese Länder ihre Volkswirtschaften in das digitale Zeitalter führen wollten, erwiesen sich ihre politischen und sozialen Institutionen als schwerfällig, was am Ende die regionale Finanzkrise verschärfte. Das Handy ist in Mazedonien und vielen anderen Entwicklungsländern längst angekommen. Doch da es keine professionelle und unabhängige Presse gibt, wurden die Handys benutzt, um Gerüchte und Stimmungen zu verbreiten, was die ethnischen Spannungen umso mehr anheizte. Staaten, die durch die Geschichte jagen, zahlen oft einen hohen Preis.

Ein düsteres Bild der Zukunft. Es lässt zumindest deutlich werden, dass die Geschichte so schnell nicht zu Ende geht: Die Wiederkehr der multipolaren Welt und die Expansion des digitalen Zeitalters sind unvermeidbar. Sie sind das Ergebnis der geschichtlichen Entwicklung und ihrer Zyklen. Amerikas Vorherrschaft wird schwinden, während Europa – und am Ende auch Asien – aufsteigen. Das digitale Zeitalter wird mit unaufhaltsamen technologischen Neuerungen voranschreiten. Der Mensch trifft Entscheidungen, doch die Geschichte hat ihre eigene Dynamik.

Die Wahlfreiheit des Menschen zählt besonders dort, wo er auf die Herausforderungen reagieren muss, die den Fortschritt der Geschichte begleiten. Der erste Schritt, um sich auf die epochalen geopolitischen Veränderungen einzustellen, ist die Erkenntnis, dass es diese Veränderungen tatsächlich gibt. Als zweites müssen wir ihre Ursachen und Folgen beschreiben lernen. Dies war die Absicht des vorliegenden Buches. Jetzt müssen jene, die seine Warnungen ernst nehmen, die schwierige, aber wichtige Aufgabe übernehmen, sich auf das Ende des amerikanischen Zeitalters vorzubereiten.

Danksagung

Ich bin zahlreichen Institutionen und Personen für ihre Beiträge zu diesem Buch zu Dank verpflichtet. Die *Georgetown University* und der *Council on Foreign Relations* sind seit fast einem Jahrzehnt für mich eine geistige Heimat. Sie bieten ein ideales Umfeld für die Entstehung eines Buches, das die wachsende Kluft zwischen Akademikern und Politikern zu überbrücken versucht. Der *Council on Foreign Relations* hat den Hauptanteil der Finanzierung dieses Projekts übernommen und mich zum Whitney H. Shepardson Fellow für 2000–2002 ernannt. Georgetown hat zusätzliche Mittel bereitgestellt und mir ein Sabbatical für Recherchearbeiten und das Schreiben des Buches gewährt. Besonders erwähnen möchte ich auch die finanzielle Unterstützung des *United States Institute of Peace*.

Zwei Menschen haben mich besonders nachhaltig ermuntert, dieses Buch zu schreiben – James Chace und Leslie Gelb. James Chace lernte ich in den achtziger Jahren kennen. Seitdem wir Freunde und Geistesverwandte wurden, hat er mich an dieses Projekt herangeführt und mich von Anfang bis Ende als Vertrauter begleitet. Für seine Ermutigungen, seine Anregungen und seinen nie versiegenden Rat bin ich zutiefst dankbar.

Les Gelb, der Präsident des *Council on Foreign Relations*, hat mich bereits motiviert, bevor ich den Entschluss zum Schreiben dieses Buches gefasst hatte. Auf langen Spaziergängen im New Yorker Central Park regte er mich immer wieder dazu an, in größeren Zusammenhängen zu denken; in die Wolken seiner Zigarre gehüllt, bestand er darauf, die Zeit sei reif für einen «großen außenpolitischen Roman». Unabhängig davon, ob ich seine Erwartungen erfüllt habe, weiß ich seine Freundschaft und seine Klarsicht sehr zu schätzen.

Als die erste Fassung dieses Buches erschien, erhielt ich Gelegenheit, es in Seminaren des *Council on Foreign Relations* in New York und Washington D. C. vorzustellen. James Chace hat die Seminare in New

York hervorragend geleitet. Weiterhin bin ich Stephen Walt zu Dank verpflichtet, dass er die Sitzungen in Washington geleitet und stets in die richtige Richtung geführt hat. Zu den Teilnehmern an diesen Seminaren gehörten Robert Art, Warren Bass, Max Boot, Lael Brainard, Ralph Bultjens, Fraser Cameron, Kurt Campbell, Steven Clemons, Jean-Marc Coicaud, Ivo Daalder, Terry Deibel, I.M. Destler, Frances FitzGerald, David Fromkin, Alton Frye, Michael Getler, James Goldgeier, Paul Golob, Stephanie Golob, Rose Tottemoeller, John Ikenberry, Robert Jervis, Lawrence Korb, Steven Kull, James Lindsay, Robert Manning, Jessica Mathews, Charles William Maynes, Michael McFaul, Karl Meyer, Henry Nau, John Newhouse, Suzanne Nossel, Joseph Nye Jr., Nouriel Roubini, Allison Silver, Jack Snyder, Fritz Stern, Daniel Tarullo, Cynthia Tindell, Richard Ullman, Enzo Viscusi, Joris, Vos, Martin Walker, Jacob Weisberg und Melving Williams. Fruchtbare Resonanz erhielt ich auch bei einer Konferenz des nationalen Programms in Dallas, die von Rena Pederson geleitet wurde. Außerdem danke ich allen Seminarteilnehmern für ihre Zeit und ihr Engagement. Ein Autor kann sonst meist nur davon träumen, von den Kenntnissen einer derart kompetenten Gruppe von Kritikern zu profitieren.

Ferner möchte ich mich bei all denjenigen bedanken, die den ersten Entwurf des Buches gelesen und kritisch kommentiert haben: Caroline Atkinson, Dick Barnebey, Jonathan Davidson, Jeff Legro, Joseph Lepgold, John McNeill, David Painter, Nocholas Rizopoulos, Howard Rosen, Don Rosenthal, Debra Singer und Peter Trubowitz. Danken möchte ich auch meinen Kollegen und Studenten an der *Georgetown University* und am *Council on Foreign Relations*, die immer bereit waren, auf die aktuelle Entwicklung meiner Ideen einzugehen.

David Stevens, mein Forschungsassistent beim *Council*, war bei diesem Projekt ein großartiger Partner. Er hat mich ständig mit neuem Material versorgt, neue Anregungen geprüft und die Richtung der sich entwickelnden Geschichte vorausgesehen. Wenn ich auf ein historisches oder konzeptionelles Hindernis traf, habe ich zuerst David gefragt – und er hatte meistens die Lösung. Morgens fand er regelmäßig Nachrichten von mir an seinem Arbeitsplatz, die ich am Vorabend für ihn aufgesagt hatte, um ihn um Fakten und die Lösung so manches

Rätsels zu bitten. Er scheint nicht allzu sehr gelitten zu haben, da er jetzt an der Promotion in internationalen Beziehungen arbeitet.

Danken möchte ich auch Jason Davidson und Mira Sucharov, ehemalige Hauptfachstudenten an der Georgetown University; Shane Smith, meinem ehemaligen Assistenten beim *Council,* und Jamie Fly, meinem neuen Assistenten, für seine Hilfe bei der Forschung.

Die Arbeit mit Ash Green, meinem Lektor bei Knopf, war ein Vergnügen. Von der ersten Besprechung des Buchkonzeptes über Zwischenentwürfe bis zur Redaktion des Endmanuskriptes war sein Rat nützlich und klug. Von seinen Erfahrungen und Fähigkeiten hat das Buch enorm profitiert. Jonathan Fasman, Ellen Feldman und Luba Ostashevsky vom Knopf-Verlag haben das Manuskript hervorragend durch die Produktion begleitet. Meinen Literaturagenten Suzanne Gluck, Kris Dahl und Liz Farrell möchte ich ebenfalls danken.

Der letzte Dank geht an meine Familie. Meine Mutter, Nancy Kupchan Sonis, mein Bruder, Clifford Kupchan, und mein Stiefvater, Richard Sonis, waren mit unbegrenzter und bedingungsloser Unterstützung und Ermutigung für mich da, was besonders in kritischen Momenten von Bedeutung ist. Obwohl mein Vater, S. Morris Kupchan, nicht mehr bei uns ist, war er im Geiste immer an meiner Seite.

Anmerkungen

Erstes Kapitel:

Die Große Strategie und das Paradox
der amerikanischen Macht

1   ADM (Admirality) 116/3099, 22. Juni 1912, Memorandum von Winston Churchill,
    S. 2–3. Public Records Office.
2   J. H. Rose, A. P. Newton und E. A. Benians, *The Cambridge History of the British Empire*,
    Vol. 1 (Cambridge, The University Press), S. 95.
3   Memorandum des Foreign Office, zitiert aus Paul M. Kennedy, *The Rise and Fall of
    British Naval Mastery* (London: Macmillan, 1983), S. 219.
4   India Office Library, Curzon Papers, Vol. 144, Godley to Curzon, 10. November 1899,
    zitiert ibid., S. 211.
5   CAB (Cabinet) 38/8/14, 24. Februar 1905, «Our Present Minimum Military Require-
    ments», S. 1.
6   Crowe-Memorandum vom 1. Januar 1907, zitiert nach Henry Kissinger, *Diplomacy*
    (New York: Simon & Schuster, 1994), S. 4.
7   Zitiert aus Kennedy, *The Rise and Fall of British Naval Mastery*, S. 224.
8   CAB 24/107, 9. Juni 1920, «British Military Liabilities», S. 1–2.
9   CAB 4/21/1087B, 11. März 1932, «Imperial Defense Policy», S. 2; CAB 2/5, 6. April
    1933.
10 CAB 16/111/120, 20. Juni 1934, «Disarmament Conference 1932», S. 2.
11 CAB 11/11/125, 18. Juli 1934, «Naval Defense Requirements», S. 1.
12 Grenfell zitiert aus Williamson Murray, *The Change in the European Balance of Power,
    1938–1939* (Princeton University Press), S. 75.
13 33/1004, 10. Januar 1922, «The Interim Report of the Committee on National
    Expenditure», DocVII, S. 51.
14 Ironside, zitiert in William R. Rock, *British Appeasement in the 1930s* (London: Edward
    Arnold, 1977), S. 46.
15 CAB 21/700, 22. Februar 1937, «Review of Imperial Defence», S. 12.
16 CAB 53/13, J. P. 315, 23. September 1938, «The Czechoslovak Crisis», zitiert aus
    Murray, *European Balance of Power*, S. 209.
17 Martin Gilbert, *The Roots of Appeasement* (London: Weidenfeld & Nicolson, 1966),
    S. 186.
18 «Excerpts from Pentagon's Plan: ‹Prevent the Re-Emergence of a New Rival›», *New
    York Times*, 8. März 1992.
19 Interview mit dem Präsidenten von Wolf Blitzer, CNN Late Edition, 20. Juni 1999.
20 «After Kosovo: Building a Lasting Peace», Bemerkungen für den Council on Foreign
    Relations, New York, 28. Juni 1999.
21 Richard Haass, zitiert aus Thom Shanker, «White House Says the U. S. Is Not a Loner,
    Just Choosy», *New York Times*, 31. Juli 2001.
22 Alan Sipress, «Bush Retreats from U.S. Role as Peace Broker», *Washington Post*,
    17. März 2001.
23 David E. Sanger, «Bush Tells Seoul Talks with North Won't Resume Now», *New York
    Times*, 7. März 2001.
24 The United States Commission on National Security/21st Century, «New World
    Coming: American Security in the 21st Century.» Im Internet unter www.nssg.gov/
    Reports/NWC.pdf.

25 Tyndall Report, zitiert aus David Shaw, «Foreign News Shrinks in an Era of
    Globalization», *Los Angeles Times*, 27. September 2001.
26 Hall's Magazine Editorial Reports, zitiert aus James F. Hoge, Jr., «Foreign News: Who
    Gives a Damn?» *Columbia Journalism Review*, Bd. 36, Nr. 4 (November-Dezember 1997),
    S. 48–52.
27 Pew Center for the People and the Press, «Public and Opinion Leaders Favor
    Enlargement», 7. Oktober 1997. Im Internet bei: http://208.240.91.18/natorel.htm.
28 Gerald Baker und David Buchan, «American Isolationism Put to the Test», *Financial
    Times*, 15. Oktober 1999.
29 Am 14. September 2001 stimmten das Repräsentantenhaus und der Senat für
    eine Resolution, die den Präsidenten autorisierte, «alle erforderliche und
    angemessene Gewalt einzusetzen», um auf die Angriffe zu reagieren. Die
    Resolution passierte den Senat mit 98 zu 0 und das Repräsentantenhaus mit 420
    zu 1. Siehe «Poll Finds Support for War and Fear on Economy», *New York Times*,
    25. September 2001.
30 Shibley Telhami, «The Mideast Is Also Changed», *New York Times*, 25. September 2001.
31 Francois Heisbourg, «De l'après-guerre froide à l'hyperterrorisme», *Le Monde*,
    13. September 2001.
32 Adam Clymer, «A House Divided. Senate, Too.» *New York Times*, 2. Dezember 2001.
33 Powell, zitiert aus Lawrence F. Kaplan, «Drill Sergeant», *The New Republic*, 26. März
    2001.
34 Die Exportzahlen zitiert vom US Bureau of the Census, «U.S. International Trade in
    Goods and Services», Januar 1998 bis Dezember 2000.
35 Für aktuelle Analysen, die Amerikas Rückkehr zum Isolationismus fordern, siehe
    Eric A. Nordlinger, *Isolationism Reconfigured: American Foreign Policy for a New Century*
    (Princeton: Princeton University Press, 1995) und Eugene Gholz, Daryl G. Press und
    Harvey M. Sapolsky, «Come Home, America: The Strategy of Restraint in the Face of
    Temptation», *International Security*, Bd. 21, Nr. 4 (Frühling 1997), S. 5–48.

Zweites Kapitel:

Amerikas neue Weltkarte

1 «The Sources of Soviet Conduct», *Foreign Affairs*, Vol. 25, Nr. 4 (Juli 1947),
   S. 566–582.
2 «Moscow Embassy Telegram No. 511», 22. Februar 1946, in *Containment: Documents on
   American Policy and Strategy, 1945–1950*, ed. Thomas H. Etzold und John Lewis Gaddis
   (New York: Columbia University Press, 1979), S. 55–63.
3 «United States Objectives and Programs for National Security», NSC-68, 14. April
   1950, ibid., S. 427.
4 Vorlage von John Foster Dulles, Berater des US-Außenministers, «Estimate of
   Situation», 30. November 1950 in *Foreign Relations of the United States, 1950*, Vol. 6
   (Washington, D. C.: Government Printing Office, 1950), S. 162.
5 «Final Report of the Joint MDAP Survey Mission to Southeast Asia», 6. Dezember
   1950, ibid., S. 166.
6 Dulles, S. 162.
7 Francis Fukuyama, *The End of History and the Last Man* (New York: Free Press, 1992).
8 John J. Mearsheimer, «Back to the Future: Instability in Europe after the Cold War»,
   International Security, Vol. 15, Nr. 1 (Sommer 1990), S. 5-56.

9 Samuel P. Huntington, *The Clash of Civilizations and the Remaking of World Order* (New York: Simon & Schuster, 1996).

10 Mathew Conelly und Paul Kennedy, «Must it Be the Rest Against the West?», *Atlantic Monthly*, Vol. 274, Nr. 6 (Dezember 1994), S. 61–83.

11 Robert D. Kaplan, «The Coming Anarchy», *Atlantic Monthly*, Vol. 273, Nr. 2 (Februar 1994), S. 44–76.

12 Thomas L. Friedman, *The Lexus and the Olive Tree* (New York: Farrar, Straus & Giroux, 1999).

13 Auf Basis der Marktkapitalisierung vom 28. März 2002, *Financial Times Global 500 Guide*, 8. Mai 2002.

14 Jane Perlez, «With Time Short, Albright Stays Aloft», *New York Times*, 3. Juli 2000.

15 World Bank, *China 2020: Development Challenges in the New Century* (Washington D.C.: World Bank, 1997), S. 103.

16 Resolution 208 des US-Senates, 8. November 1999.

17 Henry Kissinger, «U.S. Intervention in Kosovo Is a Mistake», *Boston Globe*, 1. März 1999.

18 Zitiert aus Edmund Andrews, «Bush Angers Europe by Eroding Pact on Warming», *New York Times*, 1. April 2001.

19 David Sanger, «Bush Flatly States U.S. Will Pull Out of Missile Treaty», *New York Times*, 24. August 2001.

20 Dana Milbank, «Bush Advocates a Wider NATO», *Washington Post*, 16. Juni 2001.

21 «Bush Unpopular in Europe, Seen as Unilateralist», 15. August 2001, siehe auch Adam Clymer, «Surveys Find European Public Critical of Bush Policies», *New York Times*, 16. August 2001.

22 John Kifner, «56 Islamic Nations Avoid Condemning U.S. Attacks, but Warn on Civilian Casualties», *New York Times*, 11. Oktober 2001.

23 Laurie Goodstein, «Muslim Scholars Back Fight Against Terrorists», *New York Times*, 12. Oktober 2001.

24 Siehe Stephen M. Walt, *The Origins of Alliances* (Ithaca: Cornell University Press, 1987).

Drittes Kapitel:

Die falschen Versprechungen der Globalisierung und Demokratie

1 Thomas L. Friedman, *The Lexus and the Olive Tree* (New York: Farrar, Strauss & Giroux, 1999), S. 7.

2 ibid., S. 7–8.

3 Thomas Paine, «Rights of Man», in *Collected Writings* (New York: Literary Classics of the United States, 1995), S. 598–599.

4 John Stuart Mill, *Principles of Political Economy* (Fairfield N. J.: Augustus M. Kelley Publishers, 1976), S. 582.

5 Norman Angell, *The Great Illusion: A Study of the Relation of Military Power in Nations to Their Economic and Social Advantage* (New York: Putnam, 1910), S. 31, 54–55. Der Titel deutet auf die Illusion hin, Staaten könnten ihren Wohlstand durch Krieg vermehren.

6 Stephan Haggard, *The Political Economy of the Asian Financial Crisis* (Washington, D. C.: Institute for International Economics, 2000), S. 4, 6.

7 Gerard Baken and Stephen Fidler, «O'Neill Signals Hands-Off Stance on World Economy», *Financial Times*, 15. Februar 2001.

8 Die Regeln schreiben vor, dass Investoren nicht mehr als 50 Prozent des Aktienwertes, den sie kaufen wollen, aufnehmen dürfen. Im August 2001 wurden neue Regeln zum Tageshandel erlassen. Stammkapital und Margen wurden gestrafft, um Spekulation zu unterbinden und Risiko zu begrenzen.

9 Vorsitzender Alan Greenspan, am 5. Dezember 1996, Francis Boyer Vorlesung des American Enterprise Institute for Public Policy Research.

10 Skript Charlie Rose Nr. 2713, Programm vom 27. Juni 2000.

11 Siehe Haggard, *The Political Economy of the Asian Financial Crisis*, S. 1–13.

12 Bemerkungen vom Vorsitzenden Alan Greenspan, «Global Challenges», 12. Juli 2000.

13 Zitiert aus Steven Pearlstein, «Debating How to Repair the Global Financial System», *Washington Post*, 24. September 2000.

14 Robert Gilpin, *The Challenge of Global Capitalism: The World Economy in the 21st Century* (Princeton: Princeton University Press, 2000), S. 161.

15 Martin Wolf, «The Economic Failure of Islam», *Financial Times*, 26. September 2001.

16 Thomas Friedman, «Smoking or Non-Smoking?» *New York Times*, 14. September 2001.

17 Siehe Joseph Yam, «International Capital Flows and Free Markets», Vortrag bei der Credit Suisse First Boston Asian Investment Conference, 26. März 1999.

18 Karl Polanyi, *The Great Transformation: The Political and Economic Origins of Our Time* (Boston: Beacon Press, 1957).

19 Martin Wolf, «The Lure of the American Way», *Financial Times*, 1. November 2000.

20 Rothermund, *The Global Impact of the Great Depression*, S. 29.

21 Immanuel Kant, «Vom ewigen Frieden».

22 Siehe Kap. 2, Fußnote 15.

23 William Jefferson Clinton, «Confronting the Challenges of a Broader World», Rede vor der UN-Vollversammlung, 27. September 1993.

24 Kritik der demokratischen Friedensschule findet sich bei David Spiro, «The Insignificance of the Liberal Peace»; Christopher Layne, «Kant or Cant: Myths of the Democratic Peace»; und Henry S. Farber und Joanne Gowa, «Politics and Peace», in *Debating the Democratic Peace*, ed. Michael E. Brown, Sean M. Lynn-Jones, and Steven E. Miller (Cambridge, Mass.: MIT Press, 1996).

25 Francis Fukuyama, *Das Ende der Geschichte* (München: Kindler, 1992), S. 353.

26 Fukuyama, ibid., S. 371.

27 Über die Bedeutung der deutschen Intellektuellen für die Entwicklung des Nationalismus vgl. Elie Kedourie, *Nationalism* (London: Hutchinson, 1960). Kedourie fasst Herders und Fichtes Vorstellungen zusammen.

28 Fukuyama, ibid, S. 371.

Viertes Kapitel:
Der Aufstieg Europas

1 Siehe Robert Gilpin, *War and Change in World Politics* (New York: Cambridge University Press, 1981); und Paul M. Kennedy, *The Rise and Fall of the Great Powers: Economic Change and Military Conflict from 1500 to 2000* (New York: Random House, 1987).

2 Eine Zusammenfassung dieser bekannten These schreibt Antony J. Blinken, «The

False Crisis over the Atlantic», in *Foreign Affairs*, Vol. 80, Nr. 3 (Mai-Juni 2001), S. 35–48.

3   Zitiert aus Otto Pflanze, *Bismarck and the Development of Germany*, Vol. 1 (Princeton: Princeton University Press, 1990), S. 97.

4   Benjamin Disraeli, 9. Februar 1871, zitiert in J.C.G. Rohl, *From Bismarck to Hitler: The Problem of Continuity in German History* (New York: Barnes & Noble, 1970), S. 23.

5   Zitiert nach V.R.Berghahn, *Germany and the Approach of War in 1914* (New York: St. Martin's, 1973), S. 174.

6   Zitiert aus Fritz Fischer, *World Power or Decline: The Controversy over Germany's Aims in the First World War*, trans. Lancelot Farrar, Robert Kimber, and Rita Kimber (New York: Norton, 1974), S. 26.

7   Margaret Thatcher, *The Downing Street Years* (New York: Harper Collins, 1993), S. 796–797. Siehe auch Robert J. Art, «Why Europe Needs the United States and NATO», *Political Science Quarterly*, Vol. 111, No. 1 (Frühling 1996), S. 1–39.

8   «On Roman Military Strategy», siehe Edward N. Luttwak, *The Grand Strategy of the Roman Empire from the First Century A. D. to the Third* (Baltimore: Johns Hopkins University Press, 1976).

9   Amianus Marcellinus, *The Later Roman Empire* (A. D. 354–378) (Harmondsworth; Middlesex: Penguin Books, 1986), S. 412.

10 Die Hauptstadt des westlichen Reiches zog im späten vierten Jahrhundert nach Mailand und im frühen fünften Jahrhundert nach Ravenna.

11 Edward Gibbon, *The History of the Decline and Fall of the Roman Empire*, mit einer Einführung von J. B. Bury, Vol. 4 (New York: AMS Press, 1974), S. 174–175.

12 Lactantius, *On the Deaths of the Persecutors*, zitiert aus Chris Scarre, *Chronicle of the Roman Emperors: The Reign-by-Reign Record of the Rulers of Imperial Rome* (London: Thames & Hudson, 1995), S. 196.

13 Gibbon, *The History of the Decline and Fall of the Roman Empire*, Vol. 4, S. 174–175.

14 Über die Gründe des Niedergangs – siehe Gibbon, ibid., Vols 1–7.

15 Gibbon, ibid, Vol. 4, S. 174–175.

16 William C. Wohlforth, «The Stability of a Unipolar World», *International Security*, Vol. 24, No. 1 (Sommer 1999), S. 8.

17 Eine Darstellung von Europas Motiven mit wirtschaftlichem Schwerpunkt bei Andrew Moravcsik, *The Chronicle of Europe: Social Purpose and State Power from Messina to Maastricht* (Ithaca: Cornell University Press, 1998).

18 European Parliament, «Principles and General Completion of the Internal Market», Fact Sheet 3.1.0. siehe www.europarl.euint/factsheets/3_1_0en.htm.

19 Robert Schuman, «Declaration of 10 May 1950».

20 Jean Monnet, *Memoirs,* trans. Richard Mayne (Garden City, N.Y.: Doubleday, 1978), S. 392.

21 Vertrag über die Europäische Gemeinschaft von Kohle und Stahl.

22 Tony Barber, «The Euro Takes Its Place in the Flow of History», *Financial Times*, August 30, 2001.

23 European Commission, *Eurobarometer: Public Opinion in the European Union*, Report Nr. 56, S. 24, 38–39, 55-56. siehe http://europa.eu.int/public_opinion/Standard_en.htm.

24 Siehe Suzanne Kapner, «U.S. Venture Capital Sees Treasure in Europe», *New York Times*, 30. Mai 2001.

25 Britische Firmen tätigten Auslandseinkäufe im Wert von $ 337 Milliarden, französische Firmen $ 137 Milliarden, US-Firmen $ 136 Milliarden. «Europe's Corporate Invasion of North America at All-Time High», KPMG Corporate Finance, January 15, 2001.

26 Siehe Norbert Walter, «The Euro: Second to (N)one», *German Issues*, Nr. 23 (Washington, D.C.: American Institute for Contemporary German Studies, 2000).

27 Der erste Pfeiler schließt politische Fragen ein, die in den darauf folgenden Verträgen auf dem Weg zur Wirtschafts- und Währungsunion angesprochen werden: Regulierungen und Gesetzgebung zum freien Austausch von Menschen, Waren, Dienstleistungen und Kapital. Justiz und Inneres zuständig für Asyl und Immigration, Bürger- und Strafrecht und Polizeikooperation.

28 Annahme von Gesetzen erfordert 62 der 87 Stimmen. Deutschland, Frankreich, Italien und das Vereinte Königreich haben 10 Stimmen im Rat. Die kleinen Länder haben Stimmen in Proportion zur Bevölkerung. Die Stimmenzuteilung wird sich mit der Erweiterung ändern.

29 «Britain's Role in Europe», 23. November 2001.

30 Siehe Ezra Suleiman, «Is Democratic Supranationalism a Danger»? in *Nationalism and Nationalities in the New Europe*, ed. Charles A. Kupchan (Ithaca: Cornell University Press, 1995).

31 Joschka Fischer, «Vom Staatenverbund zur Föderation – Gedanken über die Finalität der europäischen Integration», Rede in der Humboldt Universität Berlin, 12. Mai 2000.

32 Zitiert aus Michael J. Sandel, *Democracy's Discontent: America in Search of a Public Philosophy* (Cambridge, Mass.: Harvard University Press, 1996), S. 15.

33 Zur Beurteilung der Notwendigkeit einer EU-Verfassung siehe Andrew Muravcsik, «Despotism in Brussles?» *Foreign Affairs*, Vol. 80, Nr. 3 (Mai-Juni 2001), S.15.

34 Siehe Fischer, ibid.

35 Siehe Philip Stephens und Brian Groom, «Blair's Broad Horizons», *Financial Times*, 27. August 2001.

36 «Prime Minister's Speech to the Polish Stock Exchange», 6. Oktober 2000.

37 Robert Graham, «Chirac Seeks EU ‹Pioneer Group› on Security», *Financial Times*, 27. August 2001.

38 Suzanne Daley, «French Premier Opposes German Plan for Europe», *New York Times*, 29. Mai 2001.

39 Siehe Martin Walker, «Overstretching Teutonia: Making the Best of the Fourth Reich», *World Policy Journal*, Vol. 12, Nr. 1 (Frühling 1995), S.13.

40 PricewaterhouseCoopers, «European Pension Reform», *European Economic Outlook* (September 2000), S. 28.

41 Siehe Thomas Fuller, «Europe Wants Workers to Move», *International Herald Tribune*, 13. Februar 2002.

42 Fischer, ibid.

43 Der Missouri-Kompromiss von 1820 ermöglichte ein politisches Gleichgewicht zwischen freien und Sklaven-Staaten durch die gleichzeitige Aufnahme von Missouri als Sklaven-Staat und Maine als freiem Staat. Der Kompromiss regelte auch die Ausdehnung der Sklaverei nach Westen: Die Sklaverei wurde im Gebiet des Louisiana-Kaufes nördlich einer bestimmten Linie verboten. Siehe David M. Potter, *The Impending Crisis, 1848–1861* (New York: Harper & Row, 1976), S. 53–58.

44 Fischer, ibid.

45 Die Berlusconi-Regierung zog sich später zurück, deutete aber an, Italien würde sich später wieder anschließen.

46 Roger Cohen, «Storm Clouds over U.S.-European Relations», *New York Times*, 26. März 2001.

47 Ibid., Roger Cohen, «A More Assertive Europe», *New York Times*, 30. März 2001.

48 Rede aus Anlass des 20. Jahrestages des Institut Français des Rélations Internationales, Elysée-Palast, 4. November 1999. Text verbreitet durch die französische Botschaft, Washington D.C.

49   «Prime Minister's Speech to the Polish Stock Exchange», 6. Oktober 2000.
50   «Védrine Criticizes U.S. Over International Ties», Agence France-Press, 5. November
     1999; Craig R. Whitney, «On the Ropes, Chirac Fights Back in French TV Interview»,
     New York Times, 13. Dezember 1996; ‹Yeltsin ‹Very Satisfied› with Talks with Jiang
     Zemin», ITAR-TASS, 10. Dezember 1999.
51   Suzanne Daley, «French Minister Calls U.S. Policy ‹Simplistic›», *New York Times*,
     7. Februar 2002; Alan Friedman, «Schroeder Assails EU Deficit Critics», *International
     Herald Tribune*, 2. Februar 2002; Steven Erlanger, «Europe Opens Convention to Set
     Future of Its Union», *New York Times*, 1. März 2002; und T. R. Reid, «EU Summit Ends
     with a Bang and a Whimper», *Washington Post*, 17. März 2002.
52   Daley, «French Minister Calls U.S. Policy ‹Simplistic›»
53   Edmund Andrews, «Angry Europeans to Challenge U.S. Steel Tariffs at WTO»,
     New York Times, 6. März 2002.

Fünftes Kapitel:
Die Grenzen des amerikanischen Internationalismus: Ein Rückblick

1   I. M. Desterl und Steven Kull, *Misreading the Public: The Myth of a New Isolationism*
    (Washington, D. C.: Brookings Institution Press, 1999); Max Boot, «The Case for
    American Empire», *The Weekly Standard*, Vol. 7, Nr. 5 (5. Oktober 2001), S. 27–30.
2   Siehe Arthur M. Schlesinger, Jr., *The Cycles of American History* (Boston: Houghton
    Mifflin, 1986).
3   Zitiert aus Felix Gilbert, *To the Farewell Address: Ideas of Early American Foreign Policy*
    (Princeton: Princeton University Press, 1961), S. 42–43.
4   *The Papers of Thomas Jefferson*, ed. Julian P. Boyd, Vol. 8 (Princeton: Princeton
    University Press, 1953), S. 28; Jefferson to James Madison, 28. August 1789, ibid.,
    Vol. 15, S. 367.
5   Hamilton, *Die Federalist-Artikel*, A. u. W. P. Adams, Herausg., (Paderborn: Ferdinand
    Schöningh, 1994), S. 27 (Hamilton), S. 15 (Jay).
6   Text aus Gilbert, *To the Farewell Address*, S. 145. (Hamiltons Ideen werden auf
    S. 130–131 vorgestellt.)
7   Trotz der Allianz mit Frankreich aus dem Jahre 1778 hat Washington verkündet,
    dass die Vereinigten Staaten neutral bleiben würden, falls 1793 ein Krieg in Europa
    ausbrechen würde. Diese Entscheidung wurde nicht von allen getragen. James
    Madison meinte, die USA sollten ihre «Pflichten in Frankreich» nicht vergessen. Die
    Allianz bestand technisch bis 1800, als sie durch ein Handelsabkommen ersetzt
    wurde. Sie Walter LaFeber, *The American Age: United States, Foreign Policy at Home and
    Abroad Since 1750* (New York: Norton, 1989), S. 23–26, 44,50.
8   Über den Einsatz von US-Streitkräften außerhalb der westlichen Hemisphäre: siehe
    Harry Allanson Ellsworth, *One Hundred Eighty Landings of United States Marines,
    1800–1934* (Washington, D. C.: History and Museums Division Headquarters, U.S.
    Marine Corps, 1974).
9   Zitiert nach Dexter Perkins, *Hands off: A History of the Monroe Doctrine* (Boston: Little,
    Brown, 1941), S. 28.
10 Zitiert nach LaFeber, *The American Age*, S. 84.
11 Eine Zusammenfassung der Positionen von Britannien und Frankreich findet sich
    in LaFeber, ibid., S.140–145.

12 Zitiert aus Perkins, *Hands Off*, S. 240, 229.

13 LaFeber, ibid., S.149–151.

14 Zitiert aus Hunt, *Ideology and U.S. Foreign Policy*, S. 37.

15 George F. Kennan, *American Diplomacy* (Chicago: University of Chicago Press, 1984), S. 17.

16 Zitiert aus Bailey, *Woodrow Wilson and the Great Betrayal*, S. 86.

17 Zitiert aus Knock, *To End all Wars*, S. 241.

18 Bailey, *Woodrow Wilson and the Great Betrayal*, S. 32.

19 Robert A. Divine, *Second Chance: The Triumph of Internationalism During World War II* (New York: Atheneum, 1967), S. 10.

20 Zitiert aus John A. Garraty, *Henry Cabot Lodge: A Biography* (New York: Knopf, 1968), S.352.

21 Siehe Thomas N. Guinsburg, «The Triumph of Isolationism», in *American Foreign Relations Reconsidered, 1890–1993*, ed. Gordon Martel (London: Routledge, 1994), S. 90–105.

22 Zitiert aus John Lewis Gaddis, *The United States and the Origins of the Second World War* (Chicago: Ivan R. Dee, 2001).

23 siehe David Reynolds, *From Munich to Pearl Harbor: Roosevelt's America and the Origins of the Second World War* (Chicago: Ivan R. Dee, 2001).

24 Kenneth Davis, *FDR: The War President, 1940-1943* (New York: Random House, 2000), S. 270.

25 Robert Dallek, *Franklin D. Roosevelt and American Foreign Policy, 1932-1945* (New York: Oxford University Press, 1979), S. 283.

26 John Culver and John Hyde, *American Dreamer: The Life and Times of Henry A. Wallace* (New York: Norton, 2000), S. 263.

27 Divine, *Second Chance*, S. 80.

28 Robert A. Divine, *Roosevelt and World War II* (Baltimore: Johns Hopkins Press, 1969), S. 51–52.

29 Senator Robert Reynolds, North Carolina, zitiert aus Divine, *Second Chance*, S. 152.

30 Ibid., S. 242.

31 Truman, zitiert aus Howard Jones, *A New Kind of War: America's Global Strategy and the Truman Doctrine in Greece* (New York: Oxford University Press, 1989), S. 43; und Gaddis, *The United States and the Origins of the Cold War*, S. 351.

32 Gallup Poll, zitiert aus William G. Mayer, *The Changing American Mind: How and Why American Public Opinion Changed Between 1960 and 1988* (Ann Arbor: University of Michigan Press, 1992), S. 65.

33 Die Nixon-Doktrin hat Amerikas Vertragsverpflichtungen bestätigt und den Alliierten den amerikanischen Nuklearschild angeboten. Aber Nixon hat auch beteuert, «dass wir in Fällen anderer Aggressionsformen militärische und wirtschaftliche Hilfe geben werden, wenn wir gemäß unseren vertraglichen Verpflichtungen danach gefragt werden. Doch die unmittelbar bedrohte Nation hat die primäre Verantwortung für eigene Streitkräfte für ihre Verteidigung.» Über die Nixon-Doktrin – siehe Charles A. Kupchan, *The Persian Gulf and the West: The Dilemmas of Security* (Boston: Allen & Unwin, 1987), S. 31–40.

Sechstes Kapitel:

Die Grenzen des amerikanischen
Internationalismus: Ein Blick nach vorn

1   Zitiert aus Tim Weiner, «Mexican President Warmly Greeted in Washington», *New York Times*, 25. August 2000.

2   Der Begriff stammt aus Richard N. Haass, *The Reluctant Sheriff: The United States After the Cold War* (New York: Council on Foreign Relations Press, 1997).

3   Siehe Michael R. Gordon und Bernard E. Trainor, *The Generals' War: The Inside Story of the Conflict in the Gulf* (Boston: Little, Brown, 1995), S. 32–34.

4   Karl Mannheim, «The Problem of Generations», in *Essays on the Sociology of Knowledge*, ed. Paul Kecskemeti (London: Routledge & Kegan Paul, 1952), S. 298.

5   William G. Mayer, *The Changing American Mind: How and Why American Public Opinion Changed Between 1960 and 1988* (Ann Arbor: University of Michigan Press, 1992), Kap. 7.

6   Princeton Survey Research/Pew, Umfrage vom Oktober 1999.

7   Elite College History Survey, Center for Survey Research and Analysis an der University of Connecticut, für den American Council of Trustees and Alumni, Dezember 1999.

8   Jane Perlez, «As Diplomacy Loses Luster, Young Stars Flee State Dept.», *New York Times*, 5. September 2000.

9   The Chicago Council on Foreign Relations führt alle vier Jahre Meinungsumfragen durch. Siehe *American Public Opinion and U.S. Foreign Policy 1999*, ed. John E. Reilly (Chicago: Chicago Council on Foreign Relations, 1999).

10   James M. Lindsay, «The New Apathy», *Foreign Affairs*, Vol. 79, Nr. 5 (September-Oktober 2000), S. 2–8.

11   Peter Trubowitz (University of Texas at Austin), Referat für die Autonomous National University of Mexico, Mexico City, 20. August 2000.

12   Associated Press, «Stymied by Senate, Would-Be Envoy Quits», *New York Times*, 1. September 2000.

13   Alison Mitchell, «Bush and the G.O.P. Congress: Do the Candidate's Internationalist Leanings Mean Trouble?», *New York Times*, 19. Mai 2000.

14   Wissenschaftler am Brookings Institution Ivo Daalder und Michael O'Hanlon kritisieren die Strategie der Allianz in *Winning Ugly: NATO's War to Save Kosovo* (Washington, D.C.: Brookings Institution Press, 2000), S. 105.

15   Rede des Präsidenten am Memorial Day, 31. Mai 1999, The White House, Pressesekretariat.

16   Carlotta Gall, «Serbs Stone U.S. Troops in Divided Kosovo Town», *New York Times*, 20. März 2000.

17   Jane Perlez, «Kosovo's Unquenched Violence Dividing U.S. and NATO Allies», *New York Times*, 12. Januar 2001.

18   Robert Byrd, «Europe's Turn to Keep the Peace», *New York Times*, 20. März 2000.

19   Michael Cooper, «Cheney Urges Rethinking Use of U.S. Ground Forces in Bosnia and Kosovo», *New York Times*, 12. Januar 2001.

20   (entfällt)

21   Steven Lee Myers, «Bush Candidate for Defense Job Sees Overhaul», *New York Times*, 12. Januar 2001.

22   George W. Bush, Rede vor dem Republikanischen Parteikonvent, Philadelphia, 3. August 2000.

23   «The Armageddon Nominee», *Boston Globe*.

24   Steven Lee Meyers, «U.S. Signs Treaty for World Court to Try Atrocities», *New York Times*, 1. Januar 2001.

25   «The Armageddon Nominee».

26   Hugo Young, «We've Lost That Allied Feeling», *Washington Post*, 1. April 2001.

27   Vor den NATO-Außenministern in Brüssel am 15. Dezember 1999, S. 4.

28   Stellv. Verteidigungsminister Franklin Kramer, Aussage vor dem Auswärtigen Ausschuss des Senates, 9. März 2000.

29   Associated Press, «U.S. Defense Secretary Says NATO Could Become a Relic of History», 5. Dezember 2000.

30   Zitiert nach Stephen Fidler, «Between Two Camps», *Financial Times*, 14. Februar 2001.

31   John R. Bolton, Aussage vor dem Auswärtigen Ausschuss des Repräsentantenhauses am 10. November 1999.

32   Bush und Powell haben ihre Unterstützung qualifiziert durch die Aussage, die Planung für die EU-Streitmacht müsse innerhalb der NATO geschehen und die Fähigkeiten der NATO stärken. Siehe White House, Pressesekretariat, «Remarks by the President and Prime Minister Blair in Joint Press Conference», Camp David, 23. Februar 2001.

33   John Vincour, «America's ‹We'll Call If We Need You› War», *International Herald Tribune*, 3. Oktober 2001.

34   The Pew Global Attitudes Project, Umfrage vom 14. Dezember 2001.

35   Steven Erlanger, «German Joins Europe's Cry that the U.S. Won't Consult», *New York Times*, 22. Mai 2002.

36   Andrew Sullivan, «America at War: America Wakes Up to a World of Fear», *Sunday Times* (London), 16. September 2001.

37   Tom Segev, *One Palestine, Complete: Jews and Arabs Under the British Mandate,* übersetzt Haim Waitzman (New York: Metropolitan Books, 2000), S. 495, S. 460.

38   Martha Crenshaw, «The Effectiveness of Terrorism in the Algerian War», in *Terrorism in Context*, ed. Martha Crenshaw (University Park, Pa.: Penn State University Press, 1995), S. 512–513.

39   Alistar Horne, *A Savage War of Peace: Algeria, 1954–1962* (New York: Viking, 1977), S. 444.

40   Crenshaw, «The Effectiveness of Terrorism in the Algerian War», S. 480.

41   Thomas Friedman, «A Memo from Osama», *New York Times*, 26. Juni 2001.

42   Diskussion in der Sendung «International Correspondents», CNN, 6. Oktober 2001.

43   Alan Sipress und Lee Hockstader, «Sharon Speech Riles U.S.», *Washington Post*, 6. Oktober 2001.

44   Siehe Elaine Sciolino und Eric Schmitt, «U.S. Rethinks Ist Role in Saudi Arabia», *New York Times*, 10. März 2002, und Shibley Telhami, «Shrinking Our Presence in Saudi Arabia», *New York Times*, 29. Januar 2002.

45   Richard Morin und Claudia Deane, «Poll: Americans' Trust in Government Grows», *Washington Post*, 28. September 2001.

46   «Presidential Debate I», 3. Oktober 2000, Boston MA.

47   Zitiert in Steven Mufson und John Harris, «Novice Became Confident Diplomat on World Stage», *Washington Post*, 15. Januar 2001.

48   Sebastian Mallaby, «The Man Without a Bumper Sticker», *Washington Post*, 15. Januar 2001.

49   «U.S. Urges Bin Laden to Form Nation It Can Attack», *The Onion*, 3. Oktober 2001.

50   Siehe Peter Trubowitz, *Defining the National Interest: Conflict and Change in American Foreign Policy* (Chicago: University of Chicago Press, 1998), S. 171–234.

51   U.S. Census Bureau, Census 1990, «Projections of the Resident Population by Race, Hispanic Origin, and Nativity: Middle Series, 2050–2070».

52 U.S. Census Bureau, Census 1990. «Projected State Populations, by Race, Sex, and Hispanic Origin: 1995-2025».

53 Über den politischen Einfluss der Amerikaner zentraleuropäischer Herkunft auf die NATO-Erweiterungsdebatte, siehe Dick Kirschten, «Ethnics Resurging», *National Journal*, Vol. 27, Nr. 8 (25. Februar 1995), S. 478-484. Über den allgemeinen Einfluss von Diasporas und ethnischen Gruppen auf die US-Außenpolitik, siehe Tony Smith, *Foreign Attachments: The Power of Ethnic Groups in the Making of American Foreign Policy* (Cambridge, Mass.: Harvard University Press, 2000).

54 Siehe Rodolfo O. de la Garza und Harry P. Pachon, *Latinos and U.S. Foreign Policy: Representing the «Homeland»?* (Lanham, Md.: Rowman & Littlefield, 2000), S. 13, 24-25.

55 Ernest Gellner, *Nations and Nationalism* (Ithaca: Cornell University Press, 1983).

56 Mayer, *The Changing American Mind*, S. 211.

57 Lind, «Civil War by Other Means», p. 139. Siehe auch Joel Kotkin, *The New Geography: How the Digital Revolution Is Reshaping the American Landscape* (New York: Random House, 2000).

Siebtes Kapitel:
Nach der Pax Americana

1 Für seinen Einfluss auf meine Gedanken bin ich G. John Ikenberry zu Dank verpflichtet, besonders seinem Buch *After Victory: Institutions, Strategic Restraint, and the Rebuilding of Order After Major Wars* (Princeton: Princeton University Press, 2001).

2 Felix Gilbert, *To the Farewell Address: Ideas of Early American Foreign Policy* (Princeton University Press, 1961), S. 7, 14.

3 Ibid, S. 14-15.

4 Daniel H. Deudney, «The Philadelphian System: Sovereignty, Arms Control, and Balance of Power in the American States-Union, Circa 1787-1861», *International Organization*, vol. 49, Nr. 2 (Frühjahr 1995), S. 191-228.

5 Deudney, «The Philadelphian System», S. 214-216.

6 Zitiert aus Michael H. Hunt, *Ideology and U.S. Foreign Policy* (New Haven: Yale University Press, 1987), S. 30.

7 Siehe Charles A. Kupchan, «After Pax Americana: Benign Power, Regional Integration, and the Sources of a Stable Multipolarity», *International Security*, Vol. 23, Nr. 2 (Herbst 1998), S. 42-79.

8 Zitiert aus Gregory F. Treverton, *America, Germany, and the Future of Europe* (Princeton: Princeton University Press, 1992), S. 104.

9 Rede an der Universität Löwen, Belgien, 1. Februar 1996, zitiert aus «Kohl Issues New Warning to Britain over EU Reform», Agence France-Presse, 2. Februar 1996.

10 Hamilton, *Federalist II*, in Hamilton/Madison/Jay. Hier spielt Hamilton auf Abbé Guillaume Thomas François Raynal an, besonders seine *Recherches Philosophiques sur les Américains*.

11 *Der Spiegel* Nr. 36/1. 9. 97, «USA: Die Herren der Welt», S. 160-176.

12 Lionel M. Gelber, *The Rise of Anglo-American Friendship: A Study in World Politics, 1898-1906* (London: Oxford University Press, 1938), S. 411.

13 Für optimistische Ansichten über Chinas Zukunft siehe Robert S. Ross, «Beijing as a Conservative Power», *Foreign Affairs*, Vol. 76, Nr. 2 (März-April 1997), S. 33-44; und Nicholas Berry, «China Is Not an Imperialist Power», *Strategic Review*, Vol. 24, Nr. 1

(Winter 2001), S. 4–10. Für pessimistische Meinungen siehe Richard Bernstein und Ross H. Munro, «The Coming Conflict with China», *Foreign Affairs*, Vol. 76, Nr. 2 (März–April 1997, S. 18–32; und Constantine Menges, «China: Myths and Reality», *Washington Times*, 12. April 2001.

14 Daten über US und chinesisches BSP aus International Monetary Fund, «The World Economic Outlook (WEO) Database, Dezember 2001. Daten über Kaliforniens Wirtschaft aus California Technology, Trade & Commerce Agency, «California Gross State Product.»

15 International Institute for Strategic Studies, *The Military Balance, 2001–2002* (London: International Institute for Strategic Studies, 2001), S. 25, 194. Schätzungen über chinesische Militärausgaben variieren je nachdem, welche Ausgaben in den Militärhaushalt aufgenommen werden und welche Anpassungen für die Berücksichtigung der Kaufkraftparität gemacht werden. Siehe Bates Gill and Michael O'Hanlon, «China's Hollow Military», *National Interest*, Nr. 56 (Sommer 1999), S. 56–57.

16 Die Vereinigten Staaten haben im Jahre 2000 100 Milliarden US-Dollar an Gütern und Dienstleistungen aus China importiert und 16 Milliarden an China exportiert.

17 Doug Struck, «Koreans' Anger About Textbook Surprises Japan», *International Herald Tribune* 19./20. Mai 2001.

18 *Zhongguo Quingnian Bao* (China Jugend-Tageblatt), 15. Februar 1997, zitiert aus Kokubun Ryosei, «Japan-China Relations After the Cold War: Switching from the ‹1972 Framework›», *Japan Echo*, Vol. 28, Nr. 2 (April 2001), S. 9.

19 Joseph S. Nye, *Peace in Parts: Integration and Conflict in Regional Organization* (Boston: Little, Brown, 1971).

20 Economic Cooperation Bureau, Japanisches Außenministerium, ODA Hakusho 1999 Joukan (ODA White Paper Vol. I), S. 150–151.

21 Das durchschnittliche jährliche Pro-Kopf-Einkommen in der Region beträgt $ 4000. Länder mit niedrigen Einkommen werden allgemein mit Pro-Kopf-Einkommen unter $ 785 definiert. Siehe World Bank Group, «Latin America and the Caribbean.»

22 Carol Lancaster, *Aid to Africa: So Much to Do, So Little Done* (Chicago: University of Chicago Press, 1999), S. 20.

23 Gene B. Sperling, «Toward Universal Education», *Foreign Affairs*, Vol. 80, Nr. 5 (September-Oktober 2001), S. 7–13.

24 Amartya Sen, *Development as Freedom* (New York: Knopf, 1999), S. 42.

25 Einige der innovativen Programme gebrauchen das Internet, um die Gemeinden, die Projekte vorschlagen, mit potentiellen Gebern im öffentlichen und privaten Sektor in Kontakt zu bringen, sodass Overhead-Kosten minimal gehalten werden können.

26 Lancaster, *Aid to Africa*, S. 233–238.

27 Siehe Richard N. Gardner, «The One Percent Solution», *Foreign Affairs*, Vol. 79, Nr. 4 (Juli–August 2000), S. 8; und Joseph Kahn, «White House Adds Billions to an Increase in Foreign Aid», *New York Times*, 20. März 2002.

28 Lael Brainard, «Terrorism and Textiles», *New York Times*, 27. Dezember 2001.

29 Siehe John Cassidy, «Helping Hands: How Foreign Aid Could Benefit Everybody», *New Yorker*, 18. März 2002, S. 67–77.

30 Lancaster, *Aid to Africa*, S. 3.

31 Clifford A. Kupchan, «Devolution Drives Russian Reform», *Washington Quarterly*, Vol. 23, Nr. 2 (Spring 2000), S. 67–77.

32 Zur Diskussion von Islam und politischer Entwicklung – siehe John L. Esposito und John O. Voll, *Islam and Democracy* (New York: Oxford University Press, 1998); und Bernard Lewis, «Islam and Democracy: A Historical Overview»; Robin B. Wright, «Islam and Liberal Democracy: Two Visions of Reformation»; Abdou Filali-Ansary,

«Islam and Democracy: The Challenge of Secularization»; Mohamed Elhachmi Hamdi, «The Limits of the Western Model»; und Laith Kubba, «Recognizing Pluralism», in *Journal of Democracy*, Vol. 7, Nr. 2 (April 1996).

33 Jesse Helms, «Saving the U.N.: A Challenge to the Next Secretary-General», *Foreign Affairs*, Vol. 75, Nr. 5 (September–Oktober 1996), S. 2.

34 Senate Hearing 105-724, «Is a U.N. Criminal Court in the U.S. National Interest?» 23. Juli 1998 (Washington, D.C.: Government Printing Office, 1998), S. 4.

35 Ikenberry, *After Victory*, S. 54.

36 Intergovernmental Panel on Climate Change, «The Regional Impacts of Climate Change: An Assessment of Vulnerability.»

37 Eine Diskussion des Multilateralismus findet sich bei Joseph S. Nye, Jr., *The Paradox of American Power: Why the World's Only Superpower Can't Go It Alone* (New York: Oxford University Press, 2002).

38 U.S. Department of Transportation, Office of the Assistant Secretary for Aviation and International Affairs, «U.S. International Air Passenger and Freight Statistics, June 2000», veröffentlicht im Februar 2001, S. 5.

39 Weitere Vorschläge zur Förderung der sozialisierenden Rolle internationaler Institutionen finden sich bei Joseph S. Nye, Jr., «Globalization's Democratic Deficit: How to Make International Institutions More Accountable», *Foreign Affairs*, Vol. 80, Nr. 4 (Juli–August 2001), S. 2–6.

40 Zitiert aus Cronin, *Community Under Anarchy*, S. 61, 56.

Achtes Kapitel:

Die Wiedergeburt der Geschichte

1 Der Dienstleistungs- und Finanzsektor nahm etwa 40 Prozent des BSP ein (21,5 Prozent Dienstleistungen, 19,4 Prozent vom Finanz-, Versicherungs- und Immobiliensektor). Wird der öffentliche Dienst, Einzel- und Großhandel in den Dienstleistungssektor einbezogen, betragen Dienstleistungs- und Finanzsektor etwa 70 Prozent des Inlandprodukts. Der Anteil des digitalen Sektors an der Gesamtwirtschaft lässt sich schwer schätzen. So wird die Herstellung von Computern weiterhin als industrielle Produktion verrechnet. Die US-Regierung überprüft zurzeit ihre Buchungsverfahren – ein Anzeichen für die wirtschaftlichen Veränderungen.

2 U.S. Handelsministerium, «The Emerging Internet Economy II», Juni 1999, S. 25–35.

3 Siehe den UCLA Internet Report, «Surveying the Digital Future», Oktober 2000. Im Internet unter www.ccp.ucla.edu.

4 Sandel, *Democracy's Discontent*, S. 27.

5 Robert D. Putnam, *Bowling Alone: The Collapse and Revival of American Community* (New York: Simon & Schuster, 2000), S. 46, 43.

6 Ibid., S. 238.

7 Kritiker meinen, ehrenamtliche Mitarbeit und wohltätige Spenden würden nicht zurückgehen; politische Partizipation im Internet hätte traditionelle Formen der Bürgerbeteiligung ersetzt. Siehe William A. Galston und Peter Levine, «America's Civic Condition: A Glance at the Evidence», in *Community Works: The Revival of Civil Society in America*, hg. E. J. Dionne, Jr. (Washington, D.C.: Brookings Institution Press, 1998), S. 30–36; und D. W. Miller, «Perhaps We Bowl Alone, but Does It Really Matter?» *Chronicle of Higher Education*, 16. Juli 1999, S. A16–17.

8   Norman Nie und Lutz Erbring, «Internet and Society, A Preliminary Report», 17. Februar 2000.

9   Siehe Cass Sunstein, *republic.com* (Princeton: Princeton University Press, 2001).

10 Joel Kotkin, *The New Geography: How the Digital Landscape Is Reshaping the American Landscape* (New York: Random House, 2000), S. 169.

11 Putnam, *Bowling Alone*, S. 342–343.

12 David Brooks, *Bobos in Paradise: The Upper Class and How They Got There* (New York: Simon & Schuster, 2000), S. 342–343.

13 Thomas Friedman, «Cyber-Serfdom», *New York Times*, 30. Januar 2001.

14 Daten von David Leonhardt und Barbara Whitaker, «Higher Fuel Prices Do Little to Alter Motorists' Habits», *New York Times*, 10. Oktober 2000. Siehe auch Dianne Feinstein und Olympia Snowe, «The Low Cost of Lowering Auto Emissions», *New York Times*, 1. August 2001.

15 Daten des Harris Poll aus Putnam, *Bowling Alone*, S. 47.

16 Brooks, *Bobos in Paradise*, S. 271.

17 Federal Election Commission Candidate Summary Reports for the Bush and Gore campaigns; Television advertising expense statistics, The Brennan Center for Justice, «Political Television Advertising for 2000 Campaign (1. Juni–7. November)». Geschätzte Gesamtausgaben für den Bundeswahlkampf 2000: Center for Responsive Politics, «Campaign Finance Reform.» Für Bloomberg-Wahlkampfkosten – siehe Michael Cooper, «At $92,60 a Vote, Bloomberg Shatters an Election Record», *New York Times*, 4. Dezember 2001.

18 Don Van Natta, Jr., «Enron or Andersen Made Donations to Almost All Their Congressional Investigators», *New York Times*, 25. Januar 2002.

19 Sandel, *Democracy's Discontent*, S. 131.

20 Fox News, Fox Special Report with Brit Hume, «Interview with Dale Bumpers», 20. Juli 2001.

21 Albert R. Hunt, «Don't Stop at McCain-Feingold», *Wall Street Journal*, 21. Februar 2002.

22 John B. Judis, *The Paradox of American Democracy: Elites, Special Interests, and the Betrayal of the Public Trust* (New York: Pantheon, 2000), chap. 5.

23 Putnam, *Bowling Alone*, S. 159.

24 Siehe z. B. Paul Krugman, *Fuzzy Math: The Essential Guide to the Bush Tax Cut* (New York: Norton, 2001).

25 Sunstein, *republic.com*, S. 170–172; und David Bollier, *Silent Theft: The Private Plunder of Our Common Wealth* (New York: Routledge, 2002).

26 James H. Snider, «E-Democracy as Deterrence: Public Policy Implications of a Deterrence Model of Democratic Accountability», Referat für die Jahrestagung der American Political Science Association, 2001, zu beziehen von Snider@newamerica.net.

27 Für einen ausgewogenen Bericht zur Fähigkeit der digitalen Technologie zur Stärkung von Bürgerbeteiligung – siehe Benjamin R. Barber, «Three Scenarios for the Future of Technology and Strong Democracy», *Political Science Quarterly*, Vol. 113, Nr. 4 (Winter 1998-1999), S. 573–589. Siehe auch Benjamin R. Barber, «Civil Society: Getting Beyond the Rhetoric – A Framework for Political Understanding», in *Civic Engagement in the Atlantic Community*, hg. Josef Janning, Charles Kupchan und Dirk Rumberg (Gütersloh: Bertelsmann Stiftung, 1999).

Personenregister